Original illisible
NF Z 43-120-10

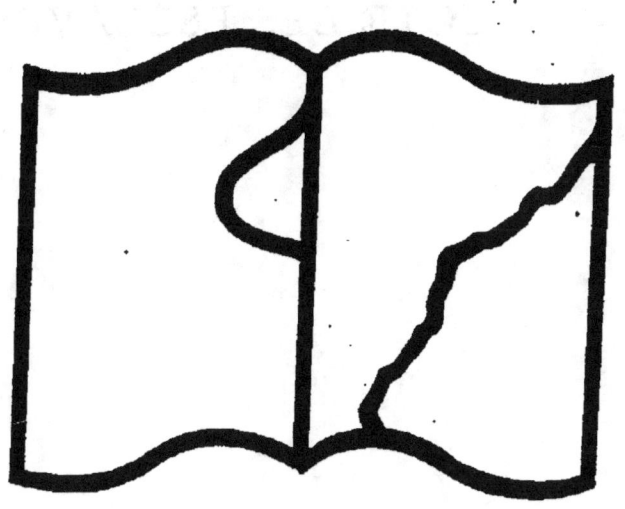

Texte détérioré — reliure défectueuse
NF Z 43-120-11

"VALABLE POUR TOUT OU PARTIE
DU DOCUMENT REPRODUIT".

L'ÉVANGILE

AU

DAHOMEY

ET A LA

COTE DES ESCLAVES

Vu et approuvé :

Clermont-Ferrand, le 4 septembre 1877.

CHARDON,

vic. gén.

L'ÉVANGILE
AU
DAHOMEY
ET A LA
CÔTE DES ESCLAVES
OU
HISTOIRE DES MISSIONS AFRICAINES DE LYON

PAR

M. l'abbé E. DESRIBES

MEMBRE DE LA SOCIÉTÉ DE GÉOGRAPHIE

Approuvé et recommandé par plusieurs Evêques

Prix : 7 Francs

CLERMONT-FERRAND

IMPRIMERIE CENTRALE, MENEBOODE

8, Avenue Centrale, 8

1877

LETTRE

ADRESSÉE A L'AUTEUR PAR LE R. P. SUPÉRIEUR GÉNÉRAL

DES MISSIONS-AFRICAINES DE LYON.

Lyon, Missions-Africaines, le 4 septembre 1877.

Monsieur l'abbé,

Nous avons reçu, avec une vive reconnaissance, le livre que vous nous avez adressé, et dans lequel vous racontez, avec un véritable cœur d'apôtre, les origines et les progrès de notre société.

Nous vous avons suivi, avec le plus grand intérêt, dans votre récit. En vous lisant, nous avons retrouvé, presque jour par jour, vingt ans de la vie de cette œuvre à laquelle Dieu nous a voué par les saintes dispositions de sa Providence.

Ce petit arbre que nous avons vu si chétif, qu'à la mort de notre fondateur on nous conseillait d'arracher et de jeter au feu, a poussé de vigoureux rameaux ; il a déjà donné à Dieu un bon nombre d'âmes, et est plein d'espérances pour l'avenir. Notre séminaire de Lyon compte actuellement plus de vingt élèves, et il est assez vaste pour abriter une bien plus nombreuse famille. Le noviciat de nos Frères, à Clermont-Ferrand, et celui de nos religieuses nous donnent des aides pleins de dévouement et de zèle.

Depuis le commencement, la divine Providence nous a habitué à tout recevoir, et par conséquent à tout attendre de sa bonté maternelle. En beaucoup de choses nous ignorons même les voies par lesquelles elle nous a conduit; mais elle nous a toujours donné le gage de son assistance et de son affection, les épreuves auxquelles, il est vrai, elle mêle de temps en temps de douces consolations. Que de fois nous avons vu surgir sous nos pieds des difficultés qui semblaient insurmontables ! Elle était là, veillant sur nous, et le secours arrivait à point. Que de fois, après des semaines d'angoisses, nos larmes de reconnaissance ont coulé dans le secret ; ces larmes, nous eussions voulu qu'elles tombassent sur la main du bienfaiteur dont elle s'était servie ; mais cette main s'était cachée, Dieu seul la connaissait.

Votre livre, Monsieur l'abbé, est encore pour nous un bienfait de la Providence ; nous la bénissons et vous prions d'accepter l'hommage de notre affectueuse reconnaissance.

A. PLANQUE,
Sup. gén. de la société des Missions-Africaines de Lyon.

LETTRES ÉPISCOPALES

relatives à l'ouvrage ayant pour titre

L'ÉVANGILE AU DAHOMEY

adressées à un prêtre de la société des Missions-Africaines de Lyon.

ÉVÊCHÉ
de
NANCY ET DE TOUL.

Nancy, le 4 Août 1877.

Monsieur le Supérieur,

Je suis bien en retard avec vous, mais j'étais absent de Nancy lorsque votre lettre y est arrivée et je trouve seulement aujourd'hui le loisir d'y répondre. Laissez-moi vous remercier de l'hommage que vous avez bien voulu me faire de votre beau livre. Le récit des missions du Dahomey est du plus haut intérêt et l'histoire de votre institut est on ne peut plus édifiante. Je bénis bien particulièrement l'œuvre des Missions-Africaines à laquelle vous vous dévouez depuis si longtemps, d'une façon si méritoire, et je prie Dieu qu'il envoie un grand nombre d'ouvriers dans cette grande Mission.

Recevez, Monsieur le Supérieur, l'assurance de notre affectueux dévouement.

† JOSEPH,

Ev. de Nancy.

Aurillac, le 24 Août 1877.

Monsieur le Supérieur et vénéré ami,

Je n'ai pas besoin de vous dire avec quel bonheur j'ai lu votre si intéressant ouvrage l'Évangile au Dahomey. Les récits émouvants dont ces pages sont pleines devaient m'intéresser plus que bien d'autres ; j'avais assisté, en quelque sorte, à l'origine de cette Mission toute apostolique, j'avais connu à Rome, j'avais entendu plus tard à Autun le vénérable évêque que le Seigneur avait suscité pour cette grande œuvre ; mais votre livre sera lu par tous, je n'en doute point, avec ce charme entraînant qui fait que lorsqu'on a commencé on veut continuer, continuer encore.

Dieu bénira de ses meilleures bénédictions la Famille apostolique créée par Monseigneur de Brésillac ; les tribulations par lesquelles elle a été éprouvée à sa naissance, lui annonçaient déjà qu'elle était chère à son cœur, puisqu'elle était marquée du sceau de la Croix ; ses développements toujours croissants, le bien qu'elle a fait malgré les difficultés sans nombre attachées à sa mission, lui sont maintenant un gage assuré que le Seigneur l'a suscitée et la garde pour le salut de tout un peuple.

Veuillez agréer, Monsieur le Supérieur et vénéré ami, la nouvelle assurance de mon dévouement le plus intime, pour elle et pour vous en particulier.

† BOUANGE,

N. Év. de Langres.

ÉVÊCHÉ
de
MOULINS

Moulins, le 17 juillet 1877.

Mon Révérend Père,

Rien ne m'est plus agréable que de remplir les intentions de Monseigneur, et vous écrire en son nom pour vous remercier du beau livre que vous lui avez envoyé. Peut-être que le mot dont je me sers ne convient qu'imparfaitement, il faudrait un terme plus fort pour exprimer l'admiration que l'on ressent à cette lecture. Mais comme c'est la beauté de leurs pieds que le Saint-Esprit trouve d'abord à louer dans les hommes apostoliques, on peut étendre cet éloge à leurs œuvres que leurs pieds signifient. Vous êtes bien bon, mon Révérend Père, de vous souvenir de nous comme vous le faites, Monseigneur en a été fort touché et me charge de vous en marquer sa reconnaissance. Elle est d'autant plus grande qu'il ne doute pas que cette persévérance ne s'étende surtout à vos prières, et qu'il y occupe la place que ses desseins et ses besoins réclament. Il la mérite également, mon Révérend Père, par ses sentiments pour vous. Comme j'y ai de mon côté ma part, j'espère la conserver aussi dans votre souvenir devant le bon Dieu.

Veuillez agréer dès maintenant mes remercîments bien sincères, unis à l'expression de mon respect dévoué en N.-S.

Jean-Amb. GIBERT,
Vic. gén.

LETTRE DE L'AUTEUR

Au R. P. Augustin PLANQUE, supérieur général de la
Société des Missions-Africaines

Mon Révérend Père,

L'ouvrage que nous offrons au public raconte les gloires de votre jeune et vaillante Société. Elle mériterait sans doute un meilleur apologiste; car il est dans l'histoire comme dans la nature des tableaux saisissants qui, pour être dignement reproduits, exigent un habile pinceau. Mais nous savons que, pour transmettre à la postérité la mémoire de vos missionnaires, il n'est besoin que d'un simple récit. Pour écrire des vies si pleines de dévouement, la parure d'un beau langage est superflue. Les actes parlent assez haut; le seul témoignage de la vérité leur suffit. Cette unique pensée nous a fait mettre la main à l'œuvre.

Fleurs odoriférantes ou humbles plantes sans coloris et sans parfum, ces pages réunies formeront un tout de quelque utilité peut-être pour le lecteur. Elles auront au moins pour résultat de faire connaître Le Dahomey et la Côte des Esclaves, *pays si digne par sa misère morale de la plus grande compassion de tous les cœurs vraiment chrétiens.*

Les divers royaumes de cette côte occidentale de l'Afrique n'ont pas eu encore d'historien, au point de vue de leur évangélisation. Depuis la fin du XVIIe siècle, on a vu paraître successivement : le Journal de voyage *du capitaine de Philipps et de Mac-Leod (1693-1694); le* Voyage en Guinée et aux Iles voisines, *par le chevalier Des Marchais, Amsterdam* 1731; *la* Relation de voyage en Guinée, *par William Sidney-Smith, Londres* 1746-1748; *l'*Histoire générale des voyages, *dirigée par l'abbé Prévost, Paris* 1747; *la* Description de la Guinée, *par Bosman; la* Relation de naufrage *de l'américain Robert Adams sur la côte occidentale de l'Afrique, par le chevalier Frasans (1810).*

Plus récemment ont été publiés : Le Niger, *par de Lanoye, Paris*, 1858; *La* Revue maritime et coloniale, *dès l'année* 1862; *Les* Voyages dans l'intérieur de l'Afrique *par Clapperton; le volumineux ouvrage,* Au cœur de l'Afrique, *par George,* 1868-1871; *les livraisons du* Tour du Monde *jusqu'en* 1876, *où figurent avec distinction les noms de MM. Barth, Caillé, Burton, Dalzel, Répin, Livingstone, Fleuriot de Langle, etc.*

Toutes ces publications savantes, en décrivant avec art le spectacle de l'Océan, nous dépeignent l'aspect de la Côte des Esclaves, la vue des sites; racontent les usages primitifs et les mœurs actuelles de ses mille peuplades signalent; le progrès matériel, le développement de l'industrie et de l'agriculture dans des pays si longtemps incultes; constatent même au sein de populations barbares une légère teinte de civilisation philanthropique amenée par l'établissement de nos colonies. Quant à la régénération des âmes, le commerce ne s'en est jamais inquiété. Pas un navigateur, pas un négociant ne s'est préoccupé de l'avenir religieux de ces nations délaissées. On semblait les avoir condamnées à dormir éternellement à l'ombre de la mort.

De nos jours, quelques correspondances particulières, reproduites par la presse, ont fait retentir en Europe le nom de ces terres inhospitalières comme synonyme de servitude et d'abrutissement; mais ceux-là mêmes qui le prononçaient étaient loin de soupçonner tout ce qu'il couvrait d'ignominie et de dégradation. Les rares explorateurs qui ont visité cette plage n'ont pu en donner qu'un aperçu très-imparfait; ils n'y ont séjourné que très-peu de temps. Souvent leurs récits tiennent plus de la fantaisie et de la légende que de la réalité et de l'histoire. Dans tous les cas, les intérêts religieux y sont à peine l'objet d'une mention, lorsqu'ils n'y sont pas complétement passés sous silence.

Mais aujourd'hui que l'Eglise compte sur ces rivages des pasteurs et des fidèles qui lui procurent tant de joies et tant de consolations, ne fallait-il pas une histoire de cette Société d'apôtres qui a si généreusement porté l'Evangile au Golfe de Bénin?

Nous n'avons pas été l'heureux témoin des actes pleins de vertus et d'héroïsme dont nous rappelons le souvenir; mais tout ce que renferme cet ouvrage, portraits, peintures de mœurs, descriptions, courses apostoliques, plans d'amélioration, réflexions morales, aventures intéressantes, tout a été extrait d'une collection de documents déjà publiés, de lettres inédites et de notes sûres, qui nous ont été communiquées par les frères de nos héros et dont vous êtes, mon Révérend Père, le chef de famille. Grâce à leurs utiles renseignements, nous avons suivi pas à pas vos courageux missionnaires. En parcourant avec eux tant de côtes difficiles, tant de solitudes tropicales, le lecteur comprendra que, dans l'œuvre de la civilisation africaine, les tribulations de l'apôtre ne sont égalées que par son dévouement.

Ne faudra-t-il donc pas croire au témoignage d'hommes désintéressés jusqu'au sacrifice? « Lorsque les Jésuites firent paraître la correspondance connue sous le nom de Lettres édifiantes, elle fut citée et recherchée par tous les auteurs. On s'appuyait de son autorité, et les faits qu'elle contenait passaient pour indubitables... Quelle excellente histoire que celle des Antilles par le P. Dutertre, ou celle de la Nouvelle-France par le P. Charlevoix!... Mais bientôt la mode vint de décrier ce qu'on *avait admiré. Ces lettres étaient écrites par des prêtres chrétiens, pouvaient-elles valoir quelque chose?... On le sait aujourd'hui, et l'on rend une tardive justice aux Jésuites. Des ambassades, faites à grands frais par des nations puissantes, nous ont-elles appris quelque chose que les Duhald et les le Comte nous eussent laissé ignorer, ou nous ont-elles révélé quelques mensonges de ces Pères (1) ?... »*

Or, les Lettres curieuses et édifiantes, *si vantées par Voltaire lui-même, furent continuées par les* Annales de la propagation de la Foi; *et voici comme un fragment de ces Annales. Ce sont vos enfants, mon Révérend Père, qui nous ont ouvert ces sources variées où nous avons puisé le plus abondamment. Dans les lettres si sérieuses du P. Borghéro, l'illustre génois, qui fut l'âme de toutes vos missions à leur début, se révèle aussi solide philosophe et profond théologien qu'apôtre infatigable (2). Nous nous sommes encore souvent inspiré dans le nouveau journal des* Missions catholiques, *cette feuille illustrée qui complète si admirablement les* Annales de la Propagation de la Foi. *Les* Souvenirs de voyage et de mission *du P. Laffitte (3) nous ont fourni des descriptions pittoresques et des scènes plaisantes. Quelques articles du* Contemporain *(4) ont prouvé que le P. Bouche avait lui-même bien observé le pays qu'il a parcouru, et beaucoup compulsé les écrits de ses devanciers.*

Nous avons pu lire aussi plusieurs lettres inédites de missionnaires qui ont longtemps habité et beaucoup aimé ces côtes dahoméennes devenues leur patrie. Que de biographies intéressantes pourraient sortir de ces petits dossiers apostoliques! Nos missionnaires traduisent si bien dans leurs correspondances

---

(1) Chateaubriand. — Idée générale des Missions.
(2) Annales de la Propagation de la Foi. *Voir les n°* 179 *et suivants jusqu'au* 246°.
(3) Le Dahomey *ou* Souvenirs de voyage et de mission (*Tours, Mame,* 1873.)
(4) Le Contemporain. — *Livraisons d'août, sept., nov. et déc.* 1874.

intimes l'attachement au pays natal, l'amour de la famille absente. Parfois, quelle sensibilité, quelle délicatesse exquise, servies par un talent facile, un esprit perspicace, une imagination riante, un jugement solide; combien il nous a été doux de feuilleter ces pages ! Nous les avons souvent couvertes de nos baisers, nous avons même à demander pardon d'en avoir maculé quelques-unes de nos larmes.

Puisse notre ouvrage, en résumant tous ces écrits, offrir un certain intérêt au point de vue historique et géographique; puisse-t-il surtout attirer l'attention au point de vue religieux, et exciter la charité en faveur des noirs infidèles.

Le grand ami des pauvres, St Jean de Dieu, parcourait les rues de Grenade une hotte sur le dos et deux paniers aux mains, et au lieu de dire : « Donnez-moi l'aumône ! » il disait : « Mes frères, faites-vous du bien, Fat ben ! » Admirable formule, devenue le nom même de ses disciples, qu'on appelle encore en Italie : « Fate ben, fratelli. »

Tel sera le cri qui sortira souvent de cet ouvrage. Quoique indigne de ce rôle, notre livre sera un messager du ciel, il se répandra dans les foules, pénétrera dans les demeures, pour dire à chaque lecteur : faites-vous du bien !

Et pour gage de sa mission, il aura la bénédiction que vous lui donnerez, mon Révérend Père, en l'acceptant vous-même comme l'hommage de nos plus profonds respects.

E^{el} DESRIBES.

INTRODUCTION

La Propagation de la Foi

L'ŒUVRE ET L'OUVRIER

> « Il n'y aura plus qu'un seul troupeau et un seul pasteur. »
> « *Fiet unum ovile et unus Pastor.* »
> (Jean. X, 16.)

Comme œuvre catholique, la Propagation de la Foi date du jour où les Apôtres, sortant du Cénacle, annoncèrent la divinité de Jésus-Christ à la foule des *prosélytes* de toutes nations, réunis à Jérusalem pour célébrer les fêtes de la Pentecôte juive. Là se trouvaient des Arabes, des Parthes, des Phrygiens, des Lybiens, des Egyptiens, des Mèdes, des Romains, des Crétois, etc.; ils entendirent les disciples du Crucifié, publiant les merveilles de la Rédemption dans une langue inouïe que tous comprenaient. Immédiatement trois mille d'entr'eux se déclarèrent chrétiens. Leur exemple fut suivi par cinq mille autres, convertis à la voix de Pierre. Et ceux-ci, de retour dans leur pays, devaient former le noyau des premières Eglises.

Les disciples de Jésus s'élancent au souffle de la Pentecôte et vont s'emparer de leurs royaumes d'adoption. Suivons les pas de ces premiers missionnaires : Jean se réserve l'Asie-Mineure et s'établit à Ephèse ; c'est là qu'il entoure de sa piété filiale Marie que le Sauveur lui a confiée avant de mourir. André et Thomas vont chez les peuples du Nord : le premier est l'apôtre des Parthes ou Tartares ; le second, des Scythes ou Russes et des Indes. Simon évangélise la Perse. Mathias s'avance jusqu'en Ethiopie. Thaddée convertit la ville d'Edesse en Mésopotamie. Barnabé parcourt le littoral oriental de la Méditerranée. Paul va prêcher dans la Grèce, en Italie, dans les Gaules et en Espagne. Enfin, Pierre établit d'abord le siége de l'Eglise à Antioche et le transporte définitivement à Rome, dont le siége épiscopal est uni indissolublement à la papauté.

Rome, foyer des corruptions païennes, fut purifiée sous l'influence des successeurs de Pierre, et put s'appliquer cette parole du Maître : « Je suis la voie, la vérité et la vie. » C'est de là que l'Eglise, pendant dix-huit siècles, a envoyé à toutes les nations de la terre les évêques et les prêtres missionnaires. Ceux-ci sont partis comme les premiers apôtres, enseignant à tous la liberté de conscience qui fait qu'on obéit à Dieu plutôt qu'aux hommes ; ils ont éclairé l'Orient, sauvé l'Occident, façonné la France catholique, comme les abeilles construisent leur ruche, nous dit un historien protestant (1) ; joignant partout le miel de leur charité et de leur parole.

Mais l'œuvre de la Propagation de la Foi n'est pas seulement une œuvre catholique, Dieu a permis dans ces derniers temps qu'elle devînt, sous un certain aspect, une œuvre éminemment française.

Au commencement de ce siècle, Dieu a fait à la fille aînée de l'Eglise un des plus beaux présents qui soient sortis du trésor de ses libéralités : il lui a confié la plus glorieuse entreprise, celle que l'on nomme aujourd'hui, à proprement parler, l'*Œuvre de la Propagation de la Foi.* Cette œuvre providentielle est pleine de grandeur ; car son but est encore de sauver les hommes, et son plan de conquérir toute la terre. Elle est pleine de prévoyance ; car si le désir de l'impie se réalise, si les Etats se séparent de l'Eglise, les Etats auront perdu un grand prestige, une grande force morale : l'Eglise, repoussée par le pouvoir, retombera plus aimée entre les bras de ses enfants que fait naître chaque jour la Propagation de la Foi. Cette œuvre est aussi une œuvre patriotique ; elle est le magnifique couronnement de tant de grandes choses accomplies durant quatorze siècles par l'Eglise et la France réunies : avec le nom de Dieu elle dit partout celui de la France ; combien de fois la croix du missionnaire n'a-t-elle pas ouvert le chemin au drapeau français ?

(1) Gibbon.

Du reste, l'œuvre de la Propagation de la Foi ne répudiera jamais son berceau.

C'était en 1814. Lorsque le Souverain Pontife, Pie VII, du haut de la colline de Fourvières, bénit la cité de Lyon, «il semble, nous dit Frédéric Ozanam, que de ses mains pontificales étendues entre le ciel et la terre, descendit la grâce qui devait faire éclore l'œuvre de la *Propagation de la Foi* (1). »

Ce fut le grain de senevé confié à la terre. Il se développa peu à peu sous l'influence du Ciel, et devint, dans l'espace d'un demi-siècle, le grand arbre de la charité apostolique. Ses branches majestueuses et ses gracieux rameaux s'étendent aujourd'hui sur tous les pays catholiques. Arbre gigantesque, il couvre de son ombre et nourrit de ses fruits mille peuples divers.

Telle est l'origine de toutes ses œuvres : Dieu se plaît à leur donner un commencement obscur et faible. Il cache et divise leur source, comme celle des grands fleuves : on ne peut dire très-souvent à quel ruisseau ils ont commencé. Mais Dieu rend ensuite ces mêmes œuvres fécondes et durables, choisissant toujours, dans l'exécution de ses desseins, les instruments les plus humbles. « *Infirma mundi elegit Deus* (2). »

Telle a été l'origine, telle est la destinée de l'œuvre de la Propagation de la Foi, sur laquelle nous porterons un regard d'ensemble avant d'entreprendre notre sujet.

Le travail de l'évangélisation chez les peuples infidèles semblait se ralentir, soit à cause du petit nombre d'ouvriers évangéliques, soit par l'insuffisance des ressources pour les entretenir.

Mais Dieu, toujours attentif aux besoins de son Eglise, et sans nul besoin de la puissance des hommes pour agir, envoya une noble inspiration à l'une de ses plus humbles servantes. Cette pauvre fille du peuple conçut le projet de s'associer avec de pieuses compagnes aux mérites de l'apostolat, en sollicitant la charité chrétienne.

La première obole est secrète. Le denier de la veuve est fidèlement recueilli. Le Sauveur et sa divine Mère ont déjà donné un sourire et une bénédiction spéciale à l'œuvre naissante. Le nombre des contribuables volontaires devait bientôt s'étendre dans tous les rangs de la société.

Avant 1815, et à travers nos grands bruits de guerre, quelques cris de détresse venus de l'Orient avaient été entendus par des âmes qui se

---

(1) *Miss. cath.* en mai 1872.
(2) Cor. I, 27.

laissèrent attendrir sur le sort des missions. Mgr Dubourg, évêque de la Nouvelle-Orléans, revenait de Rome où il avait été sacré ; il s'arrêta à Lyon pour exposer aux chrétiens charitables de cette ville l'extrême pénurie de son diocèse. Il eut surtout de nombreux entretiens avec une pieuse dame qu'il avait connue aux Etats-Unis, Mme Petit, née Lemau de la Barre. Cette bienfaisante veuve commença à recueillir des aumônes pour les chrétientés de l'Amérique.

Plus tard, Dieu suscita une autre personne de Lyon, dont la vie édifiante consumée en bonnes œuvres rappelle les vierges illustres de la primitive Eglise, Mlle Jaricot, fille d'un riche négociant. Une lettre chaleureuse de son frère, séminariste à Saint-Sulpice, fut pour elle l'inspiration d'en haut.

Jusque là, toutes les bonnes œuvres l'avaient trouvée pleine de zèle pour la gloire de Dieu, mais saisie alors de la plus douloureuse émotion sur le dénûment de la maison des Missions-Etrangères, elle entreprit de quêter partout, et elle le fit avec un courage admirable. Grâce à son énergie, dès l'année 1820, une association d'aumônes, à raison d'un sou par semaine, était établie en faveur des ouvriers évangéliques. Après six mois d'efforts, ces premiers propagateurs de l'œuvre envoyèrent 2,000 francs d'offrandes, comme un pieux souvenir de l'Eglise de Lyon à cette vieille Asie d'où lui vint la foi. On aime à compter ces premières gouttes de rosée qui devait un jour se répandre plus abondante sur un champ sans limites.

L'œuvre fut bientôt publique. En 1822, elle avait les sympathies des classes élevées et des riches industriels de Lyon. Tout le diocèse voulut contribuer au budget de la première année qui s'éleva à 15,272 francs. Des comités s'organisèrent. Une assemblée générale des membres actifs se réunit pour obtenir que l'œuvre fût reconnue catholique (universelle) et que le jour anniversaire de la fondation serait le 3 mai, fête de l'Invention de la Sainte-Croix. On sollicita et on obtint l'autorisation ecclésiastique. Le conseil de direction fut composé de sept membres : MM. de Verna, président ; de Villiers, vice-président ; d'Herculais, trésorier ; Petit, secrétaire ; Coste, Terret et de Varax. L'œuvre de la Propagation de la Foi était fondée.

Mais la pensée de l'association ne pouvait pas se contenir dans les bornes d'une province. Peu de jours après la première assemblée, un des membres du conseil central de Lyon allait provoquer la charité toujours ardente des villes du Midi et du Centre.

Dans la catholique ville du Puy, sœur par Marie de l'antique cité des Gaules, un humble prêtre, M. de Croze du Ranquet, avait puisé dans les nobles traditions de famille l'amour des œuvres chères à l'Eglise. Il alla de porte en porte, demandant l'aumône de la charité et de la prière en faveur des pauvres infidèles. Ayant donné à son zèle un certain nombre d'associés, il eut le bonheur de voir l'œuvre prospérer dans tout le chrétien pays du Velay.

Des comités diocésains se formaient à Avignon, Aix, Marseille, Nîmes, Montpellier, Grenoble. Bientôt après un des fondateurs se rendait à Paris, où un autre conseil central fut formé, et dès lors l'œuvre comprenait tout le royaume.

L'année suivante, un délégué du conseil de Lyon prosterné aux pieds du Souverain-Pontife, Pie VII, d'heureuse mémoire, obtenait les indulgences qui enrichissent l'œuvre à perpétuité. De toutes les chaires épiscopales de France d'encourageantes paroles descendirent. A leur tour, les prélats des contrées voisines s'émurent. Bientôt la Belgique et la Suisse, les divers Etats d'Allemagne et d'Italie, la Grande-Bretage, l'Espagne et le Portugal vinrent successivement s'engager dans la Croisade de l'Aumône. Près de trois cents évêques ont élevé la voix en sa faveur. Enfin, le pape Grégoire XVI, par sa lettre encyclique de 1840, a placé l'œuvre de la Propagation de la Foi au rang des plus importantes institutions de l'Eglise.

Depuis le long et glorieux pontificat de Pie IX, cette œuvre a grandi dans des proportions merveilleuses. Son succès est le plus vaste que le zèle chrétien ait obtenu depuis les apôtres. L'Eglise présente aujourd'hui, presque sur tous les points du globe, un spectacle digne des premiers siècles. Il faut remonter aux beaux jours de saint Pierre parlant aux Juifs et de saint Paul convertissant les nations, pour trouver une si magnifique expansion de la vérité catholique. « Là où il n'y avait que le désert, se sont élevées des églises florissantes, là où régnaient les plus honteuses superstitions, le vrai Dieu est adoré, et là où un missionnaire intrépide ose pénétrer seul et verser son sang, là accourent bientôt une légion de prêtres, et puis, l'évêque lui-même(1). » En quelques années que de vicariats apostoliques créés, que de sièges épiscopaux occupés! Nous ne reproduisons pas ici la nomenclature des missions signalées comme nouvelles en 1842, et cette énumération serait bien plus longue aujourd'hui ; qu'il suffise de constater que le nombre des diocèses loin-

(1) Mgr Guibert.

tains et des préfectures apostoliques secourus par l'œuvre de la Propagation de la Foi, s'élève à plus de trois cents.

On a vu au concile du Vatican les apôtres de l'Océanie, de la Chine, du Japon, de tout l'Orient et des contrées les plus sauvages de l'Amérique. Ils y étaient en grand nombre et tels peut-être que nous les verrons aux grandes assises de la catholicité. Presque tous étaient les premiers ou les seconds évêques de leurs Eglises récemment fondées. S'il n'y avait pas un Constantin pour baiser leurs plaies, et s'ils ne portaient pas tous, comme plusieurs des Pères du concile de Nicée, les stigmates de la persécution, on voyait sur toutes leurs personnes vénérables les traces glorieuses de leurs longs et difficiles travaux. La présence de ces conquérants des âmes au milieu de l'auguste assemblée en rehaussait l'honneur et l'autorité. C'était une éclatante manifestation du triomphe de la religion par l'œuvre de la Propagation de la Foi.

Et là, les héros de l'Evangile n'étaient pas au complet ; bien des trônes étaient vides. Et quand Pie IX, qui a dans le cœur le nom de tous ses enfants, demandait aux apôtres des terres lointaines ce qu'étaient devenus leurs frères, on lui répondait par cette parole de l'apôtre : « *Alii secti sunt, alii occisione gladii mortui sunt* (1). » Ils sont allés, les uns sous les glaces du pôle, s'ensevelir dans des huttes de neige, d'autres sur des rivages où l'homme se nourrit de la chair de ses semblables, tous, partout où le nom de Dieu n'est pas encore connu. Et pendant que nous arrosions nos terres de nos sueurs, eux ont rougi leurs neiges et arrosé leurs forêts d'un sang glorieux.

Tel est le spectacle que nous offre dans une vue d'ensemble l'histoire de cette sainte association : spectacle consolant, et qui nous fait espérer que Dieu, malgré le dépérissement des croyances religieuses parmi nous, ne réalisera pas pour la France cette terrible prédiction de l'Apocalypse : « Je transporterai ailleurs le flambeau d'une foi qui s'éteint sur vos terres (2), » mais qu'au contraire, il continuera sa miséricorde à un pays qui a donné naissance à une œuvre si précieuse, et pour laquelle notre patrie fournit, à elle seule, plus d'ouvriers que toutes les autres contrées ensemble.

La première des nations chrétiennes, la France envoie ses fils à tous les peuples pour leur offrir de partager le céleste héritage. Oui, malgré nos désastres de toutes sortes, les vocations à l'apostolat ne cessent encore

---

(1) Hebr. XI, 37.
(2) « *Et movebo candelabrum tuum de loco suo.* » Apoc. II, 5.

de se multiplier parmi nous. Il semble que le vent impétueux qui se fit dans le Cénacle, au jour de la Pentecôte, recommence à souffler sur le monde chrétien ; mais les vocations apostoliques se manifestent en France plus nombreuses qu'ailleurs. Le sacerdoce séculier et les ordres religieux ressentent un entraînement irrésistible vers les combats héroïques qui étonnent la mollesse et la lâcheté de nos jours.

Admirons le courage de nos apôtres à l'heure de la détermination.

« Les philosophes anciens et modernes n'ont jamais quitté les avenues d'Académus et les délices d'Athènes, pour aller, au gré d'une impulsion sublime, humaniser le sauvage, instruire l'ignorant, guérir le malade, vêtir le pauvre, semer la concorde et la paix parmi des nations ennemies. C'est ce qu'ont fait et ce que font de nos jours les apôtres de l'Evangile. Les mers, les orages, les glaces du pôle, les feux du tropique, rien ne les arrête. Ils vivent avec l'Esquimaux dans son outre de peau de vache marine ; ils se nourrissent d'huile de baleine avec le Groënlandais ; avec le Tartare ou l'Iroquois, ils parcourent la solitude ; ils montent sur le dromadaire de l'Arabe, ou suivent le Cafre errant dans ses déserts embrasés ; le Chinois, le Japonais, l'Indien sont devenus leurs néophytes. Il n'est point d'île ou d'écueil dans l'Océan qui ait pu échapper à leur zèle. Et comme autrefois les royaumes manquaient à l'ambition d'Alexandre, la terre manque à leur charité (1). »

Le missionnaire sait qu'il laisse en Europe des prêtres exerçant le ministère, des prédicateurs de la foi parlant à une famille de frères prosternés devant le Dieu véritable ; quant à lui, il porte ses regards vers des régions lointaines, où tant d'âmes languissent, tant de peuples livrés à eux-mêmes se heurtent dans les ténèbres de l'idolâtrie. Touché de compassion, il se sent appelé, il brûle de se dévouer, de mourir pour des étrangers. Il faut percer des forêts profondes, franchir des marais impraticables, traverser des fleuves dangereux, gravir des rochers inaccessibles, affronter des nations cruelles, superstitieuses, jalouses : le missionnaire connaît tous ces obstacles, compte tous ces sacrifices, et demande chaque jour à partir.

« La vocation, dit Mgr l'évêque d'Aire, confère en son temps tout ce qu'elle implique et suppose : la mort à soi-même et au monde, une charité grande comme la terre, la joie des épreuves, la patience qui opère une œuvre parfaite» (2). « Les sages du siècle diront au missionnaire, avec une

---

(1) Chateaubriand. Missions, 212.
(2) Mgr Epivent. Mandem. 1862.

modération feinte, qu'il sera, sans utilité, la victime de son fanatisme ; ou bien, ils demanderont avec une pitié superbe ce que cet apôtre prétend faire dans les déserts et dans les forêts : sans doute, il ne porte pas avec lui les plans d'une académie, ni les instruments de la science, il ne va pas tenter de grandes découvertes philosophiques. Il lui suffit d'un crucifix sur la poitrine, d'un livre d'heures à la main, pour obéir à cette voix du Maître qui retentit dans son âme : « Allez et enseignez ! » Et sur la foi de ce commandement, avec une simplicité extrême, il quitte les délices de la patrie pour aller, au prix de son sang, révéler à un barbare qu'il n'a jamais vu — quoi ? — Rien, selon le monde ; presque rien : l'existence de Dieu, l'immortalité de l'âme, (1) » le bonheur de la vie future.

Voilà le missionnaire auquel Dieu a parlé au cœur. Comme l'Epouse des cantiques, l'Eglise le « choisit parmi les élus ; elle veut même qu'il lui apporte la blancheur de son innocence, le vermeil de son sang (2). » La vocation à l'apostolat est la plus haute dignité à laquelle puisse atteindre un prêtre. Il l'obtient par la prière. « J'ai sollicité cette grâce à l'autel, nous dit un missionnaire ; elle m'est venue pendant que je tenais Jésus-Christ élevé entre le ciel et la terre ; et désormais je n'ai plus que Dieu pour père, tous les hommes pour frères, et le monde pour demeure (3). » Il y a aussi des séductions extérieures. Qui n'a vu des évêques missionnaires frapper à la porte de nos séminaires de France ? Or, voici les attrayantes promesses qu'ils font aux jeunes lévites, pour les engager à les suivre : « Vous serez continuellement en voyage dans des régions inconnues, où les distances sont incommensurables ; vous passerez vos nuits sur la terre humide et vos jours sous un soleil brûlant (4). » N'importe, l'invitation est entendue et acceptée. Bientôt le souffle de Dieu suscite dans les séminaires diocésains et dans les maisons religieuses une foule de vocations apostoliques. Des ouvriers se lèvent de tous les coins de la France, se répandent sur toutes les plages, celles mêmes qui sont réputées inaccessibles ; et, selon la parole d'un saint évêque, « le monde va être étonné de voir ainsi tous les sentiers battus, non plus pour satisfaire aux calculs de la science, de l'ambition ou de la cupidité, mais pour obéir à l'unique désir, pour suivre la sublime vocation de sauver les âmes. »

(1) Chateaubriand, Missions, 261.
(2) Cant. v, 19.
(3) Marshall, II, 476.
(4) (Id.) II, 808.

L'élu du ciel et de l'Eglise part donc, « les regards fixés sur la récompense, (1) » et jetant ses prières aux oratoires et aux madones des rivages qu'il quitte, aux vents et aux flots des mers qu'il va traverser. Parfois l'équipage compte à son bord plusieurs de ces apôtres rayonnants de jeunesse, et souvent c'est un vénérable évêque qui emmène avec lui « cette pléiade d'étoiles qui brilleront éternellement au ciel pour avoir enseigné la justice à plusieurs (2). » Et quand le navire déploie ses blanches ailes et qu'il s'ébranle enfin, spectateurs et négociants, oisifs et rêveurs sur le sable du rivage, songent tout à coup à la mort enviable que vont peut-être subir ces messagers célestes ; et, comme autrefois saint Philippe de Néri aux portes de Rome, ils crient à ces apôtres qui gagnent l'espace : « Salut, ô fleurs du martyre ! »

Impossible de dire les douces émotions que donnent les prières et les chants de la traversée, de raconter les allégresses et les impatiences du missionnaire sur la haute mer. Il goûte sur l'Océan une joie d'autant plus grande qu'il se voit dans le dénûment que l'Evangile prescrit aux apôtres, c'est-à-dire « sans argent dans la ceinture. »

Cet élan vers l'apostolat entraîne aussi de généreuses vierges. Chaque jour, prenant leur essor de quelque port de France, des nuées de chastes colombes vont s'abattre sur tous les points du globe, où leur vie peut être sacrifiée à Jésus. Ni leur timidité, ni leur faiblesse naturelle ne les arrêtent dans cet entraînement mystérieux qui les pousse à se dévouer à la rédemption des âmes.

Mais sera-t-il dit que de nos jours on trouvera plus facilement des apôtres disposés à aller chercher des âmes jusqu'aux extrémités du monde, que les deniers nécessaires pour payer leur passage sur le pont d'un navire ou les provisions de leur long voyage ?

Au milieu des mouvements qui agitent les esprits et les empires, qui rapprochent les distances et établissent, pour ainsi dire, toutes les communications de la famille humaine, on croit voir se dérouler un dessein miséricordieux de la Providence pour la conversion de l'univers. Mais le salut des infidèles serait-il retardé par l'égoïsme et l'indifférence des chrétiens ? Puissions-nous du moins enflammer notre charité au souvenir des sacrifices qu'accomplit chaque jour l'apôtre qui nous tend la main du fond des pays idolâtres.

Dès que ses pieds ont touché le rivage, il s'aperçoit bientôt que le divin

(1) Hébr. II, 26.
(2) Daniel XII, 3.

Maître fait marcher ses disciples à travers d'âpres sentiers, et qu'il ne leur ménage pas la sainte rudesse de la croix. « Je vous écris, disait Mgr Flaget, dans une cabane, au fond d'une forêt, à 25 lieues de ma résidence où je suis venu administrer un malade. Après douze heures de marche, j'ai frappé à la porte de la première hutte que j'ai rencontrée. On m'y a donné l'hospitalité. Quel bon sommeil sur la paille ! Et lorsque le chant du coq me reveilla, je compris que le trappiste peut fort bien dormir sur la couche de sa pauvreté (1). » Un autre jour il écrivait : « Je demeure dans l'une des plus belles maisons du village ; elle a pu coûter 25 francs. Ne riez pas, il y en a de 16 sous. La porte de ma chambre est une feuille de papier. La pluie tombe à travers mon toit, presque aussi dru que dehors (2). » Un autre évêque nous apprend qu'il n'est pas toujours aussi heureux encore. « Mon paletot me sert de matelas, mes mitaines et ma casquette, d'oreiller, deux couvertures doivent defendre au froid de troubler mon repos (3). » Sous cet âpre ciel, où un froid de 40 degrés glace les larmes sur la joue, le missionnaire sait trouver une ample moisson de mérites. « J'ai offert ma nuit glaciale aux âmes du purgatoire, et plusieurs ont dû en ressentir quelque soulagement. Quelle paix j'ai goûtée ! Le remords n'agite pas le sommeil de celui qui a la voûte étoilée pour ciel de lit, et les bornes de l'horizon pour rideaux (4). »

C'est encore avec une gaîté qui réjouit les anges, mais qui devrait faire pleurer les hommes, que les missionnaires nous parlent de leurs privations au sujet de la nourriture. « Ma table n'est pas splendide. Ce qui manque ici, c'est le pain, le vin, le laitage. Au lieu du pain nous mangeons du riz ; faute de vin, nous buvons de l'eau ; à la place du lait, nous avons la liqueur du coco quand c'est la saison (5). » Et tout cela n'est-il pas encore du luxe auprès de ceux qui « boivent de l'huile de baleine, qui mangent du fromage de fèves, du chat, du serpent à sonnettes, qui dînent d'une fricassée de lézards, d'une bonne soupe de crapauds, et quelquefois de rien ? » (6) « Un missionnaire n'avait rien mangé depuis quarante-huit heures ; sa voix était éteinte d'inanition, et il ne put monter à l'autel, bien que la chrétienté fût rassemblée. Ce même missionnaire ne possédait qu'une soutane commune avec son confrère ; et pendant que l'un célé-

---

(1) *Ann.* T. IX, 45.
(2) (Id).
(3) *Missions cath.*
(4) *Dict. des Missions.* II, 969.
(5) (Id.) 198.
(6) *Ann.* XXXIII, 478.

brait, l'autre restait au logis. L'excès de fatigue et le manque d'aliments réparateurs réduisirent bientôt ces deux prêtres à un épuisement que leur pauvreté ne leur permettait pas de conjurer. Ils tombèrent malades en même temps. Depuis dix jours, les voilà couchés sur le sol, n'ayant pour tout remède qu'un sceau d'eau. Quand arriva la fête de l'Assomption : « Mon ami, confessons-nous pour la dernière fois ; le moins faible de nous deux essaiera de dire la sainte messe, et donnera la communion à l'autre. » Le célébrant accomplit avec peine son pieux ministère, et celui qu'il avait communié en viatique, retomba pour ne plus se relever. Le survivant attendit qu'il eût repris assez de force pour porter le corps du bienheureux décédé jusqu'à la fosse creusée dans le jardin ; et là le mourant enterra le mort (1). »

Que ces grandes austérités, que ces nombreuses privations nous engagent à tuer cette sangsue qu'on nomme le luxe ! Mais bien d'autres sacrifices attendent l'apôtre.

Nous avons vu les missionnaires vivant au milieu des fleurs de Bethléem, qui croissent partout autour d'eux. Quelquefois leurs épreuves sont plus terribles encore ; elles deviennent les transes de Gethsémanie, les préludes de la passion, les fruits amers du calvaire. Jésus-Christ continue de vivre dans ses apôtres ; et depuis le sang qu'il a versé pour le salut du monde, il lui faut du sang pour sauver les âmes. Le missionnaire connaît cette loi. Et dans sa soif des âmes, « il désire d'un grand désir de manger la pâque, (2) » de recevoir le baptême du sang. Aussi là où le bourreau étale avec plus de luxe l'attirail des instruments de supplice, là accourent à l'envi les nouveaux apôtres ; « ils s'y précipitent comme des fleuves (3). »

Quand une station offre pour son histoire un vrai martyrologe écrit en caractères de sang, le missionnaire qui vient d'y aborder remercie son hardi pilote, baise avec effusion de cœur le sable du nouveau rivage, et s'écrie avec transport : « Terre ! terre ! ton nom qui glace d'effroi résonne doucement à mon oreille (4) ! »

Si les premiers jours laissent à l'apôtre quelques instants de paix, « ah ! dit-il, que je voudrais mourir de fatigue, sur un sable brûlant, le corps déchiré par les bêtes ! En paraissant devant mon juge, je lui montrerais

(1) Marshall, II, 308.
(2) Luc, XXII, 15.
(3) Mgr d'Aire.
(4) L'Evangile en Corée, Marshall, I, 117.

mon cadavre ainsi mutilé pour sa gloire, et j'espérerais que ma cause serait gagnée. »

Mais quand la persécution menace, qu'arrive-t-il ?

« Voyez, disait un missionnaire à son compagnon, pendant qu'ils étaient cachés dans les broussailles, voyez un peu comme notre vie est irrégulière, et combien nous sommes loin d'observer la sage distribution que le Créateur a faite des heures du jour et de la nuit. Bien souvent nous avons répété ces magnifiques paroles du roi David : « Vous avez établi les ténèbres, et la nuit s'est faite ; alors sortiront toutes les bêtes de la forêt ; alors les animaux féroces iront, en rugissant, à la chasse de la proie que Dieu leur a préparée pour pâture (1). » Voilà bien la part des bêtes ; voici maintenant le lot de l'homme : « Le soleil s'est levé, et toutes les bêtes sauvages reviennent se blottir dans leurs tanières ; l'homme sortira pour travailler et vaquer à ses occupations jusqu'au soir (2). » Ce texte est clair, et cependant nous, missionnaires, nous faisons, non comme les hommes, mais comme les animaux sauvages, grâce à Sa Majesté très-tyrannique le roi d'Annam (3). »

Quand l'édit de persécution est promulgué, quand l'apôtre est saisi et enchaîné, il écrit à son évêque : « La nouvelle de mon exécution prochaine ne m'a fait aucune impression, sinon celle d'un contentement parfait. J'ai dormi cette nuit comme à mon ordinaire. Seulement la lourde cangue me fatigue, et j'ai de la peine à rester assis. Je suis prêt au dernier sacrifice. De grâce, ne faites point de démarches et de dépenses pour me racheter. Priez, afin que j'achève courageusement ma course (4). »

« Mon exil va finir, écrit un autre missionnaire captif à sa famille ; la terre fuit, le ciel s'entr'ouvre. Ne me pleurez pas. J'ignore ceux qui vivent encore, et ceux qui ne sont plus. Le prisonnier de Jésus-Christ envoie son dernier salut. Adieu donc à tous ceux qui m'ont aimé (5) ! »

Et si c'est un jeune homme de 27 ans, comme le P. Bonnard, que Dieu choisit pour le couronner de la gloire du martyre, son évêque lui envoie cette plainte amoureuse : « Je suis jaloux de vous voir entrer avant moi dans le céleste royaume. Vous partez par la voie la plus sûre et la

---

(1) « Posuisti tenebras, et facta est nox ; in ipsâ pertransibunt omnes bestiæ sylvæ. Catuli leonum rugientes ut rapiant et quærant à Deo escam sibi. » Ps. CIII, 20.

(2) « Ortus est sol et congregati sunt, et in cubilibus suis collocabuntur ; exibit homo ad opus suum et ad operationem suam usque ad vesperum. » Id. 22.

(3) P. Combes. *Les Sauvages Ba-hnars.*

(4) *Ann.* XXXI, 22.

(5) T. Vénard. *Ann.* XXXVIII, 378.

plus courte, tandis que je suis condamné à rester encore le jouet des flots sur cette mer orageuse. Moi, votre évêque, vieux capitaine, au service depuis vingt ans sur cette terre étrangère, vous me supplantez. » Et après avoir versé quelques larmes dont l'empreinte est sur le papier, il ajoute : « N'aurais-je pas dû obtenir la palme avant vous ? Mais puisque telle est la volonté de Dieu, je vous pardonne. Partez donc en paix, enfant gâté de la Providence. Oui, je vous envie, mais d'une envie d'affection et d'une jalousie de tendresse. Que vous êtes heureux d'aller rejoindre les martyrs de notre mission ! Avec quelle joie ne vous verront-ils pas entrer dans leur glorieuse compagnie (1) ! »

Quels hommes que ces missionnaires « qui combattent avec le Seigneur durant tout le jour de leur vie (2) » ! Quelle que soit la durée de ce jour, qu'ils succombent dès leur entrée dans la carrière, comme Mgr Epalle qui fut massacré à trente-six ans, en posant le pied sur la terre de son vicariat ; ou bien, comme Mgr Flaget et Mgr Bessieux, qu'ils prolongent jusqu'à l'âge de quatre-vingts et quatre-vingts-six ans, les rudes labeurs de leur apostolat, la mort, à quelque heure et sous quelque forme qu'elle se présente, aura pour eux un sourire. Ils savent, comme dit saint Paul, qu'elle est « un véritable gain. »

« Qu'aux yeux de toute une nation, sous le regard de ses parents et amis, un homme s'expose à la mort pour sa patrie, il échange quelques jours de vie pour des siècles de gloire ; il illustre sa famille, et l'élève aux richesses et aux honneurs. Mais le missionnaire, dont la vie se consume au fond des bois, qui meurt d'une mort affreuse, sans spectateurs, sans applaudissements, sans avantages pour les siens, obscur, méprisé, traité de fou, d'absurde, de fanatique, et tout cela pour donner le bonheur éternel à un sauvage inconnu... de quel nom faut-il appeler cette mort (3) ? » L'Eglise n'a qu'un mot : le martyre. Elle offre ses martyrs en spectacle aux anges du ciel. Elle ouvre sa carrière des jeux olympiques, *où l'on court pour obtenir la palme* (4). Et tous les missionnaires catholiques la consolent par leurs sacrifices, et la dédommagent de toutes les défections de l'infidèle Europe. Plaise à Dieu que dans la mystérieuse économie de la grâce, les chrétientés nouvelles qui s'épanouissent sous la rosée du sang de nos martyrs ne soient pas appelées à remplacer notre vieux catholicisme

(1) Marshall. I, 124.
(2) Reg. I, XIV.
(3) Chateaubriand. 218.
(4) « Unus accipit bravium, sic currite ut comprehendatis. » I, Cor. IX, 24.

que l'impiété voudrait jeter dans la boue ! Evidemment, dans les conseils divins, tant d'holocaustes ne doivent pas profiter seulement aux victimes, mais aussi à leur foyer, à leur sol natal, et à toute leur nation.

Quels que soient les crimes de notre époque et les égarements de notre patrie, ne désespérons pas de la France, tant que nous la verrons produire de pareils crucifiés, de tels rédempteurs. Ils versent leur sang, ils opèrent le salut des peuples. Mais nous, frères de ces apôtres et de ces martyrs, comprenons le prix des âmes, et sachons que tout homme de bonne volonté peut, sans mourir sur le calvaire, contribuer à étendre les pacifiques triomphes de la croix. L'associé à l'œuvre de la *Propagation* est le Cyrénéen marchant à côté de Jésus.

N'est-ce pas là notre plus bel honneur, notre plus grand intérêt ? S'il est beau pour les anges du ciel et infiniment agréable à Dieu, le spectacle de tous ces peuples qui se sont ébranlés de nos jours et levés comme un seul homme, pour porter leurs chants et leurs prières dans les sanctuaires fameux, n'est-il pas plus grandiose d'associer à cette croisade de la prière les nouveaux chrétiens de tous les océans et de tous les rivages ? C'est la prière universelle qui s'élève de la terre pour retomber sur nous en rosée bienfaisante.

Vous comprenez de quel esprit d'oraison nos missionnaires, ces grands maîtres de la prière, doivent pénétrer les âmes qu'ils gagnent à Dieu. « Tous les noms que les néophytes donnent à ce qui appartient à la religion, sont inspirés par cet esprit. L'évêque, c'est le gardien de la prière ; l'Eglise, la cabane de la prière ; le chapelet, les graines de la prière. En famille, en assemblée, et même seul, le néophyte récite sa prière en chantant. On pleure malgré soi, quand on assiste à ces scènes. Dans ces voix, jusqu'alors inconnues aux anges, il y a les mélancoliques tristesses de la terre, et les douces joies du ciel (1). »

Et pour qui prient ces néophytes ? sans doute pour ceux de leurs peuplades qui n'ont pas encore ouvert les yeux *à l'admirable lumière de l'aurore qui est déjà apparue dans leur ciel* ; mais aussi pour les chrétiens qui sont cause de leur évangélisation et de leur salut.

Ils prient dans leurs hôpitaux, dans leurs crèches, et dans leurs orphelinats, à l'école de leurs vierges. « Ces amantes de Jésus aux pieds de la croix, ont, dans la Louisiane, pour règle quotidienne de sonner tous les quarts d'heure du jour par cette prière jaculatoire, qui ferait prendre le timbre de leur voix pour l'horloge de la passion : « Jésus souffrant, Marie compa-

(1) Mgr d'Aire. *Ann.* XXXII, 107.

tissante, pitié pour les âmes qui vous ont coûté tant de douleurs (1) ! »

Ils prient avec leurs contemplatives, qui, comme des colombes, se sont envolées à travers les continents et les mers, jusqu'aux lieux les plus reculés où le missionnaire a planté la croix. Les Carmélites sont en Amérique, aux Indes ; elles étaient à Saïgon le lendemain du jour où le canon français en fit la conquête. Les Dominicaines ont porté leur bure blanche et leurs prières dans les Etats-Unis et en Californie. Les Bénédictines, Trappistines, Visitandines, toutes sont là les mains jointes et à genoux « comme mille boucliers, armure des forts » qui défendent notre forteresse et nous font triompher de l'ennemi de notre salut.

Ils prient surtout avec leurs apôtres et leurs martyrs.

« Nous intercédons chaque jour et jusqu'à notre dernier soupir pour tous nos bienfaiteurs, suppliant Dieu qu'il daigne leur accorder le centuple en ce monde et la vie éternelle en l'autre (2). » « Dites aux membres de la Propagation de la Foi, écrivait le martyr Gagelin, la veille de sa mort, dites-leur bien que je me souviendrai d'eux au ciel (3). » Qui nous dira les vagissements, les discours inénarrables de ces petites créatures, fraîchement régénérées, prêtes à s'envoler au ciel ? « Oh ! chrétiens d'Europe, que votre charité est grande ! que de fois nous y songeons devant Dieu ! nos prières sont au-dessous de nos sentiments. Nos ailes, comme celles de l'oiseau qui vient d'éclore, ne peuvent nous transporter par-delà l'immensité des mers qui nous séparent. Mais, prosternés déjà sous la hâche du bourreau, notre dernier regard tourné du côté de la France, nous prions pour nos apôtres, nos bienfaiteurs, nos frères aînés, et nous espérons qu'un jour nous leur ouvrirons nous-mêmes les tabernacles éternels (4). »

Voilà la voix de l'innocence et du sang, voix du baptême et du martyre, que Dieu exauce toujours. C'est aussi la voix de l'apôtre expirant.

Comme Xavier, après d'innombrables travaux, couché sur la natte, dans sa case ouverte à tous les vents, le missionnaire ne sait pas mourir, avant d'avoir prononcé pour ses auxiliaires et ses bienfaiteurs de l'Europe, une prière suprême : C'est le *Sitio* du Sauveur sur la croix ! : « J'ai soif du salut de leurs âmes ! » Qui donc ne voudrait jouir du bénéfice de cette prière ?

---

(1) Mgr d'Aire, *Ann.* XXXII, 109.
(2) *Ann.* XXV, 487.
(3) (Id.) X, 69.
(4) (Id.) XXV, 488.

A nous de recueillir ces traditions comme nos plus beaux titres de noblesse, et de transmettre à nos familles l'esprit de l'œuvre et le dévoûment de l'ouvrier.

Nos faibles secours, donnés depuis quelques années, s'ils devaient maintenant s'interrompre, ne serviraient qu'à publier notre impuissance, et désoler nos frères, en leur laissant la honte de suspendre ce qu'ils ont commencé sur la foi de notre appui. En voyant leurs églises inachevées tomber en ruines et leurs orphelins dans la misère, l'infidèle peut se demander avec mépris : Où est donc le Dieu des chrétiens ? « *Ubi est Deus eorum* (1) ? » Puissent ces pages lui répondre : Le Dieu des chrétiens est dans la charité ! Oui, lecteurs, quittons par moments la politique qui nous afflige et nous divise, glorifions la foi apostolique qui seule peut nous consoler et nous unir, favorisons ses triomphes parmi nous.

Encore une fois, féconde en prêtres, la France produit plus de missionnaires qu'aucun autre pays : et cette gloire qui lui reste promet le retour des autres gloires.

La Russie n'a pas d'apôtres, parmi ses milliers de popes et de religieux. L'Allemagne, pauvre en vocations, persécute, exile ses prêtres catholiques et fait des employés électoraux de ses pasteurs protestants. L'Angleterre souscrit en vain des sommes énormes pour ses missions protestantes ; celles-ci restent stériles, parce que la plupart de leurs chefs sont des pères de famille qui se ménagent et spéculent pour leurs femmes et leurs enfants ; quelques-uns d'entre eux, d'ailleurs, ne croient pas à la divinité de Jésus-Christ.

La France, au contraire, comme nous le verrons dans cet ouvrage, augmente chaque jour le nombre de ses missionnaires dont l'apostolat est partout fructueux ; et cet apostolat sera pour elle une des principales espérances de salut et d'avenir. Nous pouvons lui dire, après un illustre évêque : « O ma patrie, tu garderas toujours tes priviléges ; tu seras le principal contrefort de l'édifice divin. La pierre que la main du Christ a posée au versant de tes monts a besoin de toi comme d'un point d'appui. Tu seras toujours chrétienne, à force d'être universelle dans ton apostolat (2). »

Que nos nombreux missionnaires puissent donc aller dire au fond des îles aux sauvages qui les attendent : « Nous n'avons ni or ni argent, mais ce

---

(1) Act. apost.
(2) Anniversaire du martyre de Théophane Vénard, par Mgr Pie.

que nous avons, nous vous le donnons de tout cœur (1). » Quant à nous, sachons offrir avec largesse l'or et l'argent de nos trésors et l'encens de nos prières ; pour que le règne de Dieu s'étende ici-bas, et que cette parole se réalise : « *Fiet unum ovile et unus Pastor.* »

Telle est l'œuvre, tel est l'ouvrier en général. C'est la sublime entreprise de l'évangélisation des peuples ; elle reproduit sur des terres nouvelles le spectacle de l'Eglise naissante, celui des premiers apôtres et des premiers martyrs !

Or, c'est à tous ces grands maîtres dans l'apostolat, que s'est modelée, de nos jours, une phalange d'hommes généreux que nous nous proposons de faire connaître. Puisse le récit de leurs travaux et de leurs souffrances, attirer l'attention sur le théâtre de leur dévouement, le Dahomey, la Côte des Esclaves, le Golfe de Bénin, tout un vaste littoral de l'Afrique occidentale !

Cet ouvrage aura donc pour but d'offrir aux regards du public, et surtout à la pieuse admiration des âmes saintes, une branche du grand arbre de la Propagation de la Foi. Ce n'est même qu'un rameau de la branche africaine. Mais qui n'aimera à l'effeuiller, ce rameau verdoyant ? Il n'a reçu que d'hier les rayons du Soleil de justice, et il porte déjà des fruits de salut. Qui ne sera attendri à la vue de ces nouveaux apôtres du Dahomey ? Ils sont autant d'immolations chrétiennes offertes à la barbarie, autant de consolations religieuses assises aux portes de la souffrance. Comme on le voit, l'objet de notre travail est des plus beaux, des plus consolants.

L'ouvrage, divisé en plusieurs livres, consacre le premier à une vue générale de l'Afrique ; ainsi, le Dahomey se présentera d'une manière plus précise dans l'esprit du lecteur. Le second livre contient l'historique de la Société des Missions-Africaines, et révèle le caractère intime de ses enfants. Les livres suivants font connaître les diverses stations de nos apôtres sur la Côte des Esclaves ; ils montrent l'action de la grâce à travers ces populations indigènes.

Devant la grandeur d'un tel sujet, notre courage a-t-il failli ? La tâche a-t-elle eu pour nous des moments pénibles ? Nous l'ignorons. Il est des grâces inattendues. Et puis, notre âme éprouvait si souvent l'impression délicieuse et salutaire des plus beaux exemples ! Du reste, au milieu de nos modestes efforts, nous avions toujours en vue la belle récompense que nous rappelait cette parole de saint Augustin : « Il advient souvent, dit-il

(1) « Argentum et aurum non est mihi ; quod autem habeo, hoc tibi do. » Act. III, 6.

que l'office de distribuer sert de mérite pour recevoir, et l'office d'enseigner, de fondement pour apprendre (1). » Nous nous sommes souvenu encore de cette autre maxime du même docteur qui ranimait ses jeunes amis dans la recherche des choses sublimes, en leur disant : « Quand les petits s'appliquent à de grandes occupations, elles les font devenir grands (2). »

(1) *Ad Florentinam.*
(2) *Contre les Acad.* Liv. I, chap. 2.

LIVRE PREMIER

L'AFRIQUE

> « Maudit soit Chanaan, il sera pour ses frères l'esclave des esclaves. »
>
> « *Maledictus Chanaan, servus servorum erit fratribus suis.* »
>
> Gen. IX, 25.
>
> « Le Seigneur a changé dans l'air le vent du midi, il a rempli de sa puissance le vent de l'Afrique. »
>
> « *Transtulit Austrum de cœlo, et induxit in virtute suâ Africum.* »
>
> Ps. LXVII, 30.

CHAPITRE PREMIER

Elle n'est pas complétement réalisée cette ancienne prophétie qui nous a prédit, il y a 22 siècles, que « en tout lieu, depuis le lever du soleil jusqu'à son couchant, le sacrifice pur et sans tache sera offert au nom du Seigneur (1). » Que de plages lontaines où la bonne nouvelle n'a pas encore été annoncée! Que de vastes champs les chrétiens d'Europe ont laissés en friche!

(1) *Ab ortu enim solis usque ad occasum, magnum est nomen meum in gentibus ; et in omni loco sacrificatur, et offertur nomini meo oblatio munda...*» (Mal. I, 11.)

Il en est un qui occupe une large place sur le globe : c'est toute une contrée qui ne mesure pas moins de 1875 lieues de longueur sur 1750 de largeur ; elle offre une surface de 28 millions de kilomètres carrés ; et elle compte de 90 à 100 millions d'habitants (1). Or, faut-il que cet immense pays reste plus longtemps dans l'abjection ? faut-il que la punition solennelle infligée par Dieu pèse toujours sur les fils de Cham ? Le Seigneur avait dit : « Maudit soit Chanaam, il sera pour ses frères l'esclave des esclaves. » Jamais, en effet, malédiction n'a été plus visiblement exécutée. Depuis l'origine des temps, les malheureux Africains ont été sous le poids de l'anathème paternel. La couleur noire qui les distingue atteste encore que cette race *a été primitivement sillonnée par la foudre* (2). Et ce châtiment divin est confirmé par un fait éternellement historique.

« C'est dans cette terre de Cham que les descendants de Sem et de Japhet sont toujours allés *s'approvisionner de marchandises humaines*. L'Afrique a été la terre classique de l'esclavage et de la traite des nègres (3). » Cette partie de l'histoire fait mal au cœur. Nous ne discuterons pas ici la prétendue légitimité ou la criante injustice de l'esclavage ; mais pour en révéler toutes les horreurs, quelques fragments historiques nous suffiront.

Pendant plusieurs siècles, on a vu aborder sur toutes les côtes africaines, principalement depuis le Sénégal et tout le long de la Côte des Esclaves, de nombreux bâtiments s'appelant *négriers*. Leurs capitaines, inspirés par la soif du gain, employaient tour à tour la ruse et la violence pour former les cargaisons de chair humaine.

« Les négriers de Saint-Louis ayant un jour besoin d'es-

---

(1) Bul. de la Société de géog. 1876.
(2) P. Horner, supérieur de la mission de Zanzibar. « D'une part, la couleur noire chez les nègres est inexplicable à la science ; d'autre part, jamais on ne prouvera que Noé ait eu deux fils blancs et un noir. »
(3) Id.

claves, armèrent quelques bâtiments, destinés en apparence à faire le commerce. Ils abordèrent au village d'Alébia, appartenant à la tribu des Pols. Ceux-ci reçurent les Français sans défiance, établirent des échanges et fournirent tous les vivres qu'on leur demanda. Pendant que les noirs se reposaient de leurs fatigues, tout à coup leurs chaumières furent assaillies au milieu de la nuit; et les malheureux habitants, garrottés, meurtris de coups, furent faits esclaves, et envoyés dans différentes parties de l'Amérique (1). »

Quand les Européens ne se livraient pas eux-mêmes à la chasse des nègres, les indigènes se chargeaient de la faire à leur profit. Le plus faible devenait la proie du plus fort.

Quant aux enfants, on les attirait souvent au moyen de fruits et de friandises dans les endroits isolées, et on les enlevait loin des yeux de leurs parents.

« Aussitôt qu'un navire négrier paraissait, le père vendait ses enfants; et si un fils pouvait amarrer son père ou sa mère, il les conduisait à bord du vaisseau, espérant y trouver en échange de l'eau-de-vie (2). »

Un Anglais, directeur de la compagnie du Sénégal, fit prévenir le roi des Yolofs qu'il venait de recevoir d'Europe *un assortiment de traite*. (Tel est le nom donné aux étoffes, verroteries et autres objets, offerts par les négriers en échange des esclaves.) Aussitôt le prince fit la chasse à ses propres sujets, parcourant les villages avec des gens armés et s'emparant de tous les malheureux propres à la traite. Après en avoir enlevé trois cents, il fit dire au directeur qu'il avait *de la marchandise*.

Le théâtre où se faisait cet affreux négoce se nommait le *Marché aux esclaves* : on y gardait les nègres qui avaient été saisis. Ces derniers, après avoir été traqués comme des bêtes fauves, étaient tenus dans des parcs d'attente, comme des bêtes de somme. On les nourrissait, en partie, de feuilles d'arbres

---

(1) Morénas. *Traite des noirs*, VII, 21.
(2) *Nouvelle relation de l'Afrique*, V, 169.

crues, d'herbes vertes et d'une légère ration de manioc. Pour achever de sustenter leur vie, on ne craignait pas de leur donner à manger la chair humaine. « Lorsqu'un malade mourait, nous dit le P. Horner, on le coupait par morceaux, on le faisait cuire et on le donnait à manger, en disant : C'est du mouton ! On était si affamé que quand même on savait que c'était de la chair humaine, on en mangeait tout de même pour ne pas mourir de faim. On eût dit un tas de squelettes vivants ! L'œil hébété, la physionomie abrutie, les genoux soutenus par les bras, pour que la faiblesse ne fît pas tomber le corps à la renverse, ces pauvres noirs n'avaient rien d'humain, si ce n'est l'expression d'une indicible souffrance... »

« Je défie la plume la plus habile, de faire la description exacte du marché aux esclaves. C'est l'opinion des Européens, qui ont eu l'occasion d'en visiter. J'ai conduit sur un marché des officiers de marine, qui ont été si péniblement impressionnés de ces scènes d'horreur, qu'ils me disaient les larmes aux yeux : Mon Père, je me trouve mal !... Le cœur me manque !... De ma vie je n'aurais cru voir quelque chose de si pénible !...

« En effet, quand on voit un pauvre noir, saisi par l'encanteur qui, le tenant par le bras, le promène sur le marché pour être examiné comme une bête, cela fait horreur. L'acheteur s'avance, arrête le noir, lui ouvre la bouche, regarde la langue et les dents, examine les yeux, les pieds et toutes les parties du corps, pour voir s'il n'a pas de défauts ou de maladie et ensuite offre son prix.

« Un enfant de six à sept ans se vend cinquante francs ; un homme robuste de vingt ans se vend jusqu'à cent cinquante francs ; les femmes mêmes arrivent à ce prix. Livingstone a vu des parents vendre leur enfant pour une poignée de coquillages !

« Parmi les esclaves exposés sur le marché, on voit parfois des scènes touchantes. Comme on sait que nous rachetons des enfants de l'esclavage, nous voyons souvent ces pauvres petits êtres nous regarder avec un sourire attendrissant sur les lèvres, et nous dire : *Mzoungou nounoua mimi* : « Blanc, achète-moi. »

« C'est ce qui est arrivé l'autre jour. Il y avait un charmant petit garçon, dont le sourire et l'œil intelligent me frappèrent. Je l'ai payé fort cher, 75 francs, à cause des espérances qu'il m'a fait concevoir. Impossible de dire son bonheur quand on lui donna des vêtements. Il se regardait plus de cent fois de la tête aux pieds, et ne pouvant exprimer son contentement, il sautait de joie, en s'écriant : « Ah ! que c'est bien ; que c'est joli d'être vêtu ; comme cela on n'a plus l'air d'une bête ! »

« Qu'il est navrant pour un missionnaire, et quelle triste pensée pour un chrétien de songer que, pour 50 francs, on pourrait racheter de l'esclavage un enfant de 6 à 7 ans, et que souvent dans le monde on dépense des sommes plus considérables pour des choses frivoles et dangereuses !... (1) »

Mais, être arrachés à leurs familles et à leur pays, ce n'était pour les esclaves que le commencement de leurs maux.

Le transport, en quelques heures, de douze cents nègres à bord, tiendrait du prodige, si l'on ne connaissait les moyens employés pour assurer le succès de ces sortes d'expéditions. Ces moyens, comme tout ce qui servait à ce trafic, avaient de quoi révolter les cœurs les plus insensibles.

« A leur sortie du dépôt, les esclaves étaient divisés par bandes : chaque bande comprenait vingt-cinq à trente sujets, de tout âge, de tout sexe, marchant à la suite l'un de l'autre. Un gros anneau de fer leur serrait légèrement le cou. A cet anneau en était rivé un autre plus petit, dans lequel passait une longue chaîne qui reliait tous les nègres ensemble, régularisait leurs mouvements et les empêchait de fuir. Si le temps ne pressait pas, la bande allait lentement réglant sa marche sur les plus vieux et les plus débiles ; mais si la croisière serrait la côte, s'il fallait gagner la plage au galop, malheur

(1) Lettre du 1ᵉʳ janvier 1869.

aux vieillards et aux faibles !... ils s'accrochaient en désespérés à leurs compagnons de misère; et si la bande s'arrêtait pour respirer une minute, il en était qui restaient suspendus à leur collier.

« D'autres esclaves, à bout de forces, étaient insensibles aux mauvais traitements des négriers. Alors on leur tirait un coup de pistolet, les têtes étaient coupées, les corps gisaient dans le sable comme des masses inertes; et la bande, allégée, reprenait sa marche rapide (1). »

Au printemps de 1822, à peine pouvait-on faire un mille dans certaines directions du désert Dahoméen, sans rencontrer un squelette. Quelquefois des centaines de cadavres récemment abandonnés jalonnaient les grands chemins tracés sur le sable. C'était autour des puits surtout, dit le docteur Oudney, que le terrain était jonché de ces déplorables témoignages de l'avarice et de la cruauté de l'homme. Là les malheureux esclaves, épuisés de soif et de fatigue, s'étaient couchés pour ne plus se relever. Comme nous l'avons vu, ces infortunés étaient traînés à travers le désert avec moins de précautions que chez nous les troupeaux conduits aux abattoirs. Une partie de ces cadavres reposaient sur la roche nue, d'autres sur une couche de sable amassée autour de leurs flancs racornis et momifiés par l'action d'une atmosphère et d'un sol remplis d'émanations alcalines. Quelques-uns de ces corps en putréfaction avaient leurs mains posées sur la tête, comme si au dernier moment de l'agonie les malheureux esclaves avaient cherché à presser le siège de la pensée dans une étreinte suprême : protestation muette mais terrible contre le commerce de l'homme par l'homme (2).

« Un soir, dit le major Denham, après une longue journée de 27 milles, durant laquelle nous n'avions cessé de voir de ces débris humains, épars le long de la route et mutilés de la manière la plus révoltante, nous assîmes notre camp près

(1) Le P. Laffitte. *Souvenirs de voyage et de mission.*
(2) Notes du docteur Oudney, dans la relation de Denham.

d'un puits autour duquel je comptai plus de cent squelettes; la peau tenait encore à quelques-uns; mais nul n'avait songé à jeter un peu de sable sur ces déplorables restes. L'horreur que je manifestai excita le rire des indigènes. « Bah! s'écrièrent-ils, ce n'étaient que des nègres... Malédiction sur nos pères! » Puis, avec la plus grande indifférence, ils se mirent à remuer ces ossements du bout de leurs bâtons, disant; « Ceci était une femme; ceci était une jeune fille! » C'était bien le reste défiguré d'une pauvre enfant de l'Afrique, ravie à sa mère, traînée dans le désert.

Qui n'a été ému jusqu'aux larmes, au récit des malheurs de Suéma (1) ? A peine âgée de dix ans, achetée sur le marché de Zanzibar, recueillie dans une maison de la Mission, cette jeune négresse raconte aux religieuses qui la soignent ses premiers pas dans la vie, ou plutôt son martyre. Elle était couverte de verroterie; c'était son seul vêtement. Ses compagnes disaient : « Voilà l'heureuse Suéma, qui a ses cheveux bien tressés, qui mange tous les jours de la viande et du sel. » Hélas, ses jours heureux finiront bientôt!

Le père de Suéma, intrépide chasseur, fut dévoré par un lion. Après avoir longtemps pleuré sur la terre rougie du sang de son père, Suéma fut arrachée à sa mère par un arabe qui l'acheta pour six coudées de toile. Traînée dans le désert, elle vit mourir de fatigue et d'inanition sa pauvre mère qui avait voulu suivre la caravane. Brisée elle-même de lassitude, tombant de faiblesse, elle est à charge au négrier. On l'attache à un arbre et on l'abandonne. Dégagée par d'autres arabes, elle subit de nouveau les fatigues de la marche et reçoit les mauvais traitements les plus barbares. Enfin, réduite à toutes extrémités, elle est condamnée à mort, et enterrée encore vivante dans une fosse que l'on comble à moitié. Du fond du désert s'élance bientôt un énorme chacal, et, au moment où la bête

(1) Ce drame si émouvant a été écrit sous la dictée de la jeune héroïne, traduit en français par le P. Horner et publié récemment par Mgr Gaume.

féroce va dévorer sa victime, un chasseur accourt, la délivre et la remet évanouie entre les mains des missionnaires. Le jour de son baptême, Suéma avait eu le courage de panser les blessures d'un arabe mourant, qu'elle reconnut pour le meurtrier de sa mère. Un tel héroïsme chez une négresse révèle ce que pourrait le catholicisme sur des peuplades si dépravées !

Il y a quinze ans à peine qu'un anglais, homme de cœur, écrivait les lignes suivantes (1) :

« Trois siècles de rapports avec les négriers et les forbans de toutes les parties du monde, ont jonché le désert africain d'innombrables cadavres, et ravalé ces malheureuses tribus de nègres au-dessous de tous les termes de comparaison. Ces troupeaux de brutes à face humaine cuvaient dans les parcs d'attente les quelques gouttes d'alcool que leur distribuaient les traitants européens. Si ce cordial ne les ranimait pas, on les jetait sans pitié dans de vastes charniers toujours sanglants. Telles sont, en un mot, les horreurs qu'entraîne la fourniture des esclaves faite par le vieux monde au continent américain. Les faits monstrueux que nous avons racontés ne sont pas le malheur et la honte d'un pays borné, d'une population peu nombreuse : le théâtre de tant d'horreurs est la quatrième partie de la terre habitable. Ces faits, trop pénibles à citer, n'ont pas été recueillis çà et là dans de vieilles annales, ou conservés par d'antiques historiens comme autant de preuves de la prodigieuse perversité d'un âge de ténèbres : non, ces mœurs atroces, ces coutumes barbares sont encore en vigueur dans les déserts de l'Afrique. Là, chaque nuit encore des villages sont éveillés en sursaut, et les habitants n'ont d'autre choix que la flamme ou les fers. On les réunit en vils troupeaux. » Or, nous avons déjà dit avec quelle cruauté on les enchaînait pour les conduire à la côte.

(1) De Lanoye. 475.

CHAPITRE II

Ces scènes révoltantes montrent bien les horreurs dont la traite avait semé le désert, mais elles ne peuvent encore se comparer à celles dont, depuis trois siècles, les négriers d'Europe ont épouvanté le golfe de Benin et tout l'Océan.

Les esclaves survivants étaient donc amenés, la chaîne au cou, de l'intérieur des terres, sur les bords d'embarquement. Là, on les délivrait de leurs fers, on les dépouillait du seul lambeau qui les couvrait et on les fermait dans des espèces de bagnes, en attendant que le négrier eût complété sa cargaison. Le moment du départ arrivé, ils étaient conduits, solidement enchaînés, vers leur prison flottante. Ceux qui tombaient dans la mer, au passage de la barre, étaient abandonnés aux requins. Tous les autres, arrivés à bord, étaient immédiatement jetés dans la cale; c'était à eux de s'y caser le mieux possible.

L'esclave, même parvenu à sa croissance, n'occupait dans le navire qu'un espace de cinq pieds un pouce de long et d'un pied deux pouces de large, sur une hauteur plus ou moins élevée, mais qui ne lui permettait jamais de se tenir debout, et souvent pas même assis : c'était moins d'espace qu'un cadavre n'en occupe dans un cercueil.

A bord de certains navires les pauvres nègres étaient obligés de se tenir sur le côté, couchés sans vêtements sur un plancher fort dur, froissés sans cesse par les mouvements du vaisseau. Leur corps était bientôt couvert de douloureuses meurtrissures, et leurs membres ne tardaient pas à être déchirés par les petites chaînes qui les tenaient attachés les uns aux autres. C'était dans de pareilles conditions qu'ils faisaient un voyage de quinze à dix-huit cents lieues.

Dans les mauvais temps, lorsque la mer trop agitée obligeait à fermer les écoutilles, alors les souffrances des nègres devenaient horribles. Jetés les uns contre les autres, violemment secoués par les mouvements précipités du navire, ils étaient encore suffoqués par la chaleur insupportable de la zone torride et par l'exhalaison plus dangereuse qui s'échappait de leurs corps. Ces malheureux, souvent au nombre de quatre à cinq cents, enfermés de cette manière dans un cachot infect, poussaient des cris lamentables auxquels le négrier se montrait généralement insensible (1).

« Au mois de septembre 1825, le commodore anglais Bullen, visita, près de la rivière du vieux Calabar, un navire français, l'*Orphée*, ayant à son bord sept cents noirs qu'on transportait à la Martinique. Ces hommes étaient enchaînés deux à deux, les uns par les bras, les autres par les jambes, plusieurs par le cou; et l'odeur qui sortait de l'endroit où ces infortunés gémissaient pêle-mêle, était si infecte, que l'officier anglais eut de la peine à la supporter un instant (2). »

Le même commodore parle d'un autre bâtiment français, dont le capitaine, après avoir complété sa cargaison, entassa dans l'entre-pont tous les esclaves enchaînés, et fit fermer les écoutilles pendant toute la nuit. Le lendemain cinquante noirs étaient morts, faute d'air. Le capitaine, considérant ce spectacle avec la plus grande indifférence, les fit jeter à la mer et retourna à la Côte compléter sa cargaison.

Il faut voir dans la vie du P. Clavier, l'apôtre des noirs, dans

---

(1) Morenas, VI, 121.
(2) *Sudma*. Les Esclaves, VI, 81.

quel état se trouvaient les survivants, lorsqu'ils débarquaient sur le sol américain. Et puis, devenus la propriété du planteur, comment étaient-ils traités? On les excitait, on les forçait au travail à coups de fouet. Ils semblaient ne plus appartenir à l'espèce humaine.

Foulée aux pieds par de misérables oppresseurs, cette malheureuse race s'écriait dans sa langue énergique et pittoresque : « Je suis la chair, et les acheteurs d'esclaves sont le couteau (1). »

Ces esclaves travaillaient cinq jours de la semaine pour le maître, qui, bien entendu, ne les nourrissait pas. On leur laissait le jeudi et le vendredi pour eux; pendant ces deux jours ils devaient se procurer la nourriture de la semaine. Le malheureux esclave avait donc toujours la sueur au front !

Ainsi, depuis plusieurs siècles les descendants de Sem et de Japhet réduisaient en servitude et maltraitaient les fils infortunés de Cham. Sur tous les points de la côte africaine où les européens abordaient, on embarquait sans honte et sans remords, nous dit l'abbé Simonis, cette marchandise qui ne coûtait qu'un peu de verroterie, des cadenas ou de la poudre et qu'on plaçait avantageusement ailleurs. On embarquait indifféremment les indigènes encore à l'état sauvage ou les tribus déjà évangélisées par les missionnaires. De graves auteurs (2) ont évalué à cent mille par an les noirs enlevés de leur patrie, et condamnés dans des régions éloignées aux travaux les plus durs et les plus accablants. Le seul motif qui portait à tant de violences et à tant d'excès, c'était la soif du gain : *Auri sacra fames.*

Les marchands de *bois d'ébène* (c'est le nom que se donnaient les acheteurs et les vendeurs de noirs) établissaient leurs calculs sur cette base, que, si de trois expéditions une seule réussissait, ils auraient encore de beaux dividendes en fin de compte. C'est un vieil axiome d'économie douanière, qu'on ne

---

(1) *Voyage au lac de l'Afrique,* par R. Burton.
(2) *La Mission des Noirs et l'Alsace.*

parvient pas à anéantir un trafic illicite dont les bénéfices dépassent 30 pour 100.

Or, les bénéfices du trafic de l'homme par l'homme ne s'arrêtaient pas à de si modestes limites (1).

Il est établi que le malheureux noir, acheté en Afrique au prix de 200 francs, en marchandises de traites, se vendait en Amérique, de 300 à 400 piastres, c'est-à-dire de 1,500 à 2,000 francs. On comprend, d'après les états les plus exacts, que le nombre des nègres, hommes ou femmes, enlevés par la traite, depuis 1768 jusqu'en 1827, ait pu s'élever à cent vingt-un mille par année ; ce qui, pour cinquante ans, donnait un total de sept millions et quarante mille (2).

La plupart de ces enlèvements s'opéraient sur le littoral du Dahomey, sur toute l'étendue de la Côte des Esclaves. C'est là que les plus grands négociants du monde réalisaient leurs bénéfices.

Entre mille exemples que nous pourrions tirer des pièces soumises à ce sujet au Parlement anglais, il nous suffira de citer le décompte suivant des profits et pertes d'un clipper américain qui, il y a très-peu d'années, réussit à jeter, en une seule fois, sur la côte de la Havane, la masse énorme et pas trop avariée de 850 esclaves, reste de 1200, chargés dans la baie de Bénin.

Le prix d'un noir de bonne qualité rendu à la Havane était au moins de 1,750 francs; mais en ne le portant qu'au taux moyen de 1,250 francs, on trouve pour l'opération citée les chiffres suivants :

850 Esclaves à 1,250 fr. l'un		1,062,500 fr.
Achat de 1,200 Esclaves à 100 f. l'un	120,000	
Frais de voyage d'après les livres de bord	65,000	
A déduire	185,000	185,000
Produit net		877,500 fr. (3)

(1) De Lanoye. *Le Niger*. P. 154.
(2) Morénas. *Traite.* VII, 106.
(3) Th. Buxton. *De la traite des esclaves.* p. 245.

Une industrie offrant de telles chances de lucre ne pouvait manquer d'exploiteurs. Aussi la contrebande du *bois d'ébène* avait-elle pris un tel développement, qu'il n'était guère de fortunes brillantes au Brésil, aux Antilles et dans les ports méridionaux de la grande Union, qui n'aient eu pour base ce trafic illicite. Bien plus, sur le sol de notre patrie, sol hospitalier, qui s'ouvrait à tout venant, qui pouvait se promettre de n'avoir pas dans les premiers auteurs de sa position sociale quelque marchand de chair humaine?

Nul, en effet, n'ignore que ce fléau de la traite des esclaves a surtout dégradé l'humanité et outragé la religion chrétienne lorsque, vers la fin du quinzième siècle, des nations catholiques ont fait de ces pauvres noirs l'objet de leur cupidité et les instruments de leur despotisme. L'exemple des Portugais et des Espagnols devint contagieux. Plusieurs peuples civilisés et croyants, presque toutes les nations maritimes de l'Europe rivalisèrent d'ardeur pour les découvertes, et se livrèrent à la traite des nègres. « Ce fut l'opprobre du nom chrétien (1). »

Ce contact prolongé et corrupteur des négriers européens n'avait pu manquer d'exercer la plus funeste influence sur le caractère des peuplades de la Côte. Le blanc avait enseigné le plus effroyable mépris pour la liberté et la vie de son semblable. La race blanche avait appris à la race noire à s'immoler elle-même, à s'acheter et à se vendre. Les fidèles avaient apporté aux idolâtres la barbarie et les ténèbres, au lieu de la civilisation et la lumière. Quelle immense dette morale contractée par les nations!

Seul, le Christianisme aurait pu et pourra l'éteindre. Sans doute, l'Eglise ne cessa jamais de condamner ce honteux commerce de la traite. Aux anathèmes lancés par Alexandre III, Léon III, Paul III et leurs successeurs, se joignent les plaintes incessantes et les protestations énergiques de nos missionnaires. Les documents abondent dans l'histoire, pour montrer la sollicitude si persévérante de la Cour romaine envers des

---

(1) Grégoire XVI. *Enc.*

populations opprimées et si cruellement exploitées. Mais que d'influences ont souvent neutralisé ses efforts ! Néanmoins l'Evangile a déjà fait entendre son cri de liberté sur ces côtes où régna l'esclavage. On peut même entrevoir l'émancipation du nègre dans de vastes contrées. Le jour luira bientôt où la côte occidentale de l'Afrique, devenue chrétienne, n'aura plus de captifs. Japhet achèvera de briser les chaînes dont il a trop longtemps chargé son frère infortuné.

Mais avant de raconter ce prodige accompli par le dévouement chrétien, rendons hommage à toutes les voix généreuses, qui, inspirées par la pure morale et le sentiment de la fraternité, se sont courageusement élevées en faveur du nègre persécuté. D'illustres écrivains ont appuyé la cause sacrée des noirs, dont ils ont fait leurs clients dans de savants et éloquents plaidoyers. De nos jours, des publicistes autorisés ont achevé de vider ce litige séculaire au double point de vue de l'humanité et de l'économie sociale. M. Cochin a inscrit son nom à côté de ceux des Clay, des Webster et des Wilberforce, ces promoteurs de la république noire de Libéria.

L'institution de ce nouvel Etat fut un essai loyal. Destinée à recevoir les esclaves affranchis des Etats-Unis, la république de Libéria fut fondée en 1822, entre Sierra-Leone et le cap Palmas, avec le concours du gouvernement américain et des négrophiles des deux mondes. Gouverné d'abord par des présidents de race blanche, ce petit Etat émancipé a été régi depuis 1841 par le nègre Roberts. Cet homme remarquable a fait preuve de talents supérieurs dans ses écrits, dans sa diplomatie et dans l'exercice du pouvoir. Libéria a son Sénat, sa Chambre des députés, sa Cour suprême et ses tribunaux. En 1848, Roberts fit un voyage en Amérique, en Angleterre et en France, où il fut accueilli avec sympathie et distinction par le général Cavagnac (1).

A son tour, le Brésil voulut fonder sur la côte africaine un établissement analogue à celui de Libéria, pour y déverser ses

---

(1) L. Dubois. *Le Pôle et l'Equateur.*

affranchis. Les territoires consacrés à cette noble entreprise devaient être insensiblement peuplés, soit par l'annexion volontaire de tribus voisines, soit par le retour de nouveaux libérés qui avaient été violemment arrachés de leur patrie.

Enfin, certains traités entre les puissances sont intervenus. L'Angleterre d'abord, la France un peu plus tard, et la plupart des nations européennes à leur suite, ont inscrit la traite des noirs dans leur code pénal entre la piraterie et le vol à main armée sur la voie publique. Depuis plus de vingt ans elles consacrent des sommes énormes à l'entretien des croisières chargées de fermer le chemin de l'aller et du retour aux navires fraudeurs. Quelques Etats n'ont pas reculé devant un sacrifice plus grand que celui de l'or, le sacrifice permanent d'un grand nombre de braves marins décimés par les fièvres pestilentielles. Ils surveillent les débouchés de certains passages au milieu des effluves morbides d'un ciel de plomb et d'une mer qui n'a d'autre haleine que celle des *Tornados*.

L'abominable trafic qui se faisait surtout à la Côte des Esclaves, s'est pratiqué encore jusqu'à nos jours et dans d'énormes proportions sur quelques points du littoral de l'Afrique orientale. Là aussi des tribus de nègres s'entr'égorgeaient pour se livrer aux navigateurs européens ; mais là aussi le mouvement d'émancipation se fit ressentir dès le milieu de ce siècle. Les traités conclus entre les puissances y eurent leurs résultats favorables à la liberté des nègres.

Les hommes apostoliques avaient préparé et amené cette période de délivrance. Ils avaient, par leurs exhortations, habitué les chefs de tribus à cette noble pensée de l'émancipation des nègres. Leur parole avait produit des fruits.

C'est au pèlerinage de N.-D. de Lourdes, que le R. Père Horner, Supérieur de la mission du Zanguebar, reçut les lettres qui lui annonçaient l'abolition de la traite dans tous les Etats du sultan Saïd-Bargaseh, et la suppression du marché des esclaves de Zanzibar.

« Je dois, écrivit le pieux écrivain, remercier de tout mon

mon cœur la Vierge Immaculée, N.-D. de Lourdes, de l'insigne bienfait qu'elle vient de faire accorder aux pauvres descendants de Cham.

« J'ai la consolation de voir enfin mes efforts couronnés de succès. Depuis dix ans, j'écris pour émouvoir l'Europe par le tableau des effroyables effets de la traite. Depuis dix ans, je n'ai épargné aucune peine pour faire connaître toute l'horreur qu'inspire à l'âme chrétienne l'infâme trafic de la chair humaine. Sans doute, ce ne sont pas mes lettres qui ont obtenu ce grand résultat ; mais elles ont pu contribuer à éclairer et à faire réfléchir ceux qui ignoraient l'état réel des choses, c'est un grand coup porté à l'Islamisme que l'abolition de la traite ; et le Christianisme en bénéficiera.

« Toutefois, ajoute le P. Horner, il ne faut pas se faire illusion ; si la traite est officiellement abolie sur quelques rivages, si la piraterie des Turcs et l'esclavage des chrétiens ont cessé dans la plupart des mers, dans l'intérieur de l'Afrique la traite existera aussi longtemps que le Christianisme n'y aura pas pénétré. Nous serons donc obligés de continuer de longues années encore l'œuvre du rachat des enfants. Par des missions fondées dans l'intérieur des terres, nous ferons les funérailles de la traite des noirs, et nous préparerons celles de l'esclavage. Puisse une légion de missionnaires répondre à notre appel ! »

Ce vœu est la solution d'un grand problème.

On a toujours fait de belles théories, et l'on en fait encore chaque jour de nouvelles, pour parvenir à civiliser l'Afrique et abolir l'esclavage ; mais tous ces efforts deviennent stériles et n'aboutissent qu'à des mots sonores, tant qu'on s'obstine à vouloir se tenir en dehors du Christianisme. Depuis bien des siècles pourtant il a résolu des questions autrement graves, et seul il pourrait résoudre toutes les difficultés qui, sans lui, tiennent en échec tous nos modernes philosophes. On a mis la philanthropie à la place de la charité chrétienne, et il n'est pas étonnant qu'on soit toujours dérouté. L'esclavage est une plaie sociale qui provient de l'absence de tout ce que le Christianisme nous enseigne: l'amour du prochain, les devoirs mutuels des supérieurs et des inférieurs, l'obligation du travail comme expiation et comme remède du premier péché et de ses conséquences. Otez ces principes, et il ne reste plus que la haine de son semblable, l'injustice du plus fort ou du plus rusé, l'oisiveté avec tous les désordres qu'elle enfante.

Ce sera sans doute l'éternel honneur de l'Angleterre d'avoir donné l'exemple et le signal des grands sacrifices en faveur de cette race noire, envers laquelle toutes les autres races avaient tant à expier. « La Grande-Bretagne, écrivait le docteur Channing, déjà chargée de dettes énormes, ployant sous le fardeau de taxes accablantes, n'a pas reculé devant une dette nouvelle de 600 millions de francs, pour procurer la liberté, non pas à des Anglais mais à des Africains dégradés. Les sommes annuelles qu'elle a employées depuis à la répression de la traite ne forment pas un total moins élevé. Je ne sache pas que les annales d'aucun peuple puissent fournir un acte de désintéressement aussi grandiose (1). »

Mais l'enthousiasme de cet illustre négrophile ne fera jamais que les triomphes maritimes de l'Angleterre soient à la hauteur du triomphe moral de la France sur les côtes africaines. Celle-ci aura toujours, aux yeux de tous les peuples, une plus large et plus brillante page dans l'histoire des fils de Cham. Elle n'a pas seulement donné ses trésors pour la cause des esclaves, elle a même sacrifié au rachat des captifs et à la civilisation des nègres, l'abnégation de ses apôtres, le sang de ses martyrs. Et aujourd'hui encore elle demande à entrer en possession de tout son héritage.

(1) *Les grands citoyens du Nouveau-Monde.*

CHAPITRE III.

La Providence semble avoir réservé d'une manière spéciale la prochaine évangélisation de toute l'Afrique aux efforts généreux de la France. Que nous envisagions notre passé, que nous considérions notre état actuel, ou que nous interrogions notre avenir, nous ne verrons pas beaucoup d'œuvres saintes, parmi celles qui s'accomplissent dans le monde à l'heure présente, que nous puissions préférer à la conversion des malheureux habitants des côtes et des déserts de l'Afrique (1).

Qui ne sait que la partie septentrionale de ce continent a une histoire qui se confond avec la nôtre dans les plus frappantes analogies? Depuis l'ère chrétienne, à travers tout le moyen-âge et jusqu'à nos jours, les races africaines ont eu avec les races gauloises tant de traits de ressemblance, tant de points de contact, que les premières semblent aujourd'hui tendre la main aux secondes, pour leur demander un peu de leur vieille foi catholique et obtenir de partager leurs glorieuses destinées.

Et, en effet, que rencontrèrent dans les Gaules Lazare, le ressucité de Béthanie, premier évêque de Marseille; saint Irénée et saint Martial, évêques de Lyon et de Limoges, qu'une pieuse tradition nous montre au nombre de ces petits

---

(1) Mgr Lavigerie, archevêque d'Alger.

enfants bénis par le Sauveur; saint Denys, le converti de saint Paul, premier évêque de Paris ; ainsi que tous leurs compagnons? Ils virent, d'un côté des colonies romaines livrées aux jouissances frivoles et aux corruptions du paganisme; de l'autre, des peuplades indomptées, armées de haches, vivant dans les forêts, conduites par des féticheurs appelés *druides*, immolant leurs prisonniers à Teutatès, sacrifiant à d'autres dieux sur les *dolmen* et les *men-hir*, où l'on découvre encore les vestiges du sang des victimes. Religion et sacrifices barbares que nous retrouvons parmi les nègres de l'Afrique.

Là aussi, les premiers apôtres ont rencontré « les gras pâturages, les vastes plaines, les paisibles et fertiles campagnes qu'habitaient les descendants de Cham » (1); mais là aussi, ils ont rencontré des multitudes de noirs croyant sans doute à un Dieu suprême, Créateur de toutes choses, mais gouvernant le monde au moyen des esprits. Ces esprits, ou dieux secondaires, étaient les auteurs de tout mal, il fallait donc les apaiser, se les rendre favorables, leur offrir en sacrifice les êtres les plus précieux; or, quoi de plus précieux que l'homme? C'est donc par des sacrifices humains qu'il fallait les adorer. Et voilà le fétichisme africain dont nous raconterons toutes les horreurs.

C'est en principe l'idolâtrie de l'ancienne Egypte, avec toutes ses nuances et ses infamies, souillant des impuretés du cœur humain les eaux limpides des grandes traditions révélées par Dieu à l'humanité.

L'Afrique, comme la Gaule, dut recevoir l'Evangile dès les premiers jours du Christianisme. « L'Eunuque de la reine Candace baptisé par saint Philippe, les Arabes et les Lybiens convertis après la Pentecôte, allèrent former les premières chrétientés de l'Ethiopie, de l'Egypte et de la Cyrénaïque. Leur premier apôtre fut saint Marc. Après avoir organisé ces Eglises, il se rendit à Rome auprès de saint Pierre, qui le ren-

---

(1) « *Inveneruntque pascuas uberes, et valdè bonas, et terram latissimam, et quietam, et fertilem, in quâ ante habitaverant de stirpe Cham.* »   PARAL. IV, 40.

voya, en l'an 60, en qualité de patriarche d'Alexandrie (1). »
Il est donc très-probable que la foi catholique pénétra dans l'intérieur de l'Afrique au commencement de notre ère (2). Les origines du Christianisme y sont un peu obscures au premier siècle, mais se développent avec éclat dès le deuxième.

Le siége principal de l'Eglise, dans ce pays, depuis le désert de Barca jusqu'à l'Atlantique, était Carthage, magnifique et populeuse cité, relevée depuis longtemps de ses ruines, et alors en relation, par son commerce, avec le monde entier. Agrippinus qui en était l'évêque, y convoquait un synode de soixante-dix autres évêques.

Au milieu du deuxième siècle, on trouvait dans ces contrées un nombre considérable de disciples de Jésus-Christ, qui, loin de diminuer, devait s'accroître encore sous les coups de la persécution. Le sang des confesseurs y fut un ciment solide pour le naissant édifice de la foi. « *Primitias omnis laboris eorum in tabernaculis Cham* (3). »

Ce n'est qu'au commencement du troisième siècle que les martyrs africains sont cités pour la première fois dans les annales ecclésiastiques. Alors se présente à notre admiration le nom des Révocat, des Saturnins, des Sécondules. L'exemple héroïque des Perpétue, des Félicité, enthousiasmait les foules. Le peuple demandait au Proconsul qu'on le fît mourir en masse avec son évêque, St Cyprien, qu'on allait exécuter. Les victimes de la foi chrétienne étaient incalculables dans la ville de Cyrtha, en Numidie (4). Partout une force secrète de conversion

(1) L'abbé Durand. *Missions catholiques et françaises.*
(2) Salvien (Livre VII du *Gouvernement du monde*) parle de l'Eglise de Carthage comme ayant été établie par les apôtres.
(3) Ps. LXXVII, 51.
(4) Constantine, l'ancienne Cyrtha, tombée au pouvoir de la France le 13 octobre 1837, eut des martyrs en 258. Entre le plateau Mansourah et les derniers penchants du Koudit-Ati, le Rummel roule ses eaux rapides et disparaît tout-à-coup dans un étroit passage formé par d'immenses rochers ouverts. Or, c'est l'espace escarpé qui s'élève sur ce point de la rive droite qui fut arrosé du sang des confesseurs de la foi. En 1844, sur la

s'élevait du sang des martyrs, devenu ainsi *une semence de chrétiens.*

C'est le mot de Tertullien qui avait subi lui-même cette attraction merveilleuse. Il tomba plus tard des hauteurs de la vérité ; mais la postérité a pu toujours le nommer le *Maître*, comme l'appelait saint Cyprien ; car les ombres de sa chute sont dominées par la brillante gloire de ses ouvrages, trésor de l'antiquité chrétienne en Afrique.

Comme la Gaule, l'Afrique avait tenu en échec les armées de César, et résisté longtemps à cette invasion du vieux paganisme. Une fois vaincue elle devint le principal grenier de la ville éternelle. Salvien l'appelle *l'âme de la République.* Les Romains la couvrirent de routes, de villes libres, de monuments publics. La Providence y préparait aussi de larges voies à l'Evangile.

Au quatrième siècle, l'Eglise comptait avec fierté chez les Africains, comme chez les Francs et ailleurs, d'illustres docteurs de la foi. Dans la glorieuse série des génies chrétiens de cette époque, on voit Hilaire dans les Gaules, Basile à Césarée, en Cappadoce, Grégoire de Nazianze et Chrysostôme à Constantinople, Ambroise à Milan, Jérôme en Palestine, et, le dernier par rang de date en Afrique, Augustin le brillant successeur de saint Cyprien dans l'école africaine, le plus doux, le plus pénétrant et le plus profond des docteurs.

Quoique Thagaste ait eu son berceau, et Hippone sa tombe, saint Augustin devait aussi appartenir à la France. Un jour notre drapeau devait flotter sur cette terre africaine que la science et la sainteté du grand homme ont illuminé d'un si vif

demande de Mgr Dupuch, premier évêque d'Alger, et de M. Poujoulat voyageant alors en Afrique, le maréchal Bugeaud, gouverneur général, donna des ordres pour sauver de l'explosion des mines une pierre monumentale qui conservait dans ces lieux le souvenir des martyrs de Constantine. Une cérémonie, pleine de grandeur et de poésie eut pour objet la bénédiction de cette pierre qui porte encore les noms de Marien, de Jacques, de Rustique et de Crispe. Douze siècles de barbarie avaient respecté ce dernier vestige de la foi africaine.

éclat. Plus tard encore, la France, en rendant les dépouilles et les cendres précieuses d'Augustin à sa ville épiscopale, méritait d'être appelée *son hospitalière patrie* (1).

Dès le commencement du cinquième siècle, le pape, saint Boniface, ordonne aux évêques des Gaules de s'assembler en concile, tandis que Carthage voit, pour la sixième fois, tous les évêques africains se réunir dans ses murs (2). Les coups les plus décisifs furent portés aux Ariens, aux Manichéens, aux Donatistes, à Pélage, à Célestius, à Julien, et permirent au Christianisme de prendre un nouvel essor et de se répandre dans presque toute la péninsule africaine.

En Egypte, la persécution n'avait pas sévi avec moins de fureur. Alexandrie surtout avait été plus particulièrement désignée à la vengeance des païens, pour l'extension qu'y avait prise la vérité évangélique. Aussi, tandis que les martyrs et les nouveaux fidèles se multipliaient chaque jour dans cette cité populeuse et dans toutes les grandes villes de la province,

(1) La maison de Bourbon achevait, en 1837, l'œuvre de saint Louis, et préparait pour saint Augustin un nouveau sépulcre à Hippone. En 1838, la France possédait l'antique évêché ; et, lors de sa première visite dans cette cité, sous le coup d'une inspiration, Mgr Dupuch, avant de quitter ces ruines vénérables, prosterné à genoux, s'appuyant sur une pierre brisée, écrivit à tous les évêques de France pour les engager à souscrire, *chacun pour cent francs*, afin d'ériger un monument à la mémoire de saint Augustin. L'appel fut entendu. Le 28 août, fête du saint docteur, eut lieu la pose de la première pierre ; et les lettres de tous les évêques, en réponse à la demande de Mgr Dupuch, furent enfermées et scellées dans cette pierre. Elle les conservera comme un témoignage éclatant d'admiration, rendu par l'épiscopat français, à la glorieuse mémoire du *grand chrétien de l'Afrique*. Quand le tombeau fut dressé, on s'occupa d'obtenir le corps vénéré du saint. Treize siècles auparavant des évêques fugitifs traversaient la mer avec ce dépôt sacré qu'on était forcé d'arracher à la terre natale ; et de nos jours, ce sont des évêques français, libres et heureux, qui, portés sur la même mer, rendent à sa patrie ce corps exilé. On sait que la translation des reliques de saint Augustin, de Pavie à Hippone, eut lieu en octobre 1842.

(2) Le premier concile de Carthage fut tenu en 252, et le sixième en 419.

on vit les déserts de l'Egypte, les antres mystérieux de la Thébaïde et bien d'autres solitudes se peupler tour à tour, de saints anachorètes et s'étonner de tant de vies célestes écoulées sur la terre. Les bords du Nil embaumaient ; et là où l'antiquité avait caché des horreurs, là avaient apparu, des troupes de vierges qui vivaient comme des anges dans des corps mortels, et qui, sous ce ciel de feu, dans ce climat énervant, déployaient la plus divine énergie au service du plus pur amour de Dieu. Là se rencontraient tous ceux que chassaient du monde le mépris de ses vanités, le dégoût de ses corruptions, l'horreur pour ses lâchetés et ses avilissements, le désir de donner leur vie dans un grand sacrifice : c'est-à-dire, des vierges sans tache ; des mères qui ne pouvaient se consoler, parce que leurs enfants n'étaient plus ; des docteurs et des philosophes nourris dans la science antique des écoles d'Alexandrie, et altérés de silence et d'humilité; des soldats qui avaient couru le monde et qui n'avaient pas trouvé Dieu ; des confesseurs de la foi et des martyrs de la vérité qui, échappés tout sanglants des chevalets, étaient venus retremper leur courage dans les eaux rafraîchissantes de la prière et de la pénitence. Leur nombre était prodigieux. Il y en avait cinq mille sur la seule montagne de Nitrie. On en comptait près de dix mille sous la conduite de St Sérapion, de St Maurice, de St Pacôme, etc.

Or, ces patriarches du désert africain devinrent les premiers maîtres de la contemplation pour tous les ordres monastiques, qui devaient un jour peupler les grandes abbayes des Gaules. Nos cénobites eurent leurs modèles parmi ces innombrables anachorètes du désert.

Ces ferventes légions exhalaient les doux accents de la prière dans les cavernes qui n'avaient jamais retenti que des hurlements des bêtes féroces. La religion germait de toute part sur le sol africain. Les vivifiantes ardeurs du Soleil de Justice avaient fertilisé cette terre si ingrate, adouci cette nature si rude, et fait épanouir des fleurs sur des tiges qui n'avaient porté que des ronces.

Au souffle de l'Evangile, les tribus africaines éprouvèrent les plus suaves sentiments de l'amour, connurent les avantages de la vie civile sans avoir quitté le désert, et les charmes de la société sans avoir perdu ceux de la solitude. Les flammes de la charité chrétienne firent souvent oublier le feu d'un trop ardent soleil. Sous l'influence de la religion, l'hospitalité, l'amitié, la justice et les plus tendres vertus, découlaient naturellement de tous les cœurs, comme les plantes de certaines régions laissent tomber leurs fruits mûrs sous l'haleine des brises.

Il était bon à l'homme apostolique d'être reçu comme un vrai prophète dans le rustique palais d'un chef de tribu et dans la paisible cabane de celui dont le père fut un sauvage ; il lui était doux, au terme de ses travaux, de mourir consolé au milieu de son petit peuple en larmes, et d'avoir son tombeau sous les plus hautes plantations d'un cimetière choisi et visité.

« Mais toutes les fois qu'on fait le tableau de la félicité d'un peuple, il faut toujours en venir à la catastrophe. Au milieu des peintures les plus riantes, le cœur de l'écrivain est serré par cette réflexion qui se présente bientôt: tout cela n'existe plus (1). » Et, en effet, que les temps furent bientôt changés! Les Africains «oublièrent le Dieu qui les avait sauvés, qui avait fait en leur faveur tant de miracles en Egypte, tant de prodiges dans la terre de Cham, tant de choses terribles dans la Mer Rouge (2).»

Salvien a écrit que l'Afrique était devenue un foyer de vices, *un Etna de flammes impures*. Le censeur Gaulois n'épargne pas Carthage : « Cette rivale de Rome, cette Rome du monde africain est la sentine de l'Afrique (3). » Au milieu du vᵉ siècle, la nation entière, devenue coupable, était déjà tombée entre

(1) Chateaubriand.
(2) « *Obliti sunt Deum qui salvavit eos, qui fecit magnalia in Egypto, mirabilia in terra Cham, terribilia in mari Rubro.* »
                                                             Ps. cv, 22.
(3) Les œuvres de Salvien, prêtre des Gaules, ont été traduites par MM. Grégoire et Collombet.

les mains du Dieu vivant. « On s'étonnera peut-être, nous dit un historien, de voir la Providence punir si sévèrement un pays où il y avait tant d'Eglises, de canons, de discipline. Les auteurs chrétiens de ce temps nous l'expliquent. Tous regardent cette désolation comme un châtiment mérité. Les barbares disaient eux-mêmes que ce n'était pas de leur propre mouvement qu'ils usaient de tant de rigueur, mais qu'ils sentaient une force intérieure qui les y poussait comme malgré eux. En effet, jamais barbares ne parurent plus sensiblement les ministres de la vengeance divine. Excepté un petit nombre de serviteurs de Dieu, l'Afrique entière était une sentine commune de tous les vices. Parmi les nations étrangères, chacune avait son vice particulier, les Africains y surpassaient chacune de ces nations. Mais quant à l'impudicité, ils se surpassaient eux-mêmes.

« Autant il était rare, ailleurs, de trouver un homme adultère, autant il était rare, en Afrique, d'en trouver un qui ne le fût pas. Au milieu des grandes villes et surtout à Carthage, sous les yeux des magistrats, on voyait de jeunes hommes se promener dans les rues avec des coiffures et des parures de femme, pour annoncer qu'ils faisaient profession publique de sodomie. Chaque place, chaque rue était un lieu de prostitution et un piége à la pudeur. Les orphelins et les veuves étaient opprimés ; les pauvres, tourmentés et réduits au désespoir, priaient Dieu de livrer la ville aux barbares. Le blasphème et l'impiété y régnaient. Plusieurs, quoique chrétiens à l'extérieur, étaient païens dans l'âme, adoraient la *déesse céleste*, ou l'ancienne Astarté, se dévouaient à elle, et au sortir des sacrifices païens, allaient à l'Eglise et s'approchaient de la sainte Table. C'était principalement les plus grands et les plus puissants qui commettaient ces impiétés. Tout le peuple avait un mépris et une aversion pour les moines quelque saints qu'ils fussent. Dans toutes les villes d'Afrique et particulièrement à Carthage, quand on voyait un homme pâle, les cheveux coupés jusqu'à la racine, vêtu d'un manteau monacal, les injures et les malédictions se succédaient bientôt. Si un moine d'Egypte ou de Jérusalem venait à Carthage pour quelque œuvre de piété, sitôt qu'il paraissait en public, on éclatait de rire, on le chargeait de reproches.

« La plus grande passion des Africains était aussi les spectacles. Au siége de Carthage, tandis qu'une partie des habitants se voyait égorgée par l'ennemi aux pieds des murs, les autres étaient occupés au théâtre à rire et à pousser des cris de joie. Il fallut donc que les barbares les réduisissent en esclavage pour réformer leurs mœurs. Ces barbares étaient chastes lorsqu'ils arrivèrent en Afrique. Ils avaient horreur des crimes qui attaquaient la pudeur. Ils défendirent sous peine de mort la prostitution; ils fermèrent les lieux de débauche, et proscrivirent les courtisanes, ou les forcèrent à se marier (1). »

Tant de lois si sévères portées pour sauver les mœurs prouvent à quel degré de corruption étaient descendus les malheureux Africains. « Aussi la justice de Dieu devait s'étendre sur cette nation, nous dit saint Augustin »; et les châtiments les plus terribles ne se firent pas attendre. En 430, Genséric avait conquis et pillait l'Afrique.

Le seul souvenir des excès commis par les barbares épouvante l'imagination. Partout s'offraient les atrocités de la conquête. Les villes étaient ravagées; hommes, femmes, enfants vieillards, tous les habitants, en butte à des fureurs inouïes, n'avaient d'autre alternative que la fuite ou le glaive. Les cadavres s'entassaient au milieu de ruisseaux de sang. Les victimes entraient dans la tombe sans consolation. Les prêtres, les vierges et les moines étaient dispersés, captifs ou immolés. La dévastation prenait un caractère particulier d'horreur avec les monastères, les cimetières et les églises. Les Vendales mettaient une infernale joie à les effacer de la terre; ils allumaient de plus grands feux pour brûler les lieux sacrés que pour brûler les villes. Les barbares avaient réservé le luxe de leur cruauté pour les évêques d'Afrique, défenseurs d'une foi qui excitait

---

(1) Rohrbacher. — *Histoire universelle de l'Eglise catholique*, page 584.

leur haine. Les cheveux blancs ne protégeaient pas les vieillards du sanctuaire.

Comme on le voit, à des siècles de gloire allaient succéder des siècles de deuil. L'Afrique chrétienne devenait aussi fameuse par ses malheurs qu'elle l'avait été par le génie et la sainteté des Optat, des Fulgence, des Cyprien, des Augustin et de leurs disciples.

Après avoir promené en Europe la dévastation et la mort, les Vendales s'étaient donc précipités à la curée des villes opulentes de l'Afrique, s'y étaient établis par la violence et avaient ainsi inauguré le règne de l'arianisme.

Jésus-Christ fut chassé de ses temples, sept cents évêques (1) bannis de leurs siéges. La désolation régnait depuis Tanger, jusqu'à Tripoli. A la place des monuments qui retentissaient des chants liturgiques et où s'accomplissaient les saints mystères, à la place des asiles de paix d'où la prière silencieuse montait jusqu'au ciel, on rencontrait des monceaux de pierres noircies par le feu des incendies, et les oiseaux de proie se repaissant de débris humains. « Cette *vigne*, pour parler le langage des Ecritures, cette vigne plantée avec tant de génie, d'amour et de soins, venait d'être tout à coup arrachée à la terre (2). »

Cependant quand on songe aux milliers de martyrs catholiques, faits durant les cent ans de l'occupation de l'Afrique par les Vendales, on est tenté de croire, nous dit Tillemont, que « cette terrrible invasion des barbares a été permise pour donner à l'Eglise africaine sa dernière couronne. »

---

(1) Dupin *(Notice des Episcopats)*, compte six cent quatre-vingt-dix évêchés en Afrique. — Morcelli *(Africa Christiana)* en compte beaucoup plus.

(2) M. Poujoulat. *Histoire de saint Augustin.*

CHAPITRE IV

L'Eglise romaine recouvra, en Afrique, une partie de sa liberté vers le milieu du sixième siècle. Bélisaire, dans une expédition rapide, triompha à Carthage, la veille de la fête de saint Cyprien, brisa le royaume fondé par Genséric, et fit flotter sur les remparts la bannière de Gilimer. Mais la domination romaine disparut bientôt et pour toujours. Les catholiques qui avaient échappé aux malheurs de l'invasion, et qui, depuis Bélisaire, avaient un peu respiré sous l'autorité impériale, furent de nouveau dispersés devant l'islamisme victorieux.

Du côté de l'Arabie parurent les sectateurs de Mahomet. Ceux-ci, dans leur course dévastatrice, ne laissaient aux peuples vaincus que le choix entre l'apostasie et la mort. Imposant de toute part leur religion toute sensuelle, les musulmans proscrivirent le clergé orthodoxe et achevèrent de réduire à une poignée de catholiques, tristes restes d'un temps glorieux, cette Eglise africaine autrefois si fameuse. En 1076, sous le pontificat de Grégoire VII, l'Afrique n'avait pas trois évêques pour une consécration épiscopale (1).

Jusqu'au nord de la péninsule, tous les chrétiens furent victimes du fanatisme musulman. Les féroces soldats du Coran menaçaient de tout ravager et de tout piller en France même,

---

(1) M. Poujoulat. *Histoire de saint Augustin.*

quand Dieu permit que leur cimeterre vînt se briser contre la massue de Charles-Martel, et que le Croissant s'éclipsât devant la Croix.

Depuis lors, l'Afrique n'a eu qu'à gémir sous le despotisme et l'esclavage. Les évêques n'y figurent plus à partir du xii° siècle ; le sacerdoce y disparaît peu à peu ; les exemples corrupteurs et la faiblesse des caractères, l'ignorance et la persécution, les abus du commerce et les exactions des navigateurs chrétiens anéantirent bientôt la foi catholique dans l'âme de ce peuple infortuné.

Cependant, à travers l'affligeant tableau de ces misères et de ces douleurs, durant plusieurs siècles on rencontre d'illustres personnages, qui, au nom de l'Europe et de la France chrétienne, firent de généreux efforts pour détruire ce repaire de la piraterie barbaresque, et rendre à l'Afrique la liberté de son ancienne loi.

Le sang des matyrs indigènes coula longtemps encore après la conquête des Arabes. Longtemps aussi les nations européennes envoyèrent aux persécuteurs et aux bourreaux d'Afrique des victimes pures et innocentes, dont l'immolation fut toujours comme une protestation solennelle contre l'expulsion de la religion de Jésus-Christ. Dieu ne permit pas que tout lien fût rompu entre son Eglise et cette malheureuse contrée. La France surtout sembla préluder de bonne heure à la glorieuse mission qu'elle devait poursuivre un jour avec ardeur.

Dès le commencement du xiii° siècle, deux saints français, Jean de Matha et Félix de Valois, fondèrent l'ordre de la Sainte-Trinité, pour le rachat des chrétiens tombés au pouvoir des pirates algériens et des autres puissances barbaresques. « Alors commencèrent, dit Mgr Dupuch, ces divins pèlerinages des Pères Trinitaires, dont le nom seul réveille, en les résumant, les plus touchants comme les plus héroïques souvenirs. »

Presque en même temps, un autre français, saint Pierre Nolasque, fondait à Barcelonne la Congrégation de Notre-Dame-de-la-Merci. C'était une légion nouvelle d'hommes miséricordieux qui allaient porter sur la terre d'Afrique la bonne odeur de Jésus-Christ, avec les consolations et l'héroïsme de la charité. Que d'esclaves chrétiens ont dû leur délivrance et leur salut éternel à ces généreux apôtres, qui consentaient à rester dans les fers et à verser leur sang pour racheter leurs frères captifs ! (1)

Peu de temps après, d'autres héros français abordèrent sur ces plages infidèles. Saint Louis y vit échouer la valeur chevaleresque de ses croisés. « Ce noble monarque d'impérissable mémoire, à la tête de l'élite, de la fleur de la noblesse de son royaume, avait entrepris, les armes à la main, de restituer à l'Afrique musulmane et barbare sa foi antique (2). » Après l'avoir sanctifiée par sa présence et par ses douleurs, saint Louis y dicta en mourant son testament immortel et sa lettre à Isabelle, sa fille. Ne pouvant prendre lui-même possession de l'Afrique, il en légua la conquête à ses descendants. — Avant que Louis XIV vît sa puissante marine se briser contre ces côtes inaccessibles (3), un autre saint français ajouta encore un nouvel anneau à la chaîne mystérieuse qui unit toujours la France à cette terre d'Afrique : Saint Vincent de Paul, pris par des pirates peu après sa promotion au sacerdoce, fut emmené sur ces côtes barbares. Il les arrosa de ses sueurs, et attira sur

(1) Ces deux ordres religieux, approuvés par le Saint-Siége comme le complément des croisades, se développèrent rapidement. Depuis 1198 jusqu'en 1787, les Trinitaires et les Rédemptoristes rachetèrent un million deux cent mille chrétiens rendus à leurs familles et à leur patrie. Or, le prix de chaque esclave étant en moyenne de 6,000 livres, les aumônes recueillies par ces religieux ont dû atteindre au moins la somme de sept milliards.

(2) Mgr Dupuch.

(3) On sait cependant que la délicieuse baie de Gigelly fut occupée quelque temps par la France, sous le règne de Louis XIV. Le gouvernement de ce prince ayant choisi cette position comme base d'opérations contre les pirates algériens, le duc de Beaufort s'en empara en 1664.

elles les bénédictions du ciel par ses plus ferventes prières. Il fit plus encore : rendu à la liberté, il envoya des religieux Lazaristes en Barbarie, pour y remplir auprès des captifs le plus sublime des ministères. Dieu seul peut savoir tout le bien qu'ils firent aux malheureuses victimes des pirates, et tous les mauvais traitements qu'ils eurent à souffrir dans le cours de leur céleste mission. Leur sang coula plus d'une fois sur cette terre infidèle ; celui du Sauveur y était aussi offert par leurs mains. L'Afrique pouvait-elle, après cela, être maudite à jamais? Ces plages imbibées des sueurs de tant d'apôtres, engraissées du sang de tant de martyrs, ces cités si résistantes à la grâce, si endurcies contre les avances de l'Esprit-Saint, pouvaient-elles plus longtemps demeurer sourdes à la voix du Seigneur? Non, sans doute. Le jour de la miséricorde devait se lever sur elles ; l'avenir réservait encore des chrétientés florissantes à ces repaires séculaires de la superstition et de la barbarie.

Non, la mort de ce peuple ne pouvait pas toujours durer. Un souffle de vie allait enfin passer sur ces ossements arides et faire tressaillir dans leurs tombes les cendres de tant de martyrs. Or, le premier cri de liberté, qui donc le fit entendre, sinon la France par son œuvre providentielle de la conquête algérienne?

Les Musulmans, souvent châtiés, n'en continuaient pas moins de se livrer à la piraterie. Un petit-fils de saint Louis devait mettre fin à leur brigandage et à leurs insolences. « Ce fut un grand jour, dit un écrivain, un très-grand jour dans l'histoire du monde, que celui où Mussein-Bey, le dernier chef de la milice d'Alger, mettant le comble à d'anciens outrages, frappa de son éventail le consul de France. Cette brutalité fit monter au front du vieux Charles X un reste de ce sang généreux dont la veine allait se tarir sur le trône de saint Louis (1). »

---

(1) En traçant ces lignes, M. Louis Veuillot oubliait que ce sang généreux coulait encore dans les veines de M. le duc de Bordeaux (*Vie de Mgr Dupuch*).

Tout le monde connaît les glorieux détails de la conquête. Les Turcs et les Arabes se défendirent pied à pied ; la ville d'Alger ne se rendit que bien vaincue, le 5 juillet, quelques jours avant celui où l'Eglise d'Afrique faisait mémoire de ses premiers martyrs.

Par la voix de ses soldats, de ses généraux et de son canon, la mère-patrie, durant trente années, n'a cessé de dire à cette terre africaine, notre sœur adoptive : « Sors du tombeau, reprends ta place au soleil des nations ; et que tes anciens vainqueurs comprennent que nous ne venons te venger que par des bienfaits (1) ! » Après des luttes acharnées, qui ont occupé un quart de siècle, les tribus guerrières ont peu à peu plié leur fierté et leur fanatisme sous le joug aimable et salutaire de la civilisation et de la foi chrétienne. Notre intervention a eu pour résultat de pénétrer jusqu'à l'intérieur de cet immense continent encore plongé dans la barbarie, et aura pour but de relier l'Afrique du nord et l'Afrique centrale à la vie des peuples évangélisés. Oui, telle sera dans les desseins de Dieu, dans les espérances de l'Eglise, et pour le bonheur d'une race déchue, la glorieuse destinée de la France.

Cette mission a déjà reçu une partie de son accomplissement. Quand la Méditerranée fut affranchie, la piraterie détruite, et l'Algérie ouverte à la civilisation chrétienne, un illustre écrivain français s'écriait : « O Alger..., je ne songeai pas aux anciennes épouvantes dont ce lieu fut plein si longtemps, mais à la merveille de cette conquête, par où tant de mains, qui ne s'en doutent pas, ouvrent un nouveau monde à la bonne nouvelle de Dieu. Une prière encore naquit au fond de mon cœur: Seigneur, pensai-je, vous avez repris votre bien ; ce sol est deux fois à vous; vous l'avez créé, et vos martyrs l'ont arrosé de leur sang. Que de saints, dont les noms ne seront connus qu'au dernier jour, ont souffert et sont morts pour vous dans l'enceinte de ces murailles qui dessinent comme un immense Calvaire!

---

(1) Mgr Lavigerie.

« Les Ariens, les Donatistes, les Vendales, les Arabes, les Turcs ont tour à tour immolé vos serviteurs fidèles ; mais votre jour est venu ; les bourreaux de vos saints disparaissent, même lorsqu'ils forment des peuples et des multitudes ; et voici que les derniers d'entre eux, refoulés par les armes chrétiennes, s'engloutissent dans le désert béant qui les a vomis. Donnez le triomphe et la gloire à ceux qui servent votre cause ; faites-leur, en dépit de leur ignorance, un mérite du sang qu'ils versent pour reconquérir la tombe de leurs aînés (1). »

Cette belle prière fut exaucée dès le premier jour de notre conquête. A la suite du pavillon français, nos prêtres ont paru sur le sol africain, pour apprendre aux esclaves du Coran qu'ils étaient bien moins nos vaincus que nos frères libres ; pour leur rappeler l'histoire, la gloire passée, l'antique foi de leurs pères; pour montrer à tous qu'un peuple ne saurait être régénéré par les seuls efforts de l'activité et de l'intelligence ; qu'il lui faut surtout des principes, des croyances et des vertus.

CHAPITRE V

La fille ou la sœur de notre mère-patrie, la nouvelle France d'au-delà la Méditerranée, devait bientôt former une vaste chrétienté. La hiérarchie ecclésiastique fut constituée dans le nord de l'Afrique. Oran et Constantine devinrent le siège de deux évêchés suffragants. Alger, archevêché de cette nouvelle province, a déjà vu trois prélats qui ont laissé successivement les traces les plus profondes de leurs labeurs apostoliques.

(1) L. Veuillot. — *Les Français en Algérie.*

Le premier, Mgr Dupuch, eut au cœur cette charité qui déborde et que rien n'arrête; il porta aussi sur son front *l'empreinte de ce quelque chose d'achevé, dit Bossuet, que le malheur donne à la vertu.* Ses audaces apostoliques, que la sagesse humaine ose à peine critiquer, trouvent leur excuse et leur gloire dans le motif et dans le dévouement même qui les inspira.

Le second, Mgr Pavy, quoique héritier d'une situation difficile, ne sentit jamais son courage faiblir, et se montra, durant vingt années, aussi habile administrateur qu'orateur éloquent et missionnaire infatigable.

« Il y a de longs siècles, écrivait son successeur en prenant possession de son diocèse, que l'Afrique du nord a cessé d'exister comme Eglise. Ecrasée, dispersée, martyrisée, elle a disparu sous l'invasion musulmane, qui l'a couverte comme d'un déluge. Ses évêques, ses prêtres, ses temples, ses fidèles, sa langue même, tout s'est tu en un jour. Ce qui reste d'elle, ainsi immobilisé par la mort, est enseveli depuis lors sous la poudre du temps ou dans le sol que foulent nos pas et qui recouvre encore les ruines de ses sept cents basiliques, les inscriptions de sa foi ou de sa douleur, les tombeaux de ses fils.

« Et voici que nous revenons après tant de siècles de silence, nous catholiques, pasteurs de la même Eglise, ayant reçu notre mission du successeur de ce *même pêcheur de Galilée qui envoya en Afrique ses premiers évêques* (1), et que, nous recueillant avant de donner à notre action son impulsion définitive, nous voulons proclamer notre foi! et c'est la même foi que professait, il y a douze, quinze, dix-sept siècles, cette Eglise disparue (2). »

Mgr de Lavigerie est aujourd'hui le grand organisateur de cette grande province ecclésiastique. Il l'a, tour à tour, enrichie d'un nombreux clergé, de communautés enseignantes, de congrégations agricoles (3) d'orphelinats arabes et de toutes

---

(1) Saint Augustin, épître 43.
(2) *Mand.* 1873. Mgr Lavigerie.
(3) Ces modestes et intrépides religieux ont choisi pour patron spécial

les œuvres de charité capables de préparer et de réjouir de nouvelles générations de chrétiens. Pontife compatissant, il fit entendre à la France et à l'Europe des cris de détresse, lorsque la famine, l'incendie, ou d'autres fléaux désolèrent ses chers diocésains. Père inconsolable, quand, pour des raisons administratives, on voulut soustraire à sa juridiction et à sa tendresse les petits Arabes qu'il avait recueillis dans ses orphelinats, « ah! s'écriait-il, je ferai entendre mes plaintes jusqu'au fond de l'univers!... »

Délégué apostolique d'une partie du Sahara et du Soudan, il a créé et dirige lui-même à Alger un société de missionnaires pour l'Afrique centrale; et l'ardeur infatigable de l'Evêque stimule tous les jours le zèle de ces hommes de foi qui vont explorer les vastes déserts. « Nous avons abandonné, disent-ils, la vie européenne pour nous faire entièrement Arabes ou Kabyles. Nous avons pris le costume, la langue, les usages, la manière de vivre de ces peuples. Ainsi *arabisés*, nous partons par communauté de trois ensemble, pour fonder des stations, au milieu des tribus. »

Mgr Lavigerie reçoit fréquemment des demandes de missionnaires de la part des chefs arabes ou des djemâs kabyles. Malheureusement on ne peut satisfaire tous ces pieux désirs. Néanmoins, depuis huit années qu'existe cette mission de l'Afrique du nord, elle comprend dix-neuf établissements, dont dix stations établies au sein des tribus infidèles, tant dans la grande Kabylie que parmi les arabes du Sahara et de la Tunisie. Trois missionnaires s'engagent maintenant dans le Soudan à quelques journées de Tombouctou (1).

---

le bienheureux Géronimo, martyr arabe converti par les missionnaires français qui se consacrèrent au rachat des captifs. — On distingue *les frères et les sœurs du vénérable Géronimo.*

(1) Avant de mettre notre ouvrage sous presse nous avons eu la douleur d'apprendre que ces trois missionnaires attachés à la mission du Soudan et du Sahara occidental, venaient d'être décapités sur la route de Tombouctou. La grande distance où ils se sont trouvés des possessions fran-

L'Eglise, en Afrique, ne laissait plus depuis plusieurs siècles que des souvenirs : après avoir brillé d'un si vif éclat, tout semblait fini pour des populations courbées sous le joug humiliant de l'islamisme; et voilà qu'elle ressuscite glorieuse dans une de ces circonstances qui rappellent les Augustin, les Cyprien, les Fulgence, les Optat, les Tertullien, et ces légions de pontifes et de martyrs qui, comme nous l'avons vu, ont été l'honneur des premiers âges de la foi catholique.

Quel jour plus propice pouvait être choisi pour l'ouverture d'un concile provincial, que celui de la fête de sainte Monique ? et quelle plus touchante circonstance que la réunion des évêques en présence des restes vénérés de cette mère si longtemps plongée dans la douleur, et de ce fils devenu l'un des plus grands soutiens de la foi ?

Ce premier concile provincial d'Alger, tenu le 4 mai 1873, sous les auspices de Notre-Dame-d'Afrique, après avoir traité les grandes questions actuelles, tel que le libéralisme, la morale indépendante, la liberté d'enseignement, la séparation de l'Eglise avec l'Etat, etc., a rendu un décret spécial, pour encourager la Propagation de la Foi sur la terre africaine. « Il est glorieux pour l'Eglise, dit-il, de voir la légion de nos hommes apostoliques, de nos sœurs de charité; mais pendant qu'ils donnent leurs sueurs, leurs travaux, leurs privations et leur sang pour l'amour de J.-C. et des âmes, il incombe à tous nos catholiques de subvenir au besoin des apôtres... Que le Dieu très-bon fasse qu'on réponde à notre appel; les ouvriers pourront recueillir une abondante moisson !... (1) »

çaises n'a permis de recevoir que tout dernièrement la nouvelle de leur mort. Voici le nom de ces nouveaux martyrs : P. Bouchaud, du diocèse de Lyon; P. Paulmier, du diocèse de Paris; P. Ménoret, du diocèse de Nantes.

(1) Signatures : Charles-Martial Lavigerie, arch. d'Alger. — Jean-Baptiste Callot, évêque d'Oran. — Jean-Joseph Robert, évêque de Constantine. — Pierre-Joseph Soubirane, évêque de Sébaste. (Titre IV, chap. 9).

Indépendamment de la province ecclésiastique d'Alger, qui est notre citadelle fortifiée dans le continent, l'Eglise et la France ont uni leurs efforts pour entreprendre un siége complet, et ont établi tout autour de l'Afrique une ceinture de courageux missionnaires. Ceux-ci apparaissent partout à la fois : il y en a au nord, au midi, à l'est et à l'ouest. De toutes parts, ce continent est comme enlacé par un cercle de foi et de charité, qui va se rétrécissant de plus en plus ; et soit que les missionnaires partent d'Alger, soit qu'ils s'avancent du Cap, de la Guinée ou de l'Egypte tous marchent la croix à la main et la face tournée vers les contrées inconnues de cette immense Afrique.

Aujourd'hui, tous les grands corps de notre armée catholique se sont empressés d'envoyer quelques détachements de volontaires ; et ceux-ci, échelonnés sur tous les points de quelque importance, enveloppent presque toute la contrée. En descendant la côte occidentale de la péninsule jusqu'au Cap, et en remontant la côte orientale jusqu'à Tunis, on rencontre :

Au Maroc, les enfants de saint François ; au Sénégal, aux deux Guinées, au Gabon et au Congo, les Pères du Saint-Esprit et du saint-Cœur-de-Marie ;

Au Dahomey, les missions africaines de Lyon ; à Annobon, Corisco et Fernando-Po, les Pères Jésuites ; au Cap de Bonne-Espérance et à Port-Natal, les Oblats de Marie ;

A Madagascar, aux îles : Nossi-bé, Sainte-Marie, Mayotte et Bourbon, encore les Pères Jésuites ; à Zanzibar, les Pères du Saint-Esprit ; aux îles Seychelles et chez les Gallas, les Pères Capucins ; dans l'Abyssinie, les Pères Lazaristes ; en Egypte, les Mineurs de l'Observance ; dans les régences de Tripoli et de Tunis, les fils de saint François et de saint Vincent de Paul.

« De nombreuses solutions de continuité se trouvent encore dans la grande ligne de circonvallation, formée par le catholicisme autour de la terre de Cham. Néanmoins, tel a été le succès obtenu par les vaillants pionniers de l'évangélisation africaine, que le saint Siège a pu établir sur les côtes et dans les îles de cette grande péninsule, treize vicariats apostoliques, neuf préfectures et douze diocèses plus ou moins florissants (1). »

Ce sont là de belles conquêtes. Toutefois elles n'ont pas suffi au zèle de l'Eglise : elle sait que toutes les familles humaines ont été rachetées par le sang de son époux, et elle veut les réunir toutes dans une même croyance. Le pape Grégoire XVI décida qu'on ne se bornerait plus à évangéliser les côtes africaines, mais qu'on pousserait l'assaut catholique jusque dans l'intérieur des terres. Cette mission devait comprendre tout l'espace entre les états barbaresques, la Nubie, l'Abyssinie, le Dahomey et la Sénégambie, une étendue de pays deux fois comme la surface de la France. C'est une mer de sable, d'une longueur d'environ cinq cents lieues, sur une largeur de cent vingt lieues, parsemée d'oasis jetées comme des îles au milieu de cette immensité (2).

D'après un décret du 30 mars 1846, le vicariat de l'Afrique centrale avait pour bornes : à l'Orient, le vicariat apostolique d'Egypte, la préfecture apostolique de l'Abyssinie ; à l'Occident, la préfecture apostolique des deux Guinées ; au Septentrion, la préfecture apostolique de Tripolis, le vicariat apostolique de Tunis, et le diocèse de Jules-César ; au Midi, les montagnes de la Lune. (En respectant les limites des missions déjà établies et celles pouvant s'établir) (3).

Le 1er août 1868, Pie IX a divisé cette vaste mission en deux parties : l'une orientale, confiée à l'abbé Comboni, de Vérone, provicaire apostolique du Caire et d'Alexandrie ; l'autre occidentale, qui se compose du Sahara occidental, du Soudan, et d'une grande partie de l'Afrique centrale, a été donnée à Mgr l'archevêque d'Alger. Et d'après un décret du 6 août 1868, cette dernière délégation a pour limites : au Nord, Tunis, Tri-

(1) P. Horner. Sup. de la mission de Zanzibar.
(2) *Voyage sur la côte orientale.*
(3) D'après les décrets de Rome.

poli, le Maroc, l'archidiocèse d'Alger ; au Midi, le Sénégal, les deux Guinées ; à l'Occident, l'Océan atlantique ; et à l'Orient le Fezzan exclusivement (1).

Les habitants de cette préfecture, connus sous le nom de *Touaregs*, sont les descendants des anciens chrétiens du nord de l'Afrique, refoulés par les conquérants Arabes ; ils conservent des relations avec l'Algérie. Mais une douloureuse expérience démontre que les Européens ne résistent pas longtemps à ce climat meurtrier. Les 40 missionnaires envoyés en 1848, périrent dans ces déserts, n'ayant pu conserver à leurs successeurs que la mission de Karthoum.

Mgr le délégué apostolique se propose d'établir pour le Sahara deux nouvelles missions sur les limites de notre colonie algérienne, avec l'espoir d'en créer d'autres, de proche en proche, à mesure que cela deviendra possible.

C'est dans ce vaste pays désolé qu'on rencontre de nombreuses tribus, au teint noir, à la physionomie abrutie, aux mœurs cupides et féroces, dont la destinée est d'être encore victimes de l'abominable trafic de chair humaine. Et dans de pareilles conditions morales et matérielles, on comprend que l'Afrique centrale est la partie du monde la moins connue, la plus malheureuse et la plus abandonnée.

Elle est cependant d'autant plus digne de pitié, d'autant plus capable d'exciter le zèle apostolique, que, d'après un savant voyageur qui vient d'explorer l'Afrique centrale, M. Alfred Jacobs, le fils de Cham a une conscience presque touchante de son infériorité, et confesse lui-même la cause de sa vilaine couleur. Cette conscience repose sur une tradition vraie, bien qu'un peu altérée. Au Mozambique, chez la puissante peuplade des Maknas, elle dit que, « dans le principe, les Africains étaient aussi blancs et aussi intelligents que les Européens ; mais un jour Malucka (le bon Dieu) s'étant enivré tomba dans le chemin, les vêtements en désordre. Les Africains qui pas-

---

(1) Décrets de Rome.

sèrent le raillèrent de sa nudité. Les Européens, au contraire, eurent pitié de lui. Ils cueillirent des fleurs et l'en couvrirent respectueusement. La même tradition existe en Guinée (1). »
Ces paroles semblent réfléter le témoignage de nos saints livres. Accordons-leur notre respect. Soyons émus de compassion devant la punition solennelle infligée aux Africains. Autant qu'il est en nous, faisons lever au plus tôt l'arrêt de mort qui pèse encore sur une vaste partie de la terre de Cham.

Il faudrait, pour la régénération de ces immenses pays de l'intérieur de l'Afrique, qu'un souffle d'en haut ressuscitât l'ordre de N.-D. de la Merci, ou fécondât celui de la sainte Trinité. Puissent, du moins, les enfants du bienheureux P. Claver et du vénérable P. Liberman, se constituer en grand nombre les fournisseurs de tous les Nicolas Olivieri que suscitera la Providence dans l'œuve du rachat des captifs!

Depuis les missions ouvertes, en 1860, par M. l'abbé Fava, alors grand vicaire de Bourdon, l'île de Zanzibar, les côtes de Zanguebar et une partie des régions orientales du centre de l'Afrique ont été abordées et explorées avec succès pendant dix ans par les PP. du Saint-Esprit et du Cœur immaculé de Marie, par les Trinitaires et les prêtres du Séminaire de Vérone.

Le 21 mai 1872, le Saint-Siége a circonscrit dans la préfecture apostolique confiée à M. Daniel Comboni toute la partie orientale du centre de l'Afrique qui n'était pas comprise dans la délégation de Mgr l'archevêque d'Alger.

On voit déjà, quant au Sud, à l'Orient et au Nord, de quels éléments se sert la Providence pour faire pénétrer l'Evangile au sein de l'Afrique, cette forteresse du démon. Or, la partie occidentale des mêmes régions doit ses apôtres au Séminaire des Missions-Africaines, fondé récemment dans la ville de Lyon. De cette *pépinière* d'hommes apostoliques sortent chaque année de courageux missionnaires. Ils vont sur l'Océan,

---

(1) L'Afrique nouvelle, 1868.

abordent à une côte de l'Afrique occidentale, où ils occupent une des portes ouvertes au zèle catholique pour pénétrer dans l'intérieur des terres. Nous avons déjà nommé le royaume de Dahomey, la Côte des Esclaves, le Golfe de Bénin.

C'est ce rivage, si longtemps inhospitalier, devenu aujourd'hui un poste d'honneur pour l'évangélisation, que nous nous proposons de faire connaître. Mais avant de raconter les périls sans nombre, comme aussi les grandes joies qu'offre cette mission, disons un mot de la vaillante Société qui l'arrose de ses sueurs. En attendant qu'une main filiale paye à la mémoire vénérée du fondateur des Missions-Africaines un digne tribut d'admiration et de regret, nous essaierons d'abord de tracer, fût-elle incomplète, une simple esquisse de cette grande figure d'apôtre et de martyr.

LIVRE II

LA SOCIÉTÉ

> « Fils de l'homme, tournez le visage du côté du midi, parlez vers le vent de l'Afrique, et prophétisez... »
>
> « *Fili hominis, pone faciem tuam contra viam Austri, et stilla ad Africum, et propheta ad saltum agri meridiani.* »
>
> ÉZÉCH. XX, 46.

CHAPITRE PREMIER

Mgr Melchior-Marie-Joseph de Marion-Brésillac était issu d'une des plus illustres familles de Castelnaudary (Aude). Après douze ans d'une vie apostolique dans l'Inde anglaise, ce prélat eut la courageuse pensée de se dévouer aux peuples les plus abondonnés de l'Afrique.

Il jeta les yeux sur la Côte des Esclaves, et sollicita du Saint-Siége l'autorisation de s'y rendre avec quelques compagnons d'apostolat; mais Rome ne crut pas qu'un évêque et quelques prêtres isolés pussent avec fruit entreprendre des missions de ce genre.

« Formez, d'abord, une société de prêtres, qui soit une pépinière et une armée de réserve. »

La voix du Saint-Siége fut pour le pieux évêque la voix de Dieu même. Le 10 avril 1856, il quitta Rome avec la bénédiction du Pape et les encouragements de la sacrée Congrégation de la Propagande. De retour en France, il se rendit d'abord à Versailles où l'attirait le souvenir d'un ami d'enfance. Le Père Dominique l'accueillit à bras ouverts dans son couvent des capucins dont il était lui-même le père Gardien. Ce monastère fut pour l'évêque une véritable grotte de Manrèse. La fuite du monde et ses prières ferventes favorisèrent beaucoup la méditation de ses grands projets. De cette retraite où il avait goûté quelque repos et puisé d'abondantes lumières, Mgr de Brésillac résolut d'aller dans la catholique Auvergne. Le Père Dominique venait de recevoir la mission de fonder une maison de son ordre dans la ville de Clermont-Ferrand. Les deux amis partirent ensemble. C'est dans la cité de saint Austremoine, sur cet antique berceau des croisades, que l'évêque-missionnaire annonça publiquement sa glorieuse entreprise. Ses accents furent entendus. Le diocèse de Clermont offrit le premier secours à l'œuvre des Missions-Africaines (1).

Mgr de Brésillac alla ensuite confier sa plus chère espérance à la chrétienne ville de Lyon, cette terre féconde en œuvres apostoliques. Sa voix eut un écho dans tous les cœurs. Et bientôt, sur la colline des martyrs, tout près du tombeau de saint Irénée, on vit fonder et s'ouvrir un nouveau séminaire. Quoique provisoire, cet établissement fut un premier gage de la protection de Dieu, le premier asile de l'Evêque venu des Indes.

N'écoutant alors que l'ardeur de son zèle, l'infatigable prélat entreprit de visiter les principales villes de France, pour faire connaître sa résolution, et intéresser à son œuvre toutes les âmes généreuses. « *La charité du Christ le pressait* (2). » Il aurait voulu faire de tous les hommes de bonne volonté des

---

(1) M. l'abbé Mercier, vicaire général, et M° Rougane furent chargés de recueillir les offrandes.

(2) « *Charitas enim Christi urget nos.* » II, Cor. v, 4.

libérateurs de l'Afrique. « Les circonstances sont telles, disait-il, qu'il y aurait péril dans le retard de mon œuvre. Qui ne serait effrayé, en effet, de voir que dans ces régions le mahométisme gagne chaque jour du terrain ; qu'il enveloppe même déjà la majeure partie de la population indigène, menaçant d'envahir tout le reste et de rendre les infidèles plus inconvertissables que s'ils restaient dans les absurdités du fétichisme?

« De plus, nous pourrions être prévenus, et nous le sommes, hélas! sur plusieurs points par nos malheureux frères dévoyés dans l'hérésie. Qui ne sait que les protestants font d'incroyables efforts, et s'imposent d'énormes sacrifices pour leurs missions en général, et en particulier pour leurs missions d'Afrique?

« Les catholiques se laisseront-ils dépasser sur un seul point, l'aumône? N'est-ce pas trop, de penser qu'il existe des lieux sur le globe, notamment en Afrique, où les ministres protestants exercent leur action, distribuent des livres, forment des écoles, dirigent des orphelinats, des hôpitaux et des ateliers, sans qu'il y ait encore là un seul prêtre catholique. Jusques à quand les enfants de lumière seront-ils moins sages que les enfants des ténèbres? »

On se souvient encore de l'impression profonde que produisit sa parole. Un prédicateur s'écriait dernièrement dans une église de Paris: « Je n'ai jamais vu un apôtre plus aimer les âmes, que Mgr de Marion-Brésillac! (1) » On l'entendait souvent répéter avec âme: « Peut-on ne pas être ému de compassion, en jetant un coup d'œil sur la carte d'Afrique ; et ne pas se demander avec tristesse d'où vient que des peuples si nombreux sont encore privés du bienfait de l'évangélisation?... » Et il ajoutait en présence d'un grand auditoire: « Ancien vicaire apostolique dans l'Inde, habitué aux fatigues des missions, nous nous étions demandé s'il ne serait pas possible

---

(1) Le P. Chapotin, à l'Eglise de Saint-Philippe-du-Roule, 16 février, 1875.

de venir en aide aux généreux propagateurs de la foi dans ces difficiles contrées, en établissant une Société de prêtres qui se vouassent exclusivement à l'évangélisation des pays les plus abandonnés de l'Afrique. Cette pensée a été goûtée à Rome, et je viens la communiquer à ma patrie.....

« Du reste, nous avons hérité, M. F., de ceux qui se ruèrent primitivement sur ces peuples, pour leur arracher leurs richesses par la violence ou par l'astuce, par le trompeur appât de bagatelles dont ils ne connaissaient pas le prix ; qui ne rougirent pas quelque fois d'échanger des hommes pour de vils objets de quincaillerie, ou bien de les saisir sans raison, de les acheter et de les revendre, sans s'être mis en peine du motif qui les avait faits esclaves.

« Il peut donc se faire qu'on ait plus d'une fois arraché les enfants du sein de leur mère, pour payer la rançon qu'exigeaient les premiers navigateurs, nos aïeux ; il peut se faire, Mesdames, que tel meuble d'or et d'ivoire qui brille dans vos boudoirs, ait coûté les mauvais traitements, la liberté et même la vie à de pauvres noirs ; que ces émaux, ces pierres précieuses, ce diamant, cette perle que vous étalez avec joie dans vos brillantes parures, aient coûté la vie à un pauvre nègre, quand on le força d'aller saisir au fond des mers le précieux coquillage, ou dans les sables brûlants du désert le lumineux caillou.

« Je ne prétends pas cependant, M. F., établir un doute sérieux sur la légitime possession de semblables objets qui seraient en votre pouvoir ; mais s'il est vrai que le temps ne légitime pas l'injustice, et qu'il est de notre devoir de faire quelquefois des aumônes en esprit de réparation, pour les erreurs qui ont pu présider à la formation de notre patrimoine, peut-être est-il de ces aumônes qui doivent s'étendre au-delà des mers. »

De tels accents obtinrent à Mgr de Brésillac les plus touchants témoignages de sympathie. Les fidèles lui offrirent généreusement leurs aumônes. Plusieurs prêtres et quelques laïques s'unirent à lui.

Dans une halte à la Grande Chartreuse, Mgr surprit dans le recueillement et le silence d'une retraite un jeune professeur de philosophie qui demandait à Dieu de connaître sa sainte volonté. M. l'abbé Planque, du diocèse de Cambrai, fut une précieuse conquête pour l'œuvre et pour son fondateur.

Le 8 décembre de la même année, le zélé prélat eut le bonheur de consacrer à N.-D.-de-Fourvières les prémices de sa nouvelle Société, sous le titre de *Séminaire des Missions-Africaines*.

Le germe de l'œuvre avait été jeté en terre et béni du ciel. Il grandit bientôt. Mgr de Marion parcourut encore une partie de la France, prêchant partout sa sainte croisade. Ses fatigues sans doute furent mêlées de bien des déceptions ; mais le saint évêque ne se rebuta pas. Il savait que Dieu éprouve souvent les œuvres qu'il veut faire solides et durables. Une fondation surtout est toujours difficile ; elle le devient plus encore, quand elle a pour but un bien qui doit s'accomplir au loin, sur un champ complétement inconnu, et au sein de peuples dont la seule réputation inspire la frayeur.

Pour prévenir toute hésitation dans l'élan de la charité publique, on sollicita vivement un champ déterminé aux travaux des futurs missionnaires. On pressa la Propagande d'accorder aux Missions-Africaines de Lyon le Dahomey, qu'elles convoitaient avec tant d'ardeur.

Mais, à la même époque, le Saint-Siége avait reçu des informations sur ce pays. On disait qu' « en arrivant les apôtres seraient massacrés par ces peuples barbares. » La Propagande pouvait-elle exposer des missionnaires à une mort certaine ?

Quoique la Société de Lyon fût bien loin d'avoir atteint son complet développement, le Saint-Siége, en avril 1858, offrit à Mgr de Marion le vicariat apostolique de Sierra-Leone, qui s'étend depuis le fleuve Numez jusqu'à la République Libéria 'inclusivement, c'est-à-dire jusqu'au Cap-des-Palmes. On ne se doutait pas que c'était là encore envoyer sa Grandeur à un martyre moins prévu, moins éclatant, mais aussi fécond que le martyre du sang !

C'est donc sur ce point de l'Afrique occidentale, privé de missionnaires, qu'aura d'abord à s'exercer le zèle de la nouvelle phalange. Elle aura à porter l'Evangile en des lieux où il n'a pas encore paru, et tenter quelques pas en avant dans ces contrées inconnues et barbares. Mais avant de montrer en action cette milice naissante, faisons connaître l'esprit qui l'anime, les Constitutions qui règlent ses mouvements. Quant à sa devise, elle est dans cette parole : « *Traham eos in vinculis charitatis* (1). »

CHAPITRE II

La pensée qui a présidé à la création des Missions-Africaines de Lyon fut le désir, si digne d'éloges, d'offrir à l'Eglise une Société de missionnaires, spécialement destinée, non à tel ou tel lieu idolâtre mais à tous les lieux les plus abandonnés de l'Afrique ; une Société toujours prête à répondre aux besoins du moment, cherchant par tous les moyens possibles à pénétrer partout où l'occasion se présentera d'essayer une tentative dans ce vaste continent. Elle occupera les vides entre les missions déjà fondées. L'Afrique est tellement étendue et tellement peuplée, malgré ses immenses déserts, que lorsque le jour de la misé-

(1) Os., XI, 4.

ricorde se lèvera pour elle, ce ne sera pas trop de tous les dévouements. Puisse la florissante jeunesse des pays catholiques s'inspirer des sentiments généreux qui élèvent l'homme jusqu'à la grandeur du sacrifice!

Un jour peut-être nos âmes recueillies entendront éclater en elles l'étincelle du feu sacré pour la vie apostolique. Qui peut se promettre de n'être pas renversé par la grâce sur le chemin de Damas, et de ne pas se sentir épris d'un vif amour pour les missions des nègres en Afrique ? Qu'il me soit permis, dans ce noble espoir, de faire connaître les articles fondamentaux rédigés et publiés, en 1858, par Mgr de Marion-Brésillac pour servir de base à la règle définitive de la Société des Missions-Africaines.

« Notre société, dit le pieux fondateur, se met sous la protection de la Sacrée Congrégation de la Propagande, à l'autorité de laquelle elle restera toujours profondément soumise, comme étant l'organe des volontés du souverain Pontife pour tout ce qui concerne les missions.

« Elle a pour but principal l'évangélisation des pays de l'Afrique qui ont le plus besoin de missionnaires, si ingrate et si difficile que soit la mission qu'on voudra lui confier

« Indépendamment des soins qu'elle donnera aux missions, la Société travaillera constamment à préparer les voies, pour pénétrer dans les lieux où il n'y a pas encore de missionnaires.

« Elle est essentiellement séculière. On n'y fait point de vœux. Seulement, quand on a été jugé digne d'y être agrégé, on fait le serment de persévérer dans la Société jusqu'à la fin de ses jours, et d'en observer le règlement, soit au sein des missions d'Afrique, soit à leur service en Europe, selon la direction des Supérieurs.

« Avant d'être définitivement reçu membre de la Société, on devra régulièrement passer un an au Séminaire de Lyon. Pendant ce temps-là, on sera considéré comme Aspirant à l'œuvre des Missions-Africaines.

« Quoique le centre de la Société soit en France, elle accepte des sujets de toutes les nations, s'ils consentent à se soumettre au règlement, et s'ils donnent des preuves de solide vocation à la vie apostolique.

« Elle se composera du Supérieur général, des Supérieurs locaux, des Conseillers, des Confrères ecclésiastiques, et aussi des Frères laïques.

« Ceux-ci doivent être disposés à se rendre utiles dans tout ce qui dépendra d'eux, soit en Europe, soit dans les missions.

« Ils devront, autant que possible, exercer un art ou un métier afin d'être capables de l'enseigner aux enfants pauvres et aux jeunes Africains.

« Partout où plusieurs associés seront réunis, ils mèneront la vie commune. Ils pourront user selon leur volonté des revenus de leur patrimoine ; mais tout ce qu'ils recevront directement ou indirectement des missions, pour les missions et à l'occasion des missions, sera versé dans la masse commune. Néanmoins, on laissera à chaque prêtre dix ou douze intentions de messes libres chaque mois.

« Les Supérieurs auront soin de procurer aux associés tout ce qui leur sera nécessaire, veillant avec attention à ce qu'il ne leur manque rien, eu égard au temps, aux lieux, à l'âge et à la santé ; mais cependant sans jamais s'écarter des saintes règles de la pauvreté apostolique.

« Les membres de l'association qui se trouveront en Europe dans les cas prévus par les règlements, ou avec la permission expresse des Supérieurs, ne cesseront pas de se rendre utiles à l'Eglise et aux missions, non-seulement par le bon exemple et la prière, mais aussi par l'exercice des bonnes œuvres qui conviennent surtout à des missionnaires, et qui entretiendront l'esprit apostolique au cœur de l'association ; telles, par exemple, que l'éducation des enfants pauvres, les orphelinats, la prédication, principalement dans les petits bourgs et les villages. Tout cela selon la direction des Supérieurs.

« Le nerf de toute association religieuse, et surtout de la Société des Missions-Africaines, est la concorde dans la parfaite charité, par conséquent dans une obéissance facile à ceux qui sont préposés, plutôt pour diriger que pour gouverner leurs frères. Les aspirants, eussent-ils donc toutes sortes de bonnes qualités, ne seront point définitivement reçus, si on remarque en eux un trop grand esprit d'indépendance, ou bien une répugnance marquée à se faire aux caractères différents du leur.

« La Société aura soin de se maintenir dans un respect profond et un attachement sincère pour le Saint-Siége, tenant à cœur de soutenir ses prérogatives, et obéissant avec zèle et empressement à toutes ses décisions. Chacun donnera l'exemple du respect et de l'obéissance qui sont dus aux évêques et autres Supérieurs ecclésiastiques des lieux où ils se trouveront.

« Envers les autres missionnaires, de quelque nation et de quelque institut qu'ils soient, on témoignera beaucoup de charité ; les recevant, à l'occasion, avec la plus affectueuse cordialité, et leur prêtant assistance et secours, s'il y a lieu.

« On aura une dévotion spéciale envers le Mystère qui porta notre divin Sauveur à se rendre en Egypte ; et après Marie, Reine des Apôtres, on invoquera chaque jour les Bienheureux qui se sont sanctifiés en mission, surtout sur la terre d'Afrique.

« Enfin, la Société s'attache des affiliés qui participeront d'une manière spéciale aux mérites de l'œuvre, s'ils sont disposés à la seconder de leur influence morale, et par les secours matériels qu'ils pourront lui procurer.

« Qu'on ne dise pas que les dépenses de notre entreprise devraient être faites par l'œuvre de la Propagation de la Foi. C'est une objection qui se présente naturellement à l'esprit de ceux-là même qui ont le plus à cœur l'œuvre des missions et qu'il importe de détruire, moins en la réfutant qu'en expliquant la nature différente de cette œuvre et de la nôtre.

« L'œuvre de la Propagation de la Foi n'a pas été fondée

pour créer des sociétés de missionnaires, pour établir des noviciats, des séminaires et autres semblables institutions en Europe ; mais seulement pour entretenir des missions déjà existantes, et leur fournir des moyens de se développer. Dans ce but, elle tient scrupuleusement à ce que, dans ses comptesrendus, la somme intégrale de ses recettes figure dans la colonne de ses répartitions, distribuées aux missions de l'univers entier. Sans doute, il lui faut des missionnaires pour faire fructifier ses aumônes ; elle désire voir prospérer les établissements comme le nôtre, afin que ses pieux associés pénètrent par leur charité, avec nos missionnaires, chez les nations les plus abandonnées et les plus barbares ; mais, encore une fois, ce n'est pas à elle à former les éléments de nouvelles missions, mais seulement à les entretenir autant qu'elle le peut, dès qu'elles sont établies.

« Par les aumônes des associés, nos missionnaires se transporteront sur les lieux, s'y établiront avec le secours de la grâce, et essaieront de faire pénétrer la vraie foi et la vraie morale de l'Evangile. Mais pour ce qui est de nos établissements, quoiqu'ils soient exclusivement faits pour les missions, la Propagation de la Foi n'a pu nous rien donner ; et tout en désirant avec ardeur leur perfectionnement, elle ne peut cependant nous aider que de ses vœux et de ses sympathies.

« Le *sou par semaine*, cette aumône sacrée du riche et du pauvre, doit être toujours envoyé en mission. La fondation du Séminaire des Missions-Africaines, est une chose à part. Ce sont surtout les riches qui doivent l'assurer ; ces riches qui, ayant le bonheur d'être chrétiens, *« usent de leurs richesses comme n'en usant pas »*, suivant le précepte de l'Apôtre. Cependant les pauvres sont appelés à concourir à cette œuvre fondamentale ; leur offrande, si faible qu'elle soit, sera toujours reçue avec reconnaissance, d'autant plus qu'elle porte avec elle une bénédiction spéciale.

« Puissent le clergé et les fidèles entendre cet appel à leur dévouement et à leur charité. Au prix de leurs sacrifices, des peuples nouveaux viendront grossir la grande famille chrétienne; Dieu sera glorifié chez des nations où sa suprême majesté est méconnue ; le nombre des élus augmentera, et la propre sanctification de ceux qui contribueront à ces résultats se perfectionnera.

« Il est écrit qu'« il y a beaucoup de demeures dans la maison de mon Père ; et celui qui est déjà saint peut et doit se sanctifier de plus en plus (1). » Or, s'il est vrai qu'une goutte d'eau, offerte au nom de J.-C., ne sera pas sans récompense, que sera-t-il du mérite de ceux qui auront largement pris sur leur superflu, et quelquefois sur le nécessaire, pour la fondation perpétuelle d'une œuvre appelée à étendre au loin le règne de J.-C., et à sauver des millions d'âmes ? Que sera-t-il surtout du mérite de ceux qui donneront leur vie pour le succès de cette entreprise vraiment apostolique ?

« Ajoutons, en finissant, que des prières se disent chaque jour à la communauté pour les Protecteurs de l'œuvre ; et qu'un service y est célébré chaque année pour le repos de l'âme des bienfaiteurs défunts. »

C'est avec cette simplicité de langage que Mgr de Marion-Brésillac dépeint le caractère, le but et la grandeur de son œuvre, ainsi que les conditions de sa vitalité. Le grand esprit de prudence et de charité qui a inspiré ce règlement, à la fois si modeste et si complet, nous fait comprendre avec quelle confiance le Préfet de la sacrée Congrégation de la Propagande, son Eminence le cardinal Fransoni, a approuvé et encouragé cette petite théorie du missionnaire d'Afrique, et ce testament de l'évêque quittant la terre de France. L'illustre cardinal écrivait encore avant de mourir : « Je prie Dieu avec ardeur, Lui qui est le Maître de la moisson, d'envoyer d'autres ouvriers à cette moisson, afin que par eux il conduise miséri-

---

(1) Joan. XIV. 2. — Apoc. XXII. 11. « *In domo Patris mei mansiones multæ sunt... Et qui justus est justificetur adhuc ; et sanctus sanctificetur adhuc.* »

cordieusement à la vraie foi de J.-C. les nombreuses nations africaines, jusqu'ici restées dans les ténèbres et assises à l'ombre de la mort. »

CHAPITRE III

Telles furent les dernières paroles d'encouragement adressées au Séminaire de Lyon. Mgr de Marion-Brésillac ne songea plus qu'aux prépararatifs de son départ. Les Annales de la Propagation de la Foi, dans le numéro de juillet 1858, annonçaient ainsi la nouvelle entreprise :

« Il y a déjà quelque temps que Mgr de Marion-Brésillac s'occupe de fonder à Lyon une Société de prêtres et de frères laïques, dans le but d'aller évangéliser, sous l'autorité et la direction de la sacrée Congrégation de la Propagande, les pays d'Afrique, où la lumière de la foi n'a pas encore pénétré. Pour cela Sa Grandeur a fondé à Lyon un Séminaire où les aspirants à l'œuvre de ce laborieux apostolat sont reçus et doivent passer au moins un an, avant d'être envoyés en mission. Plusieurs ont terminé l'année d'épreuve, et le Saint-Siége, dans l'audience du Saint-Père, du 21 mars de cette année, vient de confier à Mgr de Marion-Brésillac et à ses prêtres des Missions-Africaines, la mission de Sierra-Leone et Libéria, où il n'y a pas actuellement un seul prêtre catholique. Sa Grandeur doit bientôt partir pour cette nouvelle mission avec trois prêtres et deux frères laïques; elle laissera à Lyon un Supérieur et quelques jeunes aspirants auxquels, avec la grâce de Dieu, d'autres viendront se joindre, pour continuer une œuvre qui promet d'ouvrir au saint Evangile des pays qui jusqu'ici sont restés rebelles. Voilà donc un nouveau champ ouvert au zèle apostolique. Les associés feront des vœux au ciel pour le succès de cette grande entreprise, tandis que leurs aumônes iront féconder comme dans les autres missions, les travaux de ces généreux apôtres. »

Le moment, en effet, était venu : plusieurs aspirants de la nouvelle Société se voyaient au terme de leurs désirs. Ils allaient faire le plus grand sacrifice, celui de la famille, de la patrie ; mais leur âme l'avait déjà accompli. Ils savaient qu'ils étaient les successeurs de ceux à qui il a été dit que « la tristesse serait changée en joie (1). » Il leur tardait de commencer ce martyre de chaque jour que subissait l'apôtre (2).

Ils sentaient que l'ange qui attendait Paul en Macédoine, l'ange des peuples prédestinés à l'Evangile, les attendait eux-mêmes à Sierra-Leone. Dieu poussait leur cœur. Il se disaient entre eux que celui qui avait préparé de loin les voies romaines à ses apôtres, leur avait réservé un élément nouveau, des machines puissantes, qui se jouent des tempêtes, qui suppriment l'espace, qui donnent à la volonté de l'apôtre des ailes aussi rapides et aussi obéissantes que celles des vents. Enfin, les voiles de l'apostolat étaient gonflées par le souffle d'en-haut dans l'âme de nos jeunes missionnaires de Lyon.

Le choix des premiers partants est déjà fait ; et le Séminaire des Missions-Africaines va devenir, pour la première fois, le théâtre de la double cérémonie de l'agrégation et du départ.

Voici comment le zélé fondateur avait encore réglé le touchant cérémonial de ces jours de fête :

« Quand un aspirant, dit-il, aura été jugé digne d'être définitivement agrégé à l'association, le Supérieur l'en avertira, et il se préparera par trois jours de retraite à faire solennellement son *serment de Persévérance*. Le troisième jour, à l'heure

---

(1) *Tristitia vestra vertetur in gaudium.* » Joan, XVI, 20.
(2) « *Quotidiè morior per vestram gloriam, fratres...* » I Cor., XV, 31.

indiquée, la communauté étant réunie à la chapelle, on chantera le *Veni Creator* ; puis le Supérieur, ou, à son défaut, l'un des Directeurs, adressera quelques paroles d'encouragement au jeune missionnaire. Celui-ci s'avancera ensuite au pied de l'autel, et prononcera la résolution suivante, à genoux, en tenant la main droite étendue sur le livre des Evangiles.

« Moi, N. (prêtre, ou bien frère laïque), fais le serment de travailler toute ma vie à l'œuvre des missions dans la pieuse congrégation des Missions-Africaines. Je prends l'engagement d'en observer exactement le règlement ; et quand je serai en mission de ne pas chercher à revenir en Europe sans l'ordre ou la permission expresse de mes Supérieurs, à part le cas où le règlement m'en donne le droit. Je serai parfaitement soumis aux décisions du Saint-Siége et aux ordres de la Sacrée Congrégation de la Propagande, que je regarderai toujours comme l'organe du Souverain Pontife, pour tout ce qui concerne les missions.

« En ce moment je fais à Dieu l'offrande de ma vie, acceptant d'avance avec joie, pour la plus grande gloire de Dieu, l'exaltation de l'Eglise, le salut de mon âme et celui des peuples qui me seront confiés, les peines, les privations, les incommodités des climats, les douleurs de la persécution, et, même le martyre, si Dieu me trouve digne de mourir pour rendre témoignage à la foi. Que Dieu daigne écouter cette résolution et me donner la force de l'observer ainsi que ces saints Evangiles »

Ego, N.., diœcesis N..., plenam habens finis quem sibi proponit Societas missionum ad Afros notitiam, ipsius legibus et constitutionibus me sponte subjicio easque pro posse observare promitto. Spondeo et juro quod in istâ Societate perpetuo permanebo, et de jussu Superiorum, sine morâ, in missionem à Sanctâ Sede Societati commissam, profisiscar, ibique sub ordinarii directione et in statione curis meis, demendatâ, in divinis administrandis laborem meum et operam pro salute animarum impendendam, quamdiù Superioribus et Sanctæ Congregationi de Propagandâ Fide placuerit.

« Spondeo pariter et juro quod jussionibus, proscriptionibus et decretis Sanctæ Sedis et sacræ Congregationis de Propagandâ Fide obedientissimum me præbebo. Sic me Deus adjuvet et hæc sancta Dei Evangelia ! »

« In nomine Patris et Filii, etc. »

« Après qu'il aura prononcé ces paroles, le Supérieur, ou à son défaut, l'un des Directeurs lui dira : « Cher confrère, je vous admets dans la pieuse Congrégation des Missions-Africaines, au nom du Père et du Fils et du Saint-Esprit. Il l'embrassera ensuite ; ce que feront après lui tous les confrères présents ; et l'on chantera le *Te Deum*. »

La première agrégation eut lieu au Séminaire des Missions-Africaines, le 24 juillet 1858. Le serment fut prêté par les PP. Louis Raymond, J.-B. Bresson, du diocèse d'Autun, Louis Riocreux, du diocèse de Lyon, et par le frère Eugène Reynaud.

On comprendra la grande émotion de ces jeunes enrôlés, ces fils aînés de la nouvelle famille des Missions-Africaines ; mais plus grande encore fut leur impatience de gagner enfin le théâtre des missions. Aussi arrivera-t-il souvent que « la moisson étant abondante et les ouvriers peu nombreux (1), » la cérémonie de l'agrégation précèdera à peine de quelques jours la cérémonie du départ. Le premier départ cependant ne fut fixé qu'au 3 novembre.

La veille d'un départ ! c'est le jour des épanchements, le moment des intimes et suprêmes confidences. Les yeux sont humides de pleurs, la voix elle-même a des larmes.

Le soir ! c'est l'heure où tout finit dans une journée, qui, par son lever et par son déclin, est la fidèle image de notre vie mortelle ; je ne sais quel nuage de mystérieuse tristesse se répand alors dans les cœurs, avec les ombres qui descendent du ciel sur la terre.

La chapelle du Séminaire ! c'est le sanctuaire domestique

---

(1) « *Messis quidem multa operarii autem pauci.* » Luc, x, 2.

qui a reçu les plus ferventes prières des jeunes missionnaires, durant les années de leur noviciat ; elle les a réunis comme une mère ; elle a été le témoin de leurs intimes communications avec Dieu... Comment, une dernière fois, n'entendrait-elle pas leur prière, ne recevrait-elle pas leurs vœux et leurs promesses ?

Donc, après les épanchements d'une dernière conversation, entre ces amis qui vont se quitter, entre ces missionnaires dont les plus jeunes doivent encore rester sous le ciel de la patrie, et dont les autres vont partir pour de lointains rivages, les voyageurs du lendemain sont introduits dans la chapelle.

Ils s'agenouillent sur les marches de l'autel. Derrière eux, se rangent leurs frères, tous les directeurs de la maison, puis les amis qu'ils avaient autrefois dans le monde, les parents eux-mêmes qui sont accourus pour les voir une dernière fois. La prière du soir, la même que l'on fait ordinairement, est d'abord récitée. Touchante prière ! on y demande pardon à Dieu des fautes de la journée et de la vie tout entière ; on y prie pour la France et pour toute la Chrétienté, pour les missions et pour les missionnaires, pour ceux qui sont présents et pour les frères absents.

Le silence qui règne pendant cette prière saisit l'âme. Il semble que l'on soit déjà sous l'influence du silence et du vide qu'aura fait, dans quelques heures, le départ des jeunes missionnaires.

Après la prière, on lit un sujet de méditation, que tous les séminaristes doivent faire le lendemain matin, et que les pèlerins doivent emporter avec eux. C'est tantôt l'Evangile du Bon-Pasteur, qui donne sa vie pour ses brebis ; tantôt la parabole du Père de famille qui appelle des ouvriers à sa vigne ; tantôt la plainte que J.-C. adressait à ses apôtres : « En vérité, les bras manqueront pour recueillir la moisson du père de famille (1). »

(2) « *Rogate ergo Dominum messis ut mittat operarios.* » Math. IX, 38.

CHAPITRE IV

La lecture terminée, tous les assistants s'asseoient. Seuls les missionnaires partants restent debout, au pied de l'autel.

Cependant l'un des Directeurs de la maison, le plus souvent ancien missionnaire, leur adresse la parole au nom de tous. Le discours, qui varie naturellement dans la forme, selon l'orateur, renferme en substance les mêmes idées.

On invite les nouveaux apôtres à reporter leur pensée sur la Providence qui les a entourés jusqu'ici de sa protection et de sa vertu. On leur rappelle, pour cela, tout ce qu'ils ont eu à souffrir pour arriver à ce moment heureux qu'ils appelaient de leurs vœux les plus ardents ; comment il leur a fallu fermer les yeux à tout ce qui pouvait leur plaire en ce monde, les oreilles à toutes les paroles d'espérance par lesquelles on voulait les captiver ; comment ils ont dû maîtriser leur cœur, pour le soustraire à toutes les affections qui le tenaient enchaîné ; comment le monde les a traités d'exaltés, d'extravagants, d'insensés peut-être ; comment les bouches amies qui n'avaient cessé de les bénir dès leur enfance, se sont ouvertes pour les accabler de reproches, les accuser peut-être d'ingratitude, d'égoïsme.

On les exhorte ensuite, avant qu'ils prennent leur détermination définitive et qu'on leur mette dans la main le bâton de voyage, en ce moment qu'ils peuvent encore faire un pas en arrière, on les exhorte à réfléchir une dernière fois sur les épreuves nouvelles qui les attendent, sur les difficultés sans nombre qu'ils vont rencontrer, sur les ennemis qu'ils auront à vaincre. On leur dit que l'Afrique est le pays du fétichisme, c'est-à-dire de la plus grossière idolâtrie. Là, des milliers de créatures humaines adorent, le front dans la poussière, le plus odieux de tous les êtres, le serpent, le serpent vivant, le serpent en chair et en os, abrité dans des temples et servi par des prêtres et des prêtresses.

L'Afrique est le pays des sacrifices humains, ou plutôt inhumains, dans lesquels on immole chaque année des milliers de victimes.

L'Afrique est le pays où les guerres de tribus à tribus sont en permanence ; où la chasse aux hommes se fait, comme en France la chasse aux bêtes ; où les instincts de cruauté sont tels que les uns boivent le sang de leurs troupeaux, et les autres se nourrissent de chair humaine.

L'Afrique est le pays des bêtes féroces les plus redoutables, le pays des grands lions, des tigres, des panthères, des léopards, des rhinocéros, auxquels il faut joindre les crocodiles et les plus affreux serpents.

L'Afrique est le pays des reptiles et des insectes de mille espèces différentes, plus incommodes, plus venimeux les uns que les autres. Citons seulement ces nuées de sauterelles, tellement larges, tellement épaisses, qu'elles obscurcissent l'horizon à plusieurs lieues d'étendue ; il faut ajouter tellement ravageuses que, tombant sur la terre, comme les avalanches du haut des montagnes, elles dévorent en quelques instants toutes les herbes des prairies, toutes les feuilles des arbres, et ne laissent après elles que la désolation, la famine et la peste.

L'Afrique est le pays des vastes déserts, aux sables mouvants, que des vents affreux soulèvent comme les vagues de la mer, et qui, en retombant, engloutissent les caravanes, les habitants et leurs cases.

Enfin, l'Afrique étant située en grande partie dans les limites de la zone torride, étant féconde en chaleurs dévorantes et en fièvres meurtrières, on comprend comment elle est inhabitable pour les Européens, et pourquoi quelques rares et intrépides voyageurs n'ont réussi qu'à grand'peine, et à travers mille périls, à faire de rapides excursions dans l'intérieur de ces terres (1).

Tel est le tableau des lieux qu'on présente aux missionnaires prêts à partir. Et pour ne leur rien cacher, on ajoute que les chefs de tribus et les peuples eux-mêmes qu'ils vont chercher et évangéliser s'armeront contre eux. Hélas ! ce sont des aveugles qui rejettent souvent la lumière qui leur est apportée; des insensés qui aiment leurs erreurs, des morts qui se plaisent dans leurs sépulcres. Le démon et l'enfer se déchaîneront contre eux. « *Venite, eradamus eum !* » Tel sera le cri de guerre. Et tout ce que la fureur et la vengeance peuvent inventer de supplices sera tour à tour employé. Ni les cachots et leur longue agonie, ni les prétoires avec leurs tortures, ni les bûchers, ni les chevalets, ni le glaive des persécuteurs ne leur manqueront.

Après avoir parlé de ces ennemis extérieurs, on leur dépeint les souvenirs du passé qui sans cesse se réveilleront dans leur âme, le fantôme de la patrie qui se montrera à leurs yeux, l'image d'un père, les traits chéris d'une mère, le foyer domestique abandonné, les bras étendus de ceux qui les réclament ; les larmes de chaque jour, le besoin de repos au milieu d'un long martyre, d'une vie vouée à toutes les privations ; une langueur mortelle au milieu d'un apostolat trop souvent stérile : tout cela ne viendra-t-il pas glacer leur courage et faire défaillir leur cœur ?

Sérieuses et effrayantes réflexions ! Pourraient-elles ne pas retenir et désillusionner celui qu'un enthousiasme passager aurait captivé jusque là ? Mais non. Pour ceux que Dieu appelle véritablement, elles ne sauraient les détourner, elles ne font qu'exciter leur ardeur.

Déjà, le chœur fait entendre les paroles liturgiques de l'*Itiné-*

---

(1) Horner. — Les d'Abbadie, les Livingstone, les Duveyrier, les Grandidier, et, de nos jours, les Nachtigal (1869-1874). — *Bulletin Géographique.*

raire (1). Alors si quelque prélat assiste à la cérémonie, les missionnaires vont lui demander la bénédiction qui vient d'être appelée sur leur tête ; et aussitôt après, ils franchissent le sanctuaire, montent sur la marche la plus élevée, et là, debout, à deux pas du tabernacle, ils se tournent vers leurs frères. Aussitôt ceux-ci sortent de leurs places et viennent tour à tour se prosterner aux pieds des heureux apôtres et les baisent avec respect.

Qui ne les a vus, en ce moment du départ? qui ne se sentirait pressé d'aller leur baiser les pieds, à l'exemple de J.-C. lavant les pieds de ses apôtres, quand ceux-ci allaient faire la conquête du monde? Qui ne fondrait en larmes, à la vue de tant d'héroïsme uni à tant de jeunesse? Eux, ils ne pleurent pas; leur front est radieux et serein comme celui des astres. Ne vont-ils pas remplir la même mission? Ne vont-ils pas parler de Dieu au monde entier? « *Cœli enarrant gloriam Dei* (2). »

Le chœur chante ces belles paroles de l'Ecriture : « *Quam speciosi pedes evangelizantium pacem, evangelizantium bona* (3). » Qu'ils sont dignes de notre vénération les pieds de ces anges de la terre, qui vont porter au loin la bonne nouvelle du salut !... Des invocations à la Vierge se font aussi entendre : *Stella matutina, Regina apostolorum, Regina martyrum... etc.*

Avec quel entrain la communauté exécute les airs les plus émouvants sur cette modeste poésie de circonstance:

LE CHANT DU DÉPART (4)

Partez, hérauts de la bonne nouvelle,
Voici le jour appelé par vos vœux ;
Rien désormais n'enchaîne votre zèle.
Partez, amis ; que vous êtes heureux !
Oh ! qu'ils sont beaux vos pieds, missionnaires,
Nous les baisons avec un saint transport.
Oh ! qu'ils sont beaux sur ces lointaines terres
Où règnent l'erreur et la mort.

Qu'un souffle heureux vienne enfler votre voile.
Amis, volez sur les ailes des vents ;
Ne craignez point, Marie est votre étoile;
Elle saura veiller sur ses enfants.
Respecte, ô mer, leur mission sublime ;
Garde-les bien, sois pour eux sans écueil,
Et sous leurs pieds qu'un si beau zèle anime
De tes flots abaisse l'orgueil.

(1) « *In viam pacis.* »
(2) Ps. XVIII.
(3) Rom. X, 15.
(4) Paroles de M. Dallet, miss., et musique de M. Gounod.

Hâtez vos pas vers la plage africaine
Où vous attend un peuple dans la nuit,
Voué longtemps au mépris, à la haine,
Abandonné comme un peuple maudit.
Soldats du Christ, portez-lui la lumière,
Portez-lui Dieu, le salut et l'espoir.
La croix sera votre sainte bannière,
    Ouvrez le Ciel au pauvre Noir !

Empressez-vous dans la sainte carrière,
Donnez à Dieu vos peines, vos sueurs ;
Vous souffrirez ; et votre vie entière
S'écoulera dans de rudes labeurs.
Peut-être aussi que le sang de vos veines
Sera versé. Vos pieds, ces pieds si beaux !
Peut-être un jour seront chargés de chaînes,
    Et vos corps livrés aux bourreaux.

Partez, partez ! là-bas vos frères tombent
En combattant l'erreur et les faux dieux.
Au poste saint si ces héros succombent,
Prenez leur place, et soyez dignes d'eux.
Offrez au Ciel la Victime suprême,
Sur les autels enlevés à Satan
Faites couler la grâce du baptême
    Où l'on versait des flots de sang.

Soyons remplis de zèle apostolique.
La pauvreté, les travaux, les combats,
La mort : voilà l'avenir magnifique
Que notre Dieu réserve à ses soldats.
Mais parmi nous il n'est point de cœur lâche.
A son appel, tous, nous obéirons ;
Nous remplirons à jamais notre tâche,
    Et s'il faut mourir, nous mourrons.

Frères, bientôt nous courrons sur vos traces,
Cherchant partout une âme à convertir.
Nous franchirons ces immenses espaces,
Et nous irons tous prêcher et mourir !
Oh ! le beau jour, quand le roi des apôtres
Viendra combler le désir de nos cœurs,
Récompenser vos travaux et les nôtres
    Et nous proclamer tous vainqueurs !

En nous quittant vous demeurez nos frères ;
Pensez à nous devant Dieu chaque jour,
Restons unis par de saintes prières,
Restons unis dans son divin amour.
Et vous, Jésus, notre Roi, notre Maître,
Protégez-nous, veillez sur notre sort,
A vous nos cœurs, notre sang, tout notre être,
    A vous, à la vie, à la mort.

REFRAIN

Partez, amis ; adieu pour cette vie.
Portez au loin le nom de notre Dieu,
Nous nous retrouverons un jour dans la patrie.
    Adieu, frères, adieu !

« Encore une fois, je ne connais rien de plus touchant que cette cérémonie. Ces victimes volontaires et pures, debout devant l'autel au moment du sacrifice, les paroles d'Isaïe, le chant grave et solennel qui les accompagne, des prêtres en cheveux blancs, des soldats, des enfants, des hommes du monde, les larmes dont tous les yeux sont remplis, tout cela va à l'âme et y produit les plus vives émotions (1). »

Ici, c'est un commandant de gendarmerie qui ouvre ses longs bras, au moment de baiser les pieds des apôtres, et leur dit avec transport : « Priez pour un grand pécheur ! » Là, c'est un mon-

---

(1) Vie de Mgr Retord. *Missions catholiques.*

sieur vêtu de noir, au maintien grave, à la taille haute. Il fait encore entendre cette parole : « Priez pour nous ! » Et tandis qu'il passe tout ému devant l'un des missionnaires, celui-ci, déconcerté, reconnaît un ministre protestant. Plus loin, c'est un personnage mystérieux. Conduit par le remords au pied de cet autel qu'il a abandonné, il se prosterne devant le plus jeune des prêtres partants, et, à travers des larmes et des sanglots, il laisse échapper de sa poitrine ce cri de repentir : « *Ora pro fratre in sacerdotio !* » Enfin, c'est un général de brigade qui laisse éclater son enthousiasme, en disant à ces héros : « Courage, mes amis, nous sommes tous soldats, les uns sur un champ de bataille, les autres sur un autre, et tous sous l'œil du même chef (1). »

Quelquefois une scène plus émouvante encore vient terminer les adieux des missionnaires. Laissons-la raconter par un grand écrivain catholique :

« J'assistai un soir, il y a quelques années, à cette touchante cérémonie. C'était, je me le rappelle, en plein carnaval. Non loin de la maison des missionnaires, j'avais vu les masques se presser à la porte d'un bal public. Au milieu du bruit des équipages, la rue retentissait de cris avinés. Ce soir-là ils étaient sept qui devaient partir. Nous leur baisions les pieds, et les clameurs de la rue ajoutaient, s'il est possible, au sentiment de vénération avec lequel nos lèvres se posaient sur ces pieds, où la boue allait devenir une parure plus brillante et plus précieuse que l'or.

« Tout-à-coup, un vieillard, mêlé aux autres assistants, s'avança marchant avec peine. L'un des Supérieurs de la communauté, revenu des missions, où il avait répandu son sang, le soutenait. Une indicible émotion à laquelle les jeunes missionnaires n'échappèrent point, courut partout dans la chapelle, et fit faiblir les voix qui chantaient. C'était une sorte d'anxiété que chacun ressentait, quoique chacun n'en connût

---

(1) D'après le P. Bouche, témoin oculaire.

pas la cause. Le vieillard s'avançait lentement. Arrivé à l'autel, il baisa successivement les pieds des quatre premiers missionnaires. Le cinquième comme par un mouvement instinctif, s'inclina, étendant les mains pour l'empêcher de se mettre à genoux devant lui. Mais le vieillard s'agenouilla ou plutôt se prosterna ; il imprima ses lèvres sur les pieds du jeune homme qui pâlissait ; il y pressa son front et ses cheveux blancs, et enfin il laissa échapper un soupir, un seul, mais qui retentit dans tous les cœurs, et que je ne me rappellerai jamais sans me sentir pâlir, comme je vis en ce moment pâlir son fils.

« Et ce fils était le second que cet Abraham sacrifié donnait ainsi à Dieu ; et il ne lui en restait point d'autres.

« On aida le vieillard à se relever. Il baisa encore les pieds des deux missionnaires qui suivaient son cher fils, et il revint à sa place pendant que le chœur, un moment interrompu, entonnait le psaume : *Laudate pueri Dominum* (1). »

Qui ne croirait voir, dans cette scène attendrissante, le patriarche Jacob au milieu de sa famille, s'écriant devant son fils Joseph : « Enfant, est-ce que moi qui suis ton père, et ceux-ci qui sont tes frères aînés, nous nous courberons un jour devant toi sur la terre en signe d'honneur et de vénération ? (2). » N'en sera-t-il pas ainsi du missionnaire auquel on vient de dire adieu, s'il s'éloigne pour aller revêtir la pourpre du martyre ? Il sera un jour placé sur l'autel comme sur un trône, devant lequel se prosterneront son Père et ses frères aînés.

Tel est l'émouvant spectacle qui s'offrait déjà à Paris, dans le Séminaire des Missions-Étrangères ; que de fois ne devait-il pas se reproduire dans le Séminaire des Missions-Africaines de Lyon ? La cérémonie de départ y fut inaugurée, le 2 novembre 1858. L'assistance à cette cérémonie fut d'autant plus nombreuse, et les émotions d'autant plus vives, que la Maison de Lyon offrait ce saisissant tableau pour la première fois.

(1) L. Veuillot, *Çà-et-là*.
(2) « *Num ergo et fratres tui, adorabimus te super terram?* » Gen. XXXVII, 10.

Enfin, la communauté entière se livre aux derniers embrassements. L'heure du départ a sonné. Deux prêtres et un frère laïque sont les premiers partants.

CHAPITRE V

Le Père Louis Reymond, nommé Supérieur de la mission ; le Père Jean-Baptiste Bresson, le compagnon de ses futurs travaux ; et le frère Reynaud Eugène : tels furent les trois sentinelles avancées de la glorieuse entreprise.

Les circonstances ne permirent pas à Mgr de Brésillac d'aller ouvrir lui-même la mission de Sierra-Leone. Ce fut là un premier sacrifice pour son ardeur apostolique. Mais le saint prélat voulut du moins se donner la consolation d'accompagner ses premiers ouvriers jusqu'à bord du vaisseau, l'*Express*, qui était en partance pour Sierra-Leone. Et dans cette dernière étape de Lyon à Marseille, que d'épanchements de cœur entre le Père de famille et ses trois enfants de prédilection ; que de pensées diverses occupèrent leurs esprits ! Sans doute, nos missionnaires partaient à l'abri de quelques traités ; et de nombreuses croisières devaient favoriser leur marche sur l'océan. Mais ils ne se faisaient pas illusion sur la valeur équivoque de ces garanties ou transactions commerciales. Comment d'abord s'appuyer sur la parole de peuples sans foi et sur la religion de leurs traités ? Il n'y avait pas non plus à se fier outre mesure aux vagues dispositions de se rapprocher de l'Evangile, qu'on prêtait aux tribus chez lesquelles nos jeunes prêtres allait aborder. Ceux-ci étaient donc loin d'avoir une complète sécurité, malgré toutes les précautions humaines. Seule, la pensée du ciel pouvait les rassurer. Leur grande confiance était en Dieu, en sa providence paternelle. Ils comptaient aussi sur les prières quotidiennes de leurs frères en Jésus-Christ.

Du reste, il leur suffisait de savoir que des voies leur étaient ouvertes, pour pénétrer sans danger imminent au cœur d'un royaume qui avait été jusque-là privé de tout essai de civilisation ; ils espéraient d'ailleurs que, de sa main miséricordieuse, Dieu lui-même les conduirait. Ils n'étaient donc forts que de cette confiance, et ils partaient, emportant les vœux les plus chers de la communauté de Lyon.

Déjà le navire, prêt à mettre à la voile, allait les arracher d'entre les bras de leur évêque. C'était le 3 novembre 1858.

Avec quelle effusion de tendresse ce bon Père donna sa dernière bénédiction à ses fils aînés dans l'apostolat de l'Afrique ! Une demi-heure après ce touchant adieu de l'évêque, les jeunes missionnaires suivaient encore de leurs yeux mouillés de larmes la barque qui l'éloignait d'eux. Et dès le commencement de la traversée, nos trois apôtres durent s'encourager mutuellement par le souvenir de cette dernière parole de leur pieux fondateur : « L'expérience, avait-il dit, m'a appris qu'il en est souvent des plus grandes difficultés, comme de certaines montagnes qu'on voit au loin. Elles se dressent à pic : ce sont d'infranchissables barrières, s'élevant jusqu'aux nues ; mais elles semblent baisser à proportion qu'on s'en approche. Bientôt elles offrent mille contours où le voyageur trouve divers passages ; quelquefois même il peut à loisir reposer ses membres et promener sa vue sur de frais et gracieux vallons. »

Cette pensée était sans doute pleine de consolation. Mais dans l'âme de nos apôtres la nature réclamait aussi ses droits.

Que se passait-il dans le secret de leurs cœurs émus ? Ecoutons les battements de l'un d'eux.

« Tandis que, poussés par une brise légère, nous nous éloignions du rivage, je contemplais la France que je quittais peut-être pour toujours ; mes yeux étaient constamment fixés sur la côte pour regarder les derniers balancements des arbres de ma patrie. Quand enfin je les vis s'enfoncer sous les eaux, à l'horizon, que de pensées me vinrent avec leur tristesse ! A combien de personnes ne fis-je pas intérieurement un dernier adieu ! Puis, considérant ma position, sans bien, sans amis, je me demandais ce que j'allais devenir. Périrai-je au sein des flots ou sur une terre inhospitalière ? Serai-je la proie d'un poisson, d'un tigre, ou des sauvages qui se divertiront de mon supplice (1) ? »

Mais bientôt la grâce vint triompher de la nature. « O bonté divine, continuait l'apôtre un instant après, vous avez déjà tout changé dans mon âme. Plus mon sacrifice me paraît pénible, plus il me cause de joie intérieure. Je vois par la pensée, sur ce vaste sol africain, une infinité d'âmes qui périssent pour n'avoir pas vu la croix que je leur apporte.... Je sens que Dieu répand son baume sur les blessures de mon cœur de chair ; je sens déjà ses caresses, et je comprends que le missionnaire est l'enfant gâté de la Providence. Aussi, pendant tout mon voyage, même quand la mer sera en furie, je serai aussi tranquille que sous le toit paternel. Je dirai comme sainte Thérèse : c'est de vous, ô mon Dieu, et non pas de moi, que je me soucie ! »

Telle fut sans doute la douce et amoureuse confiance de nos missionnaires, malgré les dangers de toute sorte qu'ils allaient courir sur les flots, et les difficultés qu'ils savaient devoir leur être opposées par les protestants déjà établis à Sierra-Leone. Ils avaient sur ces derniers des renseignements précis.

En 1844, un missionnaire américain wesleyen, M. Wilson, accompagné de trois de ses coreligionnaires et de leurs femmes, était venu s'établir au Gabon, et de là en Guinée.

(1) *Ann.* T. v. 410.

Après s'être établi confortablement, et après avoir appris la langue du pays, il traduisit les hymnes chrétiennes, qu'il reproduisit à l'aide d'une imprimerie portative. Les ministres de la Réforme ont ensuite réuni chez eux des enfants des deux sexes, qu'ils nourrissent, logent, habillent et auxquels ils ne permettent que rarement la fréquentation de leurs parents (1).

Voici encore ce qu'avait dit Mgr Kobès, vicaire apostolique des deux Guinées, dans un rapport à son Excel¹ence, le Ministre de la marine et des colonies : « Le protestantisme avec ses innombrables variations, se trouve établi dans la République Libéria, où il y a quatre chapelles appartenant à quatre sectes différentes ; à Sierra-Leone il y a dix-neuf sectes bien variées. Plusieurs de ces établissements disposent d'immenses revenus, ou sont entretenus par des sociétés bibliques très-riches. Tous les ans les ministres de Sierra-Leone achètent des quantités d'esclaves auxquels on rend la liberté, et sur lesquels les pasteurs conservent la plus grande influence. »

Nos missionnaires savaient aussi que, dénués des ressources dont les ministres anglais et américains disposent largement, les premiers prêtres catholiques n'avaient pu obtenir autrefois que des résultats insignifiants. On ne pouvait donc trouver dans ces contrées que des vestiges à peine reconnaissables de christianisme primitif ; derniers restes de l'influence religieuse que le peuple portugais avait exercée dans ces plages. On y rencontrait tout au plus quelques noirs qui avaient été baptisés, mais sans instruction aucune. En un mot, tous les indigènes ou infidèles acclimatés y étaient dans une ignorance complète, et dans une répugnance assez prononcée de la prédication évangélique (2).

Malgré une si noire perspective et d'aussi tristes appréhensions, dont voulait les affliger le prince des ténèbres, en haine des âmes que ces apôtres allaient convertir, les PP. Reymond

---

(1) Loc. cit., ch. 1. p. 17.
(2) Id. p. 588.

et Bresson soutinrent leur courage et gagnèrent la haute mer avec transport.

L'*Express* voguait à pleines voiles. Le temps était superbe, la surface des eaux unie comme une glace. Depuis longtemps l'œil ne voyait plus que l'immensité de la mer. Tous les passagers étaient sur le pont, c'était le moment de faire connaissance avec eux; mais comment saisir leur physionomie, qui change à chaque instant? Le mal de mer avait fait déjà de nombreuses visites à domicile. Mal terrible, mal sans remèdes, et presque sans adoucissants. Sur le visage le plus frais il jette la pâleur de la mort; de l'homme le plus fort, il fait un être débile et chancelant.

Le P. Reymond souffrit peu de ce mal étrange ainsi que le bon Frère Eugène, mais le P. Bresson fut bien plus éprouvé, surtout pendant une bourrasque de quelques heures qui survint tout à coup. Mais quelques éclaircies parurent, et le temps sembla se remettre définitivement au beau.

Le 7 novembre, nos apôtres franchissaient le détroit de Gibraltar par un brillant soleil éclairant la côte d'Espagne et le littoral du Maroc. Pour la première fois il leur fut donné de contempler la terre d'Afrique, où l'adorable Maître les avait appelés à cultiver sa vigne, à semer le bon grain de la parole divine. Quelle joie dut éprouver leur âme, en voyant cette terre promise qu'ils aimaient déjà, et où leurs forces devait se consumer pour la gloire de Dieu!

L'île de Madère devait être la première escale. Grande fut la joie à bord, lorsque cette île parut à l'horizon. L'*Express* ne devait pas longtemps mouiller à son rivage. Le P. Laffitte nous en fait une rapide description. « D'abord, dit-il, ce n'est qu'une masse de rochers et de verdure perdue dans le brouillard; peu à peu la lumière se fait, et nous jetons l'ancre devant la ville de Funchal, éclairée encore par les derniers rayons d'un beau soleil couchant.

« L'île de Madère fut découverte par un anglais, en 1344; mais elle ne fut visitée qu'en 1431 par les Portugais Jean-

Gonzalès, Zarco et Tristan Vaz. Cette île n'était alors qu'une immense forêt, d'où lui est venu son nom de *Madera*, pays boisé. On raconte que le feu y fut mis par mégarde et que l'incendie dura sept ans. On attribue la fertilité extraordinaire de ce nouveau paradis terrestre à l'amas de cendres qui résulta de l'incendie. Les premiers ceps de vigne y furent apportés de l'île de Chypre. Autrefois on récoltait à Madère cent cinquante mille hectolitres de vin. Le produit est beaucoup moindre depuis que l'oïdium a exercé ses ravages dans l'île. Sur quelques points, le blé a remplacé la vigne.

« Des voyageurs ont écrit qu'il régnait à Madère un printemps éternel; je crois qu'ils se sont trompés : car il y a deux saisons bien distinctes, l'une tempérée, l'autre très-chaude. Pendant la saison tempérée, les étrangers abondent, mais aux premières chaleurs ils se hâtent de regagner leur pays. La végétation est extrêmement variée ; les fruits d'Europe et les fruits des tropiques y viennent à merveille ; le figuier grandit à côté du bananier ; l'oranger, le châtaignier, le pêcher, la canne à sucre vivent en bonne harmonie sur la même terre.

« La ville de Funchal, capitale de l'île, est bâtie en amphithéâtre et prolonge ses dernières maisons jusqu'au bord de la mer. De nombreuses villas, placées sur le versant des collines environnantes, forment un tableau ravissant. Tous les genres de constructions y luttent de grâce, d'élégance, et parfois aussi de bizarreries. Mais la plus grande merveille est la chapelle de N.-D. du Mont, bâtie sur le sommet de la plus haute montagne de Madère. C'est le *Credo* sublime de toute une population chrétienne (1) ! »

Pour le vaisseau qui portait nos missionnaires, la vue lointaine de l'île eut bientôt disparu, et de nouveau l'équipage ne contempla que la mer et le ciel. Le 9 novembre, à midi, le vent devint contraire. A six heures du soir, des nuages de couleur grisâtre avertirent de l'approche de la tempête, qui fondit

---

(1) *Souvenirs de voyage*, p. 4.

bientôt sur le navire et menaça de l'engloutir. La mer furieuse s'élança sur le pont ; les cordages sifflèrent, et la voilure, qui faillit être emportée battit contre les vergues et contre les mâts d'une manière effrayante.

En quelques jours de traversée, Dieu avait procuré à nos apôtres tous les spectacles qu'offre la mer. Ils l'avaient vue tour à tour, unie comme une immense glace qui réflète l'azur du firmament ; légèrement agitée, et venant briser ses flots avec un faible bruit contre les flancs du navire ; et puis, affolée, bondissante, creusant dans son sein de sinueuses vallées, et élevant ses vagues couronnées d'écume, pour se briser ensuite avec une étourdissante clameur. Les journées du 14, 15 et 16 eurent quelques moments de calme ; mais, dès le mardi 16, à sept heures du soir, ce n'est qu'une succession de grains et de coups de vent qui se suivent d'heure en heure, ou de deux en deux heures ; quelquefois avec une violence telle, que le vaisseau ne gouvernant plus, roule d'une vague à l'autre en craquant horriblement. Des flots énormes tombent sur le pont, ou soulèvent le navire de manière que le beaupré laboure les vagues où se dresse en l'air.

Cependant chaque fois qu'un nouveau grain se déclarait, le P. Reymond prenait plaisir à monter sur la dunette ; et là, cramponné au mât d'artimon ou à la galerie, il admirait le magnifique spectacle de la mer en fureur qui secouait inutilement le navire. Celui-ci séparait l'équipage de l'éternité, et fuyait encore devant l'orage. Le capitaine, doué d'un sang-froid et d'une énergie rares, après avoir déployé toutes les ressources possibles, avouait n'avoir jamais vu de temps pareil, et disait ingénument que *le démon leur en voulait.* Pour entretenir la confiance ou ranimer le courage de chacun, les missionnaires chantaient et faisaient chanter l'*Ave Maris Stella*, le *Salve Regina*, hymnes mélancoliques qui traduisent si bien les tristesses du voyageur et les espérances de l'exilé. « Il faut avoir vu, disait un Père, tout l'équipage paré de capotes cirées, de chapeaux goudronnés, s'inclinant sous cet orage le plus affreux, le chapelet à la main, la prière sur les lèvres ; il faut avoir entendu le fracas de la foudre, le sifflement des cordages, *le cri des oiseaux des tempêtes*, se mêler aux voix qui chantent, entre deux abîmes, la grandeur de Dieu et les louanges de Marie ; il faut avoir été témoin de tout cela, pour comprendre la beauté ravissante et terrible de ce tableau (1). »

CHAPITRE VI

Enfin, le 19 au soir, le vent tomba comme épuisé par sa violence ; le 21, la mer fut calme et le soleil brillant. Le 22, on aperçut les *Canaries* ; mais la brise fut si faible ou si contraire, qu'on resta là à tirer des bordées fatigantes ou à stationner malgré la houle. Ce n'est que le 27 qu'on découvrit au loin le pic de Ténériffe, se dressant au milieu des nuages. L'ancre fut jetée devant Sainte-Croix. Deux jours d'arrêt, c'est plus qu'il n'en faut pour visiter le littoral et la ville.

Vue de la mer, la côte paraît raboteuse, tranchante, écaillée, coupée de petites criques peu profondes où le flot se brise en sillons prolongés ; partout des aspérités, des pyramides de laves noires et déchirées : c'est triste et grandiose à la fois ! « L'archipel des îles Canaries se compose de sept îles et de quelques îlots, connus des anciens sous le nom d'îles *fortunées* ; leur climat est sain quoique chaud, nous dit le P. Laffitte. Une masse de maisons blanchies à la chaux se détache de ce milieu noir et gris, c'est *Sainte-Croix*. Cette ville rappelle l'Espagne avilie, sans poésie, triste, pauvre, où des citoyens crasseux, dégue-

(1) *Ann.* T. XXXIII, 328.

nillés battent le pavé des rues. Les mendiants y pullulent. C'est une foule bigarrée, orgueilleuse jusque dans sa misère, se drapant dans ses haillons, comme un prince dans sa pourpre. Tous ces bras tendus vers vous, ce n'est pas le travail qui les a affaiblis, mais l'oisiveté. Donnez votre petite aumône, le mendiant vous criera : Merci Excellence! Si vous ne lui donnez rien, il vous gratifiera d'un titre tout opposé (1). »

Le même missionnaire nous raconte qu'il a vu un soldat monter la garde d'une curieuse façon. « On eût dit la statue de la paix armée en guerre. Il avait choisi une position horizontale, qu'il semblait apprécier beaucoup : son sac lui servait d'oreiller. Il fredonnait un petit air en attendant la soupe. Les habitants de Sainte-Croix pouvaient dormir en paix avec de tels guerriers (2). » Et l'équipage de l'*Express* ne songea pas à troubler plus longtemps leur doux repos. Le vaisseau mit à la voile. On atteignit les vents alizés qui devinrent de plus en plus frais, et amenèrent rapidement devant Saint-Louis, le premier décembre au matin. Le vaisseau resta stationnaire un jour et une nuit devant cette ville française, qui apparaît à peine au-dessus de l'eau et semble sortir des sables blancs du désert.

Depuis le matin du 3 décembre, on était en vue du Cap-Vert. Les PP. Reymond et Bresson brûlaient du désir de débarquer ce jour-là sur la terre d'Afrique, et de célébrer les Saints Mystères en l'honneur du grand apôtre, saint François-Xavier. Mais Dieu, pour éprouver leur vertu, se contenta du sacrifice de leur volonté : ce ne fut que le soir, à 5 heures, que l'on put quitter le navire. « Un petit oiseau voltigeant sur le pont, annonça à tous les passagers leur bonne arrivée sur le sol africain (3). »

Les missionnaires se rendirent promptement à terre, au

---

(1) *Souvenirs de mission et voyage.*
(2)   *Id.*
(3) P. Borghéro.

milieu du mouvement continuel de ce port, où stationnait un grand nombre de navires. Le R. P. Lossedat, curé de Gorée, les reçut avec toute la charité possible; ainsi que son vicaire, le jeune prêtre indigène, Jean Lacombe, l'ange de Gorée, tant il y faisait de bien. Le lendemain, après avoir dit une messe d'actions de grâces, ils se rendirent à Dakar, auprès de Mgr Kobès qui les accueillit comme ses enfants.

Cette ville, qui paraît être appelée à devenir de nos jours un point important, n'était, à l'arrivée des premiers missionnaires du S.-Cœur de Marie, en 1845, qu'une réunion de misérables cases, fabriquées entièrement en paille, sans en accepter la demeure du roi. La France n'y possédait pas un pouce de terrain. L'établissement de la mission fut la première construction en pierre. Il est dû au P. Warlop, ancien ingénieur belge, qui le fit bâtir en 1846. Aussi, pour avoir élevé un tel édifice, il passait aux yeux des noirs pour un homme incomparable. Mgr Kobès compléta les constructions.

C'est dans cette résidence que nos missionnaires se reposèrent de leurs longues fatigues. Ce soulagement était surtout nécessaire au P. Bresson qui, habituellement aux prises avec le mal de mer, n'avait encore pu supporter presque aucune nourriture, et se trouvait d'une faiblesse extrême.

Le temps qu'ils passèrent à Dakar ne fut pas sans consolations spirituelles. Dès le samedi soir, 4 décembre, en allant visiter le Saint-Sacrement, nos missionnaires eurent la joie d'assister au baptême d'une jeune négresse. « Sa modestie, nous dit le P. Reymond, n'aurait pas déparé une jeune fille française. Lorsque je l'ai entendue répondre aux deux noms d'Anna-Maria, je n'ai pu m'empêcher d'essuyer quelques larmes en pensant à ma mère du ciel et à ma mère de la terre. Quand pourrai-je verser l'eau sainte sur le front de quelque âme rachetée par le bon Jésus à si haut prix! Le lendemain j'ai assisté à la confirmation de trois négresses, déjà âgées et mères; et quand j'ai pu célébrer moi-même le saint sacrifice, une négresse, vêtue de l'habit blanc des néophytes, s'est présentée pour communier : C'était Anna-Maria, que j'avais vu baptiser la veille. Ainsi, la première fois que j'ai pu offrir la Victime adorable sur le continent africain, pour le salut de ses habitants, j'ai eu le bonheur de donner la première communion à un enfant de l'Afrique (1). »

Souvent nos trois apôtres, durant leur longue traversée, avaient senti le besoin de retremper leurs âmes et de vivre quelques heures dans une atmosphère chrétienne. Ils goûtèrent donc à longs traits les consolations qui leur étaient offertes à Dakar ; et dans ces prévenances du bon Maître, ils se plaisaient à voir les prémices de salut qu'il voulait dispenser par leurs mains.

Le 8 décembre, ils assistèrent à la distribution des prix faite aux élèves des Sœurs. Le 12, la même solennité eut lieu pour les élèves des Pères. Une petite pièce jouée par cette intéressante jeunesse, avec accompagnement de musique vocale et instrumentale, avait attiré toute la population blanche, brune et noire de Gorée et de la grande terre. Volontiers on se serait cru en France, si la vue de toutes ces têtes noires et rasées sortant d'une blouse blanche, de ces pieds nus et luisants, n'eût chassé bien vite toute illusion. C'est avec le plus vif intérêt que furent couronnés les enfants qui avaient donné des preuves de progrès, de bonne volonté et de piété.

Le 21, le P. Reymond et ses deux confrères voulurent profiter d'un petit vapeur français, l'*Anacréon*, pour quitter Gorée et accompagner Mgr Kobès à Sainte-Marie de Gambie (Bathurst en Anglais).

De Dakar à Sainte-Marie la traversée fut très-courte. La présence de Mgr Kobès et des prêtres français qui desservaient l'île firent encore battre de joie le cœur de nos apôtres.

Ils se voyaient en présence de figures amies qui leur rappelaient la patrie, l'Eglise et leur mission. Le 25 à minuit, ils assistèrent à une messe pontificale ; et virent, le lendemain,

(1). *Ann.* T. XVII, 245.

conférer le baptême à deux jeunes femmes. Ils ne croyaient pas passer les fêtes de Noël d'une manière si religieuse et si consolante.

M. Marion de Marseille, agent consulaire de France à Sainte-Marie, ayant réuni toutes les notabilités de la ville à un dîner, Mgr Kobès fut invité ainsi que le P. Reymond, afin que celui-ci fît connaissance avec le gouverneur de Sierra-Leone qui se trouvait alors à Sainte-Marie, en visite officielle chez le gouverneur.

Le lundi, 10 janvier, les trois missionnaires purent s'embarquer pour Sierra-Leone sur un navire anglais l'*Ethiopie*. Le capitaine fut très-obligeant pour eux et la navigation fort agréable. Le mercredi à quatre heures du soir, on était arrivé devant Freetown. Le panorama était magnifique. Sur une rive haute et abrupte, mais couverte de verdure, s'étageaient les rues de la ville sur une longueur d'une demi-lieue ; les arbres tropicaux se mêlaient à la multitude des cases et des maisons bâties à l'européenne qui forment la cité. Derrière la ville on voyait s'élever de hautes montagnes, verdoyantes ou nues, mais très-pittoresques. A cette vue les apôtres pouvaient crier : Terre ! terre !...

Mais, quoique leur impatience d'aborder fût bien grande, que le terme du voyage parût si proche, ce n'était pas encore la fin des épreuves après une traversée déjà si longue. Au moment même où le P. Reymond entonnait le *Magnificat*, pour remercier Dieu et sa sainte Mère de les avoir assistés jusqu'à ce jour, un petit grain, qui s'était formé avant le coucher du soleil, annonça qu'il était prudent de ne pas approcher encore de la côte, bien que la nuit dût être mauvaise.

Bientôt le ciel fut de plomb ; le vent souffla avec tant de violence que la mer en fut ébranlée et bouleversée jusque dans ses profondeurs ; elle se souleva en vagues puissantes, qui se combattaient avec furie, qui se brisaient les unes contre les autres, qui se reformaient ensuite pour se briser encore.

Dans l'obscurité la plus profonde cette tempête ne fut que

plus terrible ; elle dura toute la nuit. A sept heures du matin, plus de trace de la tourmente ; le navire avait repris son allure habituelle. Les montagnes de Sierra-Leone ne tardèrent pas à reparaître. Bientôt la ville de Freetown s'offrit aux regards de tout l'équipage. Le seul grand monument qui se détachait dans cette vaste agglomération était l'église anglicane dédiée à saint Georges. Ce temple a les proportions de nos plus majestueuses cathédrales. La population de Freetown est de 40,000.

CHAPITRE VII

A neuf heures, on débarqua au milieu d'une foule considérable et curieuse. Les missionnaires furent conduits au rivage sur le canot de M. Poschat, représentant de la maison Malfilâtre de Rouen. Ils se présentèrent directement au consulat d'Espagne, où on les reçut parfaitement. Cédant même aux instances qu'on leur fit, ils acceptèrent provisoirement l'hospitalité, et furent assez heureux pour y célébrer, le dimanche suivant, les Saints Mystères en présence d'une trentaine de catholiques, tous en général bien placés.

Le P. Reymond, qui ne voulait pas faire de discours, se trouva si ému pendant la messe, qu'il ne put s'empêcher d'annoncer aux fidèles du Vicariat apostolique de Sierra-Leone, combien il espérait pour la réussite d'une mission qui commençait le jour de la fête du Saint Nom de Jésus.

Le gouverneur anglais avait reçu des instructions pour protéger les missionnaires. Il était déjà fort étonné que ceux-ci ne lui eussent pas encore fait de visite. Le seul motif de ce retard fut que le vice-consul français n'avait pu les présenter lui-même, à cause de la nouvelle de la mort de son père que lui avait apportée la malle. Ce devoir de haute convenance fut accompli le 17 ; le gouverneur anglais parut bon mais ferme. Il dit au P. Reymond, et le promit plusieurs fois, qu'il accorderait aux catholiques la même protection qu'aux fidèles des autres cultes.

Le premier souci des missionnaires fut de chercher un local où ils pussent convenablement s'établir et commencer l'exercice de leur saint ministère. Pour une somme de soixante francs par mois ils trouvèrent à louer une petite maison, composée d'une cave, d'une pièce au rez-de-chaussée, et d'une seule chambre au premier, laquelle était entourée d'une galerie de deux mètres de large, suivant l'usage du pays. Dans cette demeure si modeste et si restreinte, les nouveaux hôtes s'estimèrent heureux, en songeant à l'étable de Bethléem. Ne devaient-ils pas y faire adorer le même Enfant Jésus ?

Dès les premiers jours, leur habitation fut assiégée par les curieux, qui voulaient voir la *Virgin Maria* et le *Crucifix* placés sur un autel provisoire, formé de caisses superposées. Ces tableaux avaient été offerts à nos missionnaires la veille de leur départ de Lyon ; et à peine exposés à Freetown ils furent l'objet de l'admiration publique. Tous les habitants voulurent les voir, les commenter, les apprécier ; plusieurs passèrent de longues heures à les regarder fixement, bouche béante. En accueillant tous ces curieux à bras ouverts, les apôtres firent les vœux les plus ardents pour qu'il plût au Sauveur et à sa sainte Mère de toucher au plus tôt les cœurs comme leurs images étonnaient et émerveillaient les regards. Ils étaient impatients de faire sentir à tous ces indigènes combien la foi catholique est plus belle que les lambeaux de vérité distribués par les ministres de la Réforme.

Néanmoins, hors de la chapelle et de leur habitation, tant qu'ils ne purent encore offrir le spectacle de leurs œuvres de charité, les nouveaux missionnaires furent considérés avec froideur et surprise ; mais cet étonnement de la population indigène n'eut rien d'agressif, ni d'offensant. Le peuple de Sierra-Leone ne leur eût pas été hostile de lui-même ; par malheur il était prévenu, surexcité et même effrayé. Souvent dès qu'un prêtre passait sur les rues ou dans les places publiques, des groupes entiers de gens oisifs se dispersaient et prenaient la fuite. Ce malentendu ne devait pas durer. Les indigènes commencèrent bientôt à dédaigner les calomnies et les ruses des protestants. Déjà il y avait lieu d'espérer que les préventions s'évanouiraient peu à peu, que les noirs finiraient par apprécier les hommes de Dieu, en les voyant à l'œuvre de plus près, et qu'ils accepteraient un jour leurs enseignements et leurs consolations.

Plein de cette pensée, le P. Reymond écrivait, le 18 janvier 1859, une première lettre à Mgr de Marion-Brésillac, pour lui annoncer que la mission s'était ouverte sous d'heureux auspices.

« Vous pouvez vous réjouir, Monseigneur, écrivait-il de Freetown, vous pouvez remercier Dieu et sa sainte Mère : je n'ai que de bonnes nouvelles à vous annoncer. Le 3 décembre, nous avons mis pied sur la terre africaine : c'était le jour de la fête du patron de la Propagation de la Foi. Je fus privé du bonheur d'offrir le saint sacrifice de la messe, mais j'espère que ce grand apôtre aura vu mon bon désir, et qu'il me tiendra compte du jeûne que j'ai gardé jusqu'à midi, dans l'espérance de débarquer à temps.

« Le 15 janvier nous sommes arrivés à Freetown. Plusieurs personnes nous ont déjà manifesté le désir de venir à notre école ou à notre prière. Nous avons des Espagnols noirs de la Havane et de Saint-Louis, qui viennent tous les jours à la messe. Grandes actions de grâces à Marie ! »

Cette première missive, venue d'au-delà des mers, et longtemps attendue à Lyon, remplit de joie le Séminaire des Missions-Africaines.

Dès le 14 février 1859, Mgr de Marion-Brésillac se hâta

d'écrire aux Conseils centraux de l'œuvre à Lyon et à Paris.

« Messieurs, vous serez heureux d'apprendre, j'en suis sûr, que la mission de Sierra-Leone a été ouverte et qu'elle promet d'encourageants succès. Au moment où je vais me rendre moi-même dans mon nouveau vicariat, je reçois des nouvelles de mes premiers missionnaires, partis il y a trois mois. Je prie le Seigneur que, de plus en plus, on comprenne l'utilité de cette fondation, qui peut, si Dieu continue de la bénir, produire un bien immense en Afrique. Quand on pense qu'il y a, dans ce malheureux continent, des peuples entiers qui n'ont jamais entendu la bonne nouvelle et qui la recevraient avec joie; que d'autres ont été abandonnés depuis des siècles, après avoir reçu un commencement d'évangélisation que les malheurs des temps ont rendu insuffisant; qu'il en est d'autres enfin chez qui les ministres de l'hérésie se sont introduits avant nous; tout cœur vraiment catholique ne se laissera-t-il pas émouvoir par l'espérance que le Séminaire des Missions-Africaines de Lyon pourra, dans un temps donné, devenir un puissant instrument de la miséricorde divine en faveur de tant de malheureux? Agréez, etc. »

Cette lettre était d'autant plus consolante pour les pieux lecteurs des Annales, d'autant plus capable d'exciter le zèle apostolique et de faire concevoir les plus belles espérances pour la nouvelle mission, qu'elle était accompagnée de la note suivante :

« Mgr de Marion-Brésillac, nouveau vicaire apostolique de Sierra-Leone, s'embarque à Brest, sur la fin de février, avec le P. Riocreux, du diocèse de Lyon, et le frère Gratien Monnoyeux, du diocèse de Saint-Claude. »

Il ne restait donc plus à Mgr de Brésillac qu'à chanter l'hymne du départ, au milieu des larmes de sa communauté profondément émue. Celle-ci se composait alors de douze aspirants. A l'heure des adieux, on eût dit Jésus au milieu de ses apôtres, prêt à s'envoler au ciel. En ce moment, en effet, Mgr était tout radieux. Il ne touchait à la terre que par l'affection qu'il se sentait au cœur pour chacun de ses fils dans l'apostolat, et par la seule ambition qu'il avait dans sa grande âme de voir son œuvre prospérer.

« S'il m'arrive, avait il dit plusieurs fois avant de partir, de mourir promptement, je sais que mon œuvre me survivra, pourvu qu'il y ait une volonté pour la maintenir ; et vous serez cette volonté », ajoutait-il, en s'adressant au R. P. A. Planque, qu'il laissait à la tête de son Séminaire.

CHAPITRE VIII

Ce ne fut que le 11 mars 1859, que l'intrépide évêque s'embarqua à Brest, à bord de la *Danaé*. Depuis le jour où l'on mit à la voile c'est souvent que, par la pensée, les nouveaux missionnaires devancèrent la marche du navire qui glissait trop lentement sur l'onde amère. Quoique leur navigation fût partout favorable, ils désiraient voguer plus rapidement encore et avaient hâte d'aborder enfin aux côtes de Sierra-Leone. Pour satisfaire leurs nobles ardeurs et calmer leurs saintes impatiences, ils adressaient à l'équipage des questions multipliées ; ils parcouraient tous les jours les Notes de voyages que leurs devanciers avaient adressées à Lyon.

Tantôt Mgr de Brésillac lisait avec une visible satisfaction que les contrées après lesquelles il soupirait avaient des sites magnifiques, qu'elles offraient de belles routes, une riche végétation, de la bonne eau, etc.

Son cœur d'apôtre ne désirait que plus ardemment d'y voir germer d'abondantes moissons d'âmes chrétiennes, d'y voir couler les ondes de la grâce.

Tantôt sa figure s'attristait quand il lisait dans l'*Almanach des méthodistes* cette statistique : « En 1847, 24 chapelles appartenant à 19 sectes différentes, et 60 ministres protestants pouvant dépenser 5 millions pour la Propagation de l'erreur.... En l'année 1859, il y avait à Sierra-Leone 30 chapelles wesleyennes, deux autres prêches, 363 agents payés ou non payés, 3,993 écoliers, 13, 105 adeptes wesleyens ; et d'autres secte étaient encore en pleine prospérité matérielle. »

A Freetown et dans sa banlieue, on comptait quarantes mille âmes ; et l'église anglaise, dédiée à saint Georges, était aussi grande que celle de saint Irénée à Lyon. Un évêque anglais y représentait la religion officielle du gouvernement britannique, et comptait au nombre de ses adhérents les employés de l'administration, les officiers et les soldats ; enfin les ministres wesleyens, anabaptistes et autres, cherchaient à attirer les nègres autour de leurs chaires.

Mgr était tout confus à la pensée que l'hérésie avait déjà infecté ce beau pays, et que le catholicisme n'y avait pas encore pénétré. Mais, prenant courage, « l'avenir est à Dieu, disait-il ; j'ai foi en mon œuvre ! »

Le 10 mai 1859, la *Danaé* était en vue des montagnes de Sierra-Leone. Les missionnaires furent au comble de leurs vœux. Ils ne surent que répéter : Sierra-Leone ! (montagnes aux lions !)

Cette colonie anglaise comprend la plus grande partie de la Guinée supérieure. La ville de Freetown, chef-lieu du gouvernement, est le point le plus important. Grâce à son port, le plus beau de toute la côte, elle est devenue le centre d'un commerce très-actif. La population y est considérable comme nous l'avons dit, mais pas moins variée. Blancs, noirs, cuivrés, mulâtres, vivent sur le même sol. Plusieurs établissements, ou maisons bien bâties et habitées par des blancs, font croire souvent aux visiteurs de Freetown qu'ils sont dans une ville d'Europe.

Tels furent les divers renseignements que Mgr de Brésillac

venait encore de recueillir, lorsqu'on lui annonça que le vaisseau avait mouillé devant Freetown, que c'était la fin de la relâche et qu'on allait débarquer. Le moment tant désiré était donc venu. Nos missionnaires saluaient déjà les anges tutélaires de cette contrée qu'ils allaient évangéliser. Ils vont aborder, comme dit l'un d'eux, « une main au gouvernail, l'autre au chapelet » ; ils vont embrasser cette terre qui boira leurs sueurs et peut-être leur sang. C'est leur part à l'héritage et au calice que Dieu leur destine.

Mais hélas! on apprend, par les conducteurs de canots qui viennent opérer l'embarcation, que la ville est depuis plusieurs jours en proie à une épidémie d'un nom et d'une violence à peu près inconnus dans le pays. Aussitôt, le capitaine en informe Mgr de Brésillac, l'invite à ne pas débarquer et se charge de le transporter ailleurs. Et comme l'Evêque paraissait fort éloigné d'accepter cette proposition : « Monseigneur, reprit le capitaine, vous iriez à une mort certaine ; j'aurais à répondre de votre vie ! » Mais tout fut inutile. L'Evêque était fier de se trouver au poste périlleux ; il voulut y rester. Et aux instances réitérées qu'on lui fit, il ne sut que répondre : « Je suis dans mon diocèse! » Et dans son âme si courageuse il devait déjà chanter avec le prophète : « C'est ici que j'habiterai désormais ; ici que je reposerai dans la tombe, parce que c'est le lieu que la Providence m'a choisi pour accomplir mon pèlerinage. » Cette parole était une prophétie que les événements allaient réaliser.

La ville de Freetown, malgré le site riant qu'elle occupe sur le penchant de la montagne, n'est pas dans les conditions les plus heureuses de salubrité. Une grande partie de ses habitations construites sur la plaine avoisinent de trop près le port, et reçoivent les exhalaisons qu'apportent chaque jour les vaisseaux de toutes les contrées du monde. En outre, Smith attribue des qualités fort malignes à l'air même de Sierra-Leone ; « surtout, dit-il, depuis que le pays ayant été dépeuplé par les ravages du roi de Dahomey, et les terres étant demeurées sans culture, il en est sorti quantité d'herbes empoisonnées. »

Quelle qu'en soit la cause, le fléau n'en était pas moins réel, et exerçait déjà d'affreux ravages, lorsque nos nouveaux missionnaires firent avec confiance leur entrée dans la ville. Durant quelques jours à peine, Mgr de Brésillac put voir, réunie autour de lui, sa petite et vaillante communauté d'Afrique.

Les joyeux embrassements de l'heureuse venue se confondirent presque avec les adieux déchirants du départ suprême.

L'évêque vit mourir sous ses yeux, victimes de l'épidémie, deux de ses prêtres et son frère laïque. Quand lui-même, et son vicaire général, le P. Reymond, furent atteints, ils avaient enterrés presque tous leurs chrétiens. Enfin, ils succombèrent à leur tour, à un jour d'intervalle l'un de l'autre. Seul, le frère Eugène échappa à la mort.

A la fin de juin, ce désastre était accompli : La chrétienté naissante de Sierra-Leone avait péri dans son berceau. Le Séminaire des Missions-Africaines de Lyon allait être plongé dans la plus grande consternation.

Le 20 juillet 1859, M. de Seignac-Lesseps écrivait à M. le ministre des Affaires-Etrangères :

« La colonie de Sierra-Leone a été cruellement éprouvée par une épidémie contagieuse qui a décimé plus de la moitié de la population européenne. Les Français sont ceux qui ont eu le plus à souffrir de cet affreux fléau, que les docteurs supposent être la fièvre jaune, car il en a toutes les apparences.

« Au nombre de toutes ces victimes se trouvent tous les courageux prêtres des Missions-Africaines venus avant ou avec Mgr de Marion-Brésillac, évêque de Pruse, qui venait à peine d'arriver par la frégate la *Danaé*. Ce digne prélat est mort l'avant-dernier de tous, plus frappé par la douleur de voir ses prêtres expirer sous ses yeux, qu'emporté par la maladie. Il a été enterré avec tous les honneurs dus à son rang. M. le Gouverneur de Sierra et toutes les autorités de la ville ont accompagné le corps jusqu'à sa dernière demeure.

« Un spectacle bien pénible à voir était celui de tous ces

missionnaires mourant presque en même temps, se traînant au chevet de leurs frères pour leur donner les derniers secours de la religion. Le P. Reymond a succombé le lendemain de la mort de Monseigneur, après avoir administré les derniers sacrements à son évêque.

« Ces dignes et courageux missionnaires ont été sincèrement regrettés, non-seulement par les fidèles catholiques de Sierra-Leone, mais encore par une grande partie de la population indigène. Leur maison était bien vite devenue le refuge des pauvres affligés qui trouvaient auprès d'eux tous les secours et les consolations qu'ils savaient donner, tant pour les souffrances de l'âme que pour les maladies du corps. »

Les dernières pensées de Mgr de Marion-Brésillac avaient été pour son œuvre si cruellement frappée dès sa naissance. Aux yeux des hommes c'était une œuvre éteinte. Mais le fondateur et ses compagnons martyrs n'étaient point perdus pour elle; ils la protégeaient du haut du ciel.

CHAPITRE IX

A Lyon, la communauté des Missions-Africaines fut longtemps consternée et muette de douleur. Le coup terrible qui l'avait atteinte menaçait son existence. D'ailleurs, la position paraissait fort délicate, de hauts personnages conseillaient d'abandonner une entreprise que rien désormais ne soutenait.

L'histoire des Missions Catholiques raconte que, quinze ans

auparavant, des malheurs analogues étaient survenus à la Congrégation naissante de vénéré P. Liberman. Douze missionnaires avaient suivi Mgr Barron dans le Vicariat apostolique des Deux-Guinées ; et en peu de temps l'évêque eut la douleur de voir sa nouvelle mission détruite ou dispersée par les fièvres. Un survivant de cette phalange, le P. Bessieux, écrivait à son Supérieur : « A Dieu ne plaise, mon R. Père, que vous abandonniez l'Afrique ! Si nous sommes faits pour des peuples délaissés, c'est ici notre place. Vous retirer après un premier essai malheureux, ce serait manquer à Dieu, à ces infortunés noirs et à notre vocation ; ce serait reculer devant la dégradation de ces peuples que nous avons adoptés pour nos amis. »

Mais le vénéré P. Liberman était loin de songer à abandonner ces âmes qu'il aimait tant. Il s'écriait un jour : « O malheureuse Guinée !... Il me semble que je l'ai toute entière dans mon cœur. Les malheurs de ces pauvres âmes m'oppressent et m'accablent. Faut-il les abandonner ? Jamais !... Il y a dans ces vastes contrées plus de cinquante millions d'âmes qui n'ont jamais entendu la bonne nouvelle. Il me semble que notre bon Maître nous en charge encore. Oui, ce ne sont que des victimes que la divine bonté nous a fait envoyer dans ces pays, pour y attirer la bénédiction !... J'ai entrevu ces catastrophes et même j'en ai eu la certitude. Depuis huit mois, je n'avais de repos ni jour, ni nuit ; je ne pouvais faire sortir la Guinée de ma tête !... (1) »

Tels durent être aussi les accents de la communauté de Lyon et de son Supérieur, quand leur grande douleur fut enfin calmée. Le R. P. Planque, en ce moment suprême, invoqua, les yeux au ciel, la protection de l'évêque martyr. Il avait été son confident privilégié, il était descendu autrefois plus avant qu'aucun autre dans les secrets de sa belle âme, et avait gardé religieusement dans son cœur, comme un testament sacré, cette parole du saint fondateur : « Mon

---

(1) *Aperçu hist. sur le vic. de la Sénégambie*, 1875.

œuvre me survivra, lui avait-il dit, pourvu qu'il y ait une volonté pour la maintenir ; et vous serez cette volonté. » Il se crut donc obligé de répondre à la confiance de Mgr de Marion-Brésillac. Du reste, son âme fortement trempée, son esprit de discernement, sa volonté inébranlable, en firent l'homme de la circonstance. Comptant sur Dieu, il adressa immédiatement à la Rédaction des *Annales* une note sur les pertes que venait de faire Sierra-Leone, le premier établissement de sa Congrégation. Si grande que fût cette épreuve, on remarquera qu'elle n'inspira aucun découragement aux apôtres si dévoués qu'elle venait d'affliger.

« Il a plu à Dieu, disait le P. Planque, de mettre notre Société et notre Mission naissante à l'épreuve la plus extrême. Mgr de Marion-Brésillac, les prêtres qu'il avait avec lui et un frère laïque ont succombé à une épidémie qui désole Sierra-Leone, et qui a déjà emporté la moitié de la population européenne. Aussitôt que je recevrai des détails circonstanciés, j'aurai l'honneur de vous les transmettre ; je sais seulement qu'aucun de nos confrères n'a regretté d'avoir quitté la France pour mourir presque en arrivant au champ de leurs travaux. Ils sont morts en demandant à Dieu d'avoir pitié de ces pauvres peuples, et à Marie de leur obtenir la lumière et des apôtres. Si nous avons perdu notre père et nos frères aînés, j'ai la douce confiance que nous avons au ciel des avocats qui plaideront notre cause, avec d'autant plus de succès qu'ils sont plus près de Dieu. Ils protégeront l'œuvre qu'ils ont fondée au prix de tant de dévouement ; et les nouveaux missionnaires, qui, je l'espère, partiront bientôt pour recueillir leur héritage, trouveront un appui efficace dans ceux qui, du haut du ciel, veillent désormais sur nous et sur nos missions avec plus de sollicitude encore que s'ils étaient sur la terre (1). »

Cette confiance du nouveau Supérieur général gagna bientôt tous les membres de la Société. Loin de s'éteindre avec le fon-

---

(1) *Ann.* T. **xx**, 420.

dateur et ses compagnons, l'œuvre de Mgr de Brésillac devait se ranimer au milieu des douleurs et des obstacles. Les voies de Dieu ne sont pas celles de l'homme. « Je crains, répétait souvent le R. P. Liberman, je crains pour une mission où tout semble prospérer dès le commencement, et dont l'origine n'est pas marquée au coin de la croix, des souffrances et du martyre. » Telle était aussi la conviction du R. P. Planque et de ses enfants déjà résignés ; la communauté entière puisait toute sa force dans cette parole consolante : « Quand le grain de froment ne meurt pas après qu'on l'a jeté en terre, il demeure seul ; mais quand il est mort, il porte beaucoup de fruits (1). » « Nos martyrs complètent la passion du Christ! (2) »

Les jeunes aspirants du Séminaire des Missions-Africaines restèrent fermes dans leur vocation. Et quand le Saint-Père apprit, avec la nouvelle de la mort de Mgr de Marion-Brésillac, la résolution qu'avaient au cœur tous ses enfants de continuer l'entreprise commencée, il les bénit d'une bénédiction toute particulière.

La Propagande exprima, dans une lettre au Supérieur, le plaisir et même l'admiration qu'elle éprouvait, en voyant que loin de se laisser décourager par l'épreuve, les élèves du Séminaire naissant des Missions-Africaines n'avaient fait que s'enflammer d'une plus grande ardeur. Aussi, rassurée par des renseignements plus justes sur le véritable état du Dahomey, elle résolut d'accéder aux premiers desseins et aux vœux constants de Mgr de Marion-Brésillac : la côte des Esclaves fut érigée en Vicariat apostolique et confiée au Séminaire des Missions-Africaines.

Dieu n'abandonna pas ceux qui avait eu confiance en lui : les vocations s'étant multipliées, des confrères leur vinrent

---

(1) « *Nisi granum frumenti cadens in terram mortuum fuerit ipsum solum manet, si autem mortuum fuerit multum fructum affert.* »
JOAN., XII, 24.

(2) « *Ut impleant quæ desunt passionum Christi.* » COL. I. 24.

de tous les points de la France. La Providence suscita même le dévouement de deux hommes distingués, pour procurer à l'œuvre des ressources matérielles et donner au Séminaire un vénérable directeur de théologie.

M. Papetard était un jeune capitaine de la légion étrangère, que l'énergie de son caractère et son amour de la discipline avaient fait apprécier. Déjà blessé au siége de Constantine, il reçut encore plus tard, et en pleine poitrine, une balle qui s'applatit merveilleusement sur la petite médaille que lui avait donnée sa mère. Cet événement étrange le fit réfléchir. Quelque fièvre étant venue altérer sa santé, ils se détermina à rentrer auprès de sa famille.

L'ancien officier se rendit ensuite à Rome, où il eut le courage d'entreprendre des études théologiques qu'il couronna par le sacerdoce. Nommé vicaire d'une paroisse de Paris, il se hâta d'offrir à N.-D. des Victoires sa décoration militaire, dont il ne voulut plus porter les insignes par un sentiment d'humilité. Mais bientôt, contrarié par une extinction de voix, il quitta le saint ministère et revint à Rome. C'est là que Dieu lui fit rencontrer Mgr de Marion-Brésillac, à l'œuvre duquel le soldat devenu apôtre résolut de s'associer un jour.

Sa promesse fut une parole d'honneur. A la nouvelle des désastres de Sierra-Leone, désolé de ne pouvoir devenir missionnaire d'Afrique, à cause du triste état de sa santé, M. l'abbé Papetard voulut du moins s'affilier à l'œuvre, et consacrer son zèle et son talent à lui fournir des secours matériels.

Avec quelles fatigues pendant cinq ans, a-t-il parcouru plusieurs provinces d'Espagne. Et sa confiance dans les Espagnols ne fut pas trompée : il fit parvenir de Barcelone et de Madrid les plus satisfaisantes aumônes.

La communauté de Lyon fut ravitaillée ; et pendant que le personnel se recrutait, que les missionnaires et les aspirants se livraient toujours à l'espérance, Dieu leur envoya un Père spirituel, un ange de l'école.

M. l'abbé Arnald avait déjà fourni une belle carrière comme

Professeur et Supérieur du Petit Séminaire de Carcassonne. Il avait eu pour élève et plus tard pour collègue dans l'enseignement Mgr de Marion-Brésillac. Malgré une certaine différence d'âge, ces deux caractères, confiants et communicatifs, se laissèrent séduire par les charmes d'une amitié qui devait être durable. Ils avaient besoin d'ouvertures et d'épanchements. Ce que l'un demandait, l'autre le donnait avec délice. Ils se connurent donc et s'aimèrent.

Inutile de dire tout ce que dut souffrir le cœur de M. Arnald de l'éloignement de son ami. Mais le souvenir de cette belle âme l'avait toujours vivement impressionné ; et quand il sut que son noble ami était mort victime de son zèle, et que l'œuvre des Missions-Africaines était en détresse, il n'hésita pas pour lui consacrer ce qui lui restait encore d'énergie. Son expérience, ses lumières, sa sainteté lui permirent de diriger les jeunes aspirants dans leurs études théologiques. A peine installé dans sa nouvelle chaire, il reçut de Mgr de Carcassonne, comme une juste récompense à tant de mérites, les insignes du canonicat titulaire. L'abbé Arnald refusa secrètement une telle dignité, pour continuer dans l'ombre la mission qu'il s'était donnée. Le Séminaire des Missions-Africaines devait être désormais son seul poste d'honneur.

La confiance avait donc gagné tous les cœurs. Le R. P. Planque s'applaudissait de n'avoir pas répudié l'héritage de Mgr de Brésillac. Il adressa aux *Annales* la note suivante :

« Par un bref du 28 août 1860, le souverain Pontife a érigé un nouveau Vicariat apostolique dans le golfe de Guinée, sous le nom de Vicariat apostolique de Dahomey. Le même bref confie le soin et la charge de cette nouvelle mission au Séminaire des Missions-Africaines, établi à Lyon par Mgr de Marion-Brésillac d'heureuse mémoire.

« Se sont embarqués à Toulon, le 3 janvier 1861, sur l'*Amazone*, pour se rendre au Dahomey :

MM. Borghéro François, du diocèse de Gênes ; Edde

Louis, du diocèse de Chartres ; Fernandez François, du diocèse de Lugo. »

En lisant cette note d'un laconisme si modeste, on ne se douterait pas que l'apostolat dont il s'agit est de ceux qui demandent la plus héroïque abnégation. Ces trois jeunes prêtres, voués par le but spécial de leur institution à l'évangélisation des noirs, allaient donc continuer au Dahomey, la mission ouverte, l'année précédente, à Sierra-Leone, par Mgr de Marion-Brésillac. Or, si le climat de Dahomey est plus salubre que celui de Sierra-Leone, la barbarie de son gouvernement dépasse tout ce qu'on connaît de plus monstrueux, même en Afrique. On en jugera plus tard par le triste récit que nous ferons des fêtes sanguinaires qui se célèbrent au Dahomey sous le nom de *Coutumes*.

Qu'il nous suffise de dire que la fumée de ces sacrifices humains était montée jusqu'au ciel comme un nuage expiatoire, et avait provoqué la miséricorde divine ; que le cri des victimes avait retenti jusqu'en Europe et excité la compassion ; et que les nouveaux missionnaires, avant de partir pour le Dahomey, avaient été parfaitement instruits de ces *Coutumes sanguinaires*. Ils n'en étaient que plus pressés par la charité du Sauveur d'aller, au prix de leur vie, essayer de mettre un terme à tant de cruautés.

LIVRE III

LE DAHOMEY

> « Nous ne sommes point les enfants de la servante, mais de la femme libre.»
> « *Non sumus ancillæ filii, sed liberæ.*»
> AD GAL. IV, 81.

CHAPITRE PREMIER

Le départ de l'*Amazone* avait été fixé au 5 janvier 1861. L'équipage se rendit à bord. Un vaisseau prêt à partir offre toujours le plus curieux spectacle. Le P. Dourisboure, s'embarquant pour la Cochinchine orientale, en fait une saisissante description. «Un grand monsieur en cravate blanche nous reçut, regarda notre passe-port et nous dit : « Entrez au N°... » Nous avançâmes. Ciel! quel brouhaha là-dedans! L'un porte son petit bagage, l'autre est escorté de grosses malles; celui-ci a d'énormes colis à placer, celui-là une famille, des serviteurs; on embarque pour le roi du Cambodge des oiseaux, des chiens, des chats, des instruments de musique; plus loin, ce sont des charlatans qui s'en vont faire fortune. Enfin on se salue, on s'installe (1). »

Tel dut être l'équivalent spectacle qu'offrit l'*Amazone* à son

---

(1) *Les Sauvages Ba-hnars.*

départ. A deux heures après midi, on lève l'ancre. Le navire était un des plus grands de la marine française, de sorte que les passagers étaient assez au large, quoique au nombre de huit cents personnes.

(1) Dès le premier jour, les missionnaires ne surent trop exprimer l'admiration que l'état-major avait témoignée pour leur entreprise ; et signalèrent surtout la bonté toute spéciale de M. le commandant Béchamel. Le lendemain du départ de Toulon était un dimanche, et aussi la solennité de l'Epiphanie

En ce jour de bonne augure pour les trois apôtres, le temps leur permit de célébrer pour la première fois la sainte messe sur les flots. Que d'émotions, que de larmes ! « Les larmes d'attendrissement répandues sur la vaste mer sont douces comme tous les dons de Dieu, les missionnaires les laissent couler mais elles ne ressemblent pas aux larmes versées sur l'autel : celles-ci enflamment le cœur, celles-là agrandissent les pensées (2). »

Par une heureuse coïncidence, six ans auparavant, le P. Borghéro, en ce même jour de l'Epiphanie, célébrait sa première messe dans le monastère de Sainte-Scolastique, près de Subiaco. Autrefois, les larmes aux yeux, il attirait dans ses mains le divin Jésus, au milieu d'une communauté de religieux, et dans la solitude du cloître ; et alors, dans les émotions si vives du départ, il appelait le même Sauveur, au milieu d'un peuple de matelots et dans la solitude de l'Océan. Cette frappante analogie avait pénétré et saisi l'âme de l'apôtre gênois. Encore tout radieux, après le sacrifice, ce chef de la petite ambassade céleste faisait pressentir et révélait dans sa physionomie une nouvelle figure de Christophe Colomb. Par son activité et sa constance il devait, en effet, non découvrir de nouveaux rivages pour un roi de la terre, mais conquérir tout un royaume au souverain monarque du ciel.

(1) Nous suivons pas à pas les relations écrites par le P. Borghéro aux *Annales de la Propagation de la Foi*. T. XXXIII, p. 380.

(2) Le P. Dourisboure.

Le temps était magnifique. Le soleil se mirait dans l'Océan. Ainsi le Soleil de toute sainteté se mire à la surface d'une âme pure !

Le 9, de bon matin, on découvrit la terre d'Afrique. Les missionnaires la saluèrent de tout cœur. Durant tout ce jour, à mesure qu'ils entraient sous ce nouveau ciel, une joie nouvelle entrait dans leur âme ! Pendant la nuit, cette beauté du firmament dans l'hémisphère austral ; l'éclat des étoiles, d'autant plus brillantes qu'elles sont plus clair-semées ; le calme de la nature tropicale; la pensée qu'ils allaient seuls, sans autre secours que celui de la Providence, dans un des pays les plus barbares de cette barbare Afrique, faire la guerre au fétichisme qui y règne sans partage et s'y associe aux mœurs les plus sanguinaires ; l'espoir d'apporter le pardon aux malheureux enfants d'un père maudit ; les joies et les appréhensions inséparables de l'inconnu : tout devait impressionner vivement le cœur des apôtres dont le regard découvrait sans cesse de nouveaux horizons.

Dans la journée du 21, on aperçut le Cap-Vert ; et bientôt on jetait l'ancre au mouillage de Gorée. Vers le soir, on put descendre dans l'île. Les missionnaires allèrent droit à l'église où les conduisit une troupe d'enfants. Là, ils rencontrèrent l'excellent père Lordat, curé de Gorée, missionnaire et religieux de la Congrégation du Saint-Esprit et du Saint-Cœur de Marie. Il les reçut avec cette charité large et toute de cœur qui a tant de prix sur une terre étrangère. Le même accueil leur était réservé à Dakar, auprès de Mgr Kobès et de ses prêtres.

Ces derniers édifièrent leurs frères d'Europe par la plus généreuse hospitalité, et plus encore par le zèle admirable et le dévouement à toute épreuve avec lesquels ils poursuivent l'œuvre de leur vocation. Ils élèvent avec un succès merveilleux un grand nombre d'enfants, qui font toute l'espérance du Christianisme dans ce pays; car les vieux et endurcis musulmans ferment l'oreille à la prédication, et semblent détourner les yeux des prodiges de charité que les prêtres et les religieuses leur présentent tous les jours. Certainement le moment n'est pas encore venu (et Dieu fasse qu'il arrive bientôt) où le Coran doit se déchirer devant l'Evangile, et le Croissant s'éclipser devant la lumière de la Croix. Mais quand arrivera le temps fixé par la Providence où le Fils de Dieu recevra tout son héritage, et où l'islamisme vaincu finira par ajouter à sa gloire un nouveau triomphe, ce ne sera pas un petit ouvrage pour l'Eglise que de recueillir tant de dépouilles. Alors plus que jamais se vérifieront ces paroles de N.-S. : « *Messis quidem multa, operarii autem pauci...* (1) »

Pendant leur séjour à Dakar, les missionnaires virent plusieurs fois M. Vallon, lieutenant de vaisseau, qui commandait le *Dialmath* ; il fut toujours pour eux d'une complaisance parfaite, et leur fournit sur le Dahomey de nombreux documents écrits, qu'il avait réunis à la suite de son double voyage à la capitale, en 1858 et 1859. Il donna même au P. Borghéro une carabine rayée, prise par lui à Bomarsund, pour en faire cadeau au roi *Badou* qu'il connaissait personnellement. D'après la conviction de ce lieutenant, le catholicisme avait beaucoup de chances de s'établir au Dahomey.

Les misssionnaires restèrent deux mois à Dakar en attendant l'arrivée du navire qui devait les transporter à Whydah. Ils employèrent ce temps à s'instruire auprès de Mgr Kobès de tout ce qui pouvait leur être utile dans leur mission. Enfin, le 19 mars, ils partirent sur le vaisseau de guerre, le d'*Estaing*, commandé par M. Garrot. Arrivés devant l'embouchure du fleuve *Mallécorée*, ils durent remonter à quelques lieues pour aller au secours de l'*Alexandre*, bâtiment de commerce qui avait essuyé bien des malheurs. Ce navire presque neuf, venait de terminer ses opérations, et se dirigeait vers la France, quand tout l'équipage tomba malade, et si gravement, que le malheureux capitaine était seul à la barre du gouvernail pour tenir le

(1) Math. IX, 87.

navire au large. Ce triste état de choses ne pouvait pas durer longtemps, et l'*Alexandre* finit par échouer à l'embouchure du *Mallécorée*. Le d'*Estaing* avait connu sa détresse et allait le secourir, mais il avait subi trop d'avaries pour être remorqué en pleine mer, il fallut le laisser où il était.

Le jour même de l'arrivée dans le fleuve, le commandant invita les missionnaires à faire les prières de l'Eglise sur la tombe d'un des matelots, qui était mort un peu auparavant. Ne voulant pas qu'il fût enterré dans le cimetière protestant de Benty, M. Garrot l'avait fait ensevelir dans une forêt de palétuviers, sur les bords du fleuve. Les prêtres descendirent donc à terre, et exécutèrent la pieuse volonté du commandant. Les matelots avaient assez bien arrangé la tombe de leur confrère ; ils avaient défriché un espace parmi les broussailles, et tout autour disposé la verdure en belle symétrie. Au milieu, était la fosse ; et sur ce tertre, ils avaient élevé un modeste monument avec une croix et une inscription.

Après avoir accompli ce que la piété inspire et ce que l'Eglise prescrit, les missionnaires allèrent visiter l'intérieur de la forêt. Ce lieu n'est pas habité, puisque les flots y arrivent dans les grandes marées mensuelles. Tout le terrain est blanchi par le sel que la mer y dépose. Les palétuviers ne permettent pas de s'avancer à de grandes distances. On sait que ces végétaux merveilleux se propagent en déposant, du haut de leurs branches, de longues racines qui viennent s'enfoncer dans le sol et forment un second arbre. Chaque palétuvier en fait autant, et tous ces rejetons, qui s'enchevêtrent à l'envi occupent le terrain sur des espaces immenses.

Le 24 mars, qui était le dimanche des Rameaux, on quitta le fleuve de bon matin, et quand on fut en pleine mer, selon le désir du commandant et de l'état-major, les missionnaires célébrèrent la messe sur le pont, au pied du grand mât. Tout l'arrière du vaisseau avait été si artistement arrangé au moyen de tentes, et la mer, du reste, était si tranquille, que le prêtre qui célébrait se crut plusieurs fois, non sur un navire qui filait sept

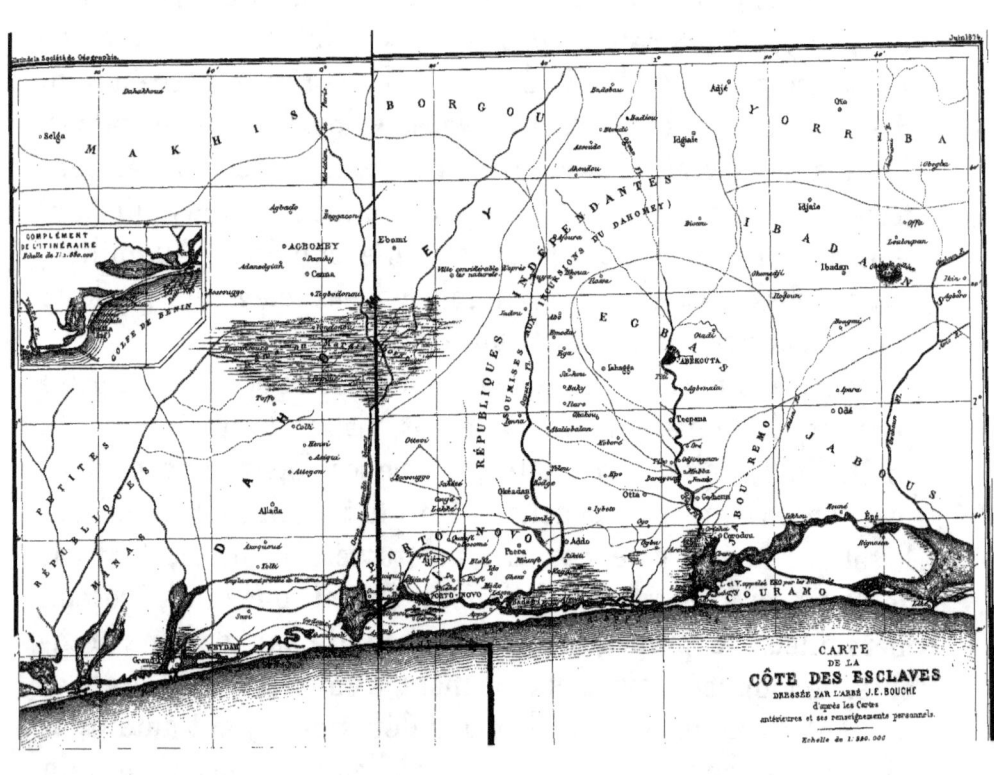

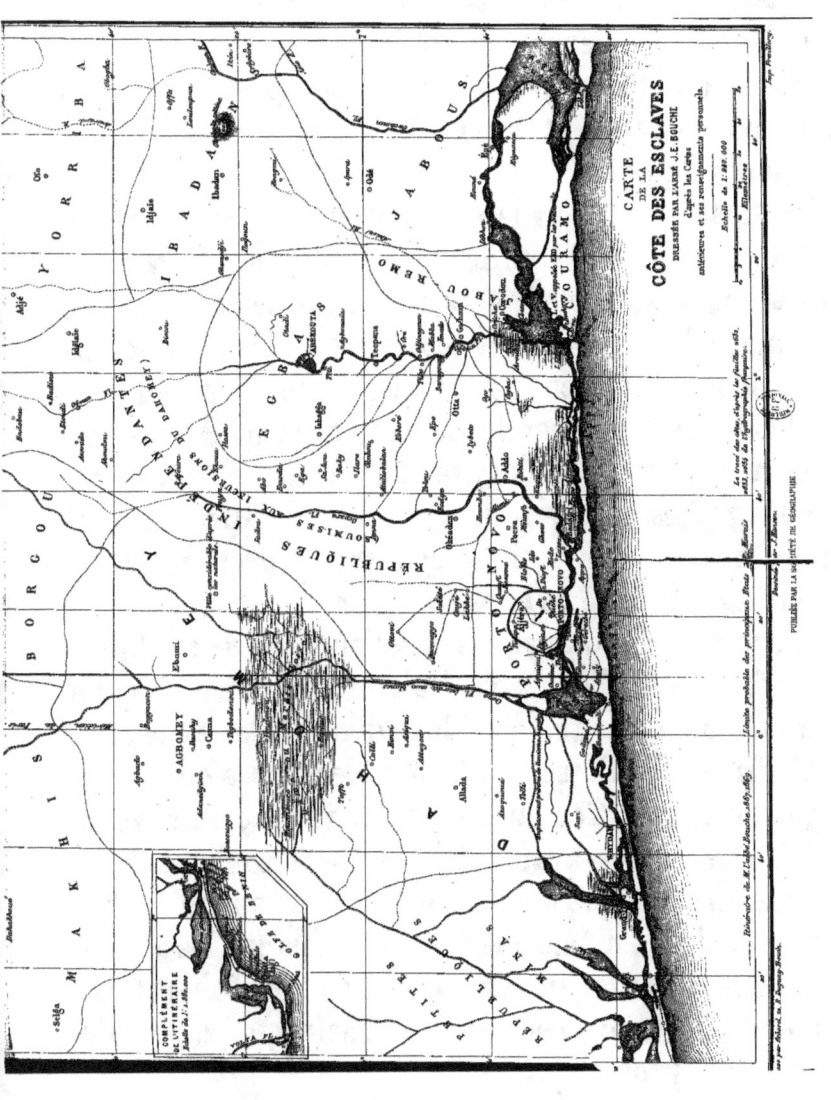

ou huit nœuds, mais dans une véritable église. Magnifique spectacle que devaient contempler avec ravissement « *les anges qui tempèrent la voix des grandes eaux* (1). »

Vers midi, on commença, malgré la brume qui enveloppe souvent les côtes africaines, à découvrir les pics élevés qui forment le noyau de la presqu'île de Sierra-Leone. A deux heures, on jetait l'ancre.

Ce n'était pas sans avoir le cœur fortement remué que le P. Borghéro et ses deux confrères se trouvaient en face du champ apostolique où leur héroïque fondateur avait succombé. Et dans l'âme de l'apôtre gênois une autre impression se joignit à ce premier sentiment, pour augmenter son émotion déjà si profonde : il vit flotter le drapeau de saint Georges au sommet de la tour carrée de l'église anglicane ; il retrouvait sur une ville protestante les insignes de sa ville natale si fièrement catholique. La croix rouge sur le drapeau blanc forme les armes de la ville de Gênes.

Dès leur arrivée à Freetown, les missionnaires se rendirent à bord de la frégate la *Danaé*, qui était en rade, et sur laquelle se trouvait le commandant en chef de la division des côtes occidentales d'Afrique. M. Bosse leur fit part des ordres qu'il avait reçus du gouvernement français, lui prescrivant de les envoyer chercher à Gorée où les avait déposés l'*Amazone*, et de les faire présenter par quelque officier de la marine aux autorités du Dahomey. Il ajouta même que toutes les fois que les navires de guerre pourraient se rendre sur les côtes de Whydah, il ferait toujours prendre les nouvelles des missionnaires, et, au besoin, les couvrirait de sa protection.

(1) Apoc. XI.

CHAPITRE II

Pendant que les apôtres étaient à bord de la *Danaé*, la nouvelle se répandit dans la ville que des missionnaires catholiques étaient arrivés au port. On s'empressa d'aller les féliciter et de leur offrir l'hospitalité. Le consul d'Espagne devança tout le monde. Celui de France alla aussi les prier de partager sa résidence ; mais son collègue d'Espagne, M. Pio de Emperanza, mettant à leur disposition la maison même qu'avait habitée Mgr de Marion-Brésillac, ils acceptèrent à raison de ce pieux souvenir. Ce local, du reste, offrait des appartements plus vastes pour les offices de la Semaine-Sainte, qu'on devait célébrer à Freetown.

La première démarche des missionnaires, en débarquant, fut de se rendre chez M. de Seignac-Lesseps, digne représentant de la France. Après avoir, comme nous le savons, entouré leurs premiers confrères malades des attentions les plus délicates jusqu'à faire transporter Mgr de Marion-Brésillac dans sa chambre, pour être plus à même de lui prodiguer ses soins, il s'était constitué le gardien de tout ce qui appartenait à la Mission. Il n'a pas même voulu rentrer en France, où l'appelaient ses affaires personnelles, sans avoir terminé la tâche qu'il s'était imposée, d'être utile à la Mission jusqu'à la fin. On lui était donc redevable de services signalés.

Chez M. de Emperanza les missionnaires trouvèrent l'hospitalité la plus généreuse qu'un espagnol puisse offrir à des prêtres, dans toute l'ardeur de sa foi et de sa piété, et, disons-le aussi, dans toute l'élévation de sa dignité nationale. Ses appartements se prêtaient à merveille pour en faire une Eglise. On se donna beaucoup de mouvement pour les disposer.

Tout le monde était dans la joie ; et avec le concours des catholiques de Freetown, et de plusieurs protestants les plus haut placés, on célébra les fêtes du temps pascal avec un si grand appareil et une telle exactitude de cérémonies que les prêtres eux-mêmes en étaient étonnés. Des catholiques anglais, français, africains de Gorée (car il faut le dire une fois pour toutes, la petite île de Gorée est une véritable pépinière de chrétiens), des protestants de plusieurs sectes, des noirs d'Amérique, des noirs de tous les pays, sans compter les indigènes, assistèrent aux offices de la Semaine-Sainte et de Pâques. Un bon nombre, tant de noirs que de blancs, soit de la ville, soit de la marine, se présentèrent au tribunal de la pénitence et à la sainte table. Le jour de Pâques surtout, la solennité a été complète. La présence des deux consuls de France et d'Espagne, donnait à la cérémonie une importance toute spéciale ; de sorte que l'apparition toute soudaine et de courte durée des missionnaires à Freetown a pu faire voir que Dieu se plaît quelquefois à suppléer par sa grâce au défaut des ministres des autels, qu'il sait conserver la foi de ses élus même au milieu de l'infidélité.

Après les fêtes de Pâques, le 2 avril, les missionnaires allèrent bénir la tombe de Mgr de Marion-Brésillac et du P. Reymond, qui, morts presque à la même heure, n'avaient point reçu les honneurs et les prières de l'Eglise. On laisse à penser combien leurs cœurs d'apôtre étaient bouleversés par l'émotion. Là se montra encore le pieux dévouement de M. de Seignac-Lesseps. Par ses soins ou sous son impulsion, un monument fut élevé sur la terre où reposent les chers défunts. Ce sépulcre est à cinq faces ; sur chacune d'elles est gravé le nom d'un des apôtres martyrs. Une croix en fer surmonte le monument et porte cette inscription : « *Elevé par les fidèles de Sierra-Leone, à la mémoire des prêtres missionnaires catholiques morts victimes de leur dévouement pendant l'épidémie de 1859. Priez pour eux* (1). »

(1) *Ann.* T. XXXIII, p. 387.

La première caravane des missionnaires de Lyon avait trouvé sa ruine sur les plages de Sierra-Leone ; la seconde, qui n'y était que de passage, dut y subir une épreuve bien cruelle. Le Père Edde, entré dans la société en juillet 1859, avait prêté serment le même mois de l'année suivante, et avait accepté avec transport l'honneur de partiper à la mission du P. Borghéro et du P. Fernandez. Mais depuis son départ de Toulon, les fatigues de la traversée furent extrêmes pour lui. Dans l'état de faiblesse où il était réduit, son corps ne parut longtemps se soutenir que par les saintes ardeurs de son âme. A peine débarqué à Freetown, il sentit que toutes ses forces l'abandonnaient. Il succomba quelques jours après dans cette colonie si fatale à l'œuvre de Mgr de Brésillac. Plus heureux que ses compagnons, il recevait sa récompense avant d'être arrivé au soir de sa journée, avant d'avoir atteint Whydah, but de son voyage.

La tombe du P. Edde fut creusée à côté du modeste monument qui renfermait déjà la dépouille mortelle des premiers apôtres de la Société. Entourée d'un simple grillage en bois, cette tombe protége ainsi des cendres qui doivent tressaillir de joie de pouvoir se mêler aux cendres de Mgr de Brésillac. Cette petite et heureuse cohorte de vaillants athlètes fut donc couchée au même champ du repos et réunie dans le même triomphe, après avoir foulé à peine la même arène de l'apostolat ! Un jour, d'autres apôtres, frères des défunts, viendront encore s'agenouiller sur ces tombeaux, non pour donner leurs suffrages à des vainqueurs, mais pour puiser le courage de soutenir l'œuvre commune.

Le 11 avril, le d'*Estaing* partit pour conduire les missionnaires à leur destination ; et, le 18, ils étaient en vue du Dahomey. Une heure avant leur arrivée, on les avait aperçus du comptoir qui est sur la plage, et on avait hissé le pavillon, ne doutant point qu'ils ne fussent à bord. Immédiatement on leur envoya une forte baleinière avec seize matelots, pour les aviser que la barre était dans son état le plus favorable. Sans délai, ils quittèrent le navire suivis du commandant, et descendirent dans la nouvelle embarcation que les indigènes firent glisser rapidement dans la direction de Whydah.

Nos missionnaires ne devaient pas connaître encore les cruelles péripéties par lesquelles il faut passer quelquefois pour franchir les abords du rivage. Ce sont des secousses, des évolutions, des élancements, des soubresauts ; on arrive tout brisé, tout suant, hors d'haleine. Sans doute ce dernier passage inspire toujours quelque perplexité, même quand la mer est tranquille ; mais quelle terreur ne doit-il pas causer, quand la vague en fureur s'élance bien avant dans le sable ?

Souvent, en effet, après une heureuse navigation, on est menacé de faire naufrage à ce port ; on voit toutes ses espérances déçues à l'heure dernière. Quand le navire est en vue de Whydah, il arrive que le vent souffle violemment et une tempête soudaine se déclare furieuse. Le vaisseau bondit comme un liége sur les flots courroucés. Les cordages sifflent, les mâts gémissent sous la tourmente ; le navire se tord et se roule comme un serpent blessé.... Cependant l'équipage est en manœuvre, le capitaine donne des ordres, excite la confiance, disant qu'on est sur le point d'aborder. Enfin, un coup de vent qui semble devoir tout briser, vous conduit rapidement : vous allez toucher le rivage. Mais non. Là encore on se trouve en présence d'un spectacle le plus majestueux, et le plus terrible qu'on puisse voir. Ce phénomène remarquable, connu sous le nom de *Barre du Golfe de Guinée*, a plusieurs fois été décrit par les voyageurs, et en particulier par des Marchais, au XVIIIe siècle. « A une certaine distance du rivage, et d'un bout à l'autre de l'horizon, se creusent, à des intervalles égaux, de longues ondulations, qui s'élèvent en approchant de la côte et s'avancent lentement avec un bruit sourd et imposant. Alors le passage sur le sable est interdit à n'importe quel marin, si audacieux qu'il soit ; car dans ces moments de furie, la barre ne fait grâce à personne. Un espace d'environ cent mètres, sur lequel les brisants se forment, est sans cesse tourmenté. La vague qui monte se sent bientôt arrêtée à sa base par des bancs de sable; mais la partie supérieure des eaux, obéissant à l'impulsion reçue, se jette sur le rivage. Il y a trois ondulations qui se suivent de près : la première se brise à terre; revient sur ses pas et refoule la seconde; celle-ci refoule la troisième, qui se replie sur elle-même, s'élance par-dessus, et forme une voûte assez haute et assez profonde pour couvrir une nacelle de l'avant à l'arrière, la faire disparaître sous l'eau et enfin la chavirer.

« Quelques-unes de ces lames atteignent 40 pieds de hauteur (1). »

Pour franchir les brisants, il est nécessaire d'avoir recours à des embarcations spéciales et à des nègres très-exercés. Les *Croumans*, ou habitants de la côte de *Crou*, près du cap *Palmas*, et les Minas, établis sur la *Côte d'Or* et sur une patrie de la *Côte des Esclaves*, sont réputés les plus propres au service des lagunes et de la barre. Tous les comptoirs européens en ont un certain nombre à leur service pour diriger les pirogues.

Les pirogues sont les embarcations les plus usitées. Ce sont des troncs d'arbre, creusés sur une longueur de 25 à 35 pieds et sur une largeur de 5 à 6 pieds, peu profonds et terminés en pointe aux extrémités; de telle sorte qu'on peut avancer ou reculer sans virer de bord. Dans l'intérieur sont placés, de distance en distance, des bancs étroits ou de simples bambous sur lesquels se tiennent, à droite et à gauche, des piroguiers armés de pagaies. Ces pagaies sont de petits avirons courts et légers, terminés en pelle. Celle-ci est tantôt grossièrement travaillée, tantôt habilement sculptée, imitant la feuille du nénuphar, ou d'autres feuilles découpées avec élégance.

La grande habileté des pilotes, qui dans cette terrible manœuvre est sans égale, consiste à mesurer si bien le temps entre une lame et une autre, que leur pirogue les franchisse sans perdre son équilibre.

---

(1) Le P. Bouche, *Contemporain*.

« La principale étude des piroguiers tend à ne pas offrir le flanc de la pirogue à la lame et à ne pas être saisi par elle ; sans cela on serait infailliblement chaviré et roulé dans les flots. Assez souvent on est surpris par un brisant redoutable ; les piroguiers qui sont à moitié nus et qui se tiennent prêts à toute éventualité, sautent vite dans l'eau comme des grenouilles, et invitent les blancs à les imiter, afin qu'ils ne soient pas écrasés contre les bords de l'embarcation par la masse d'eau qui vient déferler sur leur tête. Les noirs sont d'ailleurs si bons nageurs, qu'aussitôt la vague passée ils reparaissent à la surface, repêchent les passagers, les marchandises et les pagaies, retournent la pirogue avec leurs épaules, la vident, remontent dedans et se réinstallent au grand complet, à moins que quelqu'un ne soit devenu la proie des requins.

« Quand on suit des yeux cette manœuvre, qui tient tout le monde en suspens sur tout le rivage, on croit à chaque instant que barques et hommes vont être engloutis, et l'on ne respire qu'en les voyant enfin sortir du tourbillon où ils avaient disparu (1). »

Mais nos apôtres de Lyon, pour arriver à Whydah, ne doivent pas subir tant d'épreuves. Leur baleinière avançant sans secousses, ils peuvent à loisir considérer la plage : ils voient s'étendre au loin une côte basse et sablonneuse, pleine de lagunes et de marécages, et sillonnée par une multitude de marigots, qui communiquent la plupart entre eux. C'est un terrain d'alluvion, qui couvre des rochers granitiques, et se forme chaque jour par les sables que déposent les courants maritimes de la Guinée et les amas de terre et de détritus que charrient les lagunes et les rivières venant de l'intérieur.

La plage de Whydah, sauf la manière d'en prendre possession, ressemble à toutes les plages de la côte occidentale d'Afrique.

---

(1) Le P. Bouche, *Contemporain*.

Sur le bord de la mer, c'est du sable mêlé de coquillages. En avant, c'est encore du sable. Cependant de la mer on aperçoit au loin des arbustes épineux au feuillage étoilé; ils se montrent çà et là, pour attester que la vie ne s'est pas tout-à-fait retirée de cette plaine aride. La nuit, tout y est calme, la mer parle seule; et sa grande voix se récrie, mais en vain, contre le grain de sable que Dieu a opposé à sa fureur. Le jour, la scène change : c'est un va-et-vient de pirogues qui partent, de pirogues qui reviennent (1).

Quand le P. Borghéro et ses compagnons furent sur le point de débarquer, un grand nombre de ces pirogues, plus légères, plus élancées que celle qui les portait, passaient comme un trait à leurs côtés et disparaissaient vite. Ils étaient émerveillés de voir les nègres garder si bien l'équilibre dans des embarcations si étroites et sans profondeur. Enfin, ils arrivent. La pirogue s'engage dans le sable, et les dépose. Une fois à terre, sains et saufs, sans avoir même été touchés par l'eau, ni eux, ni leurs effets, les missionnaires rendirent grâce à Dieu pour les avoir si heureusement conduits.

CHAPITRE III

De la plage à la ville la distance n'est pas grande, mais le chemin n'est praticable à pied que pour les nègres. Les blancs ont besoin d'avoir recours au hamac. C'est une grosse toile longue de huit pieds, large de trois, suspendue aux extrémités. Au milieu d'un appartement, elle remplace le lit avec avantage, surtout dans ces pays chauds. En voyage, cette toile est

---

(1) Le P. Bouche, *Contemporain*.

accrochée à un bambou que les nègres portent sur leur tête, et la voilà transformée en voiture. Quand on voyage le jour, une tente mobile garantit du soleil.

Les missionnaires se rendirent de la sorte à Whydah. Cette ville est à peine éloignée de la mer de quatre kilomètres. Après ce petit trajet les apôtres furent d'abord reçus par M. Lartigue, agent principal de la factorerie de M. Régis aîné, de Marseille. Une maison pour loger des agents, des magasins pour entreposer les marchandises européennes et les produits indigènes, c'est ce qu'on est convenu d'appeler une factorerie. Les plus importantes maisons de commerce de la Guinée ont plusieurs établissements de ce genre, disséminés sur divers points du littoral. Là se fait entre européens et nègres, l'échange de l'huile, des amandes de palmes, de l'ivoire, des arachides, etc., contre nos marchandises d'Europe. Toutes ces factoreries furent d'un grand secours pour les apôtres venus de Lyon.

Dans la factorerie de Whydah, les missionnaires s'attendaient à se trouver au milieu d'un grand encombrement de marchandises, d'un va-et-vient continuel et d'un bruit étourdissant; c'est l'idée qu'ils se faisaient d'une factorerie. Tout d'abord ils ne remarquèrent rien de pareil. Un jardin où l'on avait réuni les plus beaux arbres d'Afrique les conduisit à une habitation élégante et distribuée avec goût. Les magasins, où les nègres se croisent en tout sens, déballent ou emballent les marchandises, roulent mille tonneaux ou barils, sont relégués derrière la maison au fond d'une vaste cour. C'est là que se font les transactions commerciales, c'est là qu'est tout le bruit (1).

M. Lartigue obéissant à des instructions généreuses, n'épargna rien pour bien accueillir les missionnaires, et leur donner sur le Dahomey tous les renseignements désirables.

L'absence complète de titres écrits a répandu sur les dates importantes et sur l'origine de ce peuple les plus épaisses ténèbres; et la tradition orale déroute encore les investiga-

(1) Le P. Borghéro.

teurs par ses incohérences et ses contradictions. Voici, d'après le P. Laffitte, ce qui se rapprocherait de la vérité sur la formation de ces peuplades.

Au XVIII° siècle, le Dahomey comprenait trois monarchies distinctes : celle de Whydah, d'Allada et de Canna. Les limites naturelles de ces états étaient des marécages vastes et profonds. Le premier avait pour siége principal Whydah ; sa puissance s'étendait sur une partie du littoral. Allada, qui est encore une ville considérable, avait donné son nom au second royaume. Le troisième, établi beaucoup plus au nord, au-delà du grand marais, était gouverné par le roi Dâ (Serpent); et Canna, ville sacrée, était sa capitale.

Le royaume d'Allada primait les deux autres par son étendue le nombre de ses habitants et la richesse de son territoire. A la mort du roi, ses trois fils se firent la guerre pour savoir celui qui régnerait ; et la fortune favorisa le plus jeune. L'aîné prit la fuite vers le littoral entre Whydah et Badagry ; le second s'engagea dans les marais et se confia au roi de Canna qui l'accueillit avec bonté et lui fit don d'une portion de ses Etats.

Ce dernier fugitif vit bientôt grossir le nombre de ses esclaves, et obtint chaque jour de nouvelles terres de la générosité de son protecteur. Comme il demandait encore de plus larges concessions, afin de nourrir ses nombreux partisans, le roi de Canna finit par lui répondre : « Prince d'Allada, tu es un ingrat, ton intention est de bâtir des cases jusque sur mon ventre ! »

C'était là, en effet, le projet de l'aventurier. Quand il se sentit assez fort pour entrer en campagne, il attaqua son bienfaiteur à l'improviste, le fit prisonnier, l'amena au centre de ses terres qu'on appela Agbomée, et le jeta tout vivant dans une tranchée nouvellement ouverte. Comme le malheureux l'avait pressenti, son ventre fut la première assise d'un palais dont les murs sont encore debout ; et ce palais porte le nom de *Dahomey* (ventre de Dâ), nom qui a passé à tout le royaume actuel.

Ce barbare heureux rêva de nouvelles conquêtes, fit de grands préparatifs de guerre, alla surprendre son frère, le roi d'Allada, malgré l'impraticable lagune qui le protégeait, lui fit subir plusieurs défaites, et l'immola de sa propre main. Le royaume d'Agbomé s'étendit, dès lors, jusqu'à Allada.

Enflé de ses grands succès, ce roi si belliqueux, devenu redoutable, porta un regard de convoitise sur les richesses, les fusils, la poudre et l'eau-de-vie du roi de Whydah. Il marcha donc contre son voisin ; et son armée aguerrie eut facilement raison de la bande de pillards qui occupait le littoral. Le royaume de Dahomey fut définitivement constitué et devint une seule monarchie (1).

CHAPITRE IV

Les nouveaux missionnaires purent donc se mettre à l'œuvre en toute confiance, et recueillir chaque jour d'autres renseignements précis sur leur patrie d'adoption. Ce vaste royaume, est à dix-huit cents lieues de France. Il a tant fait parler de lui dans notre Europe; il mérite que nous ayons une idée exacte de son importance topographique, de sa température, de ses productions, de ses mœurs et des espérances qu'il fait concevoir à ses ouvriers évangéliques.

Le Dahomey qui passe pour un des principaux Etats de la Guinée supérieure, est une bande de terrain appuyée sur la mer. Il s'avance à 150 kilomètres vers le nord, sur une lon-

---

(1) Le P. Laffitte, *Souvenirs de voyage et de mission.*

geur de 5 kilomètres environ. Il est compris entre le 2° de longitude occidentale et 0° 30' de longitude orientale du méridien de Paris, et entre les 6° et 8° de latitude boréale. On y voit une plaine entrecoupée de lagunes, au midi ; au centre et au nord, un grand affaissement marécageux appelé *Lama* ; à l'est et à l'ouest, de l'Akim au Volta, des cours d'eau et des marécages qui ferment tout accès.

Nous continuons de résumer les *Notes* adressées par le P. Borghéro, soit à la *Rédaction des Annales*, soit à Madame Y. Rocoffort, présidente des Dames-Patronnesses de l'œuvre des Missions-Africaines, à Lyon. Le courageux apôtre écrit du Dahomey, en 1861.

La chaleur y est éternelle, mais les vents alizés, aussi réguliers que le soleil, rafraîchissent l'atmosphère. On a chaud sans être étouffé, et si ce n'étaient les maladies que produit à la longue cette température toujours élevée, on aurait sous ce rapport peu de choses à reprocher au climat.

L'année s'y partage entre deux saisons sèches et deux saisons pluvieuses. Ces dernières s'annoncent par des orages que les européens ont appelés *Tornados*, à cause de leur mouvement giratoire. Voyez à l'horizon, entre le nord et l'est, cet amas de nuages qui s'avance ! Il porte dans ses flancs un violent orage. Le vent se déchaîne avec fureur. La foudre éclate de toutes parts ; ses coups subits et redoublés font trembler la terre, et jettent le frisson dans les cœurs. La pluie tombe à torrents. Mais bientôt le ciel s'éclaircit, et un soleil radieux fait disparaître en un instant la trace de ce déluge. Dans quelques semaines, ces orages auront fait place à une pluie presque continuelle, et la terre reprendra la fécondité qu'un soleil trop ardent lui avait fait perdre.

On entend dire communément en Europe que sous la zone torride on a six mois de pluies et six mois de soleil, c'est-à-dire deux saisons uniques. Cela peut être plus ou moins vrai vers les tropiques, où le soleil n'arrive qu'une fois l'année ; mais à mesure qu'on s'approche de l'équateur, il en est autrement,

Quand le soleil touche au zénith d'une contrée, ce qui a lieu au Dahomey au commencement d'avril, il y produit une puissante évaporation qui reste soulevée dans l'atmosphère tant que l'astre ne s'éloigne pas assez pour laisser refroidir les régions supérieures. Mais, après son passage, de grandes masses de vapeur se condensent et produisent les pluies. Bientôt le soleil est de retour des tropiques ; et les pluies cessent dans le mois de juillet, pour recommencer par les mêmes causes au mois d'octobre. Ces alternatives entretiennent l'humidité du sol et rendent la végétation luxuriante, en même temps qu'elles tempèrent la chaleur, dont l'élévation moyenne est, dans ces parages, de trente à trente-un degrés centigrades.

Aussitôt que la première des deux saisons pluvieuses s'annonce on commence les travaux agricoles. Dans certaines tribus, l'africain, surtout le chef de case, est imprévoyant et peu industrieux, grâce à cette nature prodigue qui lui sert, presque sans travail et sans fatigue pour lui, le vivre de chaque jour. A peine a-t-il quitté la peau de vache qui lui sert de couchette, qu'il allume sa pipe qui ne s'éteint plus ; et, écartant sa porte de roseaux, il va se chauffer au soleil levant et causer avec ses voisins. Quant aux indigènes pauvres, lorsque la saison des pluies a ramené la période des travaux, on les voit, aiguillonnés par le besoin, secouer un instant leur indolence pour retomber bientôt dans la vie sensuelle et paresseuse.

Sur d'autres points du littoral et plus avant dans les terres, ce sont les femmes et les esclaves qui supportent la plus grande part du travail. Les moyens sont tout-à-fait primitifs. La manière de procéder est des plus simples. Comme presque partout, on commence par brûler les hautes herbes. Ce moyen, comme on le voit, est le plus expéditif pour dégager le sol, et mettre les travailleurs à l'abri des nombreux serpents. On remue ensuite très-légèrement la terre, et on attend la récolte sans autre soin. Ou bien on se met trois pour semer : le premier creuse un petit trou à fleur de terre, le second y dépose deux ou trois graines, et le troisième recouvre le trou avec l'orteil :

deux mois après la récolte est mûre. Il n'est pas besoin d'engrais ; car la nature se suffit à elle-même.

On dit en Europe qu'on ne connaît pas ici le labour, qu'en Afrique la charrue n'est pas utilisée au-delà du 16° ou 14° dégré de latitude boréale : vraie ou non pour les autres points, cette assertion se réalise complétement au Dahomey. L'instrument presque unique, est une sorte de bêche ou de pioche qu'on manie d'une seule main. Quand on parle de la charrue aux indigènes et qu'on leur en fait comprendre l'usage, ils ont le plus grand air d'étonnement. Leur agriculture ne demande qu'une bêche grossière ; et quand ils veulent couper les herbes nuisibles, ils les tranchent avec cette bêche, ou bien se servent d'un grand coutelas.

On cultive les haricots, le manioc, le maïs, l'igname, les patates douces et les arachides ; telle est la nourriture presque exclusive des indigènes.

Cependant malgré les circonstances les plus favorables à l'épanouissement de la nature dahoméenne, qu'on n'aille pas croire que ce pays soit excessivement riche en productions. On sait que de toutes les parties du monde, l'Afrique est la plus pauvre en espèces végétales (1). La grande humidité y exclut presque entièrement les plantes aromatiques. Le baobab, propre aux régions de la Guinée septentrionale, n'y atteint pas les proportions gigantesques qui le rendent si admirable ailleurs. Le cocotier porte comme dans les autres climats des fruits délicieux, mais il est rare. Quoique le sol semble propice à la culture du riz, celui-ci n'offre que des graines rougeâtres et très-petites. Le blé n'y vient pas. Presque toutes les espèces potagères qui forment la richesse des jardins deviennent promptement stériles ; aussi faut-il chaque année se procurer des semences soit d'Europe, soit d'Amérique.

Le raisin est rare et d'un fort mauvais goût. A mesure qu'on approche de la capitale, les productions deviennent plus nom-

___
(1) P. Borghéro.

breuses, comme il arrive toujours quand on s'éloigne de la mer. On assure que le café pourrait être cultivé avec succès, ainsi que la canne à sucre.

Un mot sur l'arboriculture du Dahomey ; beaucoup de plantes y vivent en bonne harmonie.

Les arbres que l'on cultive ordinairement dans le pays sont : le palmier, le papayer, le bananier, le citronnier, l'oranger, l'acajoutier, le figuier, le corasolier, le manguier, le goyavier et le cotonnier.

Si les bras ne manquaient pas pour la double récolte du palmier à huile, cet arbre suffirait à lui seul pour nourrir toute la contrée. Les grandes forêts de palmiers produisent suffisamment, pour alimenter, à elles seules, le commerce avec les étrangers.

Le plus utile de tous ces arbres, est, sans contredit, le papayer ; son fruit, de la grosseur d'un melon, est sucré, aromatisé et très-rafraîchissant. On le mange comme dessert ; les gourmets en font aussi d'excellents plats.

Le bananier, qu'on cultive en Europe et qu'on ne voit qu'à l'état chétif d'un arbre qui ne peut vivre qu'en serre chaude, est dans le Dahomey comme chez lui ; c'est-à-dire beaucoup plus grand, bien plus beau, donnant un fruit excellent. Il veut être placé dans un fossé grand et profond, où se trouvent au moins 0^{m}50 de détritus ; car étant faible il a besoin d'être mis à l'abri du vent, et croissant beaucoup il lui faut beaucoup de substance.

Le figuier est sans beauté, sans vigueur ; on le multiplie à force de boutures, mais il ne devient jamais bien gros, et ne produit que très-peu de fruits.

Le corasolier est un arbre qui ressemble assez au poirier. Son fruit est de la forme d'un cœur ; l'écorce est verte et parsemée de petites éminences ligneuses : à l'intérieur on trouve une crème délicieuse.

L'oranger a été multiplié d'une manière extraordinaire. Son fruit est plus tendre et plus délicat au Dahomey qu'en Europe, mais sa saveur est bien moins exquise.

Le citronnier produit plus abondamment et plus vite encore que l'oranger; mais le fruit est petit et n'offre point cette agréable acidité qui en fait tout le prix.

L'acajoutier est un arbre du pays qui s'accommode de toute espèce de terrain, mais qui ne souffre pas la transplantation. La première fois qu'on goûte son fruit, on le trouve insupportable, on finit par l'aimer beaucoup; car étant très-aqueux et très-acidule, il désaltère infiniment.

Le manguier est aussi très-répandu. Il produit un fruit de la forme d'un œuf, que les noirs recherchent beaucoup, mais qui répugne aux blancs. Son feuillage très-épais donne un bel ombrage.

Le goyavier a des feuilles et des rameaux qui ressemblent beaucoup aux feuilles et aux rameaux du pommier. Son fruit, quand il est mûr, répand un parfum de fraises bien prononcé. Un seul suffit pour embaumer tout un appartement.

Enfin à cette nomenclature d'arbres on pourrait ajouter avec beaucoup d'autres, le cotonnier qui l'emporte sur tous par ses belles dimensions, le kola, et le bel arbre à pain qui donnent surtout leurs fruits et leurs ombrages à la multitude des singes si voraces et si agiles.

Quant aux fleurs du Dahomey, elles n'occupent une grande place ni dans les notes des touristes et des savants, ni dans les souvenirs des missionnaires; cela tient à leur rareté dans ces parages. Les lagunes seules sont parsemées de quelques fleurs, les unes assez remarquables par le parfum qu'elles exhalent, les autres par leurs couleurs éclatantes; mais, si l'on excepte le nunéphar et le nymphée, on ignore et le nom et la classification des variétés qui ont fait de la surface de ces eaux un jardin odorant.

En terre ferme, la seule fleur qui attire l'attention est une fleur rouge d'un petit arbuste épineux, de la famille des acacias. Quelques fleurettes perdues au milieu des buissons et des hautes herbes y brillent bien un peu; mais c'est à la manière des vers luisants, et il en faudrait des centaines pour former le plus petit bouquet. Et dans cette terre, qui semble maudite, l'absence des fleurs se fait d'autant plus sentir, que la nature n'offre au regard de l'européen que des arbres géants qui font épanouir leurs branches à une hauteur prodigieuse ; tandis que le sol, ordinairement découvert, conserve une teinte monotone (1).

CHAPITRE V

La faune non plus que la flore du Dahomey ne présente rien d'extraordinaire. Les animaux domestiques d'Europe s'y rencontrent également, et rendent à peu près les mêmes services ; mais toutes les espèces y dégénèrent, toutes sont plus petites. Les chevaux sont très-rares à Whydah ; plus encore le sont les ânes, qui cependant seraient très-utiles dans un pays dépourvu de routes et n'ayant que des sentiers. Le bœuf ignore le joug. On ne se sert d'aucun animal pour les transports, qui se font entièrement par les hommes, et ceux-ci ne savent porter que sur la tête. Les chiens, comme l'on sait, n'aboient presque pas sous la zone torride ; ils font seulement entendre un hurlement, qui diminue à mesure qu'on se rapproche de l'équateur.

Les bêtes sauvages n'offrent rien de particulier. L'éléphant s'y multiplie comme ailleurs sous les mêmes latitudes. On n'y voit pas le chameau ni le dromadaire, qui semblent arrêtés par la chaîne du Kong. Le lion est rare ; mais, en revanche, la panthère, le léopard et un autre animal semblable à la hyène,

(1) Le P. Laffitte. *Souvenirs de voyage et de mission.*

sont si répandus que presque toutes les nuits ils vont dans la ville chercher les débris d'ossements.

Les cochons vivent presque à l'état sauvage ; ils errent jour et nuit, soit dans la campagne, soit dans les villes et les villages, faisant leur pâture des immondices qui jonchent le sol. Ils sont généralement très-maigres et fort indigestes.

La campagne de Whydah nourrit de belles chèvres, qui ne diffèrent pas essentiellement de celles d'Europe ; la viande de chevreau est très-appréciée des blancs ; les nègres gardent pour leur usage les boucs et les vieilles chèvres, dont l'odeur nauséabonde leur est agréable.

Des chauves-souris, de la taille d'un pigeon, fourmillent à tel point que pendant le jour elles noircissent par leur présence les branches de gigantesques cotonniers qui leur donnent le logement. Tous les soirs, après le crépuscule, elles partent par troupes innombrables dans des directions déterminées ; tandis qu'en même temps d'autres légions non moins nombreuses de vautours et de corbeaux au ventre blanc vont se reposer sur les mêmes branches. Le matin, l'évolution a lieu en sens inverse. Quand ces bandes aériennes prennent le vol, on peut dire, sans exagération, qu'elles couvrent parfois le ciel. Du reste, leur multitude est pour le pays un bienfait, car, sans ces oiseaux, on vivrait toujours dans une atmosphère empoisonnée par les détritus que leur voracité fait disparaître. Ils remplissent l'office de balayeurs publics. Ils pullulent. On les trouve partout. Hébétés, inoffensifs, ils se garent à peine lorsqu'on les rencontre sur son chemin. Leur utilité fait surmonter le dégoût qu'ils inspirent.

D'autres oiseaux donnent plus d'agrément aux chasseurs du pays, soit dans les broussailles ou à travers les hautes herbes, soit sur les bords des lagunes et même au milieu des eaux. On rencontre des pintades qui vivent à l'état sauvage et s'aventurent par bandes de vingt, trente ; des pigeons verts qui ne diffèrent du ramier que par la couleur du plumage ; des perdrix, des tourterelles, qui sont très-abondantes ; des coucous, qui, loin d'être monotones comme leurs frères d'Europe, donnent des chants variés, des échos prolongés. La pirogue légère, glissant rapidement, poursuit aussi la poule d'eau, le râle, le courlieu et la bécassine.

Enfin, après avoir nommé l'oiseau-mouche, le cardinal aux couleurs écarlates, le perroquet gris, le plus criard de tous, la petite perruche, épervier très-batailleur, et le vautour fauve, hideux à voir, nous pouvons dire que les autres familles d'oiseaux ne diffèrent en rien des espèces tropicales : avec leur plumage brillant, ils sont sans voix ou sans harmonie.

Entre tous les animaux de la création, ce sont les reptiles qui fourmillent le plus dans le Dahomey. Les serpents qui y ont fait leur séjour de prédilection sont incalculables. Depuis la petite couleuvre jusqu'à l'énorme boa, quelle immense classification il y aurait à faire! On les rencontre partout, en pleine campagne, dans les champs labourés, au milieu des hautes herbes où ils font entendre leurs sifflements ; dans les villes, au milieu des rues, devant les cases des nègres, jusque dans le fort portugais, même dans les appartements, sous les lits, au coin du foyer. Mais nous reviendrons à l'article du serpent, au point de vue du culte dont on les honore.

Sous le rapport physique, le Dahomey, comme nous l'avons vu, est une immense plaine occupée çà et là par de grandes lagunes et de vastes forêts. Les montagnes du nord sont encore inexplorées, mais on peut être certain qu'elles renferment toutes sortes de richesses. Le sable cristallin mêlé aux alluvions accuse d'immenses dépôts de cette substance. Les poteries qui se fabriquent à Agbomé arrivent à Whydah toutes brillantes de parcelles d'or, d'argent et d'antimoine. Il y a dans la même chaîne du Kong des carrières d'un superbe granit, semblable pour la couleur à celui des Alpes, et pour la formation à celui d'Égypte. On parle aussi d'une pierre blanche et polie qui s'y trouve en abondance, et qui est sans doute une espèce de marbre. D'autres indices font connaître que des matières ferrugineuses forment une grande partie de ces montagnes. Les eaux minérales n'y manquent pas non plus. Mais il est trop difficile de pénétrer dans ces régions à peine découvertes et à peu près nullement explorées (1).

« Depuis plus de cent cinquante ans, les rois de ce pays, si redoutables aux faibles, marchent à la conquête, ou bien à l'assimilation de toutes les peuplades répandues dans ce vaste territoire. L'influence toujours progressive du Dahomey, et la supériorité incontestable de ses armées, font assez prévoir qu'en quelques années de campagnes belliqueuses les limites du royaume seront portées aussi loin que possible, c'est-à-dire jusqu'au point où la nature oppose à toute ambition des barrières infranchissables. Pour le moment, et comme nous l'avons déjà décrit, toutes les terres comprises entre le golfe de Bénin et le cours du Volta, entre la chaîne du Kong et le cours du Akim, forment l'immense plaine du Dahomey. Terrain plat, plus ou moins ondulé, couvert d'alluvions primitives. Les rivières y sont inconnues. Dans les parties un peu déprimées, s'accumulent les eaux des deux saisons pluvieuses, et y causent des inondations périodiques, souvent désastreuses. Il reste parfois de vastes marais, formés par les eaux qui n'ont pu disparaître pendant les deux saisons sèches ; soit parce que trois mois consécutifs de soleil n'ont pas suffi à l'évaporation d'un trop grand réservoir, soit encore parce que le vaste dépôt de terre argileuse, accumulée dans les bas-fonds, diminue beaucoup l'infiltration souterraine.

« L'un des nombreux marais, le plus grand du Dahomey, touche à la lagune marécageuse qui longe la mer ; s'étend au nord jusqu'à cent kilomètres de l'Océan, ayant une largeur moyenne de dix lieues. Quand les eaux sont considérablement augmentées par les pluies, ce marais devient un véritable lac ; mais bientôt les eaux baissent et se réduisent à une petite surface ; laissent à nu un fond de boue impraticable, couvert d'herbes aquatiques et infesté de toutes sortes d'animaux nui-

---

(1) Le P. Borghéro. *Ann.* XXXIV, 216.

sibles. On l'appelle Ahuanga-Gi. Voici l'origine légendaire de cette dénomination :

« Une femme féticheresse ayant donné le jour à un enfant, ne voulut pas le nourrir disant qu'il n'était pas son fils, et le déposa dans une grande forêt qui s'élevait sur l'espace aujourd'hui occupé par les eaux. L'enfant, indigné, se mit à courir la forêt, en la ravageant, finit par la détruire, et la transforma en une lagune très-profonde, qui, depuis lors, est devenue l'objet d'une superstition spéciale. Il est défendu par les féticheurs d'y puiser de l'eau sans observer certains rites, sous peine de voir le liquide se changer en sang. De même, si quelque malfaiteur venait à la traverser, son canot se renverserait, et il serait infailliblement noyé dans l'onde vengeresse. Toutes ces prétendues merveilles sont comprises dans le mot composé de *Ahuan* guerre, *Ga* grande, *Gi* navigable ; ce qui veut dire qu'une grande dévastation fut cause d'une lagune navigable (1). »

Telle est la richesse du terrain, la nature du site ; examinons maintenant le caractère de l'indigène.

CHAPITRE VI

Avant d'étudier les mœurs du Dahomey, faisons une observation générale.

Notre globe se partage en diverses zones atmosphériques et météorologiques, correspondant à autant de zones organiques. Chaque grande zone terrestre a sa faune et sa flore, en raison du milieu particulier qu'elle offre à l'évolution de la vie végé-

(1) Le P. Borghéro. *Ann.* xxxiv, 218.

tale et animale. L'homme seul, franchissant ces barrières, a bravé tous les milieux et s'est répandu sur toutes les zones : c'est par excellence l'espèce cosmopolite. Cependant les types les plus parfaits correspondent en général aux climats tempérés ; c'est là que s'épanouissent les grandes civilisations. Les deux peuples qui ont illustré le passé de l'Afrique ont fleuri sous le soleil tempéré de ce continent. L'origine et l'ancienne grandeur des Egyptiens et des Carthaginois sont connues. Au contraire, les régions du pôle et de l'équateur offrent dans leurs habitants un spectacle de stagnation sociale : là, parce que la nature, âpre et avare de ses dons, repousse tout effort; ici, parce que, trop facile et trop prodigue, elle ne présente à l'activité de l'homme aucun stimulant. Cette loi est donc manifeste. Les extrêmes de chaud et de froid tendent à conduire également aux extrêmes de dégradation typique. Si l'homme est le roi de la terre, si elle lui a été livrée afin qu'il la transforme par son génie et son activité, en un mot, qu'il en fasse son esclave, la terre, de son côté, influe puissamment sur l'homme par sa nature et ses accidents : l'esclave réagit sur le maître et se venge (1). Telle est la vérité qui ressortira des observations faites spécialement sur le Dahomey et la Côte des Esclaves.

Examinons donc quels sont les hommes qui habitent ces contrées mystérieuses. Ce sont vos créatures, ô mon Dieu, mais combien défigurées par votre ennemi ! On les nomme peuples sauvages, tribus cruelles; peut-il en être autrement, dans les régions où votre amour n'est pas connu ?

Dire que les Dahoméens sont des hommes tels que les savent produire l'ignorance et la superstition, greffées sur des natures vigoureuses ; que ces peuples, comme la végétation de leur pays, ont pour se développer beaucoup de fond et point de culture : c'est tout résumer en un mot. Mais, dans ces conditions, tous les peuples se ressemblent ; et s'amuser à tracer un tableau

---

(1) L. Dubois. *Le Pôle et l'Equateur.*

général, ce serait répéter ce que l'on ne sait que trop, ce qui regarde les diverses nations de la terre, tant qu'elles subissent encore le joug tyrannique de Satan. Toutefois, si le ciel et l'enfer se disputent partout la conquête du cœur humain, il sera facile de voir qu'au Dahomey le démon règne en maître.

Cependant, entreprendre de faire une peinture des mœurs qui conviennent également à toutes ces peuplades, ce serait former un projet impossible : on conçoit que les coutumes, les usages et les lois mêmes doivent varier presque à l'infini. Voilà pourquoi, nous servant en grande partie des *Lettres* du P. Borghéro et des *Souvenirs* du P. Laffite, nous nous contenterons de reproduire ce qui paraît universellement établi parmi les indigènes. Ces quelques traits du tableau suffiront, pour mettre à découvert les efforts acharnés du prince des ténèbres, et pour montrer son obstination à exécuter l'ancien programme : « *J'escaladerai le ciel, j'élèverai mon trône au-dessus des astres de Dieu, je siégerai sur la montagne du Testament dans les flancs de l'aquilon; je serai semblable au Très-Haut.* »

Il semble que, lorsqu'on est un peu habitué à la vie du peuple dahoméen, on finit par découvrir son histoire ; mais non : avec une langue qui n'a jamais été écrite, dans un pays qui ne possède ni traditions, ni monuments du passé, sous une royauté qui concentre tout, qui cache tout, il est très-difficile, presque impossible de savoir quelque chose de certain. Lorsqu'il en sera besoin, on trouvera peut-être d'utiles documents dans les archives européennes, en Angleterre, en France, à Lisbonne surtout. Pour le moment, contentons-nous de dépouiller de petites notes, et portons un regard sur le gouvernement du Dahomey, son administration et son armée, sur la vie de famille et le caractère privé des indigènes.

Le gouvernement du Dahomey est la monarchie héréditaire dans ce qu'elle a de plus absolu et de plus despotique. Il y a bien les anciens usages dont on prétend que le roi ne peut se départir; il y a surtout la domination des prêtres du fétichisme qui savent quand ils le veulent se faire obéir du redouté monarque. Néanmoins les marques de respect envers le souverain sont généralement poussées aux dernières limites. Les sujets les plus élevés en dignité ne sont devant le roi que ses premiers esclaves, dont il peut d'un signe, faire tomber la tête.

On ne prononce le nom de Sa Majesté qu'en tremblant et à voix basse. Dire du mal des fétiches et de toute la collection des divinités dahoméennes, c'est là une faute légère, punie d'une amende plus ou moins forte, selon la fortune du délinquant ; mais dire du mal du roi, il y va de la vie. Demandez à un indigène s'il est content du roi, fussiez-vous tous deux seuls dans une campagne déserte, il éludera votre question tant il craint pour sa tête.

L'impossibilité de parler au roi, même pour les nègres, sans le secours d'un interprète, fait que rien ne peut lui parvenir que par l'entremise de ses ministres ; et ceux-ci se gardent bien de lui communiquer ce qui serait de nature à irriter ses passions, car ils risqueraient fort d'en être les premières victimes. Tous les sujets ont ordre de montrer au roi une figure réjouie.

La cour dahoméenne compte un nombre infini de dignitaires, dont la tenue varie selon les circonstances. Parfois on dirait une troupe de manants sales et déguenillés ; aux jours de gala et de grande réception, toutes ces peaux noires se recouvrent de soieries, d'ornements d'or et d'argent. Le premier de tous ces dignitaires, c'est un chef cuisinier, qui se débrouille comme il peut avec les premières notions de l'art culinaire, mais dont la position est celle qui exige la plus haute confiance; car tout le monde sait qu'en donnant une certaine pilule à son maître il peut provoquer une révolution dans tout le royaume. Après lui, c'est le méhou-suprême, ou ministre d'Etat; c'est celui qui a l'oreille du roi. Cependant la plus grande part d'influence appartient à la mère du monarque. Il se dresse aussi autour du trône une demi-douzaine de poètes qui jettent perpétuellement des boisseaux d'encens à la tête du souverain. A l'exemple de nos modernes auteurs dramatiques, les poètes dahoméens se mettent plusieurs pour composer un poëme. Leurs sujets ne varient guère : la gloire du roi, la force de son armée, la noblesse de ses ancêtres. Rien d'extravagant comme ces élucubrations accompagnées d'une musique infernale et de mille gestes extraordinaires. Après le dîner du roi, les favoris du Parnasse africain vont prendre eux-mêmes un repas, dont la délicatesse et l'abondance sont en rapport avec leurs succès d'artistes.

Il y a aussi à la cour un homme qui ne paraît que de loin en loin, et qui, dans certaines occasions, se fait obéir même du roi : c'est le grand féticheur. Nous parlerons de ce personnage mystérieux, en traitant la question des institutions religieuses du pays.

Voilà dans quel milieu se débattent les intérêts du royaume: un despote qui peut mettre à mort n'importe lequel de ses sujets, et qui tremble lui-même devant son cuisinier ; un ministre sans foi, sans honneur ; une femme cruelle par nature ; une bande de chanteurs à gages, et une foule d'autres nègres vicieux, cupides et barbares (1).

Le roi choisit lui-même les chefs des autres villes, ou gouverneurs de districts, dont le plus important est celui de Whydah, surnommé *Jévoghan*. Ils en réfèrent toujours au roi, et sont directement soumis à deux ministres, qui se partagent l'administration du royaume : le *Méhou*, ou second, qui est chargé des relations générales du commerce et surtout du recouvrement des droits dont le monarque frappe les commerçants européens ; et le *Minghan*, qui a particulièrement dans ses attributions la police et l'administration de la justice.

Ne faut-il pas admirer ces hommes, qui, sans le secours de l'écriture, classent chaque jour dans leur tête toutes les affaires d'un pays; donnent des ordres à cent messagers ; font tout par eux-mêmes; prévoient tout sans rien oublier ; doués d'une

---

(1) Le P. Laffitte. *Souvenirs.*

admirable mémoire, ils s'aident seulement de quelques graines liées ensemble ou de quelques petits cailloux ?

Le roi perçoit les impôts par ses délégués.

Au Dahomey, il y a deux sortes d'impôts, l'impôt ordinaire et l'impôt extraordinaire. L'impôt ordinaire suit un cour régulier. Il porte principalement sur l'huile de palmier. Lorsque les nègres présentent leur huile, soit aux factoreries, soit au marché, les agents du gouvernement prélèvent la part du roi. On prélève encore la part du roi sur la récolte des fruits, sur la pêche dans les lagunes.

L'impôt extraordinaire consiste à prendre aux malheureux indigènes tout ce que le roi a trouvé à sa convenance. Cet impôt n'est que le butin d'un pillage organisé et légal. Le jour et la durée de ces pillages publics sont fixés d'avance en conseil des ministres.

A ces ressources de l'impôt ordinaire et extraordinaire, le roi ajoute encore le produit des amendes, que les nègres subissent sous le moindre prétexte. Ces amendes sont d'autant plus fortes que le délinquant est plus coupable et surtout plus riche comme nous le verrons plus loin, à l'article de la justice dahoméenne.

Mais tous ces revenus ne sont rien à côté des ressources immenses que procurait au roi la vente des esclaves. C'était là son vrai pactole. Une seule expédition suffisait pour se procurer un millier d'esclaves; les dépenses de l'expédition n'affectaient en rien son trésor, et les négriers lui achetaient sa capture en bloc, au prix moyen de quatre cents francs le sujet. Aujourd'hui ces enlèvements d'esclaves ne sont plus dans l'intérieur des terres ni si fréquents, ni si répandus, leur écoulement sur la côte n'étant pas si facile à cause de l'abolition de la traite.

Maintenant la plus grande partie du trésor royal provient des pillages périodiques faits à l'intérieur des villes. Les blancs en sont exempts, mais ils doivent faire des cadeaux au prince dans les fêtes anniversaires. Le souverain et les grands fonctionnaires prétendent donc avoir le droit de s'emparer de tout ce qui leur plaît sur les rues et dans les maisons ; passent-ils sur le marché, ils prennent sans rien payer ce qui leur convient. Sous les anciens rois, avait lieu ce même genre de pillage, et d'une manière plus despotique encore. Quand le monarque voulait approvisionner sa cour, il envoyait en grand secret, dans toutes les villes, des personnes chargées de faire une razzia minutieuse dans chaque case, d'y prendre tout ce qui avait quelque prix, et de l'expédier à la capitale. Le dernier roi avait presque aboli cet abus ; le roi actuel a voulu y revenir.

Le P. Borghéro raconte qu'un dimanche matin il vit un grand nombre d'habitants apporter dans le fort portugais toutes sortes d'objets : des provisions alimentaires, de l'eau-de-vie, des draps, de la poterie, et toutes les nippes de leur case. Et pourquoi ce déménagement général ? C'est que, ce jour-là, on avait commencé la visite de la ville, et on devait ramasser, pour le roi, tout ce que les envoyés jugeaient propre à son service. Ceux qui furent assez heureux pour déposer leurs effets dans l'enceinte inviolable du fort sauvèrent leur mobilier. Le cauchemar général dura pendant trois longues semaines. Voilà une étrange perception des impôts.

Le roi du Dahomey est d'autant plus riche qu'il absorbe à lui seul le budget de l'Etat. Régulièrement les grands du royaume ne doivent rien percevoir de ce qui est impôt public. Il ne faut pas croire cependant que leur position soit purement honoraire. De temps à autre ils reçoivent du roi, qui, un champ planté de palmiers, qui, une douzaine d'esclaves. Et cette générosité ne coûte rien au donateur, car ce qu'il donne aujourd'hui il le prit hier. « Tiens, dit-il à son favori, je te donne ce champ, cette case, cet arbre, etc. » Et il lui montrera au hasard ces divers objets appartenant aux voisins qui sont à l'instant dépouillés. Ces procédés généreux dépendent toujours du caprice. Et les ministres et les grands fonctionnaires surveillent et exploitent les fortunés moments de la bonne humeur royale. Mais en voilà assez sur la perception des impôts et de toute chose.

CHAPITRE VII

Du ministère des finances, passons au ministère de la guerre.

Chose unique dans le monde, le Dahomey nous offre le singulier spectacle d'une organisation où les dignités accordées à l'homme ont leur dignité correspondante parmi les femmes. Il y a le *Méhou* féminin et le *Minghan* féminin ; mais ces dames ne se mêlent pas de questions civiles et politiques ; leur autorité se rapporte principalement à l'armée des femmes (1).

Cette armée n'existe pas seulement dans les récits poétiques des voyageurs. Le P. Borghéro l'a vue de ses propres yeux. Elle a même donné de grands exercices militaires en son honneur. Soldats, capitaines, généraux, tout est tiré de cette milice féminine. Elle forme la garde royale ; mais elle n'est pas seulement un corps de parade, elle a l'honneur de donner et de recevoir les premiers coups. Souvent elle s'est vu décimer dans les attaques, mais plus d'une fois aussi elle a sauvé le roi et la patrie. Ainsi c'est l'armée des femmes qui valut au dernier roi ses plus difficiles victoires. Et l'émulation entre les deux espèces d'armées fait que l'administration militaire est la mieux réglée du royaume.

Outre les fusils à pierre, tels que tromblons espagnols, longs fusils arabes, fusils de retraite, les dahoméennes ont conservé quelques-unes de leurs armes propres. Les amazones se servent de longs rasoirs. La générale dirige quelques obusiers et

---

(1) Le P. Laffitte, *Souvenirs*.

vieux canons de mer, provenant des navires échoués sur la côte. Ces femmes-soldats se servent aussi du tambour de guerre, orné de crânes humains ; elles respectent cet instrument jusqu'à l'adoration. Chaque princesse ou grand chef, a le droit d'avoir une troupe de musiciens. La trompe ou dent d'éléphant, domine ces orchestres ; l'espèce de beuglement qu'elle produit se mêle au bruit saccadé du tam-tam, au grincement des calebasses garnies d'osselets, au son aigu des triangles et vieilles clochettes fêlées.

Quel affreux concert dans les rangs de l'armée féminine !

On porte à quatre ou cinq mille la légion des femmes ; cela doit s'entendre du corps principal qui réside constamment à Agbomé, près du roi. Car, outre ce corps, il y a dans toutes les villes un détachement de garde nationale, tant d'hommes que de femmes, avec cette différence que la garnison féminine de la capitale est armée de fusils et de sabres, se range en bataille et marche comme les hommes; tandis que les femmes de la garde nationale ne sont pourvues que d'une petite massue. Dans l'action, le rôle des femmes est de frapper l'ennemi aux jambes et de faire des prisonniers.

La milice générale est composée de plusieurs corps d'infanterie, d'un seul corps de cavalerie qui ne séjourne qu'à Agbomé et d'un petit parc d'artillerie. Il y a aussi un bataillon armé d'arcs et de flèches empoisonnées. Le corps d'artillerie est peu nombreux, et cela se comprend dans un pays où il n'y a pas de routes et où les chevaux, très-rares du reste, ne sont pas assujettis au trait. La discipline de l'armée se ressent de l'élément européen, introduit par les officiers du Brésil. Les soldats marchent assez régulièrement, en colonnes, quatre de front, séparés l'un de l'autre par l'espace qu'occuperait un homme ; et quoiqu'ils n'emboîtent point le pas militaire, ils conservent très-bien leur position respective dans toutes les manœuvres. Il faut ajouter qu'il leur est permis de danser en marchant ; et l'habitude leur apprend à garder leur distance, tout en voltigeant dans toutes les directions.

Toutefois leur marche devient forcément irrégulière, lorsque la ville ou le village qui va être attaqué a été prévenu de la prochaine invasion. Aussitôt on place à toutes les entrées du bourg, à tous les abords connus, des lancettes de bois destinées à gêner la marche de l'ennemi. Ces lancettes sont de plusieurs sortes, suivant qu'on veuille blesser les assaillants aux pieds, aux jambes, ou au ventre. Celles qui doivent blesser les pieds sont les plus simulées et les plus dangereuses ; elles ont environ quatre pouces de longueur, sont taillées en forme de lancettes de chirurgien, et se terminent par une pointe très-effilée et très aiguë. On les enfonce en terre par le bout opposé, de manière que la lancette soit penchée vers l'ennemi. Quand toutes les avenues sont ainsi hérissées, il est difficile pour les assaillants d'avancer rapidement et avec ordre. Et dans un pays où l'on n'a aucune notion de chirurgie, la perforation d'une artère ou d'une veine suffit pour que la mort s'ensuive.

L'absence des routes, le peu d'importance de certaines villes, la petitesse des Etats ennemis, ne donnent pas lieu à l'armée Dahoméenne de faire de la stratégie. Quant à la tactique, elle consiste à se rapprocher de l'ennemi à son insu, et de tomber sur lui avec un élan irrésistible. Les batailles en rase campagne sont rares. La guerre consiste à s'emparer des villes, et voici comment on procède.

Quand une place est désignée pour être prise, on envoie d'avance des personnes habiles pour bien la reconnaître : ce sont ordinairement des marchands qui ont l'air d'aller vendre et acheter. Une fois instruit, le roi part avec ses troupes. On s'arrange de manière à arriver à l'improviste près de la ville et à la nuit close, mais par un clair de lune. Alors commence le mouvement d'approche et d'exploration ; mais c'est avec tant de précautions, avec tant de souplesse, que personne ne se douterait de la présence d'une armée. La grande hauteur de l'herbe, qui atteint souvent trois mètres, favorise beaucoup cette opération.

Si on rencontre quelqu'un, on le lie à l'instant et on le conduit au roi, qui est placé dans un endroit bien choisi pour observer et saisir le moment de l'assaut. On ne saurait croire l'habileté des Dahoméens dans ces manœuvres silencieuses. Deux ou trois mille hommes qui rodent autour d'une ville, qui grimpent de côté et d'autre, qui rampent par mille détours, qui obéissent à des ordres apportés à chaque instant, le tout exécuté sans le moindre bruit : voilà de quoi étonner.

C'est pourtant ce que les missionnaires eurent lieu d'observer. Un gros corps de troupe se trouvait réuni à Whydah ; on fit la *petite guerre*. Le Jévoghan invita le P. Borghéro à aller voir l'habileté des soldats, et il eut bien garde de manquer l'occasion. Or, la petite guerre se fait d'une façon dramatique, et l'on simule de la manière la plus expressive toutes les émotions que le soldat éprouve dans l'action véritable.

Une fois qu'on a trouvé le point vulnérable, tous les bataillons s'y réunissent pour l'assaut. Des hommes, qu'on a faits prisonniers ou dont on a acheté la trahison, donnent les indications voulues. Pour cela, ils marchent en première ligne avec les féticheurs, ou prêtres, qu'on nomme *Mandingues*; ces éclaireurs ont la tête couverte d'un grand drap, afin de n'être pas reconnus par leurs concitoyens, s'ils viennent à en rencontrer. Au dernier moment les Mandingues font des conjurations superstitieuses et des signes cabalistiques contre la ville, jetant çà et là de petites verges en guise de sort, et donnent le signal de l'attaque.

A l'instant, les soldats bondissent et s'élancent avec impétuosité, en poussant des cris formidables. Ils entrent dans les habitations, tuent qui résiste, enchaînent qui se rend, et renversent tous les obstacles ; tandis que le général, avec une réserve, la musique, les dieux ou *fétiches* et le drapeau, reste dehors. Les vaincus s'empressent de cueillir des branches d'arbres ou des poignées d'herbe, et viennent les présenter au vainqueur, pour en obtenir merci. A mesure que le triomphe devient plus assuré, le général s'avance précédé de tous les drapeaux, et de station en station il entre enfin dans le cœur de la place. On ramasse alors tous les rameaux et les faisceaux d'herbes, pour les envoyer au roi, qui continue de camper hors de l'enceinte. A la suite de ce trophée, s'avance un groupe de chefs captifs ; après eux, arrivent les notables de la cité conquise ; enfin, toute la population sort de la ville, pour venir rendre hommage à son nouveau maître.

Ces préliminaires achevés, l'armée victorieuse évacue aussi la place restée déserte, pour exécuter devant le roi des danses militaires, sans lesquelles rien d'important ne se fait. Décrire de pareilles danses, serait impossible, tellement elles sont compliquées et étranges : des contorsions, des trépignements, des gambades de tous genres en forment le fond. Tantôt c'est un seul acteur qui est en scène, tantôt deux, tantôt un plus grand nombre ; enfin c'est un tourbillon général. Au commencement on croit tout voir en désordre, et on reconnaît à la fin un plan admirable, qui se développe successivement en évolutions calculées, avec un dessein compris de tous, et exécuté sérieusement sous l'apparence d'une grande légèreté. Il va sans dire que la danse est toujours unie au chant, aux cris, aux hurlements mêmes. L'armée y joint aussi sa musique, ce qui n'embellit pas la chose. De tous les arts, la musique est celui qui a subi le moins l'influence européenne. L'ensemble des petits tambours et des cornes de bœuf fait un horrible vacarme, bien qu'on prétende avoir une méthode. Après les danses, viennent les discours : les chefs s'en adressent mutuellement sur le premier sujet venu. On peut dire que, s'ils connaissent peu les règles de la rhétorique, du moins leur éloquence est inépuisable. Ces harangues ont pour but d'instruire l'armée et d'exciter son ardeur martiale, comme l'exercice de la danse a pour objet de développer les forces du soldat. Au moment du vrai combat, la valeur militaire inspire les nègres. Il en est même qui dans leur verve laissent briller facilement l'étincelle poétique. M. Raffanel a traduit et publié dans son *Nouveau voyage au pays des Nègres*, ce chant guerrier qu'ils entonnent au moment de livrer bataille :

« Voici le jour où vous pourrez réjouir vos pères dans leur tombe, en imitant leurs actions héroïques. Parez-vous de vos *Grigris* qui rendent invulnérables, et montez vos chevaux impétueux.

« La tombe est froide aux pères qui ont des enfants sans courage. La vaillance du fils, au contraire, pénètre comme une douce chaleur dans le sélé (tombeau) de l'ancêtre, et réchauffe ses os refroidis.

« Les noms de vos pères sont demeurés parmi nous comme d'éternels souvenirs. Faites qu'en ce jour les vôtres deviennent aussi la lumière des braves.

« Marchez au combat le front levé et la main ferme. Que les rois vaincus viennent implorer votre clémence. Trempez vos mains dans le sang des ennemis, et que la terre s'abreuve des pleurs que votre victoire fera couler des yeux des mères.

« Mais n'oubliez pas que, l'ennemi vaincu, ses armes et son cheval sont la récompense des guerriers. Que de nombreux captifs, richesse de Bamana, suivent donc vos pas triomphants et fassent bondir d'aise vos femmes impatientes.

« Vos fidèles *Dialis* seront plus fiers de recevoir en ce jour de leurs maîtres généreux des dolokes et des coulcis souillés du sang des ennemis et de la poussière du champ de bataille, que des pagnes neufs et brillants de fraîcheur.

« Marchez donc au combat ! Que chacun aspire à l'honneur d'être proclamé le plus vaillant, celui devant qui tous les autres voilent leur face du pagne de leurs femmes. Il n'y a qu'une vie pour les faibles, mais l'homme brave ne meurt jamais. Son souvenir est l'héritage de la nation. »

Cette poésie héroïque vaut nos plus belles odes. Les idiomes varient au Dahomey, chacun a son génie particulier. La plupart de ces langues africaines, comme nous l'avons dit, ignorent l'écriture et n'ont été fixées par aucun monument littéraire ; et cependant les noirs sont loin d'ignorer la poésie.

« Une race aussi richement douée du côté des facultés affectives et de la sensibilité, et vivant en présence des splendeurs de la nature tropicale, ne pouvait être étrangère à ce qui constitue ailleurs la fleur de la civilisation. Aussi la poésie lui est-elle comme naturelle. L'Afrique a ses épopées, ses chants de guerre et d'amour; elle a ses poètes populaires, ses *griots*, qui, à l'instar des antiques rapsodes, parcourent les villages, improvisant des chants pour les solennités nationales et les réjouissances domestiques (1). »

Quand, après les horreurs de la guerre, la douleur et la souffrance devraient remplir de gémissements la case du nègre, la poésie vient encore prévenir tant de plaintes déchirantes et adoucir l'amertume de tant de maux. Sur les âpres sentiers de l'exil, dans les sables brûlants du désert, ou sous l'ombre perfide des bois, repaire des bêtes fauves, à la clarté du jour comme au milieu des ténèbres, « le griot se tient aux côtés du noir malheureux, veillant sur lui comme une mère sur son enfant, et lui gardant, pour les heures de découragement et d'angoisse, des chants plus doux que le gazouillis de l'oiseau des soirs. » C'est le cri de l'espérance, le pressentiment d'une vie future et heureuse. Nous citerons l'hymne suivant recueilli sur les bords du Nil, de la bouche d'un troubadour du désert :

« Ils mentent ceux qui disent que la mort est à craindre. Qui jamais a entendu des soupirs s'exhaler des tombeaux, ou a eu son sommeil troublé par les ombres plaintives de ses pères ? La joie est avec eux, les regrets avec nous.

« Ils se reposent des fatigues de ce monde ; ils ne connaissent plus ni la faim ni la soif. Oh! pour nous, exilés sur cette terre marâtre, bienheureux sera l'instant qui nous réunira à nos pères! la joie est avec eux, les regrets avec nous.

« Toi qui frémis à l'approche du trépas, regarde la jeune mère qui va donner la vie à un nouvel être ; elle aussi est en proie à de cruelles souffrances. Elle pleure, elle voudrait mou-

---

(1) L. Dubois. *Le Pôle et l'Equateur.*

rir ; mais bientôt à ses angoisses succèdent des élans de joie : le nouveau-né a jeté son premier cri !

« Ainsi de la mort : sa face est hideuse et repoussante, son aspect est lugubre, on voudrait l'éviter. Mais à peine a-t-on franchi le seuil dont elle est la gardienne, que l'on voit se dérouler devant soi des espaces lumineux et sans fin ; on s'y élance avec l'ardeur d'une vitalité nouvelle, n'emportant de la terre que les doux souvenirs, n'y laissant que les regrets (1). »

Hélas ! ce beau langage, ces nobles accents de la poésie africaine peuvent exciter le courage et endormir la douleur, mais ils n'inspireront jamais les sentiments que donne la foi chrétienne.

Pénétrons maintenant dans le foyer dahoméen.

CHAPITRE VIII

La vie de famille n'existe pas au Dahomey, du moins dans le sens noble que nous attachons à ce mot. Partout où la femme n'a jamais eu, ou bien partout où la femme a perdu l'auréole d'une sainte égalité au foyer domestique, partout où elle n'est plus cet aide semblable à lui *adjutorium simile sibi*, que la bonté de Dieu voulut donner à l'homme dans le paradis terrestre, l'harmonie qui constitue la famille est impossible. Les femmes dahoméennes, malgré les grands honneurs et les dignités que l'on confère à quelques-unes, ne sont que des esclaves livrées à l'abjection la plus complète. La polygamie règne dans leurs cases avec tous les vices et tous les désordres qui en sont les conséquences.

(1) M. Combes. *Voyage en Nubie.*

Le père a des fils, mais il ne les connaît point. La mère seule s'occupe de l'enfant : elle a soin de lui jusqu'à ce qu'il puisse pourvoir lui-même à sa nourriture. Mais ses soins se bornent souvent à bien peu de chose ; et il faut que la race nègre soi bien vivace, pour que l'enfant ne périsse pas victime de l'incurie maternelle. Sous ce rapport, pas de priviléges. L'enfant du riche a le même sort que celui du pauvre ; l'un et l'autre sont égaux devant l'abandon de celles qui leur ont donné le jour. Pas de langes, pas le plus petit morceau d'étoffe pour couvrir leur petit corps, pas de couche moelleuse pour reposer leurs membres frêles : la terre nue, voilà leur lit.

La mère a connu elle-même cet abaissement, où, dès l'enfance, on l'a accoutumée à vivre. Elle accepte pour elle le plus rude labeur des champs, pour elle les fonctions de la bête de somme, pour elle toutes les charges matérielles de la maternité sans la compensation que donne la vie de famille, et toujours en dehors de cette atmosphère embaumée d'affection qu'on y respire.

« Si ce n'était la compassion qu'inspirent ces pauvres mères toujours à la chaîne, rien de curieux comme un défilé de femmes allant faire leur provision d'eau. Elles vont par bandes de douze, quinze, vingt, marchant à la suite l'une de l'autre, la cruche posée sur la tête, la pipe à la bouche, le négrillon sur le dos, jasant comme des pies, sans s'occuper le moins du monde de leur progéniture, dont le corps branle en tout sens. Elles traversent ainsi, en plein midi, alors que le soleil darde ses rayons les plus brûlants, toutes les rues de Whydah, où des essaims de petits nègres sont couchés pêle-mêle, les uns barbottant dans les immondices, les autres dormant d'un profond sommeil. Et les mères sont indifférentes à tous ces beaux spectacles (1). »

Encore si elles se consolaient entr'elles du sort si malheureux qu'elles partagent indistinctement ; ou bien si leurs

---

(1) *Souvenirs de voyage et de Mission.*

maris étaient de temps à autre capables de quelque compassion: mais non, rien de semblable n'a jamais lieu. Au contraire, que de brutales, que de pénibles scènes dans leurs rapports de chaque jour! Ecoutons le P. Laffitte :

« La discorde s'était glissée dans une case voisine du fort portugais. Deux femmes après avoir prélude par quelques injures, se gratifièrent mutuellement d'une série de horions appliqués de main de maître. La lutte se poursuivait avec des chances égales, lorsque l'une d'elles prit pour point de mire la mâchoire de son adversaire : deux dents ébranlées au premier coup, sautèrent au second. L'autre, prompte comme l'éclair, évite un troisième choc, jette son ennemie par terre et lui coupe, avec les dents qui lui restaient, un gros morceau d'oreille.

« L'assistance impassible jusque-là fut émue à ce trait, et sépara les combattantes. Ces deux furies, accompagnées des témoins de la bataille, et portant dans leurs mains, l'une ses dents, l'autre son lambeau d'oreille, se présentèrent à la Mission ; et la prétention des deux négresses n'allait à rien moins qu'à la remise en place des deux échantillons détachés de leurs figures. Le P. Borghéro leur fit comprendre que cette opération était au-dessus de ses moyens, mais qu'il avait à leur donner pour l'avenir le conseil d'être plus pacifiques, ou moins exigeantes dans leur butin. »

Encore un autre drame. « Un jour que le P. Borghéro donnait une leçon de portugais à un jeune et nouveau missionnaire, des cris perçants se firent entendre : c'était une malheureuse négresse qui demandait du secours dans une case voisine de la Mission. Les cris devenant de plus en plus déchirants, les missionnaires laissèrent là leur étude, et en quelques minutes furent rendus au lieu du sinistre. La porte de la case était close. Le P. Borghéro cria d'ouvrir: pas de réponse. Et le bourreau allait toujours son train, et les cris de la victime devenaient plus faibles ; alors le Père recula de dix pas, prit son élan, et, d'un vigoureux coup de pied, fit voler la porte en éclats. Il entra donc par la brèche, au grand ébahissement des nègres et négresses qui assistaient à l'exécution.

« Le bourreau dépose à l'instant son bambou ; et la femme tombée à terre, se leva avec peine. Le dos de cette malheureuse créature était mâché et le sang coulait sur plusieurs points.

« Le P. Borghéro demanda à l'exécuteur, qui n'était autre que le chef de la case, pourquoi il maltraitait ainsi cette femme. A l'entendre, elle aurait mérité la mort, et c'était par pure bonté qu'il se bornait à la rouer de coups. A son tour, la victime essaya de démontrer qu'elle était innocente. Il était assez difficile de découvrir la vérité. Le missionnaire se prononça vivement contre un mode de punition qui consistait à assommer, au lieu de corriger ; et, se tournant vers les hommes, « il ne faut pas, dit-il, maltraiter les femmes. » Puis, se tournant vers les femmes, il ajouta : « Vous devez être soumises et laborieuses (1). »

Tel est le fond dur et barbare de cette nature dahoméenne. Cependant les scènes de violence, à l'ordre du jour dans l'intérieur du royaume, ne sont pas si fréquentes sur le littoral. Quelques voyageurs ont écrit que « relativement les habitants de Whydah sont les plus douces créatures que l'on puisse rencontrer chez des peuples sauvages et guerriers. Excessivement respectueux envers tous ceux qu'ils croient supérieurs, jamais ils ne s'abaisseront à la plus légère insulte (2). » A ce trait, on reconnaît l'influence des blancs et surtout des Portugais, qui, pendant trois siècles, ont dominé dans ces parages. Aussi les gens de l'intérieur appellent-ils Whydah *la terre des blancs* ; et, en revanche, à Whydah on parle du Dahomey comme d'un pays étranger. On dit sur la côte *aller au Dahomey*, comme on dirait *aller en Europe*. Du reste, on conçoit aisément que, dans l'intérieur des terres, les indigènes, qui ont toujours des ennemis à redouter autour d'eux, qui sont eux-mêmes faits aux habi-

---

(1) *Souvenirs de voyage et de mission.*
(2) *Excursions sur la côte des Esclaves.* — 1840.

tudes guerrières, doivent être âpres, indomptés, provocateurs et lâches en même temps. L'alliance de la douceur pendant la paix et de la bravoure pendant la guerre est le fruit du Christianisme, mais une vertu trop rare chez des païens et des sauvages.

Toutefois, le caractère dominant de presque toutes les tribus dahoméennes vivant en paix, c'est l'indolence. Les noirs passent généralement pour être très-paresseux ; et cela est très-vrai, surtout quand on compare ces derniers aux Européens. Cependant, comme nous l'avons déjà observé, il faut faire la part du climat, qui dans les régions tropicales énerve et débilite la constitution des premiers, tandis qu'au nord il favorise et stimule l'activité des seconds. Le noir est lent de sa nature, son esprit se prête mal au travail de la réflexion ; aussi préfère-t-il se mettre à l'œuvre après qu'un autre a conçu. Il est peu sujet à ces violentes commotions qui se pdrouisent dans les races robustes, lorsqu'elles rencontrent un obstacle. Le noir décline toute difficulté ; s'il en trouve quelqu'une sur sa route, il la tourne ou il s'arrête. En un mot, il n'entreprend que ce qu'il a saisi de suite et qui peut s'exécuter sans effort. Tout cela rentre dans les conditions de son existence passive. La nature qui l'a façonné pour résister aux influences de la zone torride, qui lui a donné un cerveau sur lequel le soleil est sans action, n'a pas laissé d'adapter son caractère aux exigences du pays, comme elle y a aussi proportionné les productions de la terre. Tout effort violent, toute œuvre poursuivie avec ardeur est nuisible sous un climat qui augmente puissamment la formation de la bile, cause toujours aggravante de nos maladies. Enfin, ce fait est constant, c'est qu'un sol qui pourvoit sans la moindre peine aux nécessités de la vie, doit rendre ses habitants moins laborieux que ceux qui sont tenus d'arracher comme par force leur nourriture à un terrain rebelle (1).

Néanmoins, malgré cette apathie générale des caractères,

---

(1) Le P. Borghéro. *Ann.*

ce qui distingue le dahoméen des autres noirs c'est son habileté dans la ruse, cette lente finesse d'action qui arrive à son but avant qu'on se soit douté qu'il y marchait ; cette réserve qui ne laisse rien transpirer de ses intentions, tout en ayant l'air de vous traiter avec la plus cordiale sincérité.

Du reste, la mollesse native, l'inertie habituelle du dahoméen est, jusqu'à un certain point, sinon justifiée, du moins très-explicable, par l'impossibilité morale où il est d'exercer chez lui une industrie quelconque. Ainsi, le noir serait-il industrieux, aussitôt le roi entraverait l'essor de son génie, en lui enlevant le mobile de tout travail, le grain. Au Dahomey, dès qu'un indigène a acquis une certaine habileté dans n'importe quel art, le roi l'appelle près de lui, se réserve le fruit de son travail, et ne lui donne en retour qu'un maigre salaire. Aussi l'industrie du royaume est-elle restreinte, non par manque de capacité, ni faute de moyens d'apprendre, mais par l'égoïsme et les exigences du prince. Celui-ci a dans son palais d'Agbomé des ouvriers qui savent travailler l'or et l'argent, qui en font même de petites statues, mais leurs œuvres ne vont pas au dehors, le monarque seul devant jouir de ce qui a quelque perfection.

L'art de fondre et de couler les métaux n'est pas connu au palais. La monnaie courante est de la poudre d'or ou des bujis (ou bien kowris, ou cauris) ; ce sont de petites coquilles d'un blanc de lait. Les plus petites ne sont pas plus grosses qu'un pois commun, les plus grandes ont la grosseur d'une noix. Dans le pays de Whydah elles servent encore de parure. Les nègres percent ces coquilles, et les enfilent, au nombre de quarante, dans un cordon ; Phillips dit dans un jonc. Ils ont tant d'estime pour ces coquilles, que dans le commerce il les préfèrent à l'or. Deux cents de ces cordons forment le prix d'un esclave (1). Il faut 2000 coquillages pour 25 fr. de notre monnaie ; on juge par là quelle masse énorme doivent offrir les tré-

---

(1) Barbot. *Description de la Guinée*, p. 826.— *Phillips*, p. 228.

sors du roi après la perception des impôts. Comme on demandait au roi *Badou*, pourquoi il n'introduisait pas le papier monnaie, ou du moins les pièces d'or et d'argent, comme numéraire plus commode pour les calculs, plus portatif en toute occasion : « Non certes, reprit le roi, les noirs me les cacheraient! » Toujours l'égoïsme !

La jalousie du monarque est poussée à un tel point, qu'aucun sujet ne peut ajouter un étage au rez-de-chaussée de sa maison; le roi seul a cette prérogative. Seul aussi, il peut s'habiller d'étoffes fines ; les autres ne doivent user que des étoffes communes. Si un grand fonctionnaire reçoit quelque cadeau précieux, une pièce de soie, par exemple, il n'osera s'en faire un vêtement qu'après l'avoir bien montrée à tout le peuple, comme pour la rendre vulgaire ; et encore, si elle est trop éclatante, ne la portera-t-il pas sans exposer sa tête.

Passons au régime alimentaire.

CHAPITRE IX

Snelgrave dit que le pain des nègres de Whydah est fait avec le blé de l'Inde. Il est d'usage parmi les indigènes de moudre ce blé entre deux pierres qu'on appelle de *Kanki* (1), à peu près comme les peintres broient leurs couleurs. De la farine pétrie avec un peu d'eau ils composent des pièces de pâte qu'ils font bouillir dans un pot de terre, ou cuire au feu sur un fer ou une pince.

Le maïs sert de nourriture quotidienne. On lui fait subir trois préparations d'une simplicité primitive. Quand l'épi n'est

---

(1) Op. Cit. p, 8. — Le capitaine William Snelgrave.

encore qu'une masse laiteuse, alors que le grain est à peine formé, les indigènes le font griller sur des charbons ardents ; et à les voir mordre dessus, on ne saurait douter de la valeur de ce mets. Un grand nombre de familles mangent ainsi la moitié de leur récolte, avant qu'elle ait atteint sa maturité. La seconde manière d'accommoder le maïs consiste à le faire bouillir dans un pot de terre. La troisième manière est plus compliquée : on réduit le maïs en farine grossière, on laisse aigrir cette farine dans l'eau, et, pour confectionner le pain, il ne reste plus qu'à le pétrir en forme de boule, de la grosseur du poing. La première de ces trois méthodes serait la préférable.

L'art culinaire n'a rien à voir dans la cuisine dahoméenne. Parmi les mets à l'usage des indigènes il en est deux qui priment tous les autres. Le premier est décoré du nom le plus harmonieux qui soit dans la langue indigène: le *Caloulou*. Etiquette alléchante ! Il est certain que le nègre raffole de ce mets ; mais l'Européen qui le goûte pour la première fois se croit arrivé à son dernier jour, tant son palais en feu et ses entrailles en révolution lui causent de douleurs. Toutefois le caloulou est inoffensif. Il se compose de poisson et d'herbes hâchées, le tout noyé dans l'huile de palmier.

Le second mets est fourni par le rat. (Les goûts sont divers!) Le nègre préfère ce rongeur au poulet. Mais il y a rat et rat. Il dédaigne le rat de la maison et recherche le rat des champs et le rat d'eau. La manière de le préparer est des plus simples : on le fait cuire sur des charbons ardents avec son poil et ses entrailles.

Voici à ce sujet si répugnant, ce que le P. Laffitte raconte d'une manière assez plaisante:

« J'entendais vanter si souvent la saveur merveilleuse de ce petit animal, que je résolus de vider les doutes que j'avais toujours eus à l'endroit de la délicatesse de sa chair. J'achetai donc un rat. Quoiqu'il ne fût que de grandeur moyenne, il me coûta cinquante centimes.

« Comme je me dirigeais vers la cuisine tenant par la queue

ce gibier de nouvelle espèce, Pédro, notre chef, était assis sur le seuil de la porte.

« Oh! me dit-il, dès que je fus près de lui, le Père va se régaler aujourd'hui. »

« A dix heures le rat paraissait sur la table.

« C'est qu'il avait vraiment bonne mine, couché sur le flanc, avec son fin museau, sa queue mince comme une ficelle et ses petites pattes doucement repliées sous le ventre.

« Faut-il tout dire? J'hésitai quelques secondes avant de le piquer de mon couteau. D'abord je détachai timidement une cuisse que je mangeai plus timidement encore. Mes confrères m'ayant demandé : « Est-ce bon? — « Attendez un peu », répondis-je, et j'enlevai l'autre cuisse. Je la trouvai meilleure que la première.

« Voyons, passez-moi un peu de ce gibier », reprit l'un d'eux, comme j'attaquais l'épaule; je lui servis l'une des pattes de devant.

« La grimace qu'il fit en suçant, ôta aux autres l'envie de tenter l'épreuve.

« J'achevai la bête à l'exception de la queue et de la tête, que le négrillon qui servait à table happa au passage de la salle à manger à la cuisine.

« Mais le rat est-il réellement bon? me demanderez-vous.

« — Oui.

« Est-il préférable à une côtelette?

« La question est indiscrète. Je la laisserai sans réponse. »

Il y a encore au Dahomey un animal, qu'on n'a pas classé au nombre des mets dignes de figurer sur une table. Nous laissons encore au P. Laffitte le soin de le mentionner.

« On a toujours dit : pour faire un civet, il faut un lièvre. Au premier abord il semble que c'est là une vérité incontestable, mais quelques restaurateurs ne partagent pas cet avis, et je me permettrai de corroborer leur opinion de ma faible autorité en ces matières.

« Je me pris un jour à faire un civet et je n'employai pas de lièvre ; pas même un lièvre de gouttière : Je trouvai mon sujet... dans l'intéressante famille des singes.

« Un agent de la factorerie française m'avait fait don d'un superbe quadrumane à museau de loup. Il servit près d'un mois à l'amusement des enfants de l'école ; mais comme sa férocité le rendait dangereux, et que les cris qu'il poussait la nuit fatiguaient un de mes confrères malade, je dus songer à le faire disparaître. Après l'avoir offert inutilement à plusieurs personnes, je me décidai à le tuer. Je retardais cependant de jour en jour cette exécution, lorsque, un samedi soir, Pédro vint prendre mes ordres pour le déjeuner du lendemain. Je tournais depuis longtemps autour d'un cercle inexorable, qui m'offrait successivement, avec une monotonie désespérante, aujourd'hui le maïs, demain l'igname, puis la patate, le manioc, le haricot noir et autres légumes de la même valeur. Je priai le chef de me donner la nomenclature des provisions qu'il avait sous la main : question inutile, puisque je savais déjà ce qui en était, mais je le fis sans en avoir conscience.

« Pédro avec cet air grave qui le quittait rarement, compta sur ses doigts toutes les richesses de sa cuisine ; comme je paraissais médiocrement réjoui de son addition, il ajouta :
« Père il y a aussi un poulet qui se promène dans la cour.

« — Mais tu sais bien, lui dis-je, qu'on le garde pour les malades.

« — Et alors que faut-il faire ?

« — Tue le macaque... — Jamais !.. s'écria le vieux nègre, et il serra sa tête de ses deux mains.

« — Fais ce que je te dis et promptement.

« — Mais le Père n'y pense pas ; le lieutenant du fort n'en a jamais mangé ! (1)

« — Et que m'importe ton lieutenant !

---

(1) Dans sa jeunesse, Pédro avait été cuisinier d'un lieutenant portugais.

« — Mais comment le préparer?

« — Sois tranquille, je m'en charge, va chercher le singe.

« Pédro partit, disant entre ses dents : « Décidément le Père est devenu fou ; dans les tous cas, le lieutenant n'eût jamais mangé d'un pareil animal. »

« Il reparut au bout de quelques minutes traînant le singe après lui. La vilaine bête n'avançait que lentement, comme si elle eût prévu le sort qui l'attendait. Sur mon dire, le chef lui fit boire de force un demi-verre de tafia qui l'émut à peine. Il fut bientôt tué et dépecé.

« J'avais dit à Pédro que je me chargeais de la cuisson, mais au moment d'opérer il me vint certains doutes sur ma capacité. Le fait est que je ne savais à quelle sauce mettre l'animal ; et puis une sauce ne se confectionne pas qu'avec de l'eau ; or, les ingrédients que j'avais sous la main se réduisaient à peu de chose.

« Il fallait se décider cependant, voici ce que je fis :

« Je versai dans une marmite environ un demi-litre de vin et autant d'eau ; faute de lard, je fis hacher deux oreilles de cochon ; avec l'intention de mettre des carottes, je mis une douzaine de tomates sauvages ; j'y ajoutai du sel, du piment, et cela fait, je dis à Pédro : « Fais-en maintenant ton affaire !

« — Et le Père croit que ce sera bon ? fit le vieux nègre.

« — Certainement, lui répondis-je, et je voudrais bien voir que tu eusses quelque doute là-dessus.

« Le soir, Pédro ne manqua pas de me demander, après le rôti :

« — Eh bien! Père, comment l'avez-vous trouvé?

« — Délicieux ! lui répondis-je.

« — Ah ! reprit-il, que le Père est donc habile ! Je n'aurais jamais cru que le macaque fût bon à autre chose qu'à faire des grimaces.

« — Tu vas en juger par toi-même, et à l'instant, car je te condamne à manger la côtelette qui reste.

« Le chef ne fit aucune objection, et quand il eut subi sa peine, il s'écria :

« — Oh ! si le lieutenant revenait !

« Qu'ajouter encore sinon que le civet fut goûté à l'égal du rôti, et que l'on reconnut qu'une cuisse de chevreuil ne valait pas un gigot de singe ! »

Là-dessus ne discutons pas, c'est encore affaire de goût. Le P. Laffitte était peut-être devenu un peu nègre ! Toujours est-il qu'une cuisine si peu friande ne saurait satisfaire le goût plus délicat des européens. Heureusement pour eux, « la petite poule de basse-cour, très-commune au Dahomey, peut faire les honneurs d'un honnête repas. Mais encore faut-il que les blancs la préparent eux-mêmes ; car les nègres ont une répugnance souveraine pour tout artifice culinaire et même pour toute propreté de ménage.

« La poterie fabriquée à Agbomé par les Amazones, ne produit que deux articles : des pots et des pipes. Les pots sont informes et le moindre choc les met à morceaux. Les pipes n'ont pas l'odeur âcre et forte des pipes d'Europe, mais elles manquent d'élégance et résistent peu de temps à l'action continue du feu.

« L'industrie textile est encore à l'état d'ébauche, attendu que les nègres sont à peu près nus. Toutefois les hommes sont en général revêtus d'un petit caleçon, et les négresses roulent autour des reins une petite pièce d'étoffe, qui est appelée *pagne* et qui retombe jusqu'aux genoux ; c'est leur costume de travail. Dans les heures de loisir, quand les indigènes sortent, ou qu'ils vont en voyage, hommes et femmes ont un autre pagne tombant de dessus l'épaule, passant sous le bras opposé et drapant leur corps. En présence des rois, des cabécères et des personnes auxquelles ils désirent témoigner une grande déférence, ils laissent tomber ce pagne sur le bras. Les femmes de distinction ont un troisième pagne superposé aux autres, couronnant ainsi un vrai costume à volants, abritant en partie la tête, et flottant en partie et avec grâce sur les épaules.

« Le pagne, avec la toile des hamacs, est à peu près le seul produit de l'art de tisser en Dahomey ; bien que la matière première, le coton, ne coûte absolument rien, puisque chacun peut le cueillir sur les arbustes qui le produisent, les étoffes qui sortent des métiers dahoméens sont encore d'un prix relativement élevé (1). »

Un mot des architectes et maçons occupés à bâtir. Et d'abord, « les manœuvres pétrissent la terre glaise avec leurs pieds, marchent de front avec ensemble, avancent ou reculent en cadence et exécutent des mouvements rapides, comme s'ils voulaient danser. Comme on le sait chez les nègres le chant et la danse sont l'accompagnement nécessaire de toute chose ; ils chantent et ils dansent toute la nuit, en se reposant aussi bien qu'en travaillant.

« Mais observons nos constructeurs de bâtiments. La terre est pétrie ; ils la roulent en boules grosses comme la tête qu'ils font passer aux maçons et que ceux-ci entassent avec autant de régularité que s'ils travaillaient au cordeau, ils pressent ces boules avec force, et le mur s'élève rapidement ; l'air et le soleil se chargent de le durcir, et lui donnent une solidité remarquable. Ces cases sont toutes d'une forme ronde et d'une hauteur de huit pieds au plus. Quand il s'agit de les recouvrir on coupe sur les palmiers du voisinage les plus longues feuilles, et on en dispose des couches épaisses qu'on attache sur de longues perches. Après cela la case est terminée (2). »

Quand la hutte est de petite dimension, la toiture, composée d'herbes sèches reliées entre elles, est portée sur les murs tout d'une pièce. Quand le vent souffle violemment, il arrive que le nègre, blotti dans son coin à l'abri de la tourmente, s'aperçoit que le chapeau de sa barraque prend la volée dans les airs ; il se hâte de courir, rattrape sa toiture quelque peu endommagée, la hisse de nouveau sur les murs de sa case, et, sans maugréer le moins du monde, se blottit de nouveau dans son coin, en homme habitué à semblables misères (3).

(1) *Souvenirs de voyage et de mission.*
(2) Le P. Bouche, *Contemporain.*
(3) *Souvenirs de voyage et de mission.*

Comme on le pense, les cases n'ont pas de plancher, pas de plafond, pas de meubles. Dans un coin, une simple natte roulée qu'on étend le soir, et sur laquelle on se couche ; au milieu de la case deux ou trois vases en terre cuite, pour faire la cuisine, un mortier avec son pilon pour moudre le maïs, enfin des statuettes placées devant la porte et représentant des divinités : voilà tout le mobilier.

Chaque village possède un forgeron : Whydah, en qualité de ville de premier ordre, en possède deux. Ces fils de Vulcain sont, en général, peu habiles. Le P. Laffitte raconte que dans la forge la mieux achalandée il n'a vu, en fait d'outils, qu'un soufflet formé de deux outres qu'on presse avec rapidité et alternativement avec deux bâtons; une culasse de canon qui servait d'enclume; un marteau, des pinces et un tronçon de lime. La provision de fer consistait dans de gros clous et de vieux cercles de barrique. Les articles qui sortent de la main des ouvriers son généralement mal forgés (1).

Le seul vrai commerce qui occupe les indigènes du Dahomey est celui de l'huile de palmier, qu'on échange pour les divers produits d'Europe. Il se fait encore quelque petit négoce sur les peaux de singe, la poudre d'or et les dents d'éléphant, mais tous ces objets de vente sont de si maigre valeur dans le pays, que les nègres ne font pas d'affaires suivies et importantes, et l'administration du commerce est une vraie sinécure pour le grand ministre qui en est chargé.

(1) *Souvenirs de voyage et de mission.*

CHAPITRE X

« Les relations commerciales du Dahomey, et même de Whydah, avec les navigateurs étrangers paraissent, sinon impossibles, du moins très-difficiles, à cause de l'ignorance extrême, du manque d'instruction le plus complet, que l'européen rencontre dans ces parages. Les indigènes n'ont aucune division d'heures, de jours, de semaines, de mois et d'années ; en un mot aucune distinction de temps (1). » Ils comptent seulement l'époque de leurs semences par les lunes. Les plus raisonnables ignorent jusqu'à leur âge. Si vous leur demandez quel est celui d'un de leurs enfants, ils répondent qu'il est venu au monde lorsque tel directeur de comptoir est venu de France, ou lorsqu'il est parti ; ils répondent encore, lorsque tel vaisseau a fait naufrage, lorsque tel arbre a été planté, etc. Voulez-vous savoir en quel temps de l'année ? C'est dans la saison des semences ou dans celle de la moisson. Hélas ! connaître la date de sa naissance est le moindre souci du nègre, il s'arrête au présent parce qu'il en jouit ; du passé et de l'avenir, il s'en occupe fort peu, par la raison que l'un est déjà perdu pour lui, et qu'il ignore sous quelle couleur se présentera l'autre.

On comprend, dès lors, combien l'absence de toute comptabilité écrite doit entraver les échanges commerciaux. Il ne faut pas cependant conclure que le dahoméen soit privé de cette belle faculté, la mémoire. L'indigène, au contraire, est doué d'une facilité incroyable pour calculer. Ainsi sans plume, sans encre, purement de tête il opère sur des sommes énormes et

---

(1) Des Marchàis. T. II, p. 161.

trouve les résultats avec la même exactitude que les européens (1). Mais, comme nous le verrons plus loin à la question des écoles fondées par nos missionnaires, le noir, si facile, si prompt dans les calculs faits à tâtons, est tout à fait lent et embarrassé pour sortir des chiffres, et appliquer à autre chose son opération d'arithmétique. Ne pouvant donc s'astreindre à une occupation suivie, laborieuse, intelligente et honnête, il se livre malheureusement à l'oisiveté, à l'escamotage, avec une effronterie rare. Or, ce vice enraciné du vol répandu chez le nègre de la côte, nuit beaucoup à l'extension de son commerce.

A l'arrivée de Bosman (2) dans le comptoir de Whydah, le roi lui déclara que ses sujets ne ressemblaient point à ceux d'Ardra et des autres pays voisins, qui étaient capables, au moindre mécontentement, d'empoisonner les Européens. « C'est, lui dit le prince, ce que vous ne devez jamais craindre ici. Mais je vous avertis de prendre garde à vos marchandises ; car mon peuple est fort exercé au vol, et ne vous laissera que ce qu'il ne pourra prendre. » Bosman charmé de cette franchise, résolut d'être si attentif qu'on ne pût le tromper aisément. Mais il éprouva bientôt que l'adresse des habitants surpassait sa prudence. Il ajoute même, qu'à l'exception de deux ou trois principaux seigneurs du pays, toute la nation de Whydah n'est qu'une troupe de voleurs, d'une expérience si consommée dans leur profession que, de l'aveu des Français, ils entendent mieux cet art que les plus habiles filous de Paris. A son départ, il avait fait ses paquets avec beaucoup de soin, et les avait enfermés jusqu'au jour suivant dans le magasin du comptoir ; et, s'étant pourvu aussi de quantité de poulets pour le voyage, il les tenait au même lieu dans des cages. Mais le lendemain il ne trouva ni ses poulets, ni ses marchandises, quoique le magasin fût un édifice solide est bien fermé.

Les anglais ayant une grosse quantité de bujis à faire

---

(1) Bosman, p. 852.
(2) Bosman, p. 847.

transporter du rivage à la ville, s'étaient avisés, pour les garantir du vol, de coudre leurs barils dans des sacs ; mais cette précaution fut inutile : les nègres ouvrirent les sacs et enfoncèrent les barils avec des ciseaux de fer.

Quand ces habiles voleurs sont pris sur le fait, ils demandent avec une effronterie surprenante si on les croit capables de travailler pour un si petit salaire ; ajoutant qu'il ne se fatigueraient pas ainsi sans l'espérance qu'ils ont de piller. Il sert peu de porter ses plaintes au roi : on n'obtient ni justice, ni restitution. Si le prince ordonne qu'on fasse quelque recherche, personne n'ose l'entreprendre, parce qu'on a toujours à redouter quelque seigneur qui participe au vol et qui protége les voleurs.

Toutefois les tribunaux ne manquent pas au Dahomey. Chaque cabécère, si minime qu'il soit, a le sien. Mais ce n'est pas la justice qui se rend, c'est l'injustice qui se professe.

Les cabécères jugent en première instance : les condamnés peuvent en appeler au gouverneur du district, et du gouverneur au roi. Mais il est rare qu'ils n'acceptent pas le premier jugement ; car un appel entraîne de nouveaux frais, et les parties sont toujours renvoyées dos à dos. La pratique des juges dahoméens est de faire payer celui qu'ils condamnent et celui qu'ils absolvent. Telle est la conscience de ces juges à peau noire.

Un blanc de Whydah, qui faisait travailler une trentaine de nègres, voit tout son monde se mettre en grève à la même heure. Il avait tout pouvoir sur ces hommes, mais ils étaient trente, et il était seul. Après avoir épuisé tous les moyens de conciliation, il envoya chercher le cabécère du quartier, le priant d'amener avec lui quelques soldats : le cabécère arriva à l'instant, escorté de plusieurs planteurs recrutés le long de sa route. A son entrée, le blanc lui fit la leçon en ces termes : « Ces hommes refusent de travailler, tu vas les condamner aux fers et cela sur le champ, sans écouter leurs réclamations. Ton jugement porté et suivi d'exécution, tu recevras une bouteille de tafia pour ta peine, et les nègres venus à ta suite auront un verre de genièvre. » — « Seigneur, répondit le cabécère, il sera fait comme vous le désirez. » Les rebelles furent aussitôt mis aux fers, et le juge se retira enchanté de la générosité du blanc (1).

En fait d'injustice, le roi dépasse encore tous les cabécères.

« Deux nègres, dit le P. Laffitte, pénétrèrent de nuit dans la sacristie de notre chapelle, et s'emparèrent de diverses étoffes qui servaient pour les décorations de l'autel aux jours de fête. Trois jours après les voleurs étaient pris, et, lors de leur capture, nos étoffes étaient encore en leur possession. Conduits à Agbomé ils comparurent devant le roi. Quelques minutes suffirent pour instruire leur cause. Condamnés à deux ans de prison, les voleurs durent, en outre, recevoir un nombre déterminé de coups de corde. Quant aux étoffes, Sa Majesté se les adjugea pour compenser les soucis et la perte de temps que cette décision venait de lui occasionner.

« Quand le jugement condamne à une simple amende, quelques coups de bâtons bien appliqués suffisent quelquefois pour délier les cordons de la bourse ; mais lorsque le délinquant est dur à la détente, voici une manière assez ingénieuse de lui faire payer son amende. On enlève d'abord dans la case rebelle tout ce qui est de quelque valeur : on brise ensuite la toiture de cette case, et le malheureux reste exposé avec sa famille à toutes les variations de l'atmosphère. S'il a réellement la fortune qu'on lui suppose, il livre bientôt les cauris demandés, et alors seulement il lui est permis de couvrir à nouveau sa barraque. S'il n'a ni cauris, ni maille, il travaille jusqu'à l'extinction de la dette ; en attendant il s'accommode de sa hutte ouverte à tous les vents, ou bien se résigne à la prison.

« La prison dahoméenne est un véritable cloaque. Les condamnés sont jetés dans un trou humide, creusé en forme de

---

(1) *Souvenirs de voyage et de mission.*

puits. L'Etat ne se charge pas de la nourriture des prisonniers ; les parents ou amis sont obligés d'y pourvoir, et, lorsque la pitance arrive à la malheureuse victime, elle est réduite à la portion congruë par les diverses mains qui la transmettent. Mais les immondices du lieu, la vermine, l'air putride, le jeûne forcé, tout cela ne préoccupe guère le prisonnier ; ce qu'il redoute, c'est la bastonnade qu'il doit subir. Aux moins coupables, la bastonnade est administrée le matin seulement ; à ceux dont le méfait présente une certaine gravité, le matin et le soir ; aux grands coupables, trois fois par jour. Quand un nègre sort de sa cuve, il a de la peine à traîner son corps amaigri ; sa peau, enduite de vase verdâtre, sillonnée par les coups reçus, est hideuse à voir !

« Et ce qu'il y de plus incroyable c'est qu'on rencontre souvent de malheureux prisonniers qui survivent à cet affreux régime, et qui, à peine libres, se livrent de nouveau à la passion du vol. Pauvre race nègre, quand se lèvera sur elle le vrai Soleil de justice ?... (1) »

CHAPITRE XI

Un fait très-important semble devoir élever chaque jour la pensée et le cœur du pauvre indigène jusqu'aux espérances de l'autre vie : c'est le culte des morts. Ce culte, qui est un vrai besoin pour la conscience de tous les peuples, est fort en honneur dans le Dahomey ; mais malheureusement trop mal interprêté. Le nègre ne voit dans la mort de ses proches qu'une occasion et

(1) *Souvenirs de voyage et de mission.*

un prétexte de réjouissances folles ; et c'est avec un entrain et une joie qui tiennent du délire, qu'il confie à la terre les dépouilles de ceux qui ne sont plus.

Il n'y a pas de funérailles sans orgie ; et l'orgie est proportionnée au rang et à la fortune du défunt. Pour le roi et les chefs, c'est une débauche de plusieurs mois : l'eau-de-vie et le sang coulent à flots ; la musique se fait entendre jour et nuit ; et les danses ne cessent que par la lassitude des acteurs. Les funérailles bourgeoises n'ont pas le cachet de férocité des premières, parce qu'il est défendu d'immoler les esclaves et les femmes sur la tombe de leurs maîtres ; mais, à part cela et la durée moindre des cérémonies, ce sont les mêmes pratiques honteuses, le même tapage, la même folie. Le P. Laffitte raconte ainsi toutes ces scènes qui navrent le cœur. — « Voici, dit-il, comment les choses se passent dans les funérailles que j'appellerai de *seconde classe* :

« Dès qu'un nègre a rendu le dernier soupir, ses parents, ses amis, ses voisins, qui n'avaient nullement songé à lui porter secours pendant sa maladie, s'empressent de se rendre dans sa case. Les féticheurs arrivent à leur suite, en grand nombre, s'ils flairent une bonne aubaine ; en petit nombre, s'ils ont à compter sur une faible rétribution. Ils ouvrent la fête par des momeries bizares, destinées à chasser l'esprit malin du corps du défunt ; ils sont aidés dans cette opération par les assistants, qui poussent des cris effroyables, avec accompagnement d'une musique infernale.

« Ensuite commencent les réjouissances. L'eau-de-vie versée à profusion stimule les moins ardents ; la danse, modérée d'abord, s'anime progressivement et arrive bientôt à un degré de vertige inexprimable. Des cris, des hurlements, qui tiennent de la bête féroce ; une musique en accord parfait avec les sons rauques qui sortent des gorges avinées ; le mort placé sur une natte au milieu de la case : voilà la scène du premier jour et de la première nuit.

« L'ensevelissement a lieu le lendemain ; un trou creusé au

centre du taudis reçoit le cadavre. Il est vêtu de son plus beau pagne ; et les divers objets qui étaient à son service pendant sa vie sont placés à ses côtés. On y joint une provision d'eau-de-vie, nécessaire pour le grand voyage qu'il entreprend. Après l'avoir ainsi pourvu de tous les objets indispensables pour débuter avec honneur dans l'autre monde, on le couvre, en chantant, d'une légère couche de terre, et les danses reprennent de plus belle, et les calebasses pleines d'eau-de-vie passent de main en main.

« Chaque jour voit se renouveler les mêmes scènes, et les funérailles ne prennent fin que lorsque la terre, jetée dans la fosse par couches légères, a atteint le niveau du sol. Alors chacun rentre chez soi, et les blancs voisins de la case mortuaire, peuvent enfin goûter le repos (1). »

Dans les funérailles des riches on déploie encore une plus grande solennité : elles durent deux ou trois semaines. Dès les premiers jours les parents offrent une grande quantité d'aliments à tous ceux qui se présentent, et le principal objet de consommation est l'eau-de-vie la plus forte.

Mais tout ce qu'il y a de plus pervers dans les mœurs, et de plus cruel dans le caractère des nègres, se révèle surtout dans les funérailles royales. Suivant Des Marchais (2), aussitôt que le nouveau roi s'est mis en possession du palais, il donne des ordres pour les funérailles de son père. Cette cérémonie est annoncée par trois décharges de cinq pièces de canon : l'une à la pointe du jour, l'autre à midi, et la troisième au coucher du soleil. La dernière est suivie d'une infinité de cris lugubres, surtout dans le palais et parmi les femmes. Le grand sacrificateur, qui a la direction de cette pompe funèbre, fait creuser une fosse de quinze pieds carrés et de cinq pieds de profondeur; au centre, on fait en forme de caveau une ouverture de huit pieds carrés, au milieu de laquelle on place le corps du roi avec

(1) *Souvenirs de voyage et mission.*
(2) T. II. p. 75.

beaucoup de cérémonie. Alors le grand sacrificateur choisit huit des principales femmes, qui sont vêtues de riches habits et chargées de toutes sortes de provisions, pour accompagner le mort dans l'autre monde. On les conduit à la fosse où elles sont enterrées vives, c'est-à-dire étouffées presque aussitôt par la quantité de terre qu'on jette dans le caveau. Après les femmes, on amène les hommes qui sont destinés au même sort, et doivent être décapités. Le nombre de ces victimes n'est pas fixé, il dépend de la volonté du grand sacrificateur et surtout du nouveau roi.

Dans ces moments solennels l'instrument de musique le plus répandu est le *tam-tam*, formé d'énormes troncs d'arbre. On garde ces objets dans le palais du roi, d'où ils ne sortent que pour figurer et se faire entendre dans les réjouissances publiques et surtout dans les cérémonies sacrées et les honneurs funèbres. Il n'est pas rare de voir ces tam-tam ornés de grossières sculptures en relief, représentant une tête d'animal, un oiseau, un bacchus. On répand du sang des victimes sur ces symboles, qu'on arrose aussi d'huile de palme et d'eau-de-vie, et qu'on couvre de plumes de poules offertes en sacrifice.

Quand les féticheurs, les yeux injectés de sang, saisissent ces instruments pour en tirer des sons caverneux, on croirait assister à une fête satanique. L'âme est sous l'impression d'une mystérieuse terreur. Mais l'indignation est à son comble, quand on songe que ces lugubres harmonies sont le signal des plus révoltantes immolations.

Or, au milieu de ces mœurs atroces, voici quelle fut la conduite des deux derniers rois du Dahomey, Ghézo et Gréré son fils.

Le premier, grand capitaine, aussi bien que grand roi, régna sur son peuple pendant quarante ans, et fit la conquête de la plus grande partie du royaume actuel. Sans doute, par son esprit élevé, par sa valeur et ses talents militaires, il aurait pu figurer avec honneur parmi les princes d'Europe, s'il avait reçu une éducation proportionnelle : malheureusement il ne put pas toujours gouverner selon ses désirs. Il avait contre lui la puissante hiérarchie des féticheurs, ces véritables ministres de celui qui fut homicide. Ce sont eux qui ont établi ces lois atroces, d'après lesquelles s'immolent sur des autels abominables tant de milliers de victimes humaines. Ghézo s'opposa tant qu'il le put à ces sacrifices. Bien plus, ses principales victoires ont été remportées sans effusion de sang. Pour obtenir cet étonnant résultat, il savait mettre à profit cette habileté que possèdent les Dahoméens d'arriver à leur but sans paraître y viser. Ainsi, dans la guerre, sa tactique consistait à envelopper l'ennemi peu à peu et presque à son insu, et à ne lui laisser d'autre ressource que de se rendre. On nomme un grande quantité de villes conquises par ce procédé. Le soir elles s'étaient endormies tranquilles ; et le matin, avant le jour, la population se trouvait prisonnière et encore couchée sur ses nattes. Au lieu d'immoler les captifs, on les vendait comme esclaves ; au moins le sang était épargné. Pour apaiser la soif infernale des féticheurs, le roi Ghézo avait l'habitude de réserver les coupables condamnés à mort, et les faisait exécuter tous à la fois. Il est vrai que la malignité de ses ministres a bien souvent mêlé aux criminels ceux dont ils voulaient se défaire, mais pourtant une centaine de personnes tout au plus étaient alors immolées, tandis qu'aujourd'hui un sacrifice de mille prisonniers de guerre passerait pour mesquin et indigne d'un roi. On frémit avec raison en Europe quand on lit dans l'histoire le triste sort de quelques illustres vaincus, si cruellement mis à mort par les anciens romains en des circonstances très-rares ; ici, l'on est tellement habitué à ces horreurs, que l'on parle des boucheries d'hommes, absolument comme on parlerait en Europe des condamnés qu'un prince généreux met en liberté dans un événement solennel.

A ce que tout le monde dit, cette humanité du roi Ghézo lui coûta la vie. Que cette opinion soit vraie ou fausse, peu importe; toujours est-il constant qu'après sa dernière guerre, au lieu de mettre à mort tous les prisonniers, comme les féticheurs l'exigeaient impérieusement, il en fit don aux personnes qu'il voulait enrichir ; c'est alors que le grand féticheur le tua, comme disent les Dahoméens. A sa mort arrivée en 1858, quand on traita de son successeur, les chefs se trouvèrent partagés en deux partis : les uns voulaient le maintien des anciennes coutumes, qui exigeaient tous les ans l'immolation de milliers de victimes ; les autres en voulaient l'abolition. On s'abstient de dévoiler le mystère qui donna la victoire aux plus méchants.

Le prince Badou ou Gréré, fils de Ghézo, fut placé sur son trône, et avec lui les anciennes lois reprirent toute la vigueur sanguinaire que les féticheurs demandaient. Et il ne faut pas croire que la boucherie humaine se borne aujourd'hui aux grandes fêtes et funérailles royales. Il ne se passe pas un jour, sans que quelque tête tombe sous la hache impitoyable du fanatisme ; car cette soif du sang paraît dévorer tous ceux qui s'en abreuvent.

Gréré a l'air d'un bon homme. Aucun des instincts cruels qui sont le fond de son caractère n'apparaît sur ses traits fins et réguliers ; sa taille est élevée, ses membres sont forts et souples. Il garde dans son maintien, surtout devant les blancs, une dignité en rapport avec sa puissance. Mais toute cette dignité n'est qu'un masque de ruse qui voile les desseins abjects et terribles de ce barbare couronné. Dernièrement, l'Europe a frémi en apprenant ce chiffre de trois mille victimes immolées par ses ordres. La plume se refuse à raconter les détails que l'on tient pourtant de témoins oculaires et dignes de foi.

Les sacrifices humains qui, sous ce règne, ont eu lieu à Whydah, ne sont que la faible image des affreuses tueries de Canna et d'Agbomé. Canna la ville sainte, et Agbomé, la capitale du royaume, sont encore le théâtre d'horreurs qu'on ne croyait plus exister sur la terre depuis les Néron et les Domitien !

CHAPITRE XII

La tuerie humaine est donc en permanence au Dahomey depuis que Gréré est sur le trône. Qui n'a surtout entendu parler du grand sacrifice offert à Ghézo par son fils Gréré, au début de son règne ?

Afin de donner plus de relief à cette fête mortuaire, les principaux d'entre les blancs de Whydah furent forcés de partir pour Agbomé. L'un d'eux, M. Lartigue, a écrit une longue relation de son voyage. En voici un extrait :

« Le 13 juillet 1860, arrivé à Toffo j'ai reçu la visite d'une escouade du roi, accompagnant à Whydah un cabécère (officier) nouvellement nommé, orné de tous ses attributs, et destiné à être noyé à l'embouchure de la rivière, afin que le Fétiche (génie), continue d'attirer les navires de commerce, et aussi pour porter au roi défunt des nouvelles de ce qui se passe au Dahomey. En expédiant ces sortes de messagers, on leur donne quelques piastres et une bouteille de tafia, pour les frais de la route.

« Le 14, arrivée à Canna, la capitale. J'étais à peine descendu chez *Méhou*, le ministre du commerce, que le roi m'envoie l'invitation de remonter en hamac et de me rendre sur la place du palais, où se trouvait Sa Majesté, entourée de tous ses cabécères et séparée d'eux par une ligne de démarcation assez étendue. Le coup d'œil était des plus pittoresques : tous ces noirs avec leurs costumes plus ou moins bigarrés, étaient assis sous de grands parasols aux couleurs variées. Le roi occupait le fond de la scène, abrité sous de vastes parasols qui formaient un dais sur sa tête. Nous nous avançâmes jusqu'aux limites de l'espace réservé, et nous lui fîmes des saluts auxquels il répondit de la main.

« Le 15, on est venu me prévenir qu'il fallait me poster sur la route d'Agbomé, afin d'y attendre le passage du roi. Celui-ci après avoir sacrifié une cinquantaine de prisonniers, est sorti de son palais au bruit de la mousqueterie. Immédiatement a commencé le défilé de tous les cabécères, chacun suivant son grade, les moins élevés en tête. Le milieu de la route était tendu de nattes et de tissus divers ; le roi seul et ses femmes pouvaient marcher dessus. Sur un des côtés latéraux cheminaient les troupes au son de toutes les musiques, au bruit assourdissant de quatre ou cinq tam-tam, et en tirant des coups de fusils.

« Quand le ministre du commerce parut, on me fit signe de suivre son cheval, qui allait constamment au petit trop. Alors eut lieu la scène la plus fantastique qu'il soit possible d'imaginer ; vingt mille nègres à pied, une trentaine de hamacs, tous lancés au pas gymnastique sur un chemin rendu étroit par celui qui servait de voie royale, et qu'il fallait bien se garder de fouler; ce peuple ruisselant de sueur, luttant de vitesse pour ne pas se laisser atteindre par les gens du roi qui arrivaient par derrière avec la même célérité, tout cela formait un tableau infernal.

« Le 16, la même course a recommencé, puis un captif fortement bâillonné, a été présenté au roi par Mingan, ministre de la justice, qui a démandé au prince s'il avait à charger le prisonnier de quelques commissions pour son père. En effet, il en avait, et plusieurs grands du royaume sont venus prendre ses ordres et sont allés les transmettre à la victime, qui répondait affirmativement par des signes de tête. C'était chose curieuse à voir que la foi profonde de cet homme qu'on allait décapiter ; il était profondément convaincu qu'il allait remplir la mission dont on le chargeait.

« Après lui avoir remis pour ses frais de route une piastre et une bouteille de tafia, on l'a expédié. Deux heures après, quatre nouveaux messagers partaient dans les mêmes conditions ; mais ceux-ci étaient accompagnés d'un vautour, d'une biche et d'un singe baillonné comme eux.

« Une fois ces courriers partis avec leurs dépêches d'outre-tombe, le roi est monté sur son tabouret, a revêtu ses armes de bataille, a fait à son peuple un long et belliqueux discours, qu'il a terminé en interpellant ces braves, et en leur demandant s'ils étaient prêts à le suivre partout où il aurait décidé de porter la guerre. Il est impossible de rendre la scène d'enthousiasme qui répondit à cet appel.

« Le 18, largesses du roi à ses troupes. Tout chef est porté sur les épaules d'un soldat. Chaque bataillon a pour marque distinctive un bande d'étoffe de différentes couleurs, attachée aux cheveux, afin que les soldats du même corps puissent se reconnaître dans la lutte acharnée qui se prépare. De plus, chaque militaire à un sac attaché sur le ventre, pour y renfermer promptement l'objet que le roi va lancer de sa propre main, sinon le voisin a le droit de s'en emparer. Une fois dans le sac il est sacré. Les distributions se composaient de cauries et de tissus. Dès qu'un prix était jeté à la foule, on se ruait en masse pour le saisir ; les rangs étaient si compactes que la majeure partie de ceux qui ne pouvaient pénétrer à l'endroit où l'on s'en disputait, escaladaient ce pêle-mêle de lutteurs et cheminaient sur leurs têtes et leurs épaules, comme sur un plancher. D'autres, à leur tour, montant sur cette seconde couche formaient un nouvel étage et ressemblaient à une pyramide humaine qui, dans une oscillation plus forte, s'effondrait tout-à-coup, pour aller recommencer ailleurs.

« Le 23, j'assiste à la nomination de vingt-trois cabécères et musiciens qui vont être sacrifiés, pour entrer au service du roi défunt.

« Le 28, immolation de quatorze captifs, dont on porte les têtes sur différents points de la ville au son d'une grosse clochette.

« Le 29, on se prépare à offrir à la mémoire du roi Ghézo les victimes d'usage. Les captifs ont un bâillon, en forme de croix, qui doit les faire énormément souffrir. On leur passe le bout pointu dans la bouche, il s'applique sur la langue, ce qui les empêche de la doubler et par conséquent de crier. Ces malheureux ont presque tous les yeux hors de la tête. Dans la nuit prochaine il y aura grand massacre.

« Les chants ne discontinuent pas, ainsi que les tueries. La place du palais exhale une odeur infecte ; quarante mille nègres y stationnent jour et nuit, au milieu des ordures. En y joignant la vapeur du sang et les émanations des cadavres en putréfaction, dont le dépôt est peu éloigné, on croira sans peine que l'air qu'on respire ici est mortel.

« Le 30 et 31, les principaux mulâtres de Whydah offrent leurs victimes qu'on promène trois fois autour de la place, au son d'une musique infernale. La troisième ronde achevée, le roi s'avance vers la députation, et, tandis qu'il félicite chaque donateur, l'égorgement s'accomplit.

« Pendant ces deux dernières nuits il est tombé plus de cinq cents têtes. On les sortait du palais à pleins paniers, accompagnés de grandes calebasses dans lesquelles on avait recueilli le sang pour en arroser la tombe du roi défunt. Les corps étaient traînés par les pieds et jetés dans les fossés de la ville, où les vautours, les corbeaux et les loups s'en disputent les lambeaux, qu'ils dispersent un peu partout. Plusieurs de ces fossés sont comblés d'ossements humains. Les jours suivants, continuation des mêmes sacrifices.

« La tombe du dernier roi est un grand caveau creusé dans la terre. Ghézo est au milieu de toutes ses femmes qui, avant de s'empoisonner, se sont placées autour de lui, suivant le rang qu'elles occupaient à sa cour. Ces morts volontaires peuvent s'élever au chiffre de six cents.

« Le 14 août, exhibition de quinze femmes prisonnières, destinées à prendre soin du roi Ghézo dans l'autre monde. Elles paraissent deviner le sort qui les attend, car elles sont tristes et regardent souvent derrière elles. On les tuera cette nuit d'un coup de poignard dans la poitrine.

« Le 5, jour réservé aux offrandes du roi. Elles forment une collection de tout ce qui est à l'usage d'un monarque africain : quinze femmes et trente-cinq hommes bâillonnés et ficelés ; les genoux repliés jusqu'au menton ; les bras attachés au bas des jambes ; et maintenus chacun dans un panier qu'on porte sur la tête. Le défilé a duré plus d'une heure et demie. C'était un spectacle diabolique que de voir l'animation, les gestes, les contorsions de toute cette *négraille*.

« Derrière moi étaient quatre magnifiques noirs, faisant fonction de cochers autour d'un petit carrosse destiné à être envoyé au défunt, en compagnie de ces quatre malheureux. Ils ignoraient leur sort. Quand on les a appelés, ils se sont avancés tristement, sans proférer une parole ; un d'eux avait deux grosses larmes qui perlaient sur ses joues. Ils ont été tués tous les quatre comme des poulets, par le roi en personne.

« Les sacrifices devaient se faire sur une estrade construite au milieu de la place ; Sa Majesté est venue s'y asseoir, accompagnée du ministre de la justice, du gouverneur de Whydah et de tous les hauts personnages du royaume, qui allaient servir de bourreaux. Après quelques paroles échangées, le roi a allumé sa pipe, a donné le signal et aussitôt tous les coutelas se sont tirés, et les têtes sont tombées.. Le sang coulait de toutes parts ; les sacrificateurs en étaient couverts et les malheureux prisonniers qui attendaient leur tour au pied de l'estrade, étaient teints en rouge... (Nous supprimons la suite de ces horribles détails.)

« Ces cérémonies vont encore durer un mois et demi, après quoi le roi se mettra en campagne pour faire de nouveaux prisonniers et recommencer sa fête des Coutumes vers la fin d'octobre. Il y aura encore sept ou huit cents têtes abattues.

« Parti d'Agbomé le premier septembre, je suis arrivé le surlendemain à Whydah (1). »

Ce long extrait suffit pour donner une idée des institutions cruelles du gouvernement et du caractère barbare des indi-

---

(1) *Ann.* T. x. 214.

gènes. Chaque année voit se renouveler les mêmes fêtes; des têtes tombent par centaines et par milliers. Le plus souvent ces sacrifices humains s'accomplissent pendant la nuit et d'une manière mystérieuse. Les blancs ne sont pas conviés à ces tueries nocturnes. Voilà le roi Gréré et toutes ses gloires !

Dans cet échappé historique qui ne voit un peuple enfant et cruel, traits principaux du caractère dahoméen ? Cette dépravation morale s'étend du roi aux ministres, jusqu'aux moindres chefs, et enveloppe tout un peuple misérable. Or, porter les esprits et les cœurs à des pensées et à des sentiments plus élevés, sera une œuvre lente et presque insensible, s'il n'y a pour agir que la longueur des siècles et l'apparition sur ces côtes de quelques rares et honnêtes européens. L'esprit des ténèbres règne en maître sur ces nègres : par le protestantisme sur le littoral, par un affreux fétichisme dans l'intérieur. Ce fétichisme, enraciné partout, tient les âmes et les corps dans la misère la plus abjecte; et la religion protestante, culte sans amour et sans foi, est impuissante, avec ses ministres salariés et ses fausses bibles, à ennoblir des peuples déchus. Il faut à la race de Cham, les enfants et les ministres de la grande famille royale; il lui faut le sacerdoce du Très-Haut, le vrai Soleil de Justice. A ce peuple qui vit dans l'égoïsme le plus brutal, il faut la religion si suave de Celui qui s'est dit *tout charité*. Et voici que l'heure semble avoir sonné pour la régénération de ce peuple.

Les envoyés de Dieu se sont présentés à lui. C'est sous un prince cruel et hypocrite que les missionnaires vont vivre désormais. Un jour ils devront paraître en sa présence, et en présence de tous les féticheurs qui exigent de lui le sang de tant de malheureux. En attendant, les voici déjà sous les yeux de tout un peuple, dont les mœurs sont si tristement opposées à la morale évangélique. Que pourront-ils dans leur faiblesse? Que deviendra leur entreprise? Examinons les obstacles, partageons les espérances.

LIVRE IV

WHYDAH

> « Il mit en eux sa puissance, pour faire des signes et des prodiges dans la terre de Cham. »
>
> « *Posuit in eis verba signorum suorum et prodigiorum in terrâ Cham.* »
>
> Ps. CIV, 26.

CHAPITRE PREMIER

On sait que les Européens peuvent pénétrer par Lagos, Badagry et Porto-Novo, trois ports considérables du Golfe de Benin. Nous les observerons en décrivant la marche progressive de la mission catholique sur la Côte des Esclaves. Néanmoins, comme on l'a déjà dit, le périlleux débarquement de nos missionnaires de Lyon se fit par la lagune, à une heure de Whydah. Nous allons donc étudier, au point de vue religieux, ce premier théâtre où les nouveaux apôtres eurent à répandre les prémices de leurs sueurs.

L'histoire nous montre les Portugais à peu près maîtres de cet immense littoral pendant trois cents ans. Les archives de Lisbonne doivent posséder d'utiles documents sur l'influence des premières colonies chrétiennes qui occupèrent ce territoire.

C'est de l'année 1660, que date le premier essai de la mission française sur ce rivage africain. Deux religieux de l'ordre de saint François y furent appelés par les résidents de notre nation. Le zèle de ces Pères capucins fut d'abord couronné de succès. Le roi, converti, allait recevoir le baptême avec une partie de son peuple. Mais les traitants protestants, anglais pour la plupart, eurent peur de la double influence catholique et française. Ils excitèrent les féticheurs, qui firent une émeute le jour où cette grande cérémonie devait avoir lieu. Le roi effrayé promit d'être fidèle au fétichisme. Il ne put sauver les deux missionnaires qu'avec beaucoup de peine. Cependant les féticheurs parvinrent à en empoisonner un ; l'autre fut obligé de partir.

En 1674, le dominicain français, Gonzalves, vint d'Assinie pour relever la mission. Mais ce nouvel apôtre et ses deux compagnons rencontrèrent les mêmes obstacles que leurs prédécesseurs, et finirent aussi par le poison. Dès lors, les résidents français renoncèrent à convertir les nègres de ce pays. Ils conservèrent cependant un chapelain pour leur factorerie.

En 1699, un religieux augustin de l'île Saint-Thomas fit une nouvelle tentative. Il fut reçu poliment par le roi ; mais il dut s'embarquer bientôt pour échapper au poison. Cette mission du golfe de Benin resta abandonnée jusqu'en 1860.

Les PP. Borghéro et Fernandez étaient arrivés au commencement de 1861. En attendant qu'ils pussent s'installer d'une manière convenable, ils acceptèrent pour quelques jours l'hospitalité qui leur fut gracieusement offerte à la factorerie française. Le lendemain de leur arrivée, les missionnaires de Lyon allèrent, avec le capitaine du d'*Estaing*, chez le gouverneur de Whydah, que l'on appelle dans la langue du pays le *Jévoghan*. Le commandant accomplit fidèlement son mandat, et le Jévoghan reçut les missionnaires avec distinction. Ceux-ci furent à peine sortis de chez lui qu'il leur envoya en cadeau un bœuf magnifique. Quelques jours après il alla en grande cérémonie leur rendre sa visite, accompagné de toute sa cour composée d'environ soixante personnes. Le P. Borghéro lui fit présent d'une belle pièce de damas rouge, dont il parut charmé. Après ce premier échange de bons procédés, les nouveaux apôtres ne songèrent plus qu'à faire la reconnaissance de la ville.

Les premières courses des missionnaires dans Whydah ne devaient pas être sans intérêt. Ce fut une étude de mœurs des plus curieuses.

La ville est bâtie au premier relèvement du plateau dahoméen par 6° 17' de latitude nord et 8' de longitude est, dans une grande île formée par les canaux de la lagune maritime.

Elle doit son importance à sa position près du littoral, aux lagunes qui coupent son territoire et qui sont les routes naturelles du pays. De la mer, lui viennent l'eau-de-vie, le tabac, les étoffes. Le point élevé qu'elle occupe reçoit un air salubre. Son enceinte est partagée en quartiers, dont la population totale est évaluée à plus de 20,000 habitants. Ces agglomérations prennent le nom de *Salam*. Les trois forts, français, anglais et portugais, sont le centre de trois *salams* respectifs. Voici l'origine des *salams*.

Quand un riche se trouvait avoir un trop grand nombre d'esclaves, il leur construisait des maisons autour de la sienne ; ces habitations se multipliant avec le temps, finissaient par former un bourg considérable qui prenait le nom du maître. Les trois forts donnèrent ainsi origine à autant de *salams*. Tant que le chef conservait son influence, le groupe qu'il avait formé dépendait de lui ; mais peu à peu les liens de subordination se relâchèrent, surtout quand les puissances européennes abandonnèrent les forts. En l'absence des patrons, les gens des *salams* tâchèrent de se suffire à eux-mêmes, et par là, se tinrent libres de toute servitude.

Il ne faut pas croire que cet affranchissement fût ce qu'ils désiraient le plus ; car sous la domination d'un maître ils avaient une existence assurée, tandis que livrés à eux-mêmes ils étaient, à leur grand regret, obligés de pourvoir à toutes les nécessités de la vie. C'est dans ces sentiments qu'ils sont allés souvent prier les Européens, et surtout les missionnaires, de se mettre à leur tête et de les *relever*, comme ils disaient. Les cabécères ou chefs protestaient eux-mêmes, disant qu'ils n'étaient que des esclaves, et qu'ils seraient très-heureux, si les apôtres voulaient les considérer comme tels et les diriger.

Plus tard, les *salams* ont joui d'une certaine liberté, et les forts ont été habités à plusieurs reprises par les chefs de la légion étrangère.

Quel était le caractère de ces constructions ?

« Ce serait une grande illusion que de les comparer aux ouvrages militaires d'Europe. On n'avait nul besoin là, ni de se masquer contre des ennemis sans canons, ni de se replier sous la protection de tant de lignes et de contours. L'enceinte est un carré de deux à trois cents mètres de développement, muni aux angles de quatre bastions qui reçoivent les pièces. Les courtines n'ont point de banquettes, car elles ne servent que d'enceinte, toute la défense étant concentrée dans les bastions. A l'extérieur, un chemin de ronde règne entre la courtine et le fossé qui est assez profond (1). »

Point de glacis, et, partant, point de chemin couvert, ni de place d'armes ; toutes ces choses sont inutiles dans un pays dépourvu d'artillerie. Dans le fort portugais, qui est devenu la résidence des missionnaires, s'élève, au milieu de la place intérieure, une petite chapelle ou église ; car l'ancienne piété ne pouvait pas laisser les garnisons sans Dieu. Ce fort était garni d'une artillerie assez nombreuse. Il y a encore une quarantaine de canons, dont dix de trente-deux, mais on ne sait pas combien il y en a d'enterrés ; car dans les broussailles et les replis de terrain on en découvre tous les jours. Ces pièces servent pour les saluts en l'honneur du roi.

Aux yeux d'un européen, le reste de la ville, avec toutes ses cases couvertes en chaume, apparaît comme une vaste agglomération de ruches d'abeilles disséminées çà et là, selon le ca-

---

(1) Le P. Borghéro. *Ann.*

price des nègres. Quant aux rues, ce ne sont que des sentiers qui coupent en tous sens la grande cité de Whydah : de toutes les lignes, la ligne droite y est le moins en honneur ! C'est un vrai labyrinthe. L'étranger hésite à chaque pas, dès son entrée dans cette fourmilière nègre. Les places publiques ne sont pas tracées d'une façon plus régulière que les rues ; elles ont toutes les formes les plus bizarres. Quelques-unes sont ornées de hautes herbes et d'arbres gigantesques plantés au hasard, et ne sont habituellement fréquentées, le matin, que par une foule de misérables négrillons, et, au fort de la chaleur, par les serpents (1).

Le seul monument que possède Whydah est un temple habité par une vingtaine de superbes couleuvres. Nous parlerons plus loin du culte qu'on leur donne. On remarque encore dans la ville une enclave européenne composée de trois fortins : établissement militaire qui doit son origine à la traite des esclaves.

Quand on songe que ce sont là les seuls édifices de la ville la plus civilisée de ces régions, comment l'auteur de *La Case de l'oncle Tom* a-t-il pu faire entendre ce cri plus enthousiaste que prophétique : « Si jamais l'Afrique se civilise et s'élève..... sur cette terre si fertile en or, en pierreries, en palmiers aux feuilles ondoyantes, surgiront des arts nouveaux d'un style neuf et splendide ? » Il sera moins présomptueux de dire que l'humble cabane du nègre sera, non un palais oriental, mais une habitation convenable, quand la régénération de l'Afrique s'accomplira par les ouvriers du divin charpentier de Nazareth. Or, en examinant leurs pénibles labeurs, on est contraint tout d'abord de faire une remarque singulière.

L'histoire des premiers travaux apostoliques, à Whydah, n'offre aucun de ces grands tableaux émouvants qui ont signalé les débuts de plusieurs missions. On a vu ailleurs des peuples courir joyeux, se jeter aux pieds du prêtre dès son apparition,

---

(1) Le P. Borghéro. *Ann.*

et lui demander le baptême. Il est, en effet, des missions qui sont vraiment merveilleuses, dès le premier jour de leur établissement. Les conversions extraordinaires se succèdent ; et les récits des ouvriers évangéliques sont de longues actions de grâces. C'est l'hymne de joie du travailleur qui achève gaîment sa journée, en attendant le repos du soir ! Telle n'a pas été la nouvelle mission des côtes de Benin.

Là, rien d'éclatant n'a marqué l'heureuse arrivée et la première installation des messagers du ciel. On n'a pas, sur ce rivage, constaté les prodiges de miséricorde qui, sur d'autres terres, ont jeté promptement au pied de la croix les vieilles nations païennes. Mais faut-il s'étonner si, au milieu de ces populations nègres, le résultat d'une mission n'est pas, à l'origine, aussi satisfaisant qu'est admirable le dévouement des missionnaires ? Les obstacles y sont plus nombreux et paraissent plus insurmontables que partout ailleurs.

CHAPITRE II

Nous avons déjà parlé de la malédiction terrible que Cham a transmise à la race dont il est le Père.

On sait aussi qu'au Dahomey les ardeurs de l'atmosphère paralysent à la fois l'énergie de l'âme et les forces du corps chez le missionnaire lui-même ; tandis qu'elles abrutissent toute faculté intellectuelle, et anéantissent toute vigueur morale dans les pauvres indigènes. Dès lors, comment inoculer le Christianisme dans ces natures livrées aux grossières satisfactions d'une vie purement matérielle ?

Le missionnaire rencontre encore des obstacles dans la nature du terrain qu'il doit fouler. Les courses apostoliques sont excessivement pénibles sur le sol marécageux de la Côte des Esclaves. Ce sol, généralement bas et peu mouvementé, est très-souvent inondé ou imbibé des averses diluviennes. Quelquefois de larges plaines sont transformées en vastes marais. — Sur les lieux desséchés, d'innombrables armées de termites, ou fourmis blanches, attaquent les bagages ou obstruent les sentiers de leurs monstrueux édifices de terre, dont quelques-uns atteignent à une hauteur de vingt pieds. Ces petits animaux sont d'admirables architectes dont l'industrie donne à l'homme de ces contrées d'inutiles leçons ; mais leurs constructions singulières sont si solidement agglutinées entre elles, que le tranchant de la hache peut à peine les entamer. Or, les missionnaires qui font leur fâcheuse rencontre sont obligés, quoique avec la plus grande peine, de tourner ces forteresses étranges.

Par ailleurs, au témoignage de la plupart des historiens, les frontières du royaume sont tellement reculées et les centres populeux d'un accès si difficile, que ce vaste pays est relativement isolé. Il ne peut donc recevoir l'heureuse influence d'un royaume voisin. Du reste, la politique dahoméenne tient à séparer le peuple de toute nation, à le retenir derrière ses marécages immenses, où il est naturellement à l'abri de toute invasion étrangère. Quelques gardes suffisent pour fermer les chemins au nom du roi. Nul ne peut quitter le royaume sans une permission spéciale. Cette permission n'est jamais accordée aux indigènes, et souvent refusée aux étrangers. Enfin, la mer, avec ses barres inexorables, achève de fermer toute issue. Il faut donc que le missionnaire, qui a osé pénétrer dans ces lieux et qui s'est mis à l'œuvre, ne compte que sur son influence personnelle, et ne songe plus lui-même à regarder en arrière.

A ces grands obstacles des lieux, vient se joindre l'énorme difficulté de parler un langage inconnu. Le vicariat apostolique du Dahomey s'étend du Volta à l'occident, jusqu'au Niger à l'orient ; et cette étendue de pays est occupée par quatre peuples principaux. Or, chacun a sa langue spéciale; bien plus, chaque centre important a ses dialectes particuliers; et les grandes familles elles-mêmes ont leur idiome.

Toutefois, cette multitude de langues, si bigarrées aux yeux d'un étranger, offre au savant qui l'étudie avec une longue patience quelques liaisons générales. On finirait peut-être par découvrir une origine commune aux diverses langues des tribus les plus séparées. Le docteur Barth, qui a récemment publié une partie de ses *Vocabulaires africains*, Kœlle, qui a établi les rapports des diverses langues africaines dans sa *Polyglotta africana*, Marsden, Tucken et surtout de Forberville, d'accord avec plusieurs missionnaires, prétendent avoir constaté cette parenté des langues qui unit toutes les familles africaines. Dans tous les cas, il est remarquable qu'un peuple, mis par certains naturalistes au ban de l'humanité, et assimilé par eux à une tribu d'orangs d'Angola, se trouve parler une langue dont les nuances infinies et les nombreuses complications accusent un long travail intellectuel.

Mais qui calculera les difficultés inouïes du jeune missionnaire, étudiant au milieu de ces peuplades, sans grammaire, sans dictionnaire, sans un manuel quelconque; n'ayant pour guide, dans l'étude de tant d'idiomes, que la seule observation? Que les progrès de l'apôtre doivent être lents et pénibles; quand on songe qu'il est réduit à tout deviner, pour ainsi dire, du moins à surprendre à la dérobée les plus secrètes significations de chaque mot! Dans les seuls dialectes de Whydah, la plupart des expressions ont deux ou trois sens marqués par la différence de la prononciation; et cette différence est très-difficile à saisir pour une oreille européenne. « Dans certains cas, le dahoméen parle sans ouvrir la bouche. Ainsi pour dire *oui*, il se contente de faire entendre, en levant la tête, un son rauque, absolument comme ferait un homme qui aurait la gorge légèrement prise (1). »

---

(1) Le P. Bouche, *Contemporain*.

Sans doute, la langue dahoméenne est assez riche en expressions relatives à l'intérieur du ménage, au commerce, aux travaux des champs, et à une foule d'idées vulgaires, réveillées par la vue des scènes de la nature ; mais cette langue est très-restreinte, très-pauvre en tout ce qui concerne l'ordre plus relevé des vérités intellectuelles. Cela étonne peu, du reste, quand on sait que la sphère d'action de l'indigène se borne aux choses toutes matérielles de la vie. La tendance de son génie doit naturellement se peindre dans la langue qu'il parle. Or, que de fatigues d'esprit réservées à l'apôtre catholique, pour suppléer à ce grand vocabulaire absent de mots indispensables, pour imaginer des tournures de phrases claires, et créer des expressions faciles, à la portée des plus faibles intelligences et cependant à la hauteur des idées surnaturelles! Que de contentions, que d'efforts perpétuels chez le missionnaire qui évangélise sans avoir été gratifié du don des langues!

En arrivant chez certains peuples idolâtres, mais qui ont conservé une légère instruction et qui savent cultiver quelques connaissances rationnelles, le Christianisme trouve un chemin frayé, un champ tout prêt à recevoir la semence évangélique. L'idiome indigène fournit assez de ressources pour rendre les idées morales. Les principes philosophiques ont créé un langage qui représente un peu plus que le nom des choses de première nécessité ; un langage qui a des *verbes*, des paroles propres à indiquer les opérations spirituelles. Et quand la foi apparaît à ces peuplades avec son cortége de preuves, il ne lui faut qu'une simple transition, une parole heureuse, une comparaison bien faite, une parabole bien choisie, et le langage évangélique est compris. Les apôtres n'avaient qu'à rectifier les idées des philosophes païens : le reste venait de soi. Nous voyons même que saint Paul, dans l'Aréopage, put se servir des auteurs grecs pour confirmer sa doctrine. De nos jours encore, dans l'extrême Orient, le missionnaire peut prendre les indigènes à l'état où ils sont, raisonner avec eux, se servir de ce qu'ils savent pour les conduire à la connaissance de la vérité.

Sur notre côte occidentale de l'Afrique, toutes ces ressources-là manquent à l'apôtre catholique; pour mieux dire, elles sont totalement paralysées sous la pression qu'exercent les habitudes du fétichisme et de la servilité (1).

Ce n'est pas que les naturels soient tout-à-fait dépourvus du bon sens suffisant pour reconnaître et admettre la vérité ; mais jamais ils ne se sont conduits d'après le raisonnement. Ils sont si habitués à ne suivre d'autres règles que le penchant des choses sensibles, que c'est à désespérer d'élever leurs esprits jusqu'au langage de la morale, et de déterminer leurs cœurs dans le sens de la raison. « Dans la conduite ordinaire, nous dit le P. Borghéro, qu'une chose soit juste ou injuste, qu'elle soit prudente ou non, ce n'est pas un motif pour que le Dahoméen l'accomplisse ou la néglige ; ici l'indigène est passif au point qu'il préférera toujours suivre l'impulsion de celui qui lui impose une influence brutale. » Dès lors, quelles difficultés pour l'apôtre, s'ils veut lier les idées morales aux idées religieuses devant un peuple si profondément abruti. Chez ce dernier, la morale n'a pas une langue.

Sous une température suffocante, sur un sol marécageux, en face d'une politique égoïste, aux prises avec tant d'idiomes, à la recherche d'un langage qui n'existe pas, le missionnaire doit encore soutenir des luttes acharnées contre le Protestantisme.

Une société de Bâle a fait un établissement dans les environs de Quidda, à Porto-Novo, à Agoué, fondant partout des écoles protestantes. A Whydah, il y a une mission wesleyenne ; à Palma, Abékouta, Badagry et Porto-Novo, se trouvent des missionnaires méthodistes et anglicans. Mais Lagos est pour eux le poste le plus important. Le grand nombre de leurs adhérents viennent des colonies anglaises et principalement de Sierra-Leone. Les ministres parlent magistralement à leurs adeptes. Ils sont revêtus de l'autorité et du prestige que leur

---

(1) Le P. Borghéro. *Ann.*, XXI.

donne le mandat officiel du gouvernement britannique. Aussi, quelle morgue !

Sans entrer en controverse, comment ne pas rappeler le souvenir de ce prédicant wesleyen, qui, dans les environs de Sierra-Leone, en face d'un groupe de noirs, entreprit d'expliquer l'origne de la race blanche et de la race noire, et de donner la raison de leur différence. Voici la solution du problème. Comme c'est la bible qui décide de tout, ce révérend pasteur trouva qu'Adam et ses enfants étaient noirs, et quand Dieu mit sur la face de Caïn un signe pour le faire distinguer, ce signe fut de le rendre blanc. Les enfants de Caïn héritèrent de cette flétrissure, et de là vient la race blanche. Il arrive souvent que de telles déclamations sont débitées du haut de la chaire par les apôtres de la réforme.

Le protestantisme s'agite dans les villes maritimes et le long des côtes. Dans l'intérieur, jusqu'aux frontières du Soudan, l'Islamisme, ce culte efféminé de la corruption, s'oppose aux tentives généreuses de l'apôtre catholique. Les mahométants occupent de vastes déserts. Au centre des quartiers qu'ils habitent, se dresse une baraque qu'ils décorent du nom de mosquée. C'est là qu'ils s'instruisent de la doctrine du prophète.

« Depuis le commencement de ce siècle, le mahométisme a fait de sensibles progrès dans le sud de notre vicariat, écrit le Père Courdioux. Les croyants sont nombreux. Nous les rencontrons à chaque pas. Plus on se rapproche du Niger, plus le nombre des sectateurs devient considérable. Les propagateurs de l'Islam suivent de près leurs disciples, les instruisent avec soin. Leurs amples vêtements, les avantages de la confraternité qui règne entre les marabouts, la gravité qu'ils se donnent en imposent aux populations païennes, si disposées déjà à la vanité et au luxe des costumes. Il n'est pas étonnant qu'un grand nombre d'indigènes se fassent musulmans.

« A la fois prêtres et maîtres d'écoles, les marabouts jouissent de beaucoup de crédit. Ils enseignent l'arabe à leurs adeptes. Mais, ajoute le P. Courdioux, leurs plus forts élèves se contentent d'apprendre l'alphabet et de déchiffrer quelques versets du Coran. Ce genre de religion, qui paraît un progrès pour le nègre, lui sourit d'autant plus que la doctrine du prophète conserve l'esclavage et autorise la polygamie, les deux plus chères habitudes de l'indigène (1). » Du reste, ce dernier, en fait de morale musulmane, en prend et en laisse volontiers selon son caprice et sa passion. Ce qui va à sa nature dépravée, il l'accepte ; le Coran interdit l'eau-de-vie, il déchire le feuillet qui porte cette défense. En résumé, les nègres mahométans greffent ces croyances disparates à leurs anciennes superstitions ; et de cet amalgame est sorti un culte hideux qui est la religion dominante au centre de l'Afrique et surtout à l'Orient du Dahomey. Ce sont des milliers d'âmes vivant dans la confusion de tous les désordres, dans l'orgie de toutes les immoralités connues. C'est l'homme pillant, volant son voisin, son ami, son proche qui le lui rend bien avec usure, mangeant le faible, quand il est fort, tuant par derrière le fort quand il est faible ; c'est la femme s'estimant ce qu'on l'estime, c'est-à dire rien ; le tout s'agitant sans lien, sans régulateur. Voilà le vaste champ offert au ministre de Celui qui a vaincu le monde. L'apôtre, sans doute, a pour lui les paroles de vérité ; mais devant cet immense tourbillon de chaque personnalité, devant les quelques conversions si rares parmi les maures d'Afrique, que de motifs de découragement !

On sait, en outre, que le Coran, qui est la loi religieuse, est en même temps la loi civile, et qu'il n'y en a pas d'autres. Les musulmans regarderaient comme un schismatique, comme un séditieux et un traître, celui qui, en toute occasion, ne se conformerait pas au Coran. Or, pour un missionnaire réduit à ses forces isolées, quelle œuvre gigantesque il entreprend, quand il veut renverser ce colosse, au frontispice duquel il lit avec

---

(1) Le P. Courdioux. *Missions catholiques*, 531.

indignation ces maximes qui révoltent la morale chrétienne :

« Faites la guerre aux Infidèles qui sont vos plus proches voisins ; qu'ils trouvent en vous dureté et persévérance à les attaquer... »
(Coran, ch. 9, v. 29.)

« N'appelez point les infidèles à la paix, tant que vous leur êtes supérieurs. »
(Coran, ch. 48, v. 37.)

« Tout croyant qui vole un giagour gagne le ciel. »
(Coran, ch. 9, v. 124.)

« Ceux qui ne jugeront pas d'après les livres que nous avons fait descendre du ciel sont infidèles... »
(Coran. Sourate. ch. 5, v. 49.)

Mais l'obstacle qui s'offre le plus insurmontable à tous les efforts humains, à tout le zèle apostolique le plus ardent, c'est la guerre que le missionnaire doit entreprendre et soutenir pied-à-pied, contre la religion indigène, le fétichisme (1) ; cet amas de superstitions stupides et sanguinaires qui ont pris dans les mœurs les plus profondes racines.

On entend dire que dans ces régions la monarchie se soutient par un despotisme absolu ; que la volonté du souverain est la seule loi ; que le plus abrutissant servilisme pèse sur toutes les têtes : il y a du vrai dans ces accusations, mais il faut s'entendre. Si l'on attribue le despotisme sans frein à la personne du chef, rien de plus faux : ce chef avec toutes les apparences de l'absolutisme, n'en est pas moins enchaîné par les autres chefs particuliers, par ceux qui lui tiennent lieu de ministres, par les anciens usages, etc. Mais ceux qui planent au-dessus de tous, qui enchaînent la nation ; ce sont les prêtres du fétichisme. Quelque grossier qu'il soit, le fétichisme exerce

---

(1) Ce mot vient du portugais, *feitico*, action surnaturelle ou magie.

une influence toute-puissante sur les esprits. C'est surtout ce grand colosse, ce Goliath terrible que les jeunes David évangéliques doivent attaquer, frapper au front et saisir corps à corps. Etudions cette forme de religion qui remonte à la plus haute antiquité.

Les Portugais, qui, les premiers, fréquentèrent ces côtes, ont appelé *Féitico* (fétiche) du mot latin *féti-ius*, la foule de tous ces objets auxquels les noirs, rendent un culte, et qui, d'un pas à un autre, varient plus ou moins de forme et d'espèce. Souvent les ancêtres les ont trouvés dans les forêts ou ailleurs, ou bien les ont fabriqués sous l'inspiration du *grand Fétiche*, Dieu suprême. Ces petits fétiches, le plus souvent portatifs, sont censés renfermer un *Esprit*. Les garder avec un soin jaloux, leur sacrifier de loin en loin, porte bonheur à la famille.

Il y en a de différentes puissances et de vertus diverses. Ainsi, tel fétiche est le fétiche du maïs; il est supposé devoir entretenir l'abondance de maïs dans la maison. Tel autre est le fétiche du commerce; celui qui en est possesseur fera de bonnes affaires et gagnera dans son négoce. Il y a des fétiches de la santé; ils ont pour attribut d'écarter les maladies. Les fétiches de la chasse et de la pêche vous feront prendre du poisson et du gibier à souhait, etc.

Le plus estimé de tous les fétiches est celui qui coûte le plus cher; celui dont l'entretien est le plus onéreux; c'est ordinairement celui qui a la garde des récoltes. Quand on sème, quand l'herbe apparaît, quand on commence la moisson, quand la récolte est au grenier, quand on commence à en prendre pour en manger, il faut faire des sacrifices à ce fétiche important; le sacrifice de la poule toujours, et de plus, suivant les circonstances, celui du porc, de la chèvre, quelquefois même celui du buffle. On prend du sang de ces différents animaux, et avant que personne ait osé manger de leur chair, on oint de ce sang le fétiche de la récolte, puis tous les autres, mais ceux-ci seulement par concomitance, et comme par courtoisie.

Inutile de décrire les cérémonies analogues réservées aux autres fétiches ; le détail en serait fastidieux. L'entretien de cette multitude de petites divinités ou esprits, est fort cher aux sauvages. Ceux-ci, pour la plupart sont très-pauvres, et ces sacrifices sont pour eux de la plus grande rigueur, sous peine d'encourir la disgrâce de l'Esprit.

On comprend les obstacles sans nombre pour le missionnaire, dans un pays « où tout est Dieu si ce n'est Dieu lui-même. » Que d'épreuves, que de luttes à soutenir, avant que l'apôtre catholique puisse dire avec autorité au catéchumène qui s'avance pour recevoir le baptême : « Brûle ce que tu as adoré ! »

Au fond, comme nous l'avons dit, les noirs admettent l'existence d'un Dieu unique et créateur ; mais ils ne lui rendent aucun hommage, parce que, disent-ils, il est trop au-dessus de d'eux. Vous les entendriez souvent vous répondre: « Oui, ce Dieu est le plus fort, mais il est pour les blancs ; pour nous, pauvres ignorants, nous ne saurions nous élever au-dessus de nos saints et de *nos petits dieux*. » C'est ainsi que, dans leur sincérité, ils nomment leurs idoles. On dirait qu'ils sentent la nécessité d'un intermédiaire entre Dieu et les hommes, ils le cherchent dans l'œuvre de leurs mains. Et voilà où en est la masse du peuple.

Les prêtres sont plus avancés dans leurs mystères, et disent fort bien qu'il existe des êtres inconnus du vulgaire, qui dominent la nature et tiennent dans leurs mains le sort de l'homme: ils font le mal à qui bon leur semble, tuent ceux qu'ils veulent ; et l'on obtient leurs faveurs au prix de fortes contributions. C'est donc une véritable idolâtrie, telle qu'elle a toujours existé. Au Dahomey notamment, les prêtres du fétichisme sont organisés d'une manière compacte. Leur hiérarchie est parfaitement ordonnée.

« Au sommet de l'échelle, donnant l'impulsion aux initiés qui agissent ensuite sur la foule, se place le grand féticheur. Le nègre qui occupe cette position, la plus haute peut-être du royaume, est toujours avancé en âge. On n'y arrive qu'après avoir passé par tous les degrés inférieurs. Ce grand dignitaire habite Agbomé, et ne sort de cette ville que dans des circonstances extraordinaires. Lorsque l'armée entre en campagne, il se charge d'apaiser les esprits qui essayeraient de troubler les opérations militaires. Avant l'attaque, il fait ses incantations sur un lieu élevé, choisi, placé aussi loin que possible du théâtre du combat; et ce n'est qu'après qu'il a bravement hurlé, fait force grimaces et quelquefois versé du sang humain, qu'il est loisible au roi de donner le signal de l'action.

« Malgré toute sa puissance, le prince, fut-il sceptique comme Ghézo, est obligé de contenir son impatience devant ces cérémonies préliminaires. S'il passait outre, il aurait encore un plus triste sort que le consul romain qui se révolta contre les aruspices. Au moment de livrer bataille, les prêtres allèrent vers ce consul lui dire avec tristesse que les poulets sacrés refusaient de manger. « Ah! ils ne veulent pas manger? eh bien! faites-les boire »; et il donna ordre de les jeter à la mer. Mais l'histoire ajoute que les poulets se vengèrent en le laissant battre, et que les Pères conscrits le renvoyèrent à la charrue (1). »

CHAPITRE III

Le grand féticheur est à la tête d'une véritable armée de jongleurs dispersés dans les villes et les villages. Leur nombre est très-considérable. Les femmes font partie, au moins autant que les hommes, de cette vaste association religieuse. Leur zèle, encore plus exalté que celui des hommes, atteint le plus

---

(1) *Souvenirs de voyage et de mission.*

haut degré de fanatisme. Il y a dans leurs gestes, souvent obscènes, toujours extravagants, quelque chose de vraiment diabolique. « Douces et tranquilles dans le commerce ordinaire de la vie, les négresses s'agitent en énergumènes dès qu'elles accomplissent les rites de leurs cultes. » Les féticheurs et les féticheuses se livrent à des pratiques occultes qu'il est impossible de découvrir, tant on se tient en garde contre les profanes. Une langue particulière, et inconnue du commun des mortels, permet aux prêtres et prêtresses de tenir conseil en public, sans qu'ils aient à craindre qu'une oreille indiscrète recueille leurs délibérations. Cette langue diffère essentiellement de la langue nationale ; et celui des initiés qui en donnerait connaissance non-seulement à un étranger, mais encore à un simple croyant, serait puni de mort.

Malgré l'accord qui règne entre tous les féticheurs du royaume, leur doctrine manque d'unité. A Agbomé, certains reptiles sont voués à l'exécration ; à Whydah, et dans la plus grande partie du Dahomey, tous les animaux rampants sont regardés comme des dieux et jouissent d'un culte public.

En premier lieu figure *Danbé*, ou Dagbé (gros python dont le nom dérive, nous dit l'abbé Bouche, de *Dan* serpent et *gbé* sacré.) Le docteur Répin en fait la description suivante : « Sa taille varie d'un à trois mètres ; il a le corps cylindrique-fusiforme, c'est-à-dire un peu renflé au milieu, et se terminant insensiblement par une queue formant à peu près le tiers de la longueur totale de l'animal. Sa tête est large, aplatie et triangulaire, à angles arrondis, soutenue par un cou un peu moins gros que le corps. Leur couleur varie du jaune clair au jaune verdâtre, peut-être selon leur âge. Les uns (c'est le plus grand nombre) portent sur leur dos, dans toute leur longueur, deux lignes brunes, tandis que d'autres sont irrégulièrement tachetés. Ces différents caractères font penser qu'ils appartiennent tous aux diverses espèces de reptiles non vénimeux que Linné avait rassemblées dans les familles des pythons et des couleuvres (1). » Telle est la divinité à laquelle les noirs de la côte adressent leurs hommages, en souvenir de leurs premiers pères. Le culte des serpents a été trouvé chez presque tous les peuples idolâtres, en Asie, en Amérique et surtout en Afrique. Chez les Grecs et les Romains, il armait le fouet des furies et formait leur chevelure ; il était l'attribut d'Esculape, le dieu de la médecine, et d'Hygie, la déesse de la santé. Le serpent, changeant de peau tous les ans, est l'image de l'homme qui, en recouvrant la santé, semble entrer dans une vie toute nouvelle. Il entourait en Egypte la tête d'Isis, le sceptre d'Osiris et le corps de Sérapis. Le serpent passait chez les anciens pour avoir quelque chose de prophétique ; placé sur un trépied, il était l'emblème de l'oracle de Delphes, sans doute en souvenir du python tué par Apollon à Delphes même. Toutes ces traditions étaient un écho des scènes du paradis terrestre ; écho qui s'est répercuté à travers les âges, et qui semble avoir son dernier retentissement sur les plages occidentales de l'Afrique.

A Whydah, non loin du fort français, dans un lieu isolé et sous un groupe d'arbres magnifiques, se dresse un temple de Danbé. Cet édifice a acquis une juste célébrité, grâce aux descriptions qu'en ont faites les voyageurs. Il consiste dans une rotonde, dont les murs épais sont en terre sèche. Cette rotonde est percée de trois ouvertures par où entrent et sortent librement les divinités du lieu. « Le nombre des serpents, lors de ma visite, dit M. le docteur Répin, pouvait bien s'élever à plus d'une centaine. Les uns montaient ou descendaient entrelacés à des troncs d'arbres, disposés à cet effet le long des murailles ; les autres, suspendus par la queue, se balançaient nonchalamment au-dessus de ma tête, dardant leur triple langue et me regardant avec leurs yeux clignotants ; d'autres enfin, roulés et endormis dans les herbes du toit, digéraient sans doute les dernières offrandes des fidèles. Malgré l'étrangeté fascinante de

---

(1) *Tour du monde* — 1863.

ce spectacle et l'absence complète de tout danger, je me sentais mal à l'aise au milieu de ces visqueuses divinités; et, comme au sortir d'un rêve, je laissai échapper en quittant le temple un soupir de soulagement (1). »

« Un jour, raconte à son tour le P. Bouche, j'accompagnai un capitaine de navire qui désirait visiter la rotonde. Le grand prêtre était absent et nous fûmes reçus par une vieille prêtresse. Après avoir quelque temps regardé les serpents, « montre-moi, dis-je à la prêtresse en lui glissant un morceau d'étoffe de soie, montre-moi le gros et vieux serpent. — Quel serpent? répondit-elle, je ne comprends pas! — Personne ne nous observe, dis-je en lui indiquant les abords du temple déserts, et en lui offrant un paquet de cigares: fais voir au capitaine le gros serpent que le grand-prêtre conserve là-bas! » Elle me regardait indécise ; je profitai de son trouble et je m'avançai vers la cour. Elle me suivit et j'aperçus au fond, sur ma droite, une ouverture ayant à peu près un mètre carré, dissimulée par une natte et permettant aux prêtres de se glisser dans la case d'où ils vont rendre leurs oracles. En face de moi était un autre petit temple en forme de rotonde, haut d'un mètre et demi environ, mais beaucoup plus large; la porte était également dissimulée par une natte. La prêtresse s'avança vers cet édifice, s'agenouilla, écarta la natte, saisit un énorme python, long de deux mètres soixante à trois mètres, et le ramassa sur ses bras où il se roula; je suis convaincu qu'elle avait un secret pour le fasciner.

« Je remarquai avec surprise sur la tête du serpent deux petites aigrettes en forme d'oreilles; quelques couleuvres ont, je le sais, des aigrettes semblables; toutefois, celles-ci n'étaient pas horizontales, ce qui me fit supposer que les prêtres les avaient provoquées en faisant certaines incisions; car les noirs excellent dans l'art de faire pousser des excroissances de chair. Ainsi les adorateurs d'Oddou ont à chaque main un sixième

---

(1) *Tour du monde.*

doigt fixé au-dessus de la seconde jointure du petit doigt et s'élevant jusqu'au-dessus de l'ongle.

« Quand je vis que le reptile était docile et très-débonnaire je lui caressai la tête, mais je le vis se redresser avec fureur, darder vers moi sa triple langue et siffler avec force. Je fis un pas en arrière. La prêtresse le calma en le frappant sur le dos et prétendit que son irritation venait de ce que nos doigts exhalaient une odeur forte : celle du piment ou du tabac. Les dimensions de ce reptile me firent croire qu'il était très-ancien (1). »

Sur le sol, à l'intérieur du temple, reposent çà et là de nombreuses calebasses ou vases de terre, renfermant de l'eau, de la farine de manioc et différentes nourritures offertes par les dévots ; on remarque aussi des paniers dans lesquels on dépose les serpents égarés, retrouvés et rapportés par les fervents. Quand on rencontre ces reptiles, il serait imprudent de leur faire du mal et à plus forte raison de les tuer. Les naturels qui se rendraient coupables d'un tel crime seraient brûlés vifs ; les blancs eux-mêmes s'exposeraient aux peines les plus graves. Des Marchais (2) rapporte qu'un portugais, ayant voulu montrer un de ces serpents au Brésil, le mit secrètement dans une caisse et l'embarqua sur une pirogue qui devait le porter à bord de son navire. La pirogue chavira et le portugais fut noyé. Les piroguiers remirent l'embarcation à flot, transportèrent la caisse à terre et se hâtèrent de l'ouvrir, espérant y trouver des marchandises. Quel ne fut pas leur étonnement quand ils virent le cadavre de leur saint ? Leurs cris ou plutôt leurs hurlements eurent bientôt appris à tout le monde le sacrilége commis ; mais comme on ne pouvait pas s'en prendre au coupable, les prêtres et le peuple se jetèrent sur les autres portugais, pillèrent leurs magasins, massacrèrent ceux qui ne purent s'échapper ; et on eut toutes les peines du monde à apaiser les

(1) *Contemporain*, (Déc. 1874).
(2) *Voyage du chevalier des Marchais en Guinée*. — 2 vol. Paris, 1870.

indigènes. Encore fallut-il du temps et des présents considérables, pour les décider à souffrir des portugais dans le pays.

Le même auteur ajoute que, peu après, un anglais, nouvellement débarqué, ayant trouvé un de ces serpents sur son lit et ne sachant pas les inconvénients qu'il y avait à le maltraiter, le tua et le jeta dans un coin, auprès de la chambre qu'il occupait. C'était la nuit et il croyait n'avoir été vu par personne ; cependant dix minutes ne s'étaient pas écoulées qu'on entendit un vacarme effroyable autour du comptoir. Le peuple ameuté poussait des cris sauvages, maudissait l'impie qui avait mis à mort un de ses saints et se disposait à enfoncer la porte. Le Directeur s'étant levé et apprenant la cause du tumulte, engagea le coupable à chercher un refuge dans le comptoir français ; et tâcha d'apaiser la foule pendant qu'on enterrait le reptile. Il offrit de faire justice du blanc si on prouvait son crime, et consentit à laisser entrer trois ou quatre prêtres pour faire des recherches. Ceux-ci comme s'ils avaient eux-mêmes enterré le cadavre, se rendirent droit à la fosse, déterrèrent le serpent et auraient fait un vacarme épouvantable, si on ne les avait pas gagnés par des présents. On fit traîner les négociations en longueur, afin d'avoir le temps d'avertir le capitaine de l'escadre et le roi. Les raisons des anglais, et surtout leurs présents persuadèrent le prince, qui fit toucher le *gongon*, ou la grosse cloche, pour avertir qu'il se réservait la connaissance et la punition de ce crime. En conséquence le peuple eut à se retirer dans ses cases. Quand tout fut tranquille, les prêtres emportèrent le cadavre de leur divinité et l'enterrèrent avec toutes les cérémonies usitées en pareil cas (1).

Les noirs qui rencontrent un serpent se prosternent devant lui, adressent leurs hommages à cette divinité, en se frottant bien fort les mains : c'est leur manière d'adorer. Ils s'en approchent avec respect, le prennent dans leurs bras avec mille précautions, le déposent dans un panier et le reportent au temple, de peur qu'il ne lui arrive quelque fâcheux accident.

(1) Des Marchais, t. II, p. 672.

Les prêtres de Danbé mènent une existence solitaire et toute mystérieuse ; ils sont riches et vivent du double produit de leur industrie de médecins et de sorciers.

« Le 21 mai 1868, je fus témoin, écrit le P. Bouche, d'une consultation dans le temple de ce saint. Un noir était venu s'informer si un voyage qu'il entreprenait à Lagos lui rapporterait beaucoup de cauris. Il déposa au milieu de la rotonde trois calebasses pleines de fruits, de farine et d'objets divers ; et pria le grand-prêtre de transmettre à Danbé ses hommages. Une vielle prêtresse saisit une espèce de trépied en bois, plaça dessus un petit serpent, et se mit à l'interroger, pendant que deux jeunes prêtresses tiraient de leurs tam-tams des sons sourds et monotones et que le grand-prêtre exécutait tout autour une danse lente et pleine de dignité. Le serpent tantôt se roulait en spirales, tantôt se redressait sur sa queue ou entourait les bras de la prêtresse. « Il est trop jeune, dit celle-ci, et sa science n'est pas grande ; il lui est impossible de répondre à mes questions et il demande qu'on recoure à la sagesse du serpent venu d'Ardres. Et, se levant, elle le glissa par dessus le toit dans la case attenante à la rotonde. Peu après nous entendîmes comme un grognement, et, au milieu d'un bruit étrange et confus, nous distinguâmes ces mots prononcés en langue djidjie : « Pars ! je serai avec toi et ton commerce sera prospère (1) ! »

Ainsi animé du souffle prophétique, ce serpent annonce solennellement les choses futures aux assistants frappés de crainte et de respect. Ce genre de divination est l'imitation grossière ou grotesque de celle qui était en usage chez les peuples policés de l'antiquité païenne. On y retrouve les agitations violentes de la Pythonisse et les paroles magiques de l'oracle. Comment s'étonner que celui qui prit la forme de l'odieux reptile pour séduire Eve, se serve volontiers du même et perfide animal pour tromper encore par la femme les fils

---

(1) *Cont.* (déc. 1874).

d'Adam, et se faire rendre tous les jours les honneurs divins (1) ?

Du temps de *Des Marchais*, les offrandes et les sacrifices en l'honneur du serpent ne se bornaient pas à quelques bœufs et à quelques béliers, ni à des pains de mil, à des fruits ou à des anneaux d'or. Le grand sacrificateur prescrivait souvent une quantité considérable de marchandises précieuses, de barils de cauris, de poudre et d'eau-de-vie, des hécatombes de moutons, de volailles, quelquefois des sacrifices d'hommes et de jeunes négresses. On célèbre tous les ans en l'honneur de Danbé, trois grandes fêtes où l'on immole toutes ces victimes. Les prêtres boivent alors du tafia mélangé avec du sang.

Un second reptile célèbre, vénéré sur la Côte des Esclaves, c'est le *boa constrictor*. Ce grand *protecteur du royaume* est considéré comme la demeure d'un saint nommé *Addogglossou*, (héros). Le boa qui est le roi de l'espèce, est traité en grand seigneur.

Dans plusieurs localités il a sa case à lui, plusieurs nègres sont attachés à son service, parmi lesquels un médecin chargé de veiller spécialement à l'heureuse issue de ses pénibles digestions. Pendant longtemps le boa a été promené en grande pompe, une fois chaque année, par les rues et les places de Whydah. Au jour fixé pour la solennelle exhibition du monstre, il était défendu aux blancs et aux nègres de sortir de chez eux ; il était prescrit, en outre, de tenir closes les portes et les fenêtres, avec défense de regarder par les ouvertures. La peine de mort était la sanction terrible de cette loi.

Avant d'extraire le boa de sa case, on a soin de le gorger de viande ; lorsqu'il est bien repu et que le travail de la digestion l'absorbe tout entier, les plus dignes des féticheurs se prosternent devant lui, le soulèvent de terre avec des précautions infinies, et le placent comme une masse inerte dans un ha-

---

(1) Voir le *Traité du Saint-Esprit*, par Mgr Gaume, t. I. Serpents.

mac. A ce moment, les chants se font entendre, et le défilé commence.

« Le monstre, porté par huit hommes vigoureux, se balance dans sa couche aérienne légèrement soutenue par les gros bonnets du fétichisme. Des hommes, des femmes, vêtus de pagnes de soie le précèdent ; une musique infernale le suit. Les sons rauques qu'elle jette dans les airs, alternant avec le chant de la foule, ajoutent au caractère sauvage de cette fête. Ainsi organisé, le cortége parcourt les rues, stationne sur les places de la ville ; et pendant quelques heures Whydah ressemble à une vaste nécropole hantée par des spectres hideux. L'agitation du boa, en train de terminer heureusement sa digestion, met fin à la cérémonie ; car le dieu, rassasié d'honneur, pourrait bien en guise de remerciement, serrer avec trop de tendresse le bras ou la tête de quelqu'un de ses porteurs (1). »

La nombreuse famille des reptiles fournit encore d'autres divinités. Les indigènes soucieux de quelque affaire, vont, le matin avant leurs occupations, présenter à ces divinités tortueuses des requêtes toujours accompagnées de présents. Le jour, ces dieux effilés vaguent librement par les rues, les places, et entrent même dans les cases; mais, le soir, ils rentrent dans la case qui leur est spécialement réservée, et passent la nuit roulés aux bambous de la toiture.

Le culte des serpents vivants est en vogue sur bien des points de la côte ; mais nulle part ils n'ont des temples et des sacrifices réguliers comme à Whydah. Nous venons de le dire, on nourrit dans une enceinte bien disposée, une centaine de grosses couleuvres inoffensives qui vont, elles aussi, quand bon leur semble, se promener en ville. Alors tous ceux qui les rencontrent se prosternent le front dans la poussière, pendant que l'abominable animal avance lourdement sur le chemin, jusqu'à ce que quelque adorateur le prenne avec respect et le rapporte à son sanctuaire.

(1) *Souvenirs de voyage et de mission.*

Au grand Popo, non loin de Whydah, les serpents n'ont point de temple, il est vrai, mais ils reçoivent un culte bien plus révoltant. Il y a là une race de gros reptiles très-féroce : quand l'un de ces serpents rencontre sur son chemin de petits animaux, il les dévore sans pitié; et plus il est vorace, plus il excite la dévotion de ses adorateurs. Mais les plus grands honneurs, les plus grandes bénédictions lui sont prodiguées lorsque, trouvant quelque jeune enfant, il en fait sa pâture. Alors les parents de cette pauvre victime se prosternent dans la poussière, et rendent grâces à une telle divinité d'avoir choisi le fruit de leur amour pour en faire son repas.

Il ne semble pas que la nature puissent se dépouiller à ce point ! et si, d'une part, la tyrannie des féticheurs oblige les familles à manifester des sentiments si monstrueux, ne faut-il pas reconnaître, d'autre part, sous ce dehors de religion, l'intervention directe du démon ?

Encore une fois, c'est l'histoire du vieil ennemi du genre humain qui se perpétue ; c'est Satan qui se cache comme aux premiers jours du monde, sous les anneaux brillants du serpent. Vaincu partout, il se cramponne à l'Afrique, comme à son dernier repaire, il s'efforce chaque jour d'enlacer ces peuplades malheureuses. Et il arrive trop souvent que les ministres du Très-Haut, marqués du caractère de Celui qui a vaincu l'ancien serpent et qui l'a maudit, sont obligés d'avoir sous leurs yeux d'affreux spectacles capables de décourager leur zèle.

Les divinités de second ordre sont très-nombreuses au Dahomey. La plus en vogue est la statue de Beelphégor, grossièrement façonnée avec de l'argile, gardant l'entrée de toutes les cases, s'étalant aux carrefours. On la trouve à chaque pas dans la campagne. Les nègres lui apportent avec confiance les offrandes les plus variées: poulets, moutons, boucs, etc(1). Tous

---

(1) « *Et initiati sunt Beelphegor : et comederunt sacrificia mortuorum.* »
Ps. cv, 28.

les soirs, on dépose devant les portes des comestibles de toute sorte. Pas un indigène, mourût-il de faim, n'oserait toucher à ces offrandes ; les chiens, moins scrupuleux, en font leur profit (1).

D'autres figures, de formes et d'attitudes diverses font le cortége de Beelphégor, et son regardées comme les divinités protectrices de la création. Ainsi les forces de la nature qui frappent le plus les sens, reçoivent leurs adorations dans les sacrifices offerts aux statuettes ou idoles du foyer. Quelques-unes, dit-on, possèdent l'esprit du soleil, d'autres, celui de la lune, de la foudre (2), de la pluie (3), etc. Enfin une infinité d'autres petites divinités peuplent les habitations privées et les lieux publics ; et se partagent les caprices de chacun.

Telle est l'épaisse et hideuse forêt des divinités de toutes sortes, qui se dressent sur le passage du missionnaire catholique. On comprend combien il lui est difficile d'abattre toutes ces vaines idoles, et de venger ainsi l'honneur de son Dieu si indignement outragé.

CHAPITRE IV

Les obstacles à l'apostolat viennent encore de la cruauté de ces peuples eux-mêmes qui sont l'objet du dévouement des missionnaires.

On sait que le lendemain des *Coutumes*, les cabécères ne pé-

(1) L'ouvrage de Mgr Gaume, déjà cité, parle longuement de tout ce qui regarde le culte du serpent dans l'antiquité et dans les temps modernes. *Traité du Saint-Esprit*, t. I.

(2) La foudre est surtout adorée sur les bords du Volta.

(3) Chez presque tous les peuples exposés aux ardeurs du soleil, la pluie a son culte. L'Afrique a ses *faiseurs de pluie* ; ce sont les prêtres ou sorciers qui prédisent ou prévoient les ondées.

nètrent dans la maison royale qu'en marchant dans des mares de sang et d'eau-de-vie ; que la salle d'honneur du palais est toujours pavée de mâchoires humaines, tandis que le plafond est orné de crânes d'ennemis vaincus. Nous avons déjà dit qu'à la mort de personnages puissants, on immole de nombreux esclaves en l'honneur et au service du défunt. Les rois surtout sont inhumés sous une montagne de cadavres.

Toutes les sectes du fétichisme sont admises à exercer leur influence sur le pays, seul le Christianisme est soigneusement écarté. Les féticheurs voient bien qu'ils ont tout à perdre si les prêtres catholiques gagnent du terrain, si la parole évangélique, pénétrant dans les cœurs, vient à régler les actes de la vie sur la morale chrétienne. On sait que les catholiques réprouvent les superstitions hideuses, les sacrifices humains et le commerce des esclaves, ces trois choses si pleinement en vigueur au Dahomey. On laisse pourtant les chrétiens, quels qu'ils soient, très-libres dans la pratique de leur sainte religion ; mais le jour où le Christianisme aura assez grandi pour prendre sa part d'influence publique, il sera nécessairement considéré comme le plus grand ennemi par cette armée de prêtres des fétiches. Alors les drames commenceront. On aura à lutter contre l'homme plus cruel que la nature. Le missionnaire, mêlé aux aventures les plus tragiques, tombera souvent sous les coups homicides. Le poison est, sur ces côtes, le moyen le plus expéditif et le plus fréquent que les noirs savent employer, pour se défaire d'un ennemi. Or, quand le Christianisme aura réussi à faire des prosélytes en assez grand nombre pour donner de l'ombrage à la cour et aux féticheurs, ce sera peut-être par ce lâche expédient qu'il offrira à Dieu les prémices de nos martyrs dahoméens.

Comme nous l'avons déjà dit en parlant des langues indigènes, les idées morales ne se lient pas chez ces peuples. Elles sont absorbées par la religion ; on dirait même qu'elle sont tellement étouffées par la superstition, qu'on n'en retrouve presque pas de traces. L'idée du bien et du mal, de la volonté de

Dieu et de notre liberté, sont choses tout-à-fait obscurcies. L'homme agit fatalement selon la destinée pour laquelle il est né. De là, point d'expiation pour les fautes, ni de récompense pour les bonnes actions. Comme on le voit, c'est le mahométisme qui envahit le fétichisme. Les fréquentes relations avec le Soudan, les seules qu'aient eues les Dahoméens, devaient amener un tel résultat. Or, ce mélange a formé une absurdité de philosophie, a inculqué profondément dans les esprits une série d'idées injustes. L'apostolat catholique aura toutes les peines du monde à les déraciner.

L'une des plus terribles conséquences de cette absence totale de probité, est l'esclavage. D'après les mœurs du pays, l'enfant suit la condition de la mère qui, le plus souvent, est esclave. « C'est à la mère que l'enfant appartient en général, et c'est sagesse dans un pays, où il n'y a pas de mariage fixe.» Sans cette précaution, dictée par la nature, les peuples disparaîtraient bientôt. Il y a donc des esclaves qui sont nés en servitude ; il y en a aussi qui le deviennent par condamnation. Un coupable qui a commis quelque grand crime, tous ceux qui se déclarent insolvables, sont réduits en esclavage, vendus et expatriés. Quelquefois un seul porte la peine pour toute une famille. Quand celle-ci déclare qu'elle ne peut payer ses dettes, un des membres est fait esclave et toutes les dettes sont remises, quelle qu'en soit la somme. On voit que c'est une espèce de banqueroute. Ce moyen se pratique surtout chez les Minas. L'enlèvement, ou le vol de l'homme, fournit aussi son contingent à l'esclavage ; car, au Dahomey, et assez généralement sur toutes les côtes de l'Afrique, l'homme est volé comme l'on ferait d'une marchandise. On saisit un homme sur le grand chemin, on le conduit au loin et on le vend. Un individu de Whydah vola un jeune homme à Lagos, passa à Porto-Novo, pour le vendre, fut à son tour volé avec sa proie, et enfin vendu au Dahomey. Ce moyen n'est pas aussi facilement praticable aujourd'hui à cause des difficultés qu'il y a de franchir les limites des nouveaux royaumes.

Enfin, c'est par les razzias surtout que se recrutent les esclaves. Un prince est-il en force, il se dirige vers une ville, l'entoure de ses troupes, s'en empare et en amène tous les habitants. C'est la principale occupation du Dahomey. Les Nagos se battent souvent entre eux dans le même but. Au Benin, les villages de la même tribu se livrent à ces luttes; les vaincus deviennent la propriété des vainqueurs. Une partie des esclaves restent chez les vainqueurs ou dans les pays voisins; mais le plus grand nombre est vendu aux négriers, qui les transportent en Amérique.

Vous direz sans doute que sur les côtes soigneusement gardées par les croisières la traite des noirs doit être réprimée? Détrompez-vous: on sait toujours éluder la vigilance des croiseurs; et si le nombre annuel des esclaves embarqués pour l'Amérique a diminué de quelques milliers, cela tient à la difficulté toujours plus grande de trouver des hommes dans le vide que l'on fait autour de soi (1).

Inutile de faire de nouvelles élégies sur ce désorde moral que nous avons déjà longuement exposé. L'esclavage peut porter un autre nom, mais il n'en existe pas moins de fait. Le peuple est esclave en masse, du roi, des chefs, finalement des particuliers qui se réduisent à un petit nombre. Et quand on songe à l'absolutisme du gouvernement, à l'influence des féticheurs, à la terrible sanction de leurs ordonnances contre le rebelle ou le déserteur, on comprend combien l'esclavage est enraciné, et sera obstinément maintenu, malgré les iniquités qu'il cause, les cruautés qui le suivent et les larmes perpétuelles qu'il fait répandre. On comprend aussi combien il est difficile aux missionnaires catholiques d'abolir l'esclavage dans l'intérieur de ces contrées, puisqu'il faut, pour cela, détruire l'organisation générale de la société dahoméenne.

Il y a encore une autre plaie, la plus affreuse de toutes, qui

---

(1) Le P. Borghéro. *Ann.*

rend souverainement misérables ces peuplades africaines et fait reculer d'horreur les ouvriers évangéliques ; cette plaie, qui a rendu si lugubres les pages d'un chapitre que nous lui avons consacrées, est l'hécatombe humaine ou *les Coutumes.* La pratique de ces sacrifices est intimement liée au fétichisme. Le dahoméen, qui ignore la malédiction du premier meurtrier, le *non occides* de la loi mosaïque, et en qui le sens moral s'est complétement éteint, prétend justifier ces sacrifices. C'est pour lui le moyen le plus efficace de calmer le courroux des dieux et de témoigner aux ancêtres de la plus grande piété filiale. Aussi le nombre de ses holocaustes, est effrayant, et la manière de les pratiquer est multipliée à l'infini.

Dans les lieux où l'influence et la force des Européens ont réussi à abolir ces horreurs en public, on se retire en secret, et là très-volontiers on satisfait aux esprits malfaisants qui exigent de telles offrandes.

Les mystères qui se passent dans ces réunions de fétichisme sont impénétrables, et tiennent aux exigences les plus diaboliques. On vous en dit quelquefois assez pour vous laisser deviner que le vulgaire n'entend rien de ces pratiques. « *Ce morceau de bois que vous méprisez, vous dit-on, eh bien! sachez qu'il opère de grandes choses.* »

Les immolations mystérieuses, nous dit le P. Horner, sont inspirées par le fétichisme, c'est-à-dire par le culte des objets vivants ou inanimés que les indigènes ont sous les yeux, et auxquels ils attribuent un pouvoir surhumain. Ils mettent sur le même rang les démons et les spectres inventés par leur imagination enfantine (1).

En d'autres circonstances : « *les sacrifices sont le gage de la conservation du royaume.* » Mille discours vous indiquent qu'il existe des communications avec des êtres inconnus qui ont la puissance sur toutes choses, mais surtout celle de faire du mal à tel ou tel peuple. C'est pourquoi les tribus doivent se plier à toutes les exigences des prêtres.

(1) *Voyage à la côte,* p. 168.

Outre la superstition, deux autres raisons concourent à rendre les massacres plus nombreux au Dahomey : on veut d'abord imprimer le respect de la puissance royale ; et sur des peuples crédules et barbares, il n'y a guère d'autres moyens pour faire de profondes impressions que la terreur de la mort. La seconde raison tient à la constitution même du pays, dont la principale richesse consiste dans le nombre des esclaves ; dès lors, plus on immole de victimes, plus on fait ostentation de richesses. Une hécatombe humaine équivaut à un grand festin où l'on fait des dépenses princières. « *Que le roi doit être riche ! il doit avoir une armée d'esclaves, puisqu'il en immole un si grand nombre !* » Tel est l'effet que l'on veut produire, et l'on réussit à merveille.

Quand l'Europe entendit le récit des fêtes nationales que nous avons relatées, plusieurs apôtres demandèrent pour but de leur mission le théâtre de ces horreurs. A leur départ, tous ceux qui les affectionnaient leur souhaitèrent d'être assez heureux pour empêcher ces sacrifices. Que Dieu leur fasse un mérite de leurs bons désirs ; mais que l'on ne croie pas que des usages consacrés par des siècles, fondés sur des croyances religieuses, sur un sentiment de piété filiale, et soutenus par une puissante hiérarchie d'imposteurs, puissent se déraciner en un jour. Sans doute, le Christianisme, par un travail lent et persistant, parviendra à les extirper ; mais que de générations de missionnaires devront répandre leurs sueurs et leur sang ; que d'insuccès et de découragements peut-être avant le résultat final !

Enfin, il est une dernière plaie sociale plus effrayante peut-être, puisqu'elle engendre à la fois la corruption et la cruauté; plus difficile à palper, à purifier et à cicatriser, quoiqu'elle souille tous les foyers, atteint tous les individus et ferme ainsi au zèle de la morale chrétienne la porte de toutes les cases et de tous les cœurs: c'est la polygamie. Dans d'autres contrées, comme l'Inde, la Chine ou le Japon, l'absence du mariage est sans doute une triste chose; mais du moins il existe certains rites ou formalités sérieuses qui servent à constituer une famille, et mettent quelques bornes au torrent du désordre. Sur les côtes de Benin, rien de semblable. Non-seulement le mariage est inconnu, mais, comme nous l'avons déjà dit, on n'a pas même l'idée d'une union conjugale faite avec quelques garanties.

L'homme qui peut, au moyen de quelques cadeaux, obtenir des parents une fille libre, ou ne vit pas dans la même maison qu'elle, ou ne la regarde que comme sa servante. On sait que sur les marchés d'esclaves les jeunes filles se vendent plus cher que les garçons. Les harems doivent s'alimenter; en outre, comme les services journaliers que peut toujours rendre une femme, sont généralement assez lucratifs, quiconque a de la fortune achète des femmes esclaves en aussi grand nombre que le lui permettent ses richesses, sans néanmoins que cela le gêne en rien dans sa conduite. On conçoit, dès lors, que les liens de famille n'existent pas, et l'on comprend aussi pourquoi, dans le droit domestique, c'est à la mère et non pas au père que l'enfant appartient. La mère seule en supporte la charge; et on sait avec quelle délicatesse !

Mais au-dessus de la propriété de la mère, il y a celle du roi. Garçon ou fille on appartient au roi. Voués à la servitude ou au monarque, autant que les spartiates pouvaient l'être au despotisme de la loi, les dahoméens sacrifient absolument au Moloch royal les liens de la famille, les sentiments de la nature. Une pareille société ne peut connaître qu'une seule passion, la haine; qu'une seule fonction, la guerre. Tous les garçons sont soldats, toutes les filles soldats encore ou prostituées, selon le caprice du prince. On sait déjà combien la garde féminine du roi de Dahomey est célèbre en Afrique. Les deux ou trois milliers de femmes qui la composent avons-nous dit, sont exercées au maniement des armes. Ces créatures manœuvrent, paradent, passent des revues, marchent au combat, donnent et reçoivent la mort. Or, après quelques années de service actif, elles trouvent une retraite dans le palais royal, où, suivant leur âge et leur beauté, elles prennent rang dans le harem du souverain, ou bien parmi les femmes destinées aux fonctionnaires de l'Etat. Lorsqu'un de ceux-ci peut disposer d'une somme de 20,000 cauris, soit 200 fr., il va se prosterner à la porte de la demeure royale, ou de son premier ministre, et demande une femme en échange de son trésor. Si sa demande est accueillie, il est obligé de prendre aveuglément celle qu'on lui donne. Et les malheureuses qui n'ont pas ce sort, sont vouées aux sacrifices (1).

Voilà donc la cause première de la dépopulation en Afrique. L'influence si funeste de la polygamie a été signalée par plusieurs voyageurs illustres. Tous lui attribuent le démembrement des nègres dans d'énormes proportions. Il n'en peut être autrement. La monogamie est une loi divine. Sa violation ne saurait être impunie. Le premier châtiment de ce désordre est la traite, qui en est la conséquence rigoureuse ; le second châtiment est l'absence de travailleurs, le désert et la stérilité dans des campagnes qui seraient fertiles (2).

Des auteurs sans doute attribuent cette dépopulation au commerce des esclaves que l'on transporte en Amérique ou en Arabie, et à l'état de guerre permanente que se font entre elles les peuplades africaines. Mais, après tout, ce ne sont là que les conséquences de la polygamie elle-même. « Je ne nie pas, dit le P. Borghéro, que ces causes n'exercent une certaine influence ; mais ce ne sont là que des causes secondes ou intermédiaires, et leur influence est bien minime en comparaison de celle de la polygamie qui entraîne encore tant d'autres sources d'extinction.

« Le nombre des esclaves embarqués est inférieur aujourd'hui à celui des émigrants libres, qui, chaque année, abandonnent l'Europe ; surtout si l'on compare la surface de l'Afrique, qui est quatre fois plus grande que celle de l'Europe. D'ailleurs,

---

(1) De Lanoye, p. 151.
(2) *La Traite occidentale*, 275.

l'état de guerre permanente ne tue pas autant de monde qu'on pourrait le penser. Un seul jour à Solférino et à Austerlitz fait plus de vide qu'une année entière de guerre sur tout le sol africain. Ici, on se bat encore à peu près comme faisaient en Europe, il y a plusieurs siècles, certaines compagnies de mercenaires, c'est-à-dire, à petites journées et par escarmouches. Les morts sont relativement peu nombreux dans les ravins de la campagne ou dans les fossés des villes qui sont ordinairement les seuls champs de bataille (1). »

L'extinction ou la diminution sensible des peuplades africaines provient donc de la corruption des mœurs dans le mariage. On comprend quelle rude tâche sera celle du Christianisme, pour arrêter ce débordement et conduire dans le droit chemin de l'Evangile des brebis égarées si loin du bercail.

Ajoutons enfin, pour couronner la série de tant d'obstacles à l'apostolat, que la plupart des rois de la Côte des Esclaves et tous les féticheurs de tous les royaumes, toujours si redoutables et si justement redoutés, défendent aux indigènes, sous peine de mort, d'embrasser la religion chrétienne. Cette menace, qui pèse sur toutes les têtes, est une persécution légale et permanente.

Ainsi se complète le triste tableau des difficultés énormes qui attendent le missionnaire au Dahomey.

Le lecteur nous pardonnera d'être revenu sur certains sujets déjà traités et capables de décourager l'âme chrétienne. Tous ces nombreux obstacles qui se rencontrent dans la mission du Benin, paraissent insurmontables aux efforts de l'homme. Ils se dressent devant l'apôtre, comme autant de vieilles et hautes murailles encore debout pour arrêter sa marche. A leurs pieds, combien de soldats évangéliques sont tombés avant d'avoir ouvert la brèche! Mais les vaillants missionnaires venus de Lyon savent que le succès final a été promis à la persévérance.

---

(1) *Ann.* Nov. 1864, p. 489.

Ils n'ignorent pas que la Providence n'a pas d'obstacles quand l'heure de sa miséricorde a sonné.

L'évangélisation dahoméenne est une œuvre déclarée possible par le divin Sauveur, quand il commanda aux apôtres *d'aller et d'enseigner toutes les nations*. Tout est possible à la parole du *Verbe*, sur laquelle seule on doit s'appuyer. Elle renverse, quand elle veut, les plus puissants obstacles ; elle se joue des efforts de l'enfer, elle transforme les loups en brebis timides et pacifiques.

Voici donc, pour affermir nos espérances, comment Dieu a implanté de nouveau, sur ce sol stérile et indiscipliné de la Côte des Esclaves, les premiers germes de sa religion sainte.

CHAPITRE V

Les missionnaires ne savaient encore dans quel quartier de la ville ils fixeraient leur résidence. La Providence leur indiqua le lieu le plus favorable à l'établissement de leur mission.

Quelques jours avant leur arrivée, les événements les plus bizarres, et tels qu'on n'aurait jamais pu les imaginer, déterminèrent l'évacuation du fort portugais. Le dernier habitant de cette vieille citadelle était parti sans bruit, à la suite de quelques démêlées avec la justice du pays. Abandonné par le gouvernement portugais, en 1825, ce fort fut à différentes reprises occupé par des particuliers. Depuis 36 ans, il était censé appartenir, par droit de patronage, au roi de Dahomey. Devenu complétement libre, il fut donc concédé aux missionnaires, à la grande satisfaction des chrétiens, soit par le gouvernement lui-même, soit par tous ceux qui, dans l'opinion publique, représentaient encore les droits du Portugal (1).

De l'ancien fort, il ne restait, il est vrai, que de grandes et respectables ruines ; mais enfin les deux apôtres eurent de suite un abri. Du reste, le site est des plus riants. Le castel est bâti sur un sol élevé, d'où la vue s'étend jusqu'à la mer. A certaines heures, la brise y tempère la chaleur si étouffante de l'équateur. Comme le fort est isolé de la ville, on y jouit d'une paix profonde, d'un silence favorable aux saintes occupations du ministère. Le bourdonnement continuel qui s'élève de cette vaste agglomération des cases de Whydah, vient mourir devant les portes de la nouvelle Mission.

Dès les premiers jours, l'attention des missionnaires ne s'était portée que sur ces avantages physiques ; ils remercièrent Dieu de les avoir conduits comme par la main dans cette demeure choisie. Mais ils n'avaient pas compris que c'était là, en outre, le seul endroit qu'ils pouvaient habiter, pour jouir de quelque considération publique en qualité de missionnaires catholiques.

Leur transport sur un vaisseau du gouvernement français, leur présentation aux autorités dahoméennes par un officier de l'escadre, la protection du navire de guerre qui les abritait, la nouveauté de leur présence, enfin le respect et la considération dont ils étaient l'objet de la part des blancs, tout cela servit sans doute à frapper les indigènes et à donner aux missionnaires une véritable importance. Mais ce qui acheva de mettre ces derniers en grand crédit c'est leur installation dans le fort portugais, où la mission commença à fonctionner sous les plus heureux auspices.

« D'après la plus ancienne croyance des indigènes, c'est dans ce fort que résidait le *Dieu des blancs*. Les premiers portugais avaient compris que pour fonder une colonie prospère, il ne suffisait pas de construire un mur, de creuser un fossé,

(1) Le P. Laffitte. *Souvenirs de voyage et de mission.*

de mettre en place quelques pièces d'artillerie ; mais qu'il fallait, avant tout, un lieu de ralliement, où chacun pût aller puiser le secours moral dont il avait besoin : le malheureux un peu de consolation, le faible un peu de force, le puissant et le riche un peu d'humilité et d'amour pour ses frères. Aussi ne touchèrent-ils jamais une terre nouvelle sans y élever un temple au Tout-Puissant. Ils avaient bâti une chapelle au centre de la cour intérieure du fort (1). »

Pendant le séjour des Portugais et après leur départ, quoique la côte fût longtemps sans prêtres catholiques, les traditions du pays désignaient toujours cette chapelle comme la résidence du *grand Dieu des chrétiens*. C'était, de fait, le siége du Christianisme pour le Dahomey, et le lieu privilégié où les indigènes allaient quelquefois honorer leur Créateur. C'était là que le roi envoyait son représentant faire hommage au *Dieu suprême* ; et, d'après les idées reçues, on ne savait découvrir un autre endroit où les hommages publics devaient et pouvaient être plus dignement présentés.

Les païens eux-mêmes reconnaissaient que la chapelle du fort portugais était la demeure du *Dieu suprême*. Ils allaient devant la porte de cette église se mettre à genoux avec les cérémonies en usage devant le roi. C'est là qu'à haute voix ils adressaient des prières dans leur style. Là des familles entières d'indigènes adoraient le *Dieu des chrétiens* ; surtout à la mort de quelque parent. A l'arrivée des missionnaires, ils firent revivre l'usage antique de déposer hors de l'église, devant la porte principale, de l'huile de palme *pour être brûlée en l'honneur de la divinité des blancs.*

Si les missionnaires avaient été logés ailleurs, on les aurait considérés comme de simples particuliers, et seraient restés isolés, comme dans un désert, quoique au milieu d'une ville populeuse ; tandis que dans le fort portugais ils se sont trouvés, à leur insu, placés parmi les grands personnages du royaume,

(1) Le P. Borghéro. *Ann.*

du moins aux yeux du peuple, qui, dès les premiers jours, les crut grands amis du roi, puisqu'ils habitaient sa maison, et qu'on leur rendait les mêmes honneurs qu'aux princes du pays.

A l'arrivée des missionnaires, la chapelle tombait en ruine. La toiture, faite d'herbes desséchées, s'était effondrée sur plusieurs points ; le plancher, vermoulu, craquait sous les pieds et s'en allait en poussière ; la porte, pourrie, disjointe, ne fermait plus, livrant le lieu saint à la curiosité et aussi à la cupidité de tout venant ; les murs seuls, construits en terre, étaient d'une solidité à toute épreuve. Pour rendre cet édifice digne de la majesté sainte qu'il allait abriter, il y avait de grosses dépenses à faire ; mais il était moins coûteux de réparer le vieux bâtiment que d'en construire un nouveau. Les missionnaires le comprirent et n'eurent de repos qu'après avoir obtenu la permission de s'y établir provisoirement ; permission qui leur fut accordée par le *Jévoghan*, au grand contentement des Portugais et des Brésiliens résidant à Whydah. En quelques semaines, grâce au concours d'un riche mulâtre du Brésil, le fort allait être habitable, et la chapelle convenablement restaurée.

Nos apôtres se souvinrent que les premiers ouvriers évangéliques travaillaient des mains ; ils se mirent donc à l'œuvre pour disposer leur habitation et réparer leur église, la seule chose qu'on leur permit. Généralement on se représente le missionnaire, allant toujours par monts et par vaux, la croix à la main, la parole de Dieu sur les lèvres, convertissant les peuples agenouillés sur son passage. On a de la peine à se le figurer, s'occupant des intérêts matériels les plus vulgaires (1). Cela est vrai quand il s'agit d'une mission florissante, depuis longtemps établie. Le missionnaire qui va rejoindre ses confrères rencontre des peuples mûrs, déjà préparés à recevoir la lumière d'en haut, et désirant impatiemment un plus

---

(1) Le P. Laffitte. *Souvenirs de voyage et mission.*

grand nombre d'apôtres. Il trouve à son arrivée une église bâtie, une école fondée, une maison ou une case pour abri convenable. Quitte-t-il sa résidence pour une tournée lointaine, les chrétiens semés sur sa route se font un honneur de lui donner l'hospitalité ; et si le peuple de sa nouvelle patrie est industrieux, il lui suffira de communiquer ses plans, de donner ses ordres, et tout marchera au gré de ses désirs. C'est un père au milieu de sa famille ! — Mais il n'en est pas ainsi quand le missionnaire aborde sur un rivage qui n'a point connu ou qui ne connaît plus d'apôtres. Là, les difficultés sont bien plus sérieuses. Il faut d'abord, si les indigènes daignent les recevoir, que le missionnaire prenne la truelle du maçon et la hache du charpentier. Et s'il ose ensuite tenter une course apostolique, nulle porte chrétienne ne s'ouvrira devant lui ; tout au plus obtiendra-t-il un misérable coin dans le réduit d'un infidèle ; sinon, un lit de feuilles sous la voûte des cieux recevra ses membres fatigués et endoloris (1). Telle ne fut pas tout-à-fait la position des missionnaires de Lyon, aux premiers jours de leur établissement à Whydah. Ils eurent, sans doute, bien des privations à subir, et surtout de pénibles travaux à entreprendre ; mais ils ressemblaient aux ouvriers qui jetèrent les fondements de nos vieilles églises gothiques : la mort les surprenait quelquefois, alors que le monument était à peine au niveau du sol, mais ils mouraient heureux ; car, dans leur dernier rêve, le temple saint leur était apparu dans toute sa splendeur future. Ainsi, dès le début de leurs travaux, les missionnaires, devenus charpentiers et maçons, faillirent plus d'une fois succomber à la tâche ; mais ils voyaient se lever à l'horizon l'aurore du jour qui devait bientôt éclairer tant d'âmes obscurcies et les transformer en vases d'élection. Cette perspective les ranimait et leur fit souvent oublier les fatigues de leurs durs labeurs.

Le 21 mai, sous les auspices de Marie, les nouveaux apôtres eurent la consolation de pouvoir célébrer la pre-

---

(1) Le P. Laffitte. *Souvenirs de voyage et mission,*

mière messe dans la chapelle du fort portugais. Cet antique sanctuaire contenait une grande quantité de petites statues. Elles étaient décorées de quelques ornements, ou précieux objets : touchants souvenirs de la piété des premiers fidèles. Au faîte de l'édifice, on voyait encore se dresser le vieux clocher où s'abritaient deux cloches. Quant au presbytère, ou logement des anciens chapelains, il était tout poudreux, tout délabré ; mais il changea bientôt d'aspect, grâce au généreux concours et à l'intervention énergique de quelques indigènes.

Du reste, le bon accueil que firent aux missionnaires les anciens chrétiens de la côte, les personnes dévouées qui se rendirent les premières au milieu de ces décombres ; la présence d'une centaine d'hommes qui assistèrent à la messe, le dimanche matin ; la joie générale qui éclata quand on apprit l'établissement définitif de la Mission : tout cela attestait bien que la vieille foi portugaise n'était nullement éteinte, malgré un si long abandon.

Ainsi, loin d'être exposés à quelque injure de la part des indigènes, comme on l'avait craint d'abord, les missionnaires furent donc l'objet d'une vénération qu'on ne saurait trouver dans bien des Etats chrétiens. On savait fort bien, au Dahomey, qu'ils n'étaient ni des agents commerciaux venus pour faire fortune, ni des émissaires politiques envoyés pour explorer le pays, et en préparer la conquête ; on savait encore que leur ministère était tout de charité, soit envers les catholiques, soit envers les païens. Les noirs eux-mêmes, qui éprouvent tant de difficulté à comprendre l'abnégation chrétienne, furent amenés à conclure que les missionnaires étaient vraiment des envoyés de Dieu.

Se voir bien accueilli en terre étrangère, fut toujours une consolation pour l'exilé ; pour nos volontaires de l'Evangile, ce fut un grand encouragement. Mais après cette première joie de la bienvenue, un autre événement devait bientôt les faire tressaillir d'allégresse, et ajouter à leurs espérances.

CHAPITRE VI

Les PP. Borghéro et Fernandez avaient quitté Lyon depuis huit mois, et déjà le Séminaire des Missions-Africaines était en mesure d'envoyer deux nouveaux apôtres à la mission de Whydah. Le Père Maurice Gondin et le Père Irénée Laffitte, du diocèse d'Aire, s'embarquaient à Liverpool, à bord de l'*Ethiope*, le 24 août 1861.

Malgré la chaleur du soir, une brise assez forte enfla gracieusement les voiles ; et sous la double impulsion du vent et de la vapeur, le vaisseau glissait déjà au milieu des vagues. Les apôtres saluèrent bientôt l'île de Madère, les îles Canaries, les montagnes de Sierra-Leone. Après un commencement de tempête où les pilotes montrèrent une grande énergie, on mouilla devant Freetown. L'équipage mit pied à terre dans cette colonie, fondée autrefois par Granville Sharp et quelques autres philanthropes, et évangélisée plus tard, comme nous l'avons déjà raconté. Quant à nos deux missionnaires, ils avaient été soumis à une bien dure épreuve. Les premières fatigues de la traversée furent si violentes pour le P. Gondin, que ce dernier avait été obligé de renoncer pour le moment à son apostolat d'Afrique et de retourner en Europe. Cette séparation, en plein voyage, causa au P. Laffitte un bien grand chagrin. Mais Dieu devait bénir, dans ses dernières étapes, celui qui continuait d'affronter les périls de l'Océan. Nous avons déjà lu les nombreuses descriptions sur les côtes africaines et sur le Dahomey que le P. Laffitte écrivit plus tard. Or, il nous raconte qu'à son arrivée en vue de Freetown il apprit que le consul d'Espagne lui avait envoyé à bord une embarcation spéciale, un petit canot, et qu'il était allé à sa rencontre sur la jetée. M. de Emperanza, en effet, l'ayant attendu, lui tendit la main, « avec cet air gracieux et digne qui est le caractère distinctif d'un fils de noble famille. » Il se fit un devoir d'accompagner le missionnaire. Celui-ci voulut aussitôt aller s'agenouiller sur les restes sacrés de ses frères aînés, qui avaient échangé leur exil de la terre pour la patrie du ciel. Le P. Edde avait été condisciple du P. Laffitte ; les émotions de ce dernier, sur la tombe de son ami, furent d'autant plus vives que son départ fut prompt.

L'*Ethiope* mit de nouveau à la voile. Le cap des Palmes et le cap Corse devaient être autant de stations, mais bien courtes. Les aspects de ces côtes sont magnifiques. On y fait un commerce actif d'or et d'ivoire.

Rien de remarquable ne signala la navigation du missionnaire jusqu'à Akra. Le vapeur filait avec rapidité, pas cependant assez vite au gré du désir de l'apôtre.

A Akra, M. Petinto, qui représentait le gouvernement espagnol dans cette colonie, fournit au P. Laffitte l'occasion de voir Sa Majesté noire, le roi de la côte. C'était un grand nègre sans tenue, qui se confondait volontiers dans la foule de ses sujets. Le peuple cependant aime tendrement le roi d'Akra. Quand un vol a été commis, au détriment des étrangers, les consuls respectifs qui les protégent font saisir le roi et le gardent en ôtage, jusqu'à ce que le coupable soit découvert. Aussitôt, les nègres pleins d'attachement pour leur maître, se mettent en campagne et ne tardent pas à livrer le malheureux voleur.

Cependant il fallut bientôt lever l'ancre. La plage d'Akra disparut. Le 22 septembre, au matin, l'*Ethiope* mouillait en mer près de Lagos. La descente à terre sur ce point du littoral est aussi périlleuse qu'à Whydah. Lagos, dont nous parlerons plus tard, appartenait sans doute à l'ancien vicariat apostolique du Dahomey ; mais aucun missionnaire n'avait encore visité cette côte ofricaine, et le jour n'était pas encore venu pour que la croix du Sauveur y fût plantée.

Après un léger repas, le P. Laffitte songea au but de sa course, et se disposa à quitter Lagos, le 23 septembre, a six heures du soir. Son long voyage à travers l'Océan avait été un enchantement continuel ; il fallut alors entreprendre une traversée d'un genre tout nouveau, et pleines de péripéties. « Ce n'était plus, dit-il lui-même, sur un vapeur, mais en pirogue qu'on nous fit voyager. Les lagunes qui conduisent vers Whydah n'avaient pas encore vu des missionnaires sillonner leurs eaux ; la religion allait donc bénir ces rives et forcer les échos à répéter le nom du Créateur. Comme la nuit enveloppait ces lieux solitaires, de petites mouches au corsage de feu éclairaient seules l'obscurité, à travers laquelle avançaient toujours les piroguiers. On dirait de petits lumignons, allumés par les bons anges des lagunes !

« L'eau clapotait joyeuse à l'avant de la pirogue, et ce bruit, toujours le même plongeait l'âme dans une quiétude inénarrable, que venaient troubler de temps à autre un cri de bête fauve en quête de sa proie, le battement des ailes d'un oiseau dérangé dans son sommeil, ou bien la course rapide de quelque caïman fuyant la pirogue. »

La petite embarcation avança tour-à-tour en vue de Badagry et de Porto-Novo ; deux points importants du littoral pour le commerce européen. Nous verrons plus tard le Soleil de Justice se lever sur ces côtes africaines, et toutes ces villes maritimes et commerçantes devenir autant de centres favorables aux missions catholiques.

Mais bientôt la pirogue légère glissa sur un lac, longea un canal, et arriva enfin à la petite ville de Godomé. Là, le P. Laffitte reçut encore les politesses du cabécère. Des porteurs pour ses bagages lui furent donnés jusqu'à Whydha. Il était cinq heures du matin, et le 26 septembre 1861, quand ils frappèrent à la porte de la Mission. On juge de toute la joie de la petite communauté.

L'heure où tout européen doit payer son tribut de souffrances à cette plage inhospitalière avait sonné pour nos deux premiers mssionnaires. Le P. Borghéro prit une insolation qui le tint plusieurs semaines sur sa natte; et le P. Fernandez fut atteint d'une de ces fièvres lentes qui minent peu à peu la constitution la plus robuste. Tout travail était interrompu; et la Mission, à peine commencée, dut subir un temps d'arrêt.

Or, ce temps d'arrêt durait encore lorsque le P. Laffitte arriva au fort portugais. La joie des missionnaires, en le voyant, fut d'autant plus vive qu'ils ne l'attendaient pas. A peine la nouvelle de leur santé ébranlée était-elle parvenue à Lyon, que le jeune apôtre des Landes avait été envoyé en toute hâte et par la voie la plus rapide. Celui-ci avait si promptement exécuté son voyage à travers les lagunes, qu'il avait devancé de deux jours le courrier de Lagos, porteur de la lettre qui annonçait son départ de Lyon.

Le jour même de son arrivée, le P. Borghéro lui présenta le personnel nègre de la mission. Il se composait de deux hommes et d'un enfant. Les deux hommes étaient fils d'anciens esclaves du fort portugais; le plus vieux, appelé Pédro, était chrétien; l'autre appelé Marianno, était encore païen. L'enfant, esclave d'un mulâtre du Brésil, avait reçu au baptême le nom de Roberto.

Se sentant réconfortés par la présence d'un nouveau confrère, les missionnaires voulurent se remettre activement à l'œuvre.

Quel était alors l'état des esprits?

En ce qui concerne la plus vaste partie du Dahomey, nous avons vu un grand peuple de nègres voués au plus abominable fétichisme. A Whydah, la population indigène est généralement moins fanatique, plus douce et relativement intelligente. Cependant, bien qu'elle croie à l'existence d'un seul Dieu, père et bienfaiteur des hommes, ce n'est pas à lui qu'elle rend les honneurs de l'adoration. Dominés par un sentiment de crainte, les naturels pratiquent encore le culte inique des dahoméens.

Quant aux résidants étrangers et à leurs ancêtres, voici quelle a été et quelle est leur influence religieuse dans cette ville maritime :

Les découvertes des portugais ouvrirent ces contrées au commerce. Ils établirent des factoreries sur les bords de la mer, et commencèrent ainsi à jeter quelques semences de christianisme. Plus tard, l'Amérique, et surtout le Brésil, envoya aussi ses négociants, qui se fixèrent sur ces côtes. Les descendants de ces blancs se sont peu à peu mêlés et confondus avec les indigènes. Mais les souvenirs chrétiens se sont toujours conservés malgré l'absence de tout secours religieux. Un nouvel élément est venu grossir le nombre de ces chrétiens abandonnés. Il y eut une époque où beaucoup d'esclaves furent transportés du pays des Nagos dans le Brésil. Or, le peuple brésilien, malgré les malheurs des temps modernes, est un de ceux chez qui notre religion exerce une grande influence. Par suite, nos Africains furent traités avec humanité. Sous des maîtres indulgents, ils eurent le temps de former des familles qui, bien que nées sur le sol américain, conservèrent la langue et le souvenir de leur patrie. Bon nombre d'entre eux obtinrent la liberté, et revinrent faire le commerce à côté de leurs anciens maîtres. Presque tous avaient reçu le baptême dans les jours de leur esclavage, et quoique généralement peu instruits de la Foi, ils ont rapporté des habitudes chrétiennes. Ils traitent leurs esclaves à peu près comme ils ont été traités eux-mêmes. Si l'esclave se conduit bien, il rentre dans l'intimité de la famille, et ne se vend plus ; ses enfants sont enrôlés sous la bannière du Christianisme, et le baptême est comme une espèce d'affranchissement qui fait considérer l'enfant de l'esclave comme s'il était l'enfant du maître (1).

Cette influence du Christianisme a été si puissante, que, même dans le langage des naturels, les noms de *Blanc*, de *Chrétien*, sont synonymes de *Seigneur*, de *Libre* ; tandis que

---

(1) Le P. Borghéro. *Ann.*

ce mot *Noir* ou *Païen* équivaut à *Serviteur, Esclave*. Au Dahomey surtout on appelle *Blancs* tous les chrétiens, fussent-ils d'ailleurs noirs comme l'ébène. Les naturels païens, même les plus haut placés près du roi, se disent ouvertement les esclaves du monarque, fléchissent le genou devant lui, se couvrent de poussière la tête et le corps ; tandis que les chrétiens, tout en étant noirs, ne saluent le roi qu'à la manière européenne.

La loi qui défend le baptême pour les indigènes, le permet pour ceux qui sont attachés aux Blancs, soit comme esclaves, soit à un autre titre. Toutes les fois que l'un des parents est chrétien, les enfants peuvent toujours être baptisés. En outre, un prêtre quelconque peut faire jouir un enfant du bienfait de la régénération. Un bon nombre de païens même veulent que leurs enfants soient baptisés, et ainsi les naturels fournissent leur petit contingent.

Voilà donc trois sortes de fidèles : les descendants des Européens, les esclaves libérés revenus dans leur patrie après avoir reçu le baptême, et les indigènes ; trois classes très-distinctes à Whydah, formant l'héritage de nos apôtres.

CHAPITRE VII

Cependant malgré l'accueil bienveillant du gouverneur de Whydah, qui avait agi d'après les ordres venus de la capitale, les missionnaires n'étaient pas entièrement rassurés. Quelles étaient les dispositions du roi à leur égard ? c'est ce qu'il importait de savoir dès le commencement, afin de se tenir sur ses gardes. Sans doute, l'accueil fait par le Jévoghan aux PP. Borghéro et Fernandez eût suffi, en pays civilisé, pour se croire à couvert de toute tracasserie de la part de l'autorité ;

mais *autre pays, autres mœurs*. Il ne fallait pas songer à voir clair du premier coup dans la politique tortueuse du Dahomey. Cependant une parole, un fait, le plus léger indice pouvait suffire, pour le moment, à faire connaître s'il y avait à espérer ou à craindre. On se décida à envoyer un cadeau au roi. Quelques pièces d'étoffes firent bon effet à la cour d'Agbomé ; et bientôt un messager vint offrir aux missionnaires l'amitié du monarque.

Etre proclamés *les amis du roi*, c'était là un grand sujet d'espoir, surtout aux yeux des populations ; mais il n'y avait là aussi que du provisoire. Les missionnaires ne pouvaient, à la rigueur, être assurés d'une position stable que lorsqu'ils seraient allés en personne à la capitale, pour y voir le roi, le connaître, en être connus, et entendre de sa bouche ses volontés sur eux.

Mais un voyage à la capitale du Dahomey ne peut s'entreprendre qu'avec le bon plaisir du monarque. L'européen qui oserait se mettre en marche sans l'autorisation royale serait certainement arrêté avant d'avoir franchi les limites du territoire de Whydah. Nos missionnaires ne songeaient point à courir cette aventure. Du reste, les paroles flatteuses qu'ils avaient déjà reçues du roi leur faisaient espérer que le prince leur enverrait bientôt son invitation officielle.

Dans cette attente, les missionnaires s'étaient d'avance concertés, et avaient bien résolu de ne pas fléchir le genou devant Baal, de ne pas ravaler leur caractère sacerdotal devant le monarque ; et même de ne pas trop comprimer dans leur cœur le cri d'indignation que pourrait leur arracher tout spectacle opposé aux lois de l'Evangile. Ils avaient décidé que, sitôt l'invitation arrivée, l'un d'eux partirait, mais après avoir posé des conditions. « Exiger de n'être pas contraint à assister aux sacrifices, refuser toute immolation humaine en son honneur, ne pas cacher au roi les vérités évangéliques dont il était l'apôtre » : telles furent les dispositions courageuses avec lesquelles le P. Boghéro attendit de pied ferme le message royal.

Toutefois l'intelligent missionnaire comprenait aussi qu'il ne devait pas exposer le succès de son entreprise, soit en montrant trop de rudesse et d'indépendance devant la mollesse et le servilisme d'un peuple si faible et si attaché aux vieux usages, soit en affectant une pauvreté excessive et une timidité exagérée en face d'une cour si cupide et si cruelle. Des concessions faites avec courtoisie en faveur de traditions bizarres, il est vrai, mais indifférentes en elles-mêmes, au point de vue des mœurs, pouvaient gagner les cœurs; du moins faire surmonter bien des obstacles et obtenir à la mission catholique quelque gage d'heureuses espérances. Il importait donc au P. Borghéro de tempérer sa première ardeur, de conserver une grande aménité dans toutes les négociations, et de s'informer à l'avance des moindres petits usages et des mille circonstances qui accompagnent une réception solennelle.

Les premières relations de voyage sur la Côte des Esclaves avaient parues à Londres, en 1724. Les consuls et les gouverneurs du fort anglais, à Whydah, avaient successivement publié leurs impressions, au sujet des visites faites à Sa Majesté dahoméenne. Le P. Borghéro avait lu quelques extraits d'une lettre adressée à M. Tinker, gouverneur du fort, par M. Bullfink Lamb, visiteur et prisonnier du roi de Dahomey. Voici un extrait de ce document :

« Il y a cinq jours que le roi me remit votre lettre du premier de ce mois. Le prince m'ordonna de vous répondre en sa présence. Je le fis pour exécuter ses volontés. En recevant votre lettre de sa main, j'eus avec lui une conférence dont je crois pouvoir conclure qu'il ne pense pas beaucoup à fixer le prix de ma liberté. Lorsque je le pressai de m'expliquer à quelles conditions il voulait me permettre de partir, il me répondit, en souriant, qu'il ne voyait aucune raison de me vendre, parce que je ne suis pas nègre. J'insistai. Il tourna ma demande en plaisanterie, et me dit que ma rançon ne pouvait coûter moins de sept cents esclaves, qui, à quatorze livres sterling, feraient près de dix mille livres sterling. Je lui avouai que cette ironie me glaçait le sang dans les veines ; et, me remettant un peu, je lui demandai s'il me prenait pour le roi de mon pays. J'ajoutai que vous et la compagnie me croiriez fou, si je vous faisais cette proposition. Il se mit à rire et me défendit de vous en parler dans ma lettre. Je finis par ajouter qu'à son discours il m'était aisé de prévoir que je mourrais dans son pays, et que je le priais de faire venir pour moi des habits et quelques autres nécessités. Il y consentit.

« Je crois donc n'avoir, Monsieur, qu'un seul moyen de me racheter : ce serait de faire offre au roi d'une couronne et d'un sceptre. Je ne connais pas d'autres présents qu'il puisse trouver dignes de lui ; car il est fourni de vaisselle, d'étoffes, de chapeaux, de bujis ou cauris, etc. Sa Majesté m'a pris tout le papier que j'avais, dans le désir de faire un cerf-volant, et afin, dit-elle, que nous puissions nous en amuser ensemble... etc.. »

Les négociants ou consuls anglais qui ont écrit sur ce sujet, n'avaient pas eu l'insigne honneur d'approcher le roi ; mais chacun avait vu de près les grands personnages de la cour, les princes, les ministres ou cabécères, les chefs d'armées ; et le missionnaire, parcourant à l'avance leurs diverses relations, constatait que tous ces voyageurs avaient été reçus avec d'autant plus d'empressement et de distinction, qu'ils s'étaient montrés plus généreux dans leurs amicales offrandes d'objets précieux de toutes sortes. Le tableau de ces mœurs cupides, de cette soif du bien d'autrui, fut un trait de lumière pour le P. Borghéro, qui, de concert avec M. Lartigue, se mit à l'œuvre pour procurer des cadeaux dignes de convoitise.

Enfin, arriva le bâton du roi. Ce bâton symbolique, entre les mains du messager qui en est le porteur, est comme la personnification de celui qui l'envoie ; c'est ainsi que le roi invite solennellement à aller le voir dans sa capitale. Les principales autorités de Whydah, avec les messagers royaux, vinrent donc le présenter en grande cérémonie au P. Borghéro et à ses compagnons. Tous les noirs étaient prosternés. L'ambassadeur du roi, le Jévoghan, les deux cabécères du quartier portugais, et quelques autres petits officiers, qui formaient le brillant cortége, se mirent aussi à genoux, et, dans cette posture, présentèrent au P. Borghéro le bâton du souverain monarque. Seuls, les missionnaires se tinrent debout. Pendant que les soldats faisaient, sous forme de musique, un vacarme indescriptible, le père supérieur de la Mission prend et découvre lui-même le mystérieux bâton qu'on avait enveloppé d'une étoffe de soie. Ce rare fétiche, que les nègres ont à peine le droit de regarder, n'est ni plus ni moins qu'un petit jonc terminé par un débris d'ivoire. N'importe, la valeur symbolique du bâton royal est incalculable.

Il fut donc confié aux missionnaires, afin qu'ils pussent le porter ostensible le long de la route, et indiquer ainsi à tout le monde que c'était le roi qui les appelait. Ils devaient, en outre, recevoir par là tous les honneurs que le souverain veut qu'on rende à ses amis.

On en vint cependant à l'objet de l'ambassade ; et on leur dit que « le roi attendait le blanc avec impatience ; la porte lui était grande ouverte ; des honneurs encore inusités lui seraient rendus, etc., etc... » On assura en même temps que « les sacrifices humains n'auraient pas lieu en leur présence, que toute liberté leur serait accordée, et que, eu égard à leur condition, on ne leur occasionnerait pas de fortes dépenses de voyage. » Les préliminaires posés, les conditions faites de part et d'autre, l'ambassade retourna chez le gouverneur de Whydah, escortée de la foule qui stationnait sur la place. Le 21 novembre 1861, les missionnaires avaient à leur disposition tout ce qu'il fallait de monde pour le transport de leurs malles. Ils expédièrent la première partie de leur caravane, composée de cinq jeunes chrétiens et de quinze personnes chargées de porter leurs bagages. Ceux-ci prirent donc les devants, pour aller attendre les prêtres à Allada.

Le 22, le P. Borghéro part lui-même avec *Amoa*, le cabécère ou commandant du fort, qui devait, en cette occasion, lui servir de premier domestique ; ainsi que l'ambassadeur royal, qui devait précéder son hamac, portant le bâton du roi.

Comme nous l'avons déjà dit, le hamac dahoméen est suspendu à une perche et surmonté d'une tente ; un porteur en avant et un porteur en arrière, avec la perche sur la tête, ont à leur droite et à leur gauche quatre hamaquaires ; en tout, dix noirs hamaquaires. Ils se relaient sans s'arrêter et vont fort vite. Le hamac était précédé de l'envoyé officiel de Sa Majesté, qui portait le bâton royal avec le plus grand respect. Ouvrant ainsi la route, il faisait rendre aux blancs les honneurs prescrits.

CHAPITRE VIII

La première station fut Savi, qui est à quinze kilomètres de Whydah. C'est une sorte de principauté à moitié indépendante. On y pénètre sur un pont très-grossier et très-étroit. Savi, qui a la propreté et l'élégance de toutes les villes nègres, n'offre rien de remarquable. Sa population est d'environ trois mille habitants. Elle a été conquise par les souverains du Dahomey dans le siècle passé ; mais elle a toujours joui d'une certaine liberté, et son chef fut souvent décoré du nom de roi.

En parcourant l'intérieur de ces terres, le voyageur découvre parfois des spectacles ravissants. Ce sont des lacs, des ruisseaux, des prairies, des bosquets d'arbres gigantesques, à travers lesquels on aperçoit des cases nombreuses, des populations animées. Les indigènes, à la vue d'un blanc, et surtout d'une *robe noire*, prennent d'abord la fuite, s'apprivoisent peu à peu, accourent ensuite et environnent bientôt l'étranger. Ils l'interrogent d'abord par quelques mots hasardés ; puis chacun veut questionner à son tour, et même tous parlent à la fois : c'est un véritable vacarme.

Quand on fut arrivé sur la place du marché, chacun prit le temps d'acheter ses provisions. Aussitôt les femmes du bazar commencèrent une danse, accompagnée de chansons en l'honneur des blancs : elles continuèrent tant qu'on resta en leur compagnie.

A quelques kilomètres de là, se présente une forêt qui mesure une zone de vingt lieues de large, et qu'il faut traverser pour suivre la ligne directe vers Agboiné. De distance en distance elle offre de rares éclaircies ; le plus souvent elle est si épaisse qu'il est impossible d'y pénétrer. Le chemin dans sa longueur est creusé à coups de hache. Les espèces d'arbres qui dominent dans cette étendue de bois sont : des palétuviers de petite taille, des cotonniers gigantesques ; çà et là des palmiers, tantôt de médiocre grandeur, quand ils sont presque seuls, tantôt très-élevés, quand ils sont mêlés à d'autres arbres, et, par conséquent, obligés d'aller chercher bien haut l'air et la lumière dont ils ont besoin (1).

A partir de Savi, le voyage devait être pour le P. Borghéro une véritable ovation, jusqu'à son arrivée en présence du roi. Le chef des hamaquaires, au moment du départ, avait commencé à hurler fortement dans sa corne, pour aviser les personnes qui se trouveraient devant le hamac de s'arrêter et de rendre hommage. Il continua longtemps ce mode d'avertissement. Une troupe de vingt à vingt-cinq femmes les suivit pendant près de deux heures, en dansant, voltigeant et chantant, comme on sait le faire en ce pays. Elles improvisaient couplets sur couplets *en l'honneur du blanc qui va trouver le roi.* « *Il vient des terres lointaines... Il est descendu dans le pays des Noirs, pour enseigner à marcher droit...* » Inutile de rapporter tout ce qu'elles ont débité à sa louange, le long de la route jus-

(1) *Ann.*

qu'à *Tolli*, où elles le quittèrent. On se demande comment elles ont assez de force pour chanter si longtemps à toute gorge, gesticuler et danser sans cesse avec une énergie qui ne faiblit jamais.

Tolli est encore une ville de quatre à cinq mille âmes. On y fit une seconde halte pour visiter les parents et amis des gens de la caravane.

La situation du pays le rend fort sain ; il est élevé, et, par conséquent, rafraîchi par des vents agréables. La vue générale en est charmante. Le voyageur n'y est nullement incommodé par les moustiques.

Les deux villes de Savi et de Tolli avaient été beaucoup plus peuplées. Les habitants y étaient si nombreux et si encombrés, qu'il était difficile à toute heure de marcher dans certaines rues. Il y avait des comptoirs européens ; c'était des bâtiments solides, spacieux, bien ouverts et composés d'appartements fort commodes. Les marchés bien fournis étalaient une grande variété de provisions d'Europe et d'Afrique. On ajoute même qu'on y voyait de grandes places plantées des plus beaux arbres, à l'ombre desquels les marchands et les capitaines traitaient de leurs affaires, comme dans autant de banques ou de bourses. Toutefois, d'après Smith, les innombrables maisons des particuliers n'étaient bâties qu'avec un soin relatif, abritées par le chaume et tenues avec une médiocre propreté.

Malheureusement tous ces lieux avaient été couverts de ruines, et tous les décombres réduits en cendres par les troupes du Dahomey, qui s'étaient emparé des deux villes en 1727. Au passage de nos chrétiens, ce n'était plus que deux bourgs considérables reposant paisiblement sur les fondements des anciennes cités et vivant sous la domination d'Agbomé.

A la station d'Allada, le gouverneur fit apporter aux missionnaires une provision d'eau ; objet de consommation justement apprécié, tant il est rare. Le roi lui même avait eu l'initiative de cette attention. A distance des grands réservoirs qui se trouvent dans les montagnes, on n'a guère de la bonne eau, qu'autant qu'on va la chercher dans les entrailles de la terre. Or, sans expérience, les noirs ne creusent pas de puits hors de Whydah ; ils se contentent du liquide amassé dans des excavations qu'ils pratiquent çà et là à très-peu de profondeur. L'eau de ces trous est bourbeuse et blanchâtre, au point de ressembler à du lait. En outre, comme elle est loin des lieux habités, elle devient un objet de commerce ; on la vend au marché, comme on vend les ignames et le maïs. Son prix varie suivant les saisons : dans les temps secs, un litre d'eau trouble, mais à peu près potable, coûte jusqu'à cent vingt coquilles, somme qui suffit à la nourriture d'un homme pour la journée. Nulle part l'eau n'est plus mauvaise et plus chère qu'à la capitale. Loin de la ville se trouve une fontaine qui donne une eau transparente, quoique toujours blanchâtre. Le roi seul peut puiser à cette source. Or, c'est cette même eau qu'il eut la délicate attention d'envoyer aux missionnaires, en quantité suffisante pour boire le reste du voyage. Pour les autres besoins, l'approvisionnement se fit au marché d'eau commune.

Cette prévenance de la part du roi de Dahomey fut d'un secours précieux pour toute la caravane, mais surtout un nouveau gage d'espérance pour le missionnaire.

Allada, ancienne capitale du royaume de ce nom, est bien déchue de sa splendeur. Cette ville n'est qu'une agglomération de cases encore plus mal construites que celles de Whydah. La station des hamaquaires n'y fut pas longue.

A une faible distance d'Allada, suivant toujours le chemin qui conduit à Agbomé, on rencontre une nouvelle forêt qui se prolonge jusqu'à Henoi, et qui s'étend sur une largeur d'environ douze lieues. Cette forêt, aussi vieille que la terre qui la porte, n'a pas eu à souffrir de la main destructive de l'homme ; elle a pourvu elle-même à sa défense par les buissons épineux qu'elle protége de son ombre, et par les lianes qui rampent un instant sur le sol, pour se dérouler en spirales sans fin, grimper bientôt jusqu'à la cime des arbres, y prendre un peu d'air et de soleil, puis, comme éblouies d'une lumière qui n'est pas pour elles, descendre de ces hauteurs, se mêler en un fouillis inextricable et serrer de leurs nœuds puissants toutes les branches qui se trouvent sur leur passage. Le temps seul pose la main sur cette forêt, mais une main amie qui guérit le lendemain les blessures de la veille. Les hommes ont bien réussi à s'y ouvrir un passage, mais ils ont reculé devant les arbres gigantesques qui effrayaient leur petitesse ; et pour tracer le sentier sinueux qui court dans le bois, leur hache n'a porté que sur les arbres rabougris et sur les rejetons dégénérés des géants primitifs. Une voûte de verdure, impénétrable aux rayons du soleil, entretient dans ces lieux une fraîcheur délicieuse (1).

Partis d'Allada avant le jour, les porteurs traversèrent donc cette forêt infestée d'animaux sauvages, qu'ils entendaient hurler dans les ténèbres. A midi, ou atteignit Toffo, situé sur le versant septentrional du charmant plateau, auquel cette ville a donné son nom. Le P. Borghéro était si épuisé de forces en y arrivant, qu'il resta plus d'une heure étendu à terre dans l'impuissance de continuer le voyage. Pourtant, il n'était qu'au commencement de ses souffrances Devant lui s'étendait, de l'est à l'ouest, une zone marécageuse, qu'on appelle *Lama* en portugais, et *Co* er langue du pays ; ces deux mots veulent dire *boue*, et ce nom n'est que trop bien appliqué.

Il fallut donc traverser cet affreux marais, qui peut avoir cent kilomètres de longueur. Le P. Borghéro raconte lui même ce voyage sur eau bourbeuse, voyage continuellement rempli d'émotions pénibles.

« Le 24, nous quittâmes Toffo pour aller jusqu'où nous pourrions. D'épaisses broussailles nous obligèrent d'enlever la tente du hamac, qui m'eût préservé du soleil ; je restai, dès lors, exposé à toutes ses ardeurs. Nous marchions péniblement dans la boue, et nous parvînmes vers le milieu de la Lama, où l'on trouve des nappes d'eau bourbeuse sur un fond de vase.

---

(1) Le P. Borghéro. *Ann.*

Quand on arrive à ces malheureux endroits, on procède ainsi : chacun coupe un bâton, pour sonder le terrain sur lequel il va poser le pied, et ne pas tomber dans les trous qui sont si fréquents. On s'attend les uns les autres sur le bord, afin de n'entreprendre le passage que lorsqu'on est assez nombreux pour pouvoir, au besoin, se porter mutuellement secours. Nous subîmes pendant la traversée le supplice dont parle M. A. Vallon, lieutenant de vaisseau, dans le récit de son voyage à Agbomé. « Pendant que le porteur de l'arrière, dit-il, a de l'eau jusqu'à la cheville, celui de l'avant, malgré toute sa souplesse et ses efforts, s'enfonce subitement jusqu'aux reins ; c'est à grand'peine que les six autres vous soutiennent par les côtés, l'un tombant, l'autre glissant, celui-ci poussant, celui-là se retenant à votre hamac. » Souvent on est si engagé dans la boue, qu'il faut un temps considérable pour soulever une jambe et l'enfoncer une seconde fois. Il arrive aussi qu'on ne peut la sortir d'un mauvais pas sans le secours d'autrui (1). »

CHAPITRE IX

Durant ces longues et pénibles campagnes ne comptez point sur quelque ménagement pour votre hamac ; la meilleure chance que vous puissiez lui souhaiter c'est de n'être pas jeté dans la boue. Peu importe d'être ballotté dans tous les sens sur la tête des hamaquaires. Les malheureux, ils ont si rude besogne à vous tirer de là ! Mais laissons au P. Borghéro le soin de continuer son récit. « Voici, dit-il, comment je passai les endroits les plus difficiles. Epuisé de forces, frappé pendant toute la matinée par un soleil torréfiant, au milieu des exhalaisons de tous genres, j'avais de la peine à distinguer les objets qui m'en-

(1) Le P. Borghéro. *Ann.*

vironnaient, lorsque, vers onze heures, nous arrivâmes à la première mare. Au moment où je m'installais de mon mieux pour le passage, je perdis complétement la vue, tout en conservant la conscience de moi-même et assez de force pour me tenir au bâton du hamac. Entré dans le bas-fond, j'entendais très-bien la voix et les cris d'alarme de nos gens ; je percevais les efforts des huit hamaquaires, qui réussissaient avec peine à me maintenir au-dessus de l'eau ; mais je ne pouvais rien voir. Enfin, je finis par perdre connaissance. On passa une première lagune, puis une seconde, et l'on me déposa sur un de ces îlots marécageux qu'on rencontre par intervalles. C'est là qu'on s'aperçut que j'étais évanoui. Mes chrétiens prodiguèrent toutes les ressources de leur dévouement pour me rappeler à moi-même, et ce ne fut qu'après plus d'une heure que l'on parvint à me réveiller de cet anéantissement. Tous les passants s'étaient arrêtés ; et quand je recouvrai la vue, avec un peu de connaissance mêlée de délire, j'aperçus autour de moi une centaine de personnes dans l'attitude la plus triste. C'est qu'en effet on était prévenu, tout le long du chemin, que le roi avait appelé *son ami le missionnaire blanc*, que les ordres les plus précis avaient été donnés pour son heureux voyage ; or, on le voyait là en tel état, qu'on le croyait près de mourir. Qu'arriverait-il en ce cas ? Sans doute, se disaient les noirs, le roi indigné qu'on ait laissé périr *son ami*, attribuant peut-être cette mort à un crime, viendrait avec ses armées brûler tous les pays voisins de la Lama. En outre, l'idée d'un missionnaire est façonnée dans leur imagination de manière à surexciter encore leurs craintes. Le nom qu'ils lui donnent exprime pour eux qu'il est doué d'une puissance surnaturelle ; qu'il a sur Dieu la même influence que la mère du roi sur son royal fils ; la doctrine qu'il prêche, bien qu'elle soit peu comprise des noirs, les frappe d'étonnement par sa grandeur, et leur inspire des sentiments analogues pour celui qui en est l'organe. Toutes les choses exaltent les esprits ; et quand ils voient l'homme de Dieu atteint des misères communes aux autres hommes, ils ne savent plus que penser. C'est pour eux comme une éclipse qui présage quelque grand malheur.

« Enfin, nous nous remîmes en route ; mais après une demi-heure de marche, il fallut encore m'arrêter ; car le mouvement du hamac sous le soleil équatorial m'était devenu insupportable. Je n'avais encore rien mangé et je ne pouvais entendre parler de nourriture. Je demandai un peu d'eau, car je me sentais brûlé. La seule eau qu'on pût trouver était le liquide fangeux de la lagune. Tandis qu'on allait m'en chercher je dus me coucher sur la boue, qu'on avait recouverte d'un peu de feuillage. Je puis assurer que jamais breuvage ne me parut plus délicieux que cet infect bourbier. Nous continuâmes notre route avec bien de la peine, et nous arrivâmes au centre du marais. Là, un ruisseau frais et limpide, encaissé de deux mètres dans le sol, et garni de grands arbres sur ces bords, courait de l'orient à l'occident. Voilà bien des séductions réunies ! Il fallait pourtant m'en garder. Tout ce que la prudence me permit fut une halte dans un bosquet qui ne laissait pas pénétrer un seul rayon de soleil. A nos pieds couraient des eaux d'une clarté que nous n'avions pas retrouvée depuis notre sortie de Whydah; l'herbe et le feuillage nous invitaient à un doux repos. Les passagers s'arrêtent avec délices dans cette oasis et se plongent à l'envi dans cette onde si pure ; car le noir peut impunément en agir de la sorte, lui dont la constitution porte toujours l'activité vitale vers la surface du corps (1); tandis que pour la moindre cause, nous la sentons se retirer à l'intérieur. Pour ma part donc, je tâchai de sortir de ce lieu le plus vite possible, me débattant contre les offres incessantes d'eau fraîche qui m'était présentée par nos gens. C'est tout au plus si j'osais y tremper le bout de mes lèvres desséchées. Pen-

---

(1) La peau du nègre, moins vasculaire et moins irritable que celle du blanc, secrète une matière grasse et fétide, qui la préserve de l'action de l'humidité atmosphérique et permet au corps nu d'affronter les intempéries et les pluies diluviales des tropiques.

dant que les autres se baignaient, je descendis, appuyé sur deux hommes, jusque dans le ruisseau, pour en observer le fond, qui me procura une agréable surprise.

« Depuis la mer jusqu'à cet endroit, on ne trouve pas une seule pierre. Le terrain est toujours d'argile et de sable cristallin, provenant du granit des montagnes encore inexplorées ; mais dans le lit de ce ruisseau l'on découvre une espèce de roche volcanique, qui reparaît plus loin en avançant vers le nord. Quand on est demeuré longtemps sans voir un objet, qu'autrefois, au pays natal, on remarquait tous les jours, on le rencontre ensuite avec une douce émotion, semblable à celle qu'éprouve le marin en revoyant la mer après une longue absence.

« C'est ce qui m'arrivait, à moi, né sur ces rives où la mer ligurienne heurte continuellement les Apennins, où les vagues s'élèvent brusquement vers le ciel, bondissant sur des bases rocailleuses et escarpées. Un savant tiendrait compte de ces premières pierres, pour suivre la géologie interne du pays.

« La campagne qui nous reste à traverser est presque cultivée à l'européenne ; les arbres y deviennent de plus en plus rares ; nous sommes sur un terrain sec, et dans des lieux où l'air est parfumé de l'arôme des champs (1). »

Le 25, on arriva à Canna, ville sacrée des dahoméens. Le P. Borghéro s'y arrêta quatre jours pour se reposer des fatigues d'un si pénible voyage ; et ce ne fut pas sans besoin, car il passa tout le 26 dans un état presque continuel de syncope. On avait mis à sa disposition une des maisons du roi. Et Sa Majesté ayant été prévenue de l'arrivée du missionnaire, s'empressa de lui envoyer une énorme quantité de vivres, entre autres un grand porc cuit tout d'une pièce. Il fit la même chose les deux jours suivants.

Toutes ces attentions royales firent pressentir au P. Borghéro que le monarque, si admirablement disposé en sa faveur, le recevrait avec la plus grande distinction. Il y avait là pour

---

(1) *Ann.*

l'apôtre un certain danger, celui d'une faiblesse d'attitude, d'une excessive condescendance de sa part envers ceux qui le prévenaient de la sorte. Il voulut donc régler à l'avance le cérémonial de sa réception solennelle ; et pour que son entrée à Agbomé fût un pur triomphe pour la religion catholique, il rédigea et adressa au roi les conditions qu'il posait, avant de consentir à faire une visite dans tout l'appareil sacerdotal.

Telles furent ses conditions : « Absence de toute divinité et de toute cérémonie superstitieuse de la part des indigènes ; dispense pour le père de toute étiquette trop servile et de dépenses trop fortes. » Ces conditions sommaires étaient dures pour une cour royale et pour tout un peuple si fortement attachés aux usages ; mais elles furent énergiquement exigées. Et la gloire qui devait rejaillir, par un tel spectacle, sur la personne même du roi Gréré qui en était si jaloux, faisait penser avec raison au P. Borghéro que ses légitimes conditions seraient pleinement acceptées et ses moindres désirs largement satisfaits.

Réjoui par l'espérance que lui donnait son entreprise auprès du roi, et désireux en même temps de se procurer quelques distractions durant son séjour dans la ville de Canna, le missionnaire visita les divers quartiers de cette cité nègre et parcourut ses alentours.

C'est dans cette cité que reposent les tombeaux des rois, là se font les grandes solennités. Canna est pour les dahoméens ce que la Mecque est pour les musulmans : la ville sainte. C'est aussi le Versailles et le Saint-Denis des rois du Dahomey. La cour s'y transporte dans les grands jours de liesse ; elle s'y rend surtout pour les fêtes annuelles en l'honneur des rois défunts. Alors Sa Majesté daigne s'amuser comme un simple mortel. Des chants discordants, des hurlements sauvages s'élèvent de toute part ; la musique fait un bruit infernal, et la voix du canon qui gronde par intervalles ajoute encore à l'ensemble de ce vacarme qui dure jour et nuit.

Le site est presque enchanteur. Les oiseaux y sont très-variés et en très-grand nombre. On en remarque surtout un, gros comme une poule d'Europe, et qui ressemble au petit aigle des Alpes. Le P. Borghéro, avec un léger fusil d'emprunt, visa et atteignit au vol une bête de cette espèce ; et grand fut l'étonnement des noirs, qui ne savaient pas qu'on pût ainsi capturer des oiseaux.

La promenade du lendemain se fit dans un bois voisin. Un assez large sentier qui y conduit vous mène bientôt, à travers l'ombrage, au milieu d'une place ronde, spacieuse et soigneusement entretenue. Un temple de fétiches, de forme circulaire, s'élève au centre. Or, c'est là qu'en dépit du démon, le P. Borghéro voulut réciter son office divin. Il invita les anges, qui portent nos prières jusqu'aux pieds de Dieu, à prendre possession d'un site où pour la première fois on invoquait son nom.

De retour dans la ville, après une belle promenade de ce genre, on finit par n'y plus rien trouver de remarquable; on passerait même avec indifférence auprès des tombes royales, si les drames sanglants dont elles sont chaque année le théâtre ne leur avaient donné une triste célébrité. En temps ordinaire, la ville semble assoupie. Nul mouvement, nul bruit. On dirait que les habitants ont peur de troubler le repos des hôtes illustres dont la garde leur est confiée.

Cependant avant de quitter Canna, le P. Borghéro se donna la jouissance d'une chasse en règle. Il y fut si heureux qu'il abattit tour à tour plusieurs oiseaux aux plus brillantes couleurs, une colombe sauvage d'une rare beauté, un petit volatile rouge au plumage splendide, même un aiglon encore vivant.

En présence de cette abondante fortune il eut l'heureuse idée de tout envoyer au roi. Quand le prince reçut ce cadeau, il était occupé à une cérémonie militaire. Immédiatement il expédia *au blanc* un messager officiel, pour lui dire: « Je célèbre, cette nuit, avec les grands de mon royaume, la mémoire de mon père défunt. Vous seul manquez à la fête. Pour la rendre complète, veuillez vous y associer en acceptant les vivres que je vous envoie. Le jour venu, si vous voulez prendre le café, ce sera avec moi que vous le prendrez. Ici, moi et mes gens, nous vous attendons avec impatience. Votre patrie et la nôtre ne font qu'un pays; et comme vous venez au nom du grand chef des Français, vous serez reçu avec les honneurs qui lui sont dus à lui-même. »

L'erreur du prince provenait d'abord de sa naïve vanité, qui lui faisait regarder comme réel ce qui n'existait que dans les désirs de son petit amour-propre. D'ailleurs, puisque le P. Borghéro était venu sur un navire du gouvernement français, et qu'il avait été présenté au gouverneur de Whydah par un officier de la marine, le roi de Dahomey pouvait s'imaginer sincèrement que le missionnaire était un consul délégué ou un représentant de la nation. Le père se crut obligé de renseigner Sa Majesté africaine, et tira parti de la circonstance pour lui donner une première leçon évangélique.

Il lui fit donc répondre immédiatement qu'il n'était point l'ambassadeur d'un roi de ce monde, mais qu'il venait de la part de Dieu même lui annoncer des vérités qui importaient à son bonheur et à celui de tout son peuple, et enfin qu'il avait à lui confier des choses jugées très-graves par les souverains de l'Europe, par les nations civilisées et en général par tous les blancs. Le missionnaire faisait ainsi allusion aux remontrances qu'il se proposait d'adresser au roi sur les guerres injustes, sur les prisonniers qu'il vendait et sur les sacrifices humains et autres barbaries, dont il souillait ses Etats. Comme on le voit, une sainte ardeur s'était déjà emparé de l'apôtre, et avait élevé son âme jusqu'à la hauteur de sa mission.

Le P. Borghéro dut quitter Canna à trois heures du matin. Cette ville, éloignée d'Agbomé de trois petites lieues seulement, est reliée à la capitale par une belle route qui est la merveille du pays. Sur cette ligne presque directe et large de trente mètres, on marche entre deux bordures d'arbres gigantesques dont la stature grandiose invite le voyageur à rêver déjà aux splendeurs de la capitale. Mais ce beau rêve se dissipe bientôt, dès qu'on aperçoit Agbomé.

LIVRE V

AGBOMÉ

> « Le Seigneur leur fit accomplir des prodiges dans la terre de Cham. »
> « *Mirabilia in terrâ Cham.* »
> Ps. cv, 22.
>
> « Ils ensemencèrent des champs, plantèrent des vignes, firent naître des fruits. »
> « *Et seminaverunt agros, et plantaverunt vineas; et fecerunt fructum nativitatis.* »
> Ps. cvi, 37.

CHAPITRE PREMIER

Le premier aspect d'Agbomé est celui d'un immense et misérable village européen. Après deux bonnes heures de marche, la caravane arriva aux portes de cette capitale. « Son nom veut dire *dans la porte, ville fermée par des portes* (1). » On a prétendu, en effet, la fortifier en creusant un fossé autour; mais deux minutes suffiraient à une escouade de zouaves pour franchir ce fossé. Toutes les fortifications de la capitale du Dahomey dont les nègres font tant de bruit consistent en quelques murailles de terre élevées sur les divers points par où l'on entre

---

(1) Le P. Borghéro.

dans la ville. On compte six ou sept murailles de ce genre, qu'un ennemi peut facilement escalader. Et si cette opération devait un peu coûter, on n'aurait qu'à faire un léger détour pour pénétrer dans la place. Chaque muraille est percée de deux ouvertures : l'une étroite, pour le peuple ; l'autre très-large, pour le roi. « Le circuit de la ville peut avoir une douzaine de kilomètres ; mais les cases des nègres occupent à peine la moitié du terrain. Les rois dahoméens, en donnant un si vaste développement à leur capitale, avaient eu l'intention d'en faire le centre d'un empire colossal. Les idées grandioses de Ghézo, père du souverain actuel, pouvaient y aspirer (1) » ; mais plus tard des échecs multipliés vinrent abattre l'orgueil national. Du reste, tant qu'une stupide superstition fera la règle du pouvoir, il sera impossible d'entreprendre et de maintenir quelque chose de grand. Il est vraiment lamentable que l'intelligence, les forces et l'activité de cette nation soient tenues en lisière par l'ignorance qui dégrade si honteusement les facultés humaines parmi les noirs.

« La porte par laquelle on entre à Agbomé en venant de Canna, est tournée vers l'Est. Avant de la franchir, on rencontre huit ou dix temples de fétiches, de forme ronde. Ceux qui vous portent ont l'ordre de vous mettre à terre, afin que vous marchiez à pied près de ces temples ; mais si vous leur demandez pourquoi ils en agissent ainsi, ils se gardent bien de vous le dire. Quant à moi, dit le P. Borghéro, je vous assure que s'ils m'eussent avoué que c'était pour honorer les fétiches, je n'aurais point quitté mon hamac. Sur la muraille de ces temples sont incrustés des crânes humains, en souvenir de quelque victoire, comme chez nous on enclave des boulets et des bombes (2). »

Le 27, les gardiens *avaient donné les portes de la ville* à la caravane du missionnaire, c'est-à-dire qu'on les avait ouvertes

---

(1) Le P. Borghéro.
(2) *Ann.*

librement pour ceux que le roi voulait accueillir lui-même. Le P. Borghéro s'arrêta dans une des premières maisons, pour faire ses derniers préparatifs; tandis que Sa Majesté se préparait aussi, toute désireuse qu'elle était de rendre très-solennelle cette entrée des blancs. Comme nous l'avons dit, le prince voulait avant tout paraître un grand monarque.

En ce moment, l'apôtre, ayant plus vif que jamais le sentiment de sa dignité, régla encore les conditions auxquelles il consentirait de satisfaire les désirs du roi; conditions qu'il avait nettement posées avant son départ et pendant son voyage, mais qu'il importait de préciser de nouveau, pour prévenir tout malentendu ou tout prétexte futile. Comme envoyé de Dieu pour annoncer sa parole, le P. Borghéro avait accepté de paraître avec les vêtements et les insignes du sacerdoce, mais voici à quelles conditions rigoureuses :

1° Complète liberté, pour n'agir en toute occurrence que selon la croyance catholique.

2° Absence de tout fétiche dans tout le parcours de deux kilomètres, depuis la grande porte de la ville jusqu'au palais royal; et même, dans le palais royal, pas d'idoles, pas de symboles superstitieux qui puissent offenser la vue.

3° Disparition de toute amulette sur les ornements des princes, des chefs et des soldats. (Et tout le monde au Dahomey se charge de ces objets de fanatisme.)

4° Abstention de la part du missionnaire de tout compliment, salut ou tout autre usage entaché de servilisme.

5° Dispense pour le Père, par respect pour les habits sacrés, de recevoir et d'offrir des boissons et autres objets.

6° Toute dépense de poudre et d'eau-de-vie, pour la cour et les princes, pour les ministres et l'armée, sera à la charge exclusive du roi.

7° Pas la moindre cérémonie dans laquelle un vie humaine serait sacrifiée; pas le dernier esclave immolé en l'honneur du blanc, ni à l'occasion de la réception solennelle.

8° Au lieu de faire trois fois le tour de l'immense place

royale, ne le faire qu'une seule fois, et ensuite entrer dans le palais.

Ces conditions étaient formelles. Elles furent de nouveau présentées au roi, qui les accepta volontiers, et plusieurs autres encore moins importantes.

Ainsi, comme le missionnaire dans des conversations avait toujours manifesté une vive réprobation pour les trophées de mort, on eut soin de ne pas faire ostentation de tous les crânes humains qu'il est d'usage d'étaler dans les fêtes et réjouissances publiques. Quant à la proposition la plus dure, celle d'exclure tous les fétiches, le roi l'exécuta de bonne grâce, et répondit : « Je sais bien que ces choses ne doivent pas paraître aux yeux de l'homme de Dieu, car Dieu est bien plus grand que toutes ces choses. »

Et maintenant que tout est accepté et réglé de part et d'autre, assistons à cet événement si extraordinaire chez des peuples sauvages (1).

A huit heures du matin, le P. Borghéro avec son escorte ouvrit la marche triomphale. Elle devait être, en effet, un vrai triomphe pour Jésus-Christ et sa sainte Mère, qui recevaient seuls tous les honneurs dans la cité des fétiches, et par l'ordre de celui qui est le grand-prêtre du fétichisme.

Le missionnaire, avons-nous dit, avait amené avec lui cinq chrétiens, dont deux d'un certain âge et trois de la première jeunesse : c'était les prémices de son apostolat. En prévision de la démonstration religieuse, qui réellement allait avoir lieu, ces chrétiens avaient apporté avec eux des habits ecclésiastiques. Or, voici comment le cérémonial fut arrêté, et dans quel ordre le cortége déploya ses vêtements sacrés à travers les rues de la capitale.

Le plus jeune chrétien, vêtu de blanc, marchait en tête avec une modestie angélique, et agitant au milieu de la route une sonnette d'église. A ses côtés, mais un peu plus en arrière,

---

(1) *Ann.* Juin, 1862, p. 21.

venaient les deux autres en soutane rouge et revêtus de robes blanches magnifiquement brodées en forme d'aubes. Celui de droite portait respectueusement une image de Notre-Seigneur crucifié, en ivoire et d'un travail exquis ; l'autre, dans la même attitude de révérence, tenait une jolie statue de la Vierge. Derrière les deux néophytes qui portaient ces saintes images venaient les deux chrétiens plus âgés, revêtus de soutanes noires et de surplis. Le P. Borghéro était au milieu d'eux en aube, avec l'étole et la chape.

Pendant que les chrétiens et le missionnaire marchaient ainsi suivis de leur escorte, des cabécères avaient été envoyés par le roi à leur rencontre, chacun avec une escouade de son corps d'armée ; ils s'avançaient en dansant et en chantant, avec l'indispensable accompagnement de leurs instruments de musique. Quand on eut fait trois cents mètres de chemin, on s'arrêta sous un gigantesque cotonnier dont l'ombrage s'étendait de toute part. Et sous cette tente naturelle eurent lieu les premières cérémonies de la réception.

Le prince Teindato, ou mieux Choundatou, parut le premier avec un bataillon de ses soldats. Il s'avança à cheval et armé de toutes pièces près du cotonnier, en fait trois fois le tour avec sa milice, en saluant le P. Borghéro à chaque tour. Au troisième, il descend de cheval et va droit vers le missionnaire. Ils échangent les compliments d'usage, pendant que les soldats, selon l'habitude, continuent leur chant et leur danse en l'honneur du blanc. Cette entrevue avec Choundatou était en dehors du programme officiel ; on ne la devait qu'à sa bienveillante initiative. Ce prince, en effet, affecta de professer à l'égard de l'apôtre une amitié toute spéciale, ce qui, dans les idées des noirs et du prince lui-même, est une faveur extraordinaire, vu qu'il est le plus grand après le roi son frère, le plus intime de ses confidents et le général le plus estimé dans ses armées. Il voulut donc venir le premier à la rencontre de l'homme de Dieu, et n'épargna rien pour donner de l'éclat à cette prévenance. Il était chargé plutôt qu'orné d'or, d'argent et de verroteries, mais sans aucun des emblèmes superstitieux, dont les chefs et les soldats font toujours étalage. Il faut en dire autant des cabécères et du roi lui-même. C'était là sans doute un ordre donné par égard pour le ministère sacré du prêtre catholique ; car dans ces grandes occasions les personnages importants sont toujours chargés d'amulettes.

Deux cabécères se présentèrent ensuite avec des gens chargés d'une grande quantité d'eau-de-vie. Ils firent les trois tours de l'arbre (ce que répétèrent tous ceux qui vinrent après eux) et s'approchèrent des chrétiens avec un corps de musique qui fit un vacarme sans exemple et avec de nombreux soldats qui dansèrent et crièrent sans interruption. Chacun prétendait danser et chanter avec ensemble ! La réception officielle commença à l'arrivée de ces deux cabécères, qui venaient, dirent-ils, au nom du roi pour recevoir l'envoyé du ciel.

Comme on le sait, l'eau-de-vie est le véritable dieu des noirs. Aussi toutes les députations qui se succédaient, avaient-elles un air joyeux, parce qu'elles étaient largement pourvues de cette liqueur.

De leur côté, au contraire, les chrétiens gardèrent rigoureusement la gravité requise quand on est sous les vêtements sacrés. On doit ici de justes éloges à ces jeunes néophytes ; car, malgré l'entraînement qu'exerce sur les dahoméens les danses et tout ce qui les accompagne, malgré la fièvre d'exaltation qui régnait dans la foule, malgré les efforts de ceux qui étaient chargés de provoquer les rires, ils conservèrent une attitude pleine de dignité. Les vingt hommes d'escorte qui s'étaient rangés à la suite, quoique tous païens, suivirent cet exemple. Ce fut donc une étrange surprise pour les cabécères de se trouver devant des figures si graves, tandis qu'ils s'attendaient à des démonstrations proportionnées à la grande quantité d'eau-de-vie qu'ils apportaient. Personne parmi les chrétiens n'y toucha, bien entendu ; et les chefs se retiraient plus sérieux qu'ils n'étaient venus, après avoir distribué à leurs gens toute la cargaison d'alcool refusée par le missionnaire.

Les réceptions achevées, (elles avaient duré quatre ou cinq heures) arrivèrent au milieu d'un profond silence les personnes chargées par le roi de conduire le missionnaire au palais. Le P. Borghéro avait déclaré d'avance qu'il ne suivrait pas l'armée au pas militaire, mais qu'il marcherait avec la dignité convenable. Les soldats se conformèrent à son allure, et ils avançaient aussi gravement que dans une procession. Sur la tête du P. Borghéro s'étendait le grand parasol que le roi lui avait envoyé, et l'artillerie tonnait sur son passage. Déjà, à l'ouverture de la cérémonie, une salve lui avait été faite par les canons de la porte ; on avait ensuite tiré une infinité de coups avec de petites pièces portatives, et l'on continua, sur un parcours d'environ deux kilomètres, des décharges fréquemment répétées.

On arriva enfin sur la grande place en vue du palais royal, qui n'est autre chose qu'une vaste enceinte remplie de maisons. Cette enceinte était autrefois couronnée de crânes humains ; hideuse parure que l'air et les pluies ont presque complétement effacée. Restent encore en place les tiges de fer qui les soutenaient, et quelques débris de ces anciens trophées. Si l'on donne à l'enceinte trois kilomètres de contour, voyez combien de têtes pouvaient s'étaler sur ces murs! Les historiens en parlent avec horreur. De Lanoye disait : « Le seul monument d'Agbomé digne d'observation, est le palais du roi. Il consiste dans un grand amas de huttes renfermées dans un enclos quadrangulaire de plus d'un mille de superficie. Les murailles ne sont qu'en terre battue ; mais elles sont surmontées d'un cordon de mâchoires humaines, trophées enlevés sur les champs de bataille et fréquemment entremêlés de têtes entières fraîchement coupées. Le sol des portiques est pavé de crânes, et un revêtement de même nature recouvre le toit de roseaux du pavillon royal. Aussi lorsque l'hôte de cet antre a quelque expédition de guerre à commander à ses généraux, se contente-t-il de leur dire : *Ma maison manque de couverture!* Expression bien digne de figurer en regard de celle par laquelle les prêtres (fétichéros) réclament des victimes humaines : *Nos dieux ont faim* (1). »

« Tout autour de la maison royale, s'élevaient de petits hangars contenant des hommes bâillonnés et tellement garrottés, que les liens avaient disparu sous l'enflure des poignets. Ces malheureux servaient, pour ainsi dire, de litière à des chevaux. A une heure convenue, hommes et chevaux étaient sacrifiés ensemble. En entrant par la grande porte du palais royal, on remarquait de chaque côté, et en dehors, un parallélogramme bâti en argile, sur lequel étaient fixées les têtes des victimes de la dernière exécution (2). »

Aujourd'hui le palais a perdu de son aspect horrible. La parure de crânes qui ornait la muraille a disparu, emportée, comme nous l'avons dit, par le vent et les pluies torrentielles de la saison des orages. Cependant on aperçoit encore quelques rares débris des anciens trophées. La vaste enceinte renferme plusieurs cases bâties à une petite distance l'une de l'autre ; parmi lesquelles on remarque, faisant face à la grande place qui précède la demeure royale, un bâtiment de cent mètres de longueur sur huit de largeur et dix de hauteur : c'est la fameuse maison des *Cauris ou coquilles*. On sait que ces petits coquillages, recueillis sur les plages de Zanzibar et de Mozambique, sont la monnaie courante du Dahomey et de quelques pays limitrophes. *La maison des cauris* regorge donc de ces trésors. Quand tous les impôts sont prélevés, elle est littéralement comble jusqu'à la toiture de ces objets précieux. Nul n'ose y porter la main, car le vol d'un seul cauris serait puni de mort.

D'après le P. Borghéro (3), les parois extérieures de cette

---

(1) *Le Niger*, p. 151.

(2) A. Tardieu, géographe du ministère des affaires étrangères, 1843.

(3) Jusqu'ici nous avons suivi pas à pas ce courageux missionnaire dans les pénibles péripéties de son excursion ; nous avons offert fréquemment au lecteur ses notes de voyage. Désormais, nous citerons presque

maison des finances sont couvertes de coquilles enfilées les unes aux autres. Ces coquilles exposées servent de montre, font ostentation de la fortune du roi. C'est du haut de cette maison, placée près de l'enceinte, qu'en certaines fêtes le monarque jette ses trésors à son peuple. On ne saurait dire les scènes de confusion produites par la cupidité des noirs, lorsqu'une pluie si convoitée tombe sur les têtes.

L'habitation proprement dite du roi est une maison bâtie à l'européenne. Le toit est surmonté de quatre étendards sur lesquels on a écrit en portugais le nom du roi Ghézo. Il va sans dire que ceux qui les hissent, ne sachant pas lire, renversent souvent le drapeau et les lettres de l'alphabet. Ces drapeaux restent en place toute la durée des *Coutumes*, et sont un signal qui défend les moindres rixes ; car, pendant ces barbares immolations, donner un coup de poing ou blesser n'importe qui, est un crime puni de mort. Hors de ce *temps de trêve*, la loi pénale est très-douce. Mais revenons à notre ambassade.

Les chrétiens étaient arrivés sur la partie de la place qui regarde le palais. On vint leur dire qu'il fallait en faire trois fois le tour. Cet exercice de manége, en habits sacrés, lorsqu'on vient, en qualité d'envoyé du Saint-Siége, annoncer l'Evangile à un païen, ne paraît pas digne : le P. Borghéro répondit que s'il était dans son costume ordinaire, il se prêterait à toutes les évolutions désirées ; mais qu'en aube et en chape il ne ferait qu'une fois le tour, pour se conformer dans la limite du possible aux usages du pays. Il n'y eut rien à objecter, grâce à la condition consentie d'avance qu'il pourrait toujours garder sa liberté religieuse.

Comment dépeindre le spectacle que nos chrétiens eurent bientôt sous les yeux : l'artillerie braquée sur la place, les fu-

---

textuellement la relation qu'il a écrite sur sa visite auprès du roi de Dahomey. La longueur de cette lettre, adressée au R. P. Planque, au mois de juin 1862, nous a déterminé à lui enlever sa forme épistolaire, pour la fondre dans le cours de cet ouvrage. *Ann.* T. xxxv, p. 8.

sillades de la troupe, les danses, les cris, la musique de toute une ville en fête pour bien accueillir le blanc, tout cela formait le tableau le plus étrange que l'imagination puisse rêver. Comment traduire les chansons qu'on improvisait sur tout le parcours, car il était souvent impossible de rien entendre. Tels sont les quelques mots qu'on a le plus distinctement saisis.

« Voici le Blanc. Il vient à nous de la terre lointaine, pour nous faire du bien, en redressant nos voies.

« C'est lui qui sait ce que Dieu dit aux hommes.

« Nos yeux sont fermés, nous sommes comme des aveugles.

« Il nous enseignera le secret d'aller au ciel.

« Il est l'ami du roi ; le roi et lui ne font qu'un.

« Ses frères sont déjà nos frères.

« Sa loi sera celle du Dahomey... »

D'où venaient à ces pauvres noirs ces expressions et ces sentiments ? On l'ignore. Plaise à Dieu que la parole divine puisse un jour toucher ces âmes déjà capables de telles pensées et s'ouvrant à de telles espérances !

CHAPITRE II

Après les compliments des hauts personnages que le roi avait envoyés pour recevoir le Père à la porte de son palais, on traversa deux cours spacieuses et on arriva à une troisième qui allait servir à la réception. Le trône s'élevait sous une immense tente. Tout autour étaient disposés les guerriers. On remarquait surtout quarante nègres grands et robustes, le fusil sur l'épaule, le sabre à la main et se tenant fièrement debout devant la porte royale comme à un poste d'honneur. Chacun était orné d'un grand collier de dents humaines, qui leur pendait sur l'estomac et autour des épaules. L'interprète apprit au missionnaire que ces soldats étaient les héros de la nation auxquels le roi avait permis de porter les dents des ennemis tués sur le champ de bataille.

Quelques-uns en avaient plus que les autres, ce qui faisait une différence de degrés dans l'ordre même de la valeur. La loi du pays défend sous peine de mort de se parer d'un si glorieux ornement sans avoir prouvé, devant quelques officiers chargés de cet office, que chaque dent vient d'un ennemi tué sur le champ de bataille.

Ces soldats d'élite devaient former une couronne de gloire autour du roi et derrière son trône. Sa Majesté allait s'y asseoir sur une chaise dorée qu'on avait trouvée dans les dépouilles du palais de Whydah. Trois femmes devaient soutenir de grands parasols au-dessus de sa tête pour la garantir des ardeurs du soleil ; et quatre autres femmes étaient debout immédiatement derrière lui, le fusil sur l'épaule. Toutes ces femmes avaient de précieuses parures : aux bras, des cercles d'or, des joyaux sans nombre autour du cou, des cristaux de diverses couleurs dans leur chevelure (1).

Devant cet appareil était la place d'honneur, protégée contre les ardeurs du soleil par de larges et brillants parasols. Une couche d'un sable fin et blanc comme la neige répandu partout servait de tapis. Le reste de la cour était occupé par les troupes et les grands dignitaires du royaume avec leur suite.

Quand les chrétiens furent à dix mètres du trône on les arrêta devant une barrière en branches de palmiers. A un signal donné et répété dans toute l'enceinte, le silence se fit, et tous les nègres tombèrent prosternés sur la poussière ; car le roi allait paraître. Seuls, les chrétiens étaient debout ; on les fit avancer un peu, pour les dégager de la foule, et le Méhou, premier ministre, qui les accompagnait, se prosterna aussi et

---

(1) De Lanoye. *Le Niger*.

se mit à parler au roi qui demeurait encore caché sous un immense portique. Dès qu'on put apercevoir Sa Majesté, le Méhou composa son langage comme si le prince ignorait tout ce qui se passait dans sa capitale. Il lui annonça que le *Blanc* si impatiemment attendu venait à Sa Majesté, et qu'il désirait un entretien avec elle. Alors Gréré se montra à découvert. Il était vêtu d'une robe à fleurs d'or qui lui tombait jusqu'aux pieds; avait sur la tête un chapeau européen brodé en or, et aux deux jambes les cordons croisés de ses sandales. La seule insigne était une ceinture jaune et bleue avec un collier en simple verroterie. Tous les grands dignitaires étaient aussi superbement parés.

La barrière s'ouvre et le Père avance à la rencontre du monarque, qui le prend par la main. Là, en plein air et debout, ils échangent les premiers compliments. D'un geste le roi présente son peuple au missionnaire, conduit ensuite celui-ci sous la tente de parasols, lui assigne la place où il peut mettre sa chaise, et monte lui-même sur son trône.

Ils étaient assis face à face, à deux mètres de distance ; et après quelques minutes de silence, pendant lesquelles ils s'observaient mutuellement, le P. Borghéro demanda au roi la permission de lui parler. Elle lui fut accordée avec empressement.

Avant tout, il faut dire comment se tiennent ces colloques. Il n'est pas permis à un blanc de s'adresser directement au roi, même quand il sait la langue dahoméenne ; c'est toujours par interprète qu'il lui parle. L'interprète à son tour ne rend pas directement au prince la parole qu'il a reçue ; il la transmet traduite au Méhou qui, à voix basse, la communique au roi. De cette sorte le souverain se trouve à l'abri de tout discours peu agréable ; car le Méhou se garderait bien de laiser parvenir à son maître un seul mot capable de lui déplaire. On dira plus tard les expédients dont il fallut user pour faire entendre des vérités bien dures aux oreilles d'un monarque qui passe son temps entre des guerres désastreuses, des fêtes sanglantes et l'unique commerce des esclaves.

Une fois la conférence ouverte, après un peu d'hésitation mutuelle, le roi prit le ton d'une franche amitié. Il débuta par demander des nouvelles de l'Europe, de ses princes, des officiers et des négociants qu'il avait vus à sa capitale. Après l'avoir satisfait sur tous ces points, le Père commença à lui exposer les raisons de sa présence dans son royaume. Gréré reçut ses explications avec une rare bienveillance ; il paraissait enchanté *d'avoir dans ses États des Blancs, qui, loin d'être venus au Dahomey pour y faire fortune, avaient, au contraire, quitté ce qu'ils avaient de plus cher dans leur patrie, pour enseigner aux hommes la parole de Dieu, et les instruire dans leur ignorance.* Ce sont les paroles du roi. Il assura que sa protection était acquise, et se déclara *l'ami des missionnaires.*

La conversation dura plus d'une heure. Le roi s'efforçait de faire croire à ceux qui l'entouraient que le blanc était venu au Dahomey de la part de l'empereur des Français. Cette interprétation de son voyage pouvait le flatter sans doute ; mais devant cette erreur le Père dut protester que sa mission n'avait rien de commun avec la politique ; qu'il venait au nom de Dieu, qu'il était envoyé par le Saint-Siége, pour annoncer aux noirs la fraternité de tous les peuples dans l'Évangile ; et qu'en écoutant et en suivant ses enseignements, ils acquerraient de nouveaux droits à l'estime des nations civilisées. Il parla ensuite de notre Saint-Père le Pape et des rois blancs qui plient le genou devant lui, de l'empereur des Français qui s'honore du titre de son fils aîné et le vénère en conséquence ; mais Gréré ne parut rien comprendre aux choses spirituelles, ni à un personnage élevé par la seule puissance morale au-dessus de tous les autres sur la terre : tant le paganisme matérialise l'esprit de l'homme et ne laisse plus en lui qu'un rebutant égoïsme, une admiration exclusive pour la force brutale !

Le roi présenta ensuite un à un les grands cabécères de sa cour, les membres de sa famille et les chefs de l'armée. De copieuses libations d'eau-de-vie, des félicitations toujours les mêmes et invariablement répétées par chacun : telle fut cette trop longue cérémonie, au milieu de laquelle le Père gardait une attitude grave, parfaitement imitée par sa suite. Ce contraste frappa les noirs. En voyant cette réserve d'un étranger, qui n'approchait jamais ses lèvres de la délicieuse boisson, et dont l'exemple exerçait un si grand empire sur les siens, ils comprirent que ce n'était ni un avide marchand, ni un espion politique ; mais qu'il pouvait bien être ce qu'il disait, un envoyé de Dieu. Alors plusieurs s'enhardirent jusqu'à lui montrer les croix en or et en argent qu'ils portaient sur la poitrine. Ce souvenir de l'ancienne piété portugaise, qui en avait fait cadeau aux enfants de l'Afrique, toucha le missionnaire profondément. Mais, hélas ! le démon sait se glisser partout : parmi ces croix qui ornaient la poitrine des cabécères, on en remarquait plusieurs sur lesquelles la figure de Notre-Seigneur Jésus-Christ avait été remplacée par une image ridicule, et qui trahissait par son imperfection l'inintelligence de ceux qui les avaient profanées.

L'état-major de l'armée des femmes parut le dernier, avec ses deux générales, la vieille et la jeune. La première, d'un âge avancé, offre un type des plus militaires qu'on puisse rencontrer dans nos légions d'Europe ; et l'on voit aisément, à ses allures martiales, que sa vie s'est passée dans les camps au milieu des vicissitudes de la guerre. La jeune, qui doit se former à l'école et sur la conduite de cet étrange vétéran, est d'un aspect plus doux, mais très-dégagé. Elle paraît si exercée au maniement des armes, que, dans l'action, on croirait ses armes identifiées à ses membres : *Arma, membra militis.* On vit, à la manière dont le roi les présenta, que lui-même, aussi bien que toutes ces amazones, attendait une réponse avec avidité. Le Père leur dit donc que les rois blancs avaient des soldats rompus à toutes les épreuves de la guerre et qui ne reculaient devant aucun danger ; mais que, posséder une armée de guerrières dont la valeur était reconnue bien supérieure à celle des hommes, c'était un privilége exclusivement réservé au roi du Dahomey. Impossible de rendre l'effet produit par cet éloge.

Toutes celles qui étaient auprès du missionnaire le remercièrent de ce jugement porté sur leur bravoure, ajoutant que, dès le lendemain, elles lui en donneraient des preuves,

Enfin, les principaux corps d'armée défilèrent en criant le plus haut possible : *A Deo! a Deo!* pour saluer à la manière des chrétiens, quoiqu'ils ignorassent la signification de ces mots.

La cérémonie de réception était terminée. Le roi se leva et prit le blanc par la main pour le reconduire en personne. D'ordinaire il congédie ses visiteurs en restant assis sur son trône ; cette fois il voulut en personne l'accompagner, non-seulement jusqu'à la porte du palais, mais jusqu'au milieu de la place, et donner lui-même ordre aux artilleurs de saluer son départ par douze coups de canon. En le comblant de ces politesses, Gréré lui faisait remarquer qu'elles étaient une marque de distinction toute spéciale; et il finit par lui dire qu'il avait reçu de lui, en ce jour, des honneurs qu'il n'avait jamis rendus à aucun blanc. Le Père lui répondit que ces honneurs exceptionnels s'adressaient à Dieu même, dont il n'était que l'humble serviteur. Ensuite les soldats conduisirent les chrétiens à la maison que le roi leur avait destinée ; et, jusqu'à minuit, ils ne cessèrent de danser à leur porte, avec accompagnement de musique et de chansons. Pour le P. Borghéro, arrivé à quatre heures et demie dans sa retraite, il se dit : Voilà un jour d'*Hosanna*; le *Crucifige* ne tardera peut-être pas longtemps à venir ! Il ne se trompait point.

CHAPITRE III

Le lendemain, 29 novembre, vers midi, le roi le fit appeler à la place d'armes, pour assister au spectacle vraiment merveilleux que les guerrières voulaient lui donner, afin de montrer leur bravoure. Une centaine de personnes étaient déjà réunies autour du roi sous une belle tente. Quand le Père arriva, le prince se leva aussitôt, vint à sa rencontre, et le fit asseoir un instant à côté de lui ; puis le prenant par la main, il le conduisit lui-même et lui fit visiter les préparatifs militaires.

Dans un espace approprié aux exercices, on avait élevé un talus, non de terre, mais de faisceaux d'épines très-piquantes, sur quatre cents mètres de long, six de large et deux de haut. A quarante pas plus loin, et parallèlement au talus, se dressait la charpente d'une maison d'égale longueur, avec cinq mètres de largeur et autant d'élévation. Les deux versants de la toiture étaient couverts d'une épaisse couche de ces mêmes épines. Quinze mètres au-delà de cette étrange maison, venait une rangée de cabanes. L'ensemble simulait une ville fortifiée, dont l'assaut devait coûter bien des sacrifices. Les guerrières allaient, pieds nus, monter trois fois sur le talus qui figurait les courtines, descendre dans l'espace vide qui tenait lieu de fossé, escalader la maison qui représentait une citadelle hérissée de défenses, et aller prendre la ville simulée par les cabanes. Deux fois repoussées par l'ennemi, elles devaient, au troisième assaut, remporter la victoire, et, comme gage de succès, traîner les prisonniers autour du monarque. Les premières à surmonter tous les obstacles recevront de sa main le prix de leur bravoure ; car la valeur militaire est pour elles la première des vertus.

Quand le prince eut bien détaillé au P. Borghéro tous les préparatifs, il le reconduisit sous sa tente pour assister aux préludes du combat. Il est difficile de relater tout ce qui se passa avant l'action ; ces détails infinis laissent trop de confusion dans la mémoire. C'étaient des tours de force, des discours belliqueux, des représentations tragiques, des instances pour obtenir le signal de l'assaut, des fanfaronnades de tout genre.

Bref, le roi donna l'ordre d'attaquer. Aussitôt l'expédition entre dans sa première phase. Toute l'armée examine la position de la ville à prendre; on s'avance courbé, presque rampant, pour n'être pas aperçu de l'ennemi ; les armes sont baissées, et le silence est rigoureux.

Dans une seconde reconnaissance, nos amazones marchent debout, le front haut. Sur trois mille femmes, deux cents, au lieu de fusils, sont munies de grands coutelas en forme de rasoirs qui se manient des deux mains, et dont un seul coup tranche un homme par le milieu. Ces guerrières ont encore leurs coutelas fermés.

Au troisième acte, toutes sont au poste et en attitude de combat, les armes élevées, les coutelas ouverts. En défilant devant le roi, il y en a toujours qui veulent lui donner des assurances de dévouement et lui promettre la victoire. Enfin, elles se sont massées en ligne de bataille devant le front d'attaque. Le roi se lève va se placer en tête des colonnes, les harangue, les enflamme, et, au signal donné, elles se précipitent avec une fureur indescriptible sur le talus d'épines ; le traversent, bondissent sur la maison également d'épines, en redescendent, comme refoulées par un retour offensif, reviennent par trois fois à la charge; et le tout se fait avec une telle précipitation, que l'on a de la peine à les suivre. Elles montaient en rampant sur les constructions d'épines avec la même facilité qu'une danseuse voltige sur un parquet ; et pourtant elles foulaient de leurs pieds nus les dards acérés du cactus.

Au premier assaut, quand les plus vaillantes avaient déjà atteint le sommet de la maison, une guerrière, qui était à l'une des extrémités, tomba sur le sol, d'une hauteur de cinq mètres. Elle se tordait les bras en se tenant assise ; d'autres guerrières excitaient son courage. Alors le roi survint, lui lance un regard et un cri d'indignation : elle se relève aussitôt comme électrisée, reprend ses manœuvres, se distingue entre toutes et remporte le premier prix. Impossible de rendre la scène dans son ensemble. Un orage grondait, un ciel obscurci par la tourmente donnaient à l'action une physionomie encore plus animée et tout-à-fait idéale.

On sait qu'au Dahomey, les charges les plus considérables sont occupées simultanément par deux personnes : l'ancien titulaire qui reste en exercice, et son futur successeur qui fait sous lui une espèce de noviciat, jusqu'à la démission ou la mort du premier. Nous avons déjà dit qu'il en est ainsi du commandement des guerrières. La générale ancienne, qu'à ses allures franchement militaires on prendrait pour un de nos vieux grognards, fit devant l'assemblée un discours bref, mais sérieux, ayant pour sujet les devoirs de la milice féminine, qui avait été tant de fois le soutien du trône. Après son allocution, elle eut un mot flatteur à l'adresse du Père, et se retira. A ses côtés était la jeune générale, qui déjà commande l'armée, et qui, de fait, avait dirigé l'action du jour. C'est une femme d'environ trente ans. A sa taille avantageuse, à la vivacité de ses mouvements, on la prendrait pour une chasseresse de Virgile; mais la couleur de sa figure dissimulait sous un noir foncé, des linéaments européens. Dans une attitude svelte et fière, quoique sans affectation, elle s'implante au milieu du demi-cercle vide, entre la tente du roi et les rangs de ses compagnes; et, s'adressant au Père, pour le féliciter de son arrivée, elle pérore pendant plus d'une demi-heure. Son thème roula principalement sur la valeur des soldats blancs et des guerrières dahoméennes, sur les bonnes relations qui doivent toujours exister entre des peuples également braves, et qui sont assez riches de gloire les uns et les autres pour n'ambitionner d'autres conquêtes qu'une mutuelle amitié. Comme péroraison de son discours, elle acclama le Père grand cabécère de ses troupes, et lui envoya son bâton de commandement, aux applaudissements de toute l'armée. C'est un bâton de soixante centimètres de long, qui se termine par une figure de requin. Cela signifie que comme ce poisson détruit les hommes, ainsi les guerrières doivent-elles faire dans les combats.

Quand les évolutions et les harangues furent terminées, on vit ces femmes rentrer au palais, les jambes déchirées et saignantes, portant chacune un faisceau d'épines. Celles qui s'étaient le plus distinguées avaient des ronces sur la tête en forme de couronne, et autour du corps en guise de ceinture. Après les cérémonies d'usage, elles se retirèrent pour se décharger de ces trophées épineux.

Quelques jours après cette parade militaire, le roi fit appeler de nouveau le Blanc, pour assister à une sorte de séance académique. Un des poètes de la cour avait composé par cœur (on sait que les Dahoméens n'écrivent pas) un long poëme épique, pour célébrer les exploits du souverain actuel et ceux du roi Ghézo son père. Dix chanteurs l'avaient appris à mesure que l'auteur le composait. Ils savaient si bien leur rôle, que, pendant les trois heures qu'ils mirent à le déclamer, ils furent toujours dans le plus parfait accord. Ces artistes étaient vêtus de longues robes et couverts par-devant de peaux d'animaux sauvages ; ils tenaient à la main des queues de cheval qu'ils agitaient en gesticulant. Une musique étourdissante les accompagnait. N'allez pas croire que la récitation de leur poëme se soit faite sans interruption.

Comme les faits que déroulait le drame étaient dans la mémoire de tous les assistants, il arrivait parfois qu'on attribuait l'honneur de la victoire à la milice des femmes ou à l'armée des hommes. Alors ceux des spectateurs qui se croyaient lésés dans les appréciations du poète, se levaient furieux pour réclamer auprès du roi.

Le camp opposé, hommes ou femmes, bondissait à son tour, pour défendre ses droits méconnus. Au milieu de ce tapage les chanteurs s'arrêtaient, et la scène prenait une vivacité orageuse, une animation indescriptible ; des milliers de personnes se disputaient à grands cris, avec les gestes les plus expressifs, sans cependant quitter leur place ; tandis que le prince, son entourage, et les spectateurs désintéressés, attendaient tranquillement la fin du tumulte. Quand le roi s'était assez amusé de cette lutte de cris, il faisait un signe, et à l'instant, sur un coup de tambour, tout rentrait dans l'ordre. Si quelqu'un osait encore élever la voix, un roulement de tambour lui imposait silence, et les chanteurs reprenaient leur récit au point où ils l'avaient interrompu.

La représentation finie, le roi fait des cadeaux au poète et aux chanteurs. Ensuite les grands cabécères viennent se ranger devant le monarque, laissant entre eux et Sa Majesté un hémicycle vide de dix mètres de rayon ; là, agenouillés, ils lui adressent des discours, et cela dure encore deux ou trois heures. Enfin le roi lève la séance en se retirant dans le palais.

Quand les fêtes de la réception furent terminées, le P. Borghéro vit venir des jours moins riants. En voici un rapide aperçu.

La prétentieuse étiquette dahoméenne voudrait que les Blancs les plus distingués restassent relégués dans leur maison, jusqu'au jour où ils sont reçus en audience particulière par le roi. Aussi dès les premiers jours de son arrivée à Agboué, on avait interdit au missionnaire de sortir, même pour une courte promenade. Quand celui-ci vit que la chose était sérieuse, il dit aux hommes qu'on avait placés près de lui beaucoup moins par honneur que pour le surveiller : « *Est-ce que le roi m'a invité à venir au Dahomey pour m'y garder en prison?* » Il était sûr que ces mots seraient aussitôt rapportés à la cour ; ils le furent, en effet, et le roi lui envoya dire immédiatement qu'il était libre d'aller où il lui plairait. Le Père sortit donc accompagné d'un groupe de cabécères et de ses cinq chrétiens ; mais cette excursion jeta le trouble et l'épouvante chez les ministres et les féticheurs, parce que, chemin faisant, il avait tracé un croquis du paysage. On s'imagina que cette grossière esquisse cachait tout un plan d'invasion. Le lendemain il reçut la défense formelle de renouveler ses sorties.

Cette espèce de réclusion, aggravée par des accès de fièvre périodique lui fit solliciter avec plus d'ardeur l'audience particulière que le roi lui avait promise, et que, sous un prétexte ou sous un autre, on différait toujours. Deux formalités rigoureuses devaient précéder cette faveur royale. D'abord, il fallait montrer les cadeaux qu'il voulait offrir, puis indiquer les questions qu'il comptait traiter : double sujet de tracasseries, dont il faut dire un mot.

Avant qu'un étranger soit admis à présenter ses cadeaux au roi, un ministre, chargé de ce point, les examine en détail. Il est à croire que l'espérance de largesses fabuleuses avait été pour quelque chose dans les honneurs exceptionnels qui furent rendus au P. Borghéro ; car le ministre, en voyant celles dont il était nanti, trouva qu'il n'y avait pas de quoi satisfaire toutes les cupidités. Il déclara donc au Père que tout cela était mesquin ; il lui reprocha de ne pas correspondre aux marques signalées de distinction qu'il avait reçues du roi, et ajouta bien d'autres observations analogues pour l'amener à faire de plus riches cadeaux. Cependant le Père avait apporté trois fois plus que ne lui avait indiqué M. Lartigue. On ne saurait croire jusqu'où vont les exigences des fonctionnaires de tous grades, ni quels embarras tous ces gens vous suscitent quand ils sont frustrés dans leurs convoitises. C'est toujours au nom du roi qu'ils vous harcellent, bien que celui-ci n'en ait aucune connaissance. Il y eut plus pour le missionnaire : très-souvent il s'aperçut qu'entre Sa Majesté et les féticheurs ou autres personnages influents, il n'y avait pas accord sur son compte ; qu'en général le roi cédait toujours à son désavantage, quoique dans les choses qui le regardaient personnellement il ne cessât point de lui donner les mêmes marques d'estime et d'honneur

Les tracasseries du ministre au sujet des cadeaux ne lui réussirent pas. Il reprochait au Père de ne donner que des étoffes sans prix, et encore de simples coupons, au lieu de pièces entières. Celui-ci répondit à tout ; mais immédiatement il renvoya en cachette, à Whydah, ses belles et fines soieries ; et avisa de ce qui se passait M. Lartigue, qui comprit sa position, et lui expédia sur le champ une nouvelle pacotille, beaucoup plus estimée des noirs que la précédente, mais en réalité d'une qualité bien inférieure : c'étaient des soieries communes, du calicot, de l'indienne et quelques verroteries.

Celles-ci imitaient les pierres précieuses. On les appliqua avec art sur un carton doré et découpé habilement pour faire une couronne royale. De longtemps peut-être les pauvres noirs n'avaient contemplé un semblable ornement. En toute hâte le ministre alla porter à Sa Majesté ce trésor précieusement empaqueté. Quand le roi aperçut la couronne étincelante de mille feux, il ne se contint plus de joie. Sautant, gambadant comme un enfant, il ne voulut plus se dessaisir de son nouveau diadème. Après l'avoir posé plusieurs fois sur sa tête, il le reprenait encore. Ainsi paré, il se donnait de grands airs, posait gravement devant sa cour ébahie, comme aurait fait un monarque d'Europe devant les Chambres réunies au moment du discours de la couronne.

Quand le P. Borghéro eut étalé devant le ministre tous les autres cadeaux, on lui demanda aussi les premiers; il répondit que puisqu'on les avait refusés, il en avait disposé en faveur de l'église, et qu'en conséquence on ne pouvait plus les destiner à d'autres usages. Cette réponse frappa le cabécère, qui n'osa plus rien dire.

Une des principales raisons de la dépréciation des belles étoffes, c'est que les damas fins sont un peu raides, tandis que le coton est plus souple. Aussi, quand on eut présenté des soieries très-ordinaires, mais minces et très-maniables, le ministre y jeta la main pour en juger au toucher et dit à un autre noir présent : *Oh! cette fois c'est très-fin!*

On demanda des objets d'amusements, mais le Père dit qu'il aurait eu honte d'offrir au roi des jouets d'enfants.

CHAPITRE IV

La présentation de ces cadeaux ne rendait pas la liberté au missionnaire. Cependant comme le ministre assurait que d'un moment à l'autre Gréré allait l'appeler au palais, il avait songé à régler son entrevue de manière à ce qu'elle ne fût pas inutile. Déjà, avant de partir de Whydah, il avait déterminé, d'accord avec ses confrères, les articles qui devaient être traités dans sa visite au roi, tels que les sacrifices humains, les razzias injustes qu'on fait tous les ans, la vente des esclaves, et, comme conséquence, l'état désastreux où se trouvait le pays à cause de ces pratiques qui enlèvent les bras à l'agriculture et font tarir les sources du commerce. Mais alors il connaissait assez le Dahomey, pour douter fortement qu'il lui fût possible de toucher à ces points délicats. Le premier interprète lui avait nettement signifié que ni lui, ni le Méhou, ne risqueraient jamais leur tête en transmettant au roi de pareils propos. Voici cependant comment le Père s'y prit pour faire arriver au roi de dures vérités.

Depuis son entrée dans la capitale, on avait placé trois individus *auprès du Blanc*, sous prétexte de le servir, mais en réalité pour l'épier jour et nuit, comme on fait toujours envers les étrangers. Or, le Père avait plusieurs fois observé, malgré toute leur dissimulation, que quelques-uns de ces gardiens d'honneur sortaient promptement, dès qu'il avait prononcé un mot significatif, et qu'ils restaient absents juste le temps nécessaire pour aller au palais et en revenir. Un jour donc, il feignit d'avoir à leur parler dans l'intimité d'une chose importante, leur recommandant de n'en rien divulguer, ce qui était le meilleur moyen de les pousser à tout redire ; et alors, sans ménagement aucun, il aborde et développe les graves sujets qu'il avait à cœur de traiter.

Une demi-heure après ce discours, le roi savait déjà tout. Comprenant qu'il fallait empêcher le Blanc de porter jusqu'à lui une discussion semblable, il lui envoya son premier ministre avec un prince de sa confiance pour agiter avec lui les matières en question. Ceux-ci allèrent chez le P. Borghéro sous prétexte d'une visite et lui demandèrent adroitement ce qu'il comptait dire au roi dans sa prochaine entrevue. Il saisit tout d'abord leur mission, et leur répéta les confidences déjà faites à ses surveillants. Il alla plus loin, les pria de présenter eux-mêmes ses observations à Sa Majesté, et de lui en rapporter une réponse. « Grâce à votre caractère, lui dirent-ils, vous pouvez parler impunément de ces choses ; quant à nous, ce serait jouer notre tête. » Ils consentirent cependant à informer le roi de ses intentions. Voici la réponse qu'il en reçut.

Gréré lui faisait dire : qu'on ne pouvait débattre ces questions en sa présence ; que si tout autre Blanc l'eût osé, aucune considération n'aurait empêché Sa Majesté d'en faire un châtiment exemplaire, que les sacrifices humains étaient nécessaires à la conservation de la monarchie ; qu'en les jugeant avec ses idées d'Europe il tenait un langage qui, dans la bouche d'un autre, serait taxé de *bêtise*.

Sur l'article des guerres annuelles, qui sont de vraies razzias et mettent en coupe réglée les populations voisines, la réponse du roi peut se résumer ainsi : « *Est-ce que les Blancs voudraient s'ingérer dans les affaires de mon royaume?* » Le Père répliqua qu'il ne s'agissait pas de la volonté des Blancs, mais de la volonté de Dieu, qu'il n'était pas le mandataire des premiers, mais bien l'envoyé du second, pour leur annoncer sa loi et leur promettre son bonheur. Ceci l'amena à faire une exposition de la doctrine catholique.

Quant à la vente des esclaves, il lui fut dit : que le roi était étranger à ce commerce ; que les gouvernements d'Europe l'avaient toujours favorisé; que les Anglais avaient fait longtemps la traite des Nègres, et que s'ils s'opposaient maintenant à ce trafic, ils étaient seuls à en poursuivre l'abolition. — Fort heureusement le P. Borghéro venait de lire dans les journaux une lettre de l'empereur des Français à son ministre, par laquelle ce monarque a supprimé même l'engagement libre des noirs pour les colonies françaises. Il insista donc là-dessus, en faisant remarquer la différence totale qu'il y avait cependant entre la traite et l'engagement libre. Le roi et ses ministres eurent de la peine à en croire ses paroles.

Enfin, il fut convenu entre eux que dans son audience privée, il ne toucherait pas à ces questions délicates, puisque, selon ses interlocuteurs, cela n'aurait amené d'autre résultat qu'une rupture immédiate et sans remède. Cependant cette audience, tant de fois promise, était toujours différée. Un jour on alla jusqu'à lui envoyer trois messagers dans l'espace de quelques minutes, pour le presser d'aller au palais ; et il avait à peine franchi le seuil de son habitation, qu'un quatrième arriva et le fit rentrer au logis disant que tel était l'ordre du roi. Le roi ne savait aucune des misères qui lui étaient faites; mais son nom couvrait tout, et le Père mourait de langueur.

Las enfin de se voir traiter de la sorte et de souffrir dans sa prison, il se permit de sortir dans les moments où la fièvre lui laissait quelque relâche : « car, se disait-il, si l'on continue à me tenir renfermé, je mourrai sans profit pour la mission. » Lorsqu'on le vit résolu à ne pas tenir compte de la consigne, on n'opposa plus de résistance à son projet ; seulement, on ordonna à ses guides, et cela sous peine de mort, de ne pas lui laisser franchir la porte de l'ouest. C'est de cette manière qu'on réussit à l'empêcher de voir cette partie des environs d'Agbomé. Personne n'aurait osé le retenir s'il avait voulu y diriger ses promenades ; mais il savait que ces guides auraient payé de leur tête cette fantaisie, et il s'en garda bien.

Il lui arriva, vers la fin de décembre, de faire pendant l'après-midi une assez longue excursion dans les parties désertes de la ville. Au retour, passant près du palais royal, il trouva les routes fermées, à cause des fêtes que le roi donnait à son peuple. C'était le jour où Gréré faisait une exposition générale de ses richesses. A peu près quinze mille femmes, toutes habillées de neuf, portaient en procession autour du palais les trésors du monarque. Cette procession dure du matin jusqu'au soir, et les chemins qu'elle parcourt sont interdits à tout le monde. Après avoir assisté pendant quelques heures à ce spectacle extraordinaire, le Père voulut rentrer, mais il lui fallut faire le tour du palais pour prendre le chemin le plus court.

Quand il déboucha sur la place d'armes, il aperçut de loin comme une rangée de fourches, d'où pendaient des corps qu'à cette distance il prit pour des animaux, ne pensant pas que ce pût être des hommes. Dans son incertitude il approcha toujours. Quand il vit que la longueur des jambes égalait celle du corps, il comprit que c'étaient des gens sacrifiés. Dire ce qu'il ressentit dans tout son être à une telle vue, est impossible. Son premier mouvement fut de serrer fortement ses mains crispées, en s'écriant avec indignation : « Ah ! vengeance de Dieu, où te caches-tu ? » Se tournant ensuite vers son guide avec une expression de colère, il lui dit : « Pourquoi m'avez-vous fait passer ici ? Jamais je n'aurais cru trouver de pareilles horreurs ! — Ni moi non plus, lui répondit-il, car je n'en savais rien ; et nous n'avons que cette voie. » Ils continuèrent donc leur route, en s'éloignant au plus vite ; mais le hideux spectacle se représentait à chaque instant. Arrivés près d'une enceinte ils furent presque asphyxiés par la puanteur des cadavres qu'on y avait accumulés, car on ne se donne pas la peine de les ensevelir. Des milliers de vautours, des chiens, des porcs, des loups rodent à l'entour, en convoitant une si abondante pâture. Les toits des maisons sont couverts des débris humains qu'y ont portés les oiseaux de proie. Ce qui est bien significatif, c'est que le guide, qui connaissait parfaitement les usages du Dahomey et qui était toute la journée à flâner dans les rues, ignorait que ces corps, tués depuis deux jours, fussent encore là ; et il l'ignorait réellement, car il avait l'ordre de ne pas laisser le Père approcher d'un endroit où il y aurait des morts exposés. Ainsi depuis une semaine il ne passait plus devant le palais royal, parcequ'il y avait constamment des têtes coupées chaque nuit.

Le lecteur trouvera sans doute qu'on le retient trop longtemps au milieu de cet épouvantable charnier, mais la verité de l'histoire doit l'emporter sur les délicatesses de tempérament. Il faut entendre un dernier mot sur l'appareil de ces sacrifices humains.

La nuit où ces boucheries doivent s'organiser, personne ne peut circuler dans la ville, depuis le soir jusqu'au matin ; si quelqu'un est rencontré sur les rues, on l'assomme à coups de massue. Seules, des compagnies de musiciens se promènent dans l'ombre, en chantant d'un ton lugubre. Vers minuit, une décharge de mousqueterie annonce le commencement des exécutions. Les victimes sont amenées sur la place par séries de vingt-quatre ou de trente ; on leur bouche toutes les voies de la respiration, et on les fait mourir en leur pressant la poitrine. Le canon annonce la fin de la tuerie. Ensuite une partie des suppliciés est pendue par les pieds aux fourches dont on a parlé plus haut, entre deux sacs remplis, dit-on, de membres humains découpés ; une autre partie est revêtue de costumes symboliques par des gens qui font profession de cette industrie et placée sur plusieurs arcs de triomphe, debout ou dans l'attitude de leur rôle. Il y en a qui ont l'air de jouer de la musique, d'autres ont des poses militaires, d'autres ont une position théâtrale, mais toujours avec une telle justesse de représentation, qu'à une petite distance on les prendrait pour vivants, si les vautours qui rodent autour d'eux n'indiquaient bien clairement que ce sont des cadavres. En même temps, devant le palais royal, sont exposées des centaines de têtes ; et le peuple passe indifférent à côté de ces scènes, auxquelles il est du reste tellement habitué, qu'il ne s'en étonne et ne s'en émeut plus. Les enfants s'amusent près des victimes, et jouent pour ainsi dire avec les morts ; pour les grandes personnes une hécatombe humaine est chose si commune, surtout depuis l'avénement du roi, quelle n'éveille pas même l'attention publique.

Il est cependant des supplices qui ont le privilége d'intéresser, parce qu'ils sont plus cruels.

Les diverses façons d'immoler varient, au Dahomey, selon le caprice et l'ingénieuse méchanceté des bourreaux. L'une des plus horribles, sans doute, est de clouer, sur une grosse poutre fixée au sol, un ou plusieurs hommes par les pieds, avec défense de leur donner aucun aliment. Exposés au soleil du jour et à la rosée de la nuit, ils meurent ordinairement au troisième jour, tandis que les curieux s'amusent à contempler les convulsions de ces infortunés. Or, ces scènes de barbarie, qui durent souvent plusieurs mois, furent offertes en spectacle à notre missionnaire catholique.

Enfin, son bon ange fit entrevoir au P. Borghéro quelque espoir de délivrance. Vers le 10 janvier 1862, il reçut une lettre du commandant de la station navale française sur les côtes, le baron d'Idelot, qui lui amenait deux confrères. Aussitôt il envoya un message au roi pour lui communiquer cette nouvelle; ajouta qu'un entretien avec le personnage sus-indiqué était pour lui de la plus haute importance, et qu'en conséquence il demandait une audience immédiate ou la permission de partir, déclarant que si l'on défendait à ses hommes de le porter il s'en irait à pied et tout seul. Cette menace finit par lui ouvrir les portes du palais, où il fut admis le 15 janvier, à dix heures du soir.

Le roi vint à sa rencontre et lui dit d'un air très-affable :
« *Vous me pardonnerez de vous avoir fait attendre si long-*
« *temps, car depuis votre arrivée je n'ai pas eu un seul ins-*
« *tant libre pour vous admettre convenablement. Ce soir j'ai*
« *renvoyé exprès pour vous tous les cabécès; j'ai interrompu*
« *tous nos discours et congédié plus de quatre mille personnes*
« *pour vous rendre à votre liberté.* »

Quand ils furent assis, le roi se plaignit doucement de ce qu'il l'avait menacé de partir sans le revoir. Ensuite ils traitèrent leurs affaires. Le P. Borghéro lui exposa de son mieux ce qu'est un missionnaire catholique, et le but qu'il poursuit. Le roi parut très satisfait d'avoir dans son royaume des hommes uniquement dévoués au bien d'autrui : il promit sa protection pour les missionnaires, et toute liberté pour les gens d'origine chrétienne ; mais il dit qu'il ne pouvait permettre aux indigènes de recevoir le baptême, qu'il était prêt à tout faire pour eux excepté cela. Le Père lui demanda plusieurs faveurs, qui lui furent accordées avec la plus grande bienveillance ; néanmoins lui fallut-il peu espérer d'en jouir, car l'exécution dépendait des grands cabécères, et il savait qu'ils sont mal disposés ; qu'ils feront croire au roi que tout va selon ses désirs, tandis qu'ils tourneront à leur propre avantage ce qui était destiné aux hommes de Dieu.

Cette conversation dura trois heures. A une heure après minuit, le roi lui-même, une hache sur l'épaule et couvert de son inséparable parasol, accompagna le missionnaire, par un beau clair de lune, jusqu'à la sortie du palais. Deux jours après, il envoya le premier prince du royaume lui offrir quelques cadeaux pour lui, et des coquilles pour ses hommes, le tout en grande cérémonie. Puis, on lui donna la permission de retourner à Whydah.

CHAPITRE V

Le lecteur a dû souffrir, à la vue d'une hospitalité si étrange imposée au P. Borghéro. Les honneurs enthousiastes qui lui ont été prodigués à son apparition dans la capitale, et les difficultés sans nombre qu'on lui a suscitées avant son départ rappellent bien le souvenir des triomphes et des humiliations de l'Homme-Dieu ! Cependant si notre courageux apôtre, dans sa visite auprès du roi, eut à subir de longs ennuis et essuyer de nombreuses injures, il ne faut pas croire que sa campagne ait été préjudiciable à l'établissement de la Mission catholique au Dahomey. Nous en verrons tous les résultats avantageux.

Au point de vue géographique, le P. Borghéro a pu fournir à la science des renseignements utiles par l'élaboration d'une carte (1). Si les lettres du missionnaire sont attrayantes simples et faciles comme la vérité, ses notes topographiques ont paru aussi exactes. Ce qui relève encore le mérite de ses services rendus, c'est que l'apôtre, en pénétrant au centre inexploré de ce vaste royaume, n'était nullement placé dans des conditions favorables pour faires des observations savantes. La collection de ses instruments de précision était évidemment incomplète. Que de fois les regards inquiets de la foule et la surveillance ombrageuse des fonctionnaires l'ont empêché de noter sur place ses impressions et ses découvertes. Il dut interroger sa mémoire, pour coordonner plus tard et à grand'peine tous ses souvenirs sur la configuration du sol.

Mais la mission du prêtre catholique visait un but bien différent de celui qu'impose une exploration scientifique. On sait qu'au point de vue de la foi, le pénible voyage du missionnaire, son long séjour dans la capitale du Dahomey, eut un premier et grand résultat : l'apôtre put constater lui-même que sur ces côtes longtemps abandonnées, toutes les vérités n'avaient pas fait naufrage ; que dans l'intérieur de ces terres, et jusque sous la tente du roi, gisaient comme quelques étincelles de Christianisme.

On y croit généralement que la mort est le passage à une autre existence et à un autre monde où l'on vit comme dans celui-ci. Malgré leurs dogmes fatalistes, les indigènes reconnaissent encore que les maux physiques qui surviennent à

---

(1) La carte du Dahomey par le P. Borghéro fut approuvée et publiée par la société de géographie en 1866.

l'homme sont la conséquence de quelque crime, et que le bien-être est la récompense des bonnes actions. Une lueur de vérité paraît donc encore au milieu de tant de ténèbres.

On découvre aussi que, parmi la foule, tout abrutie qu'elle est, un grand nombre d'indigènes, doués d'un peu plus de bon sens, reconnaissent Dieu comme auteur de tout bien, et la soumission envers lui comme le premier devoir de l'homme. « J'aime à transcrire, dit le P. Borghéro, ce passage d'une lettre que j'ai reçue, durant mon voyage à la capitale, d'un jeune homme sorti de la famille royale, et qui avait reçu quelques principes d'écriture. « *Ne trouvez-vous pas qu'ils sont un peuple assez raisonnable envers les étrangers qui viennent dans leur pays? J'ai la conviction qu'ils écouteront les paroles N.-S. Jésus-Christ mieux que d'autres. Déjà ces peuples ont connu le véritable Dieu qui a créé le monde; on le nomme Se dans la langue dahoméenne; seulement ils ne connaissent pas qu'il y a un Homme-Dieu venu sur la terre pour nous délivrer du péché originel et des autres que nous avons commis.* »

« Il est vrai que pour l'indigène la croyance en un Dieu suprême est une religion spéculative sans conséquences pratiques. Comme intermédiaire entre le Dieu souverain et l'homme, ils ont les fétiches de toute sorte, la grossière statue sortie de leurs mains; mais donnez-leur la croix, faites-leur connaître Jésus-Christ, ils l'adoreront et l'aimeront à la longue (1). »

C'est en traversant les bois et les lagunes, en s'arrêtant dans les cases isolées et dans les bourgs situés sur son passage, que le P. Borghéro avait eu souvent l'occasion de découvrir ces vestiges ou ces symptômes de la foi chrétienne. Son âme d'apôtre se livrait à l'espérance. Les récoltes les plus abondantes devaient germer sur ce sol qui ne demandait qu'à être ensemencé. Déjà le ciel se plaisait à donner quelque gage d'avenir.

Les premières relations des missionnaires avec la cour dahoméenne furent si amicales, qu'elles firent revivre de pieux

---

(1) *Ann.*

usages, d'antiques rapports officiels entre le monarque d'Agbomé et les prêtres catholiques du fort portugais. On veut parler des *hommages publics offerts au nom du roi à la puissance du vrai Dieu*.

A l'approche de la fête de saint Jean-Baptiste, titulaire de l'église du fort, les missionnaires en donnent avis au Jévoghan ; celui-ci, le 23 juin au soir, envoie une petite quantité d'huile de palme pour l'église, et fait dire que c'est de la part du roi, qui l'offre à Dieu. Quelque petite que soit la chose, c'est toujours un hommage. Une ou deux fois dans l'année, le roi envoie encore saluer les missionnaires et leur fait demander de prier pour lui. Ce qui est peut-être plus significatif, c'est la conduite du Jévoghan, soit quand il part de Whydah pour se rendre à Agbomé, soit lorsqu'il en revient. Alors il est obligé de visiter au moins les trois forts, et, si le temps le lui permet, quelques-uns des principaux négociants. Ces visites sont de simple politesse ; mais, arrivé chez les catholiques, il y a plus : on le reçoit à la grande porte extérieure ; et là, on échange les premiers compliments. Pendant que les missionnaires l'introduisent dans le fort, il leur demande la permission d'entrer dans l'église et d'y prier pour le roi, pour lui et pour tout le peuple ; il les suit avec les principaux chefs. Les soldats et les musiciens qui l'accompagnent restent en dehors et font silence. Pendant que l'on récite au pied du maître-autel des prières pour la conversion et la conservation du roi et de ses sujets, le Jévoghan et son entourage se tiennent à genoux au milieu de l'église et prient aussi à leur manière. Au commencement le Jévoghan eût voulu qu'on lui présentât l'eau bénite à l'entrée de l'église, car il sait que tel est l'usage des chrétiens ; mais les missionnaires s'excusèrent, en lui représentant qu'ils ne pouvaient le faire à l'égard des païens. Depuis lors, de son propre mouvement, il va la prendre lui-même au bénitier qui est près de la porte et s'en asperge la figure. Entrer dans le fort avec accompagnement de soldats en armes, entrer à l'église comme on vient de l'indiquer, c'est le plus grand honneur que les indigènes puissent recevoir les catholiques. Aussi n'y a-t-il que le Jévoghán qui puisse y aspirer en sa qualité de représentant du roi. Les autres chefs, quand ils vont saluer au fort les prêtres européens se présentent avec leur corps d'armée respectif devant la citadelle et en dessus des fossés. Les missionnaires reçoivent leurs compliments du haut des fenêtres, et échangent ainsi des paroles gracieuses.

C'est là une étiquette de rigueur. Si les prêtres descendaient à la porte ils leur feraient un honneur qui ne leur est pas dû, d'après les usages du pays.

La démarche du P. Borghéro auprès du monarque dahoméen eut aussitôt pour résultat de rappeler au monde officiel de la Côte ces vieilles coutumes, ces hommages rendus autrefois aux prêtres catholiques. On les fit donc revivre en faveur de ceux que le roi lui-même avait honorés du titre d'*amis*; et telles furent les premières relations des prêtres de Whydah avec les indigènes païens les plus influents. Mais la visite de l'apôtre à Agbomé procura encore d'autres avantages à la mission catholique.

On a vu de quelle manière Sa Majesté permit et sollicita même le voyage des missionnaires à la capitale ; on sait toute la pompe et tout le luxe qu'elle déploya en cette occasion. Les indigènes parlent encore de cette réception. Or, dans cette visite solennelle, le prince accéda à presque toutes les demandes du P. Borghéro, le confirma dans la possession du fort portugais, lui donna pleine liberté en matière religieuse envers les chrétiens, lui exprima sa satisfaction de son arrivée dans ses Etats, l'exempta de tout tribut comme ne faisant pas le commerce et l'assura de sa protection. Voici comment le Père nous raconte que pendant ces deux mois de séjour à Agbomé il vit poindre un espoir d'avenir pour la religion :

« J'ai goûté des consolations pleines d'espérance. La parole de Dieu a pénétré dans la maison royale. Les deux premiers ministres, l'ancien et le nouveau Méhou, l'ont entendue, et en ont compris la beauté. Un cousin du roi l'a reçue dans son intégrité complète. Voici son histoire :

« Le lendemain de mon arrivée, on amena chez moi, de la part de Sa Majesté, un homme que le roi appelait son frère, mais qui est seulement son cousin. Cet homme était tellement rongé de plaies, que je ne savais par où commencer pour venir à son secours. Il avait surtout un pied hideux qui, deux fois par jour, se couvrait de plusieurs centaines de pustules exhalant au loin l'infection. Depuis dix mois il était dans cet état. Le roi me faisait dire qu'aucun remède du pays n'avait pu le soulager, mais qu'il était certain que la médecine *de l'homme de Dieu* le guérirait. En réalité, il ne fallait pas de miracle pour cela, et j'y réussis.

« Mais où se montra la main de la Providence, ce fut dans le choix de ce haut personnage, qu'elle nous donna pour témoin de notre vie et pour auditeur de la vérité. Comme il ne pouvait marcher, il voulut demeurer avec nous, ce qui ne profita pas moins à son âme qu'à son corps. Impossible d'abord à lui de concevoir d'où pouvait venir cette charité inconnue qui ne refuse pas de s'incliner avec amour sur les plus hideuses plaies, d'en respirer la puanteur, et cela pour un étranger, sans aucun intérêt. Cette conduite ouvrit dans son cœur le chemin à la parole de l'Evangile ; et quand je le rendis au roi, dans un état parfait de guérison, il promit bien de ne pas cacher ce que je lui avais dit sur Dieu et sur la religion chrétienne.

« Un autre jour, à la suite d'une distribution d'armes faite en pompeuse cérémonie, le roi m'envoya sur le soir un des premiers cabécères, qui s'était abîmé quatre doigts d'un éclat de fusil. Grâces à Dieu, nous parvînmes à remettre la main en bon état.

« Une autre fois c'était une jeune femme que Gréré appelle sa fille (ce n'est que sa nièce) ; elle avait une blessure si grave au talon, que les chairs étaient presque entièrement détachées de l'os. Le roi me la confia, en disant que depuis longtemps on avait essayé tous les remèdes des noirs sans aboutir à rien, mais qu'il ne doutait pas plus de mon succès que de mon dévouement. A l'époque de notre départ elle était en pleine voie de guérison.

« Outre ces clients de la cour, j'eus occasion de soigner un grand nombre de malades du peuple. Comme je ne perdais aucune occasion de leur parler de la vanité des fétiches, et que mes soins donnaient du crédit à mes paroles, il en résultait un sentiment d'estime pour nos croyances. « Jamais, disait-on, pareille chose ne s'est vue : un blanc se courber sur la pourriture d'un noir pour le guérir ! » Toutes ces circonstances ne sont qu'un germe dans les desseins de Dieu, mais il faut en tenir compte. Aussitôt que nous le pourrons, nous établirons un hôpital à Agbomé. Le roi y consent, le peuple en serait heureux. Daigne le Seigneur mener le tout à bonne fin pour sa plus grande gloire (1). »

On peut donc affirmer que malgré les quelques vexations que le P. Borghéro eut à subir de la part de certains ministres ou grands personnages de la cour, son voyage à Agbomé eut des résultats favorables à la Mission. Le principal était fait. Cette Mission, établie sans bruit, semblait devoir être fondée sur une base solide. Les missionnaires, désormais mieux connus, devaient jouir à un plus haut degré de l'estime des gens de toute couleur. On pouvait entrevoir déjà le développement d'une œuvre qui venait à peine de prendre naissance. Dégagée des hésitations et des difficultés des premiers jours, elle allait prendre une marche plus sûre.

CHAPITRE VI

Cependant les missionnaires de Whydah attendaient impatiemment le retour du P. Supérieur, et leur attente se prolongeait toujours. On avait calculé que l'apôtre pouvait en finir avec le roi en une quinzaine de jours, et voilà que le P. Borghéro séjournait à Agbomé depuis plus d'un mois. Après

---

(1) *Ann.* T. **xxxv**, p. 224.

quelques premières lettres pleines d'enthousiasme, il en était venu d'autres qui laissaient entrevoir quelque désenchantement. Dans la dernière missive le Père n'avait pas encore obtenu l'audience du roi et ne pouvait fixer l'époque de son départ.

Pendant le séjour du P. Supérieur à la capitale, le P. Fernandez s'occupa plus particulièrement des enfants; le P. Laffitte fut chargé du soin des malades et du matériel de la Mission. L'un mettait tout son zèle à cultiver ces jeunes natures primitives, l'autre déployait toute sa charité dans le soin des plaies les plus dégoûtantes; et tous deux, dans leurs moments de loisir, devenaient architectes et maçons.

La fête de l'Immaculée Conception approchait. Les missionnaires résolurent de la célébrer avec toute la pompe possible, et de la faire précéder d'une neuvaine préparatoire. Les ornements manquaient; il fallut tout créer.

Pour donner un air de fête à l'autel de la Vierge, qui rappelait l'étable de Bethléem, on arrêta un plan et ont se mit à l'œuvre. Grâce au concours de quelques Portugais, Brésiliens et Français, résidant à Whydah, la chapelle entière changea d'aspect. Massifs de verdure, fleurs éclatantes, rien ne fut épargné. Les nègres étaient dans l'admiration. La Reine du ciel pouvait avoir ailleurs un autel plus riche, mais pas plus gracieux. « Nous avions ménagé, dit le P. Laffitte, pour le soir de l'ouverture de la neuvaine, une surprise plus grande encore. Après avoir utilisé toutes les bougies de la maison nous ouvrîmes en deux parties égales une grande quantité de *papayers*; ces écorces, vides de leurs graines, furent remplies d'huile de palmier, et formèrent bientôt d'innombrables lampions. Tant de lumières parsemées à profusion dans le feuillage touffu des orangers et des citronniers, firent un trône éblouissant à la Vierge, et le chœur de la chapelle offrait un coup d'œil ravissant. » Les chrétiens étaient heureux, les infidèles comparaient les splendeurs du culte catholique aux misérables jongleries du fétichisme et aux froides cérémonies du protestantisme. Chaque soir de la neuvaine amenait un concours de païens plus considérable. Néanmoins les petites cloches du fort ne portaient pas bien loin leurs joyeuses volées ; et les missionnaires désiraient que la ville entière de Whydah fût avertie de l'heure des cérémonies, au moins pour le jour de la fête. Une heureuse inspiration leur permit de réaliser de si pieux désirs. Parmi les vieux débris de canons abandonnés par les Portugais et gisant çà et là, on choisit cinq ou six petites couleuvrines peu avariées, qu'on nettoya avec soin et que reçurent bientôt des affûts improvisés. Il n'en fallut pas davantage. A la première détonation, les indigènes accoururent en foule immense. Pour éviter tout tumulte, quelques nègres des plus robustes furent chargés de la police. Ils avaient ordre de mettre dehors toute personne qui ne serait pas décemment habillée.

« A neuf heures commença la messe. Les chrétiens seuls occupaient la nef de la chapelle, les païens se tenaient au dehors ; mais les trois grandes portes ouvertes en entier, leur permettaient de voir le chœur et les cérémonies de l'auguste mystère. Les fidèles étaient radieux de bonheur ; les indigènes, silencieux et recueillis, sentaient eux-mêmes que quelque chose de saint, de mystérieux, s'accomplissait dans le temple (1). »

Les missionnaires étaient encore embaumés de la joie que leur avait laissée la fête de l'Immaculée Conception, quand l'arrivée de deux nouveaux confrères vint mettre leur contentement à son comble. Les PP. Courdioux et Cloud leur apportaient un précieux secours et un nouvel espoir.

Le premier était prêtre depuis quelques mois à peine ; le second, encore élève en théologie, venait du diocèse de Périgueux. Ces jeunes volontaires de la petite et vaillante armée de Lyon n'avaient pas craint sur un ordre de leur chef de s'élancer au combat. Ils brûlaient d'entrer en lice. Cependant, quoique la mission fût réconfortée de deux ouvriers de plus, il était imprudent de rien entreprendre avant le retour du P. Borghéro.

(1) *Souvenirs de voyage et de mission.*

La communauté vivait donc dans le silence, l'étude, et le travail des mains, quand sa paix fut troublée un instant par la visite d'un grand personnage de Whydah. Cette ville maritime la plus importante du royaume de Dahomey, est gouvernée, avons-nous dit, par le Jévoghan. Ce dernier a sous ses ordres immédiats de nombreux chefs de Salams ou quartiers, et surtout trois ministres principaux, qui ont reçu eux-mêmes le titre de cabécères. *Quouénou*, l'un de ces trois dignitaires, est grand cabécère du Commerce. Seul, il a le droit d'acheter une cargaison de marchandises européennes au compte du roi. Ce privilége lui coûte d'énormes impôts qui vont chaque année grossir la cassette royale, mais il en retire un immense bénéfice. Il aime les européens, vit à leur manière, a même fait baptiser plusieurs de ses enfants dont il a confié l'éducation aux missionnaires. C'est le P. Laffitte qui reçut la visite de ce grand personnage.

« Quouénou, dit-il, ne déployait jamais un grand appareil dans ses exhibitions personnelles. Il vint à la Mission avec une suite peu nombreuse ; deux soldats, deux domestiques, deux musiciens et un secrétaire formaient tout son cortége. Le secrétaire ne savait ni lire ni écrire ; son crâne était le casier où il rangeait tous les secrets et les commandements de son maître ; avec lui la saisie des pièces compromettantes était impossible. Quouénou avait une de ces figures réjouies qui font plaisir à voir ; l'expression habituelle de son visage était la honte ; un sourire naïf errait constamment sur ses lèvres. Un embonpoint démesuré avait fait de son petit corps une masse qu'il avait peine à mouvoir, même à l'aide de son bâton terminé en croissant. A la différence de ses compatriotes, pour qui tout vêtement est une gêne, Quouénou portait sur lui de quoi habiller douze nègres ; il avait certainement pris toute sa garde-robe pour en faire étalage devant nous.

Parmi les bizarreries de son costume, un de ces couvre-chef que le peuple, dans son langage pittoresque, a nommé casque à mèche, attira surtout mon attention. Bariolé, surmonté d'une touffe ondoyante, épanouie, ce bonnet devait être le chef-d'œuvre de quelque maître bonnetier marseillais. Ainsi coiffé, Quouénou personnifiait admirablement le Ministère du Commerce. Il avait eu soin de faire porter par son domestique son trône de ministre, espèce d'escabeau de cinquante centimètres de hauteur, taillé dans un tronc d'arbre et orné d'arabesques qui n'étaient pas sans mérite. Le trajet de sa maison au fort avait fort essoufflé Son Excellence; aussi ne répondit-elle à notre salut que par un gros rire et une poignée de main; et ce n'est qu'après s'être solidement assise sur son siége et avoir respiré avec bruit et à plusieurs reprises, que nous pûmes connaître le son de sa voix.

« — Bonjour, blancs, nous dit-il en Portugais; votre santé est bonne?

« — Excellente, seigneur Quouénou.

« — Ah! ah! Je m'en réjouis fort. Vos affaires prospèrent?

« — Elles pourraient aller mieux.

« — Ah! ah! J'en suis fâché. Vous êtes riches?

« — Non, nous sommes pauvres.

« — Ah! ah! Je croyais le contraire. Vous ne faites pas le commerce?

« — Vous savez bien que nous ne sommes pas venus ici pour cela.

« — Ah! oui, je sais; vous voulez enseigner aux noirs la religion des blancs; vous dites que les fétiches ne valent rien, que votre Dieu est le grand Dieu. Oui, cela est vrai, le Dieu des blancs est le grand Dieu, mais bon seulement pour les blancs et pas pour les noirs; les noirs sont petits, les fétiches sont bons pour eux.

« Nous essayâmes de lui démontrer que le même Dieu avait créé les blancs et les noirs, que tous étaient ses enfants et qu'il les aimait d'un amour égal.

« Il écouta avec attention nos paroles et les approuva toutes; mais je doute qu'elles aient pénétré bien avant dans son cœur; son assentiment n'était qu'une simple formule de politesse.

« Quouénou resta à la Mission environ une demi-heure. Il accepta un verre de genièvre qu'il passa à son secrétaire, après en avoir bu quelques gouttes. Avant de nous quitter, il exprima le désir de visiter notre chapelle.

« — Vous pouvez entrer, mais à condition de quitter tous vos fétiches.

« — Je ne puis me séparer de mes fétiches, car je mourrais à l'instant.

« — Alors vous n'entrerez pas.

« — Mais d'ici je puis bien adorer votre Dieu ?

« — Oui, seigneur.

« — Eh bien ! cela me suffit.

« Il se prosterna contre terre, couvrit sa tête de poussière, frappa dans ses mains et prononça quelques paroles mystérieuses. Son adoration finie, il nous témoigna toute sa reconnaissance du bon accueil qu'il avait reçu, et nous invita à aller le voir chez lui.

« Nos relations avec les autorités dahoméennes avaient toujours conservé un certain appareil cérémonieux qui me gênait fort ; des grands dignitaires du gouvernement, nous n'avions vu que le masque : l'homme vrai, tel qu'il apparaît dans son intérieur, nous était complétement inconnu. Avertis à l'avance de notre visite, ils avaient eu le temps de composer leur visage, de préparer leurs paroles, de mettre ordre à leur toilette ; et tels nous les avions vus à la Mission, tels nous les voyions dans leurs cases. Je résolus de lever un coin du voile qui couvrait ces grandeurs d'emprunt. Le Ministre du Commerce avait l'air si bonhomme, que je jugeai qu'il ne se formaliserait pas d'un léger manquement à l'étiquette du pays.

« Le lendemain de sa visite à la Mission, je me dirigeai seul vers le quartier qu'habitait Quouénou. Je fus assez longtemps à trouver le Ministre du Commerce. Un nègre à demi-couché sur le seuil de sa porte en gardait l'entrée ; je m'adressai à ce concierge à noire figure :

« — Le seigneur Quouénou, Ministre du Commerce ?

« J'avais à peine terminé ma phrase, que Quouénou, qui avait reconnu ma voix, me cria d'entrer.

« Tout allait donc au gré de mes désirs; en quelques secondes je me trouvai auprès d'une Excellence nègre en petite tenue.

« Quouénou n'était plus le brillant ministre que j'avais vu la veille sur son siége de gala; je le trouvai à demi-couché sous un hangar bas et étroit, jouant aux osselets, en compagnie de quelques nègres. Il n'avait plus cet aspect de momie égyptienne que lui donnaient les diverses étoffes dont il avait cru devoir s'envelopper pour nous faire honneur. Un caleçon grossièrement taillé et un pagne crasseux le couvraient des genoux à la ceinture. Un bonnet de coton vulgaire avait remplacé le couvre-chef que j'avais tant admiré la veille.

« Si le Ministre du Commerce avait singulièrement modifié son costume, sa physionomie était restée la même : même bonhomie, même sourire. Il se leva à mon arrivée, et, après m'avoir serré la main, il m'invita à m'asseoir sur un siége de bambou qu'un nègre venait d'apporter. Pour lui, se laissant tomber à terre, il se coucha à demi, la tête appuyée sur sa main gauche. Après un quart d'heure d'une conversation trop insignifiante pour que je la rapporte ici, je me levai pour partir quand Quouénou m'arrêta en me disant :

« — Seigneur, je suis noir, mais je suis poli.

« — Certes, lui répondis-je, je n'en ai jamais douté.

« — J'ai bu du genièvre à la Mission, et je veux que vous preniez un verre de liqueur chez moi.

« — De liqueur ?

« — Oui, de liqueur. Et votre genièvre était très-rude. Enfant, dit-il à un de ses esclaves, va chercher les liqueurs.

« Après quelques minutes d'absence, l'esclave revint portant une petite table, deux flacons et deux verres. L'un des flacons contenait de l'anisette, l'autre du marasquin de Zara.

« — Seigneur blanc, me dit Quouénou, je vais vous servir un verre d'anisette ?

« — Merci.

« — Un verre de marasquin, alors?

« Et il prit le flacon de la prétendue liqueur de Zara.

« Quoique cette liqueur ne fût que de l'eau sucrée, je crus devoir la trouver excellente. Ma satisfaction rendit Quouénou le plus heureux des hommes. Je ne fus libre de partir qu'après lui avoir promis de venir le voir de temps à autre (1). »

CHAPITRE VII

Malgré ces visites faites et reçues, malgré d'autres distractions, la pieuse famille du fort portugais songeait toujours à son père absent. Enfin, un nouveau message mit un terme à toutes les impatiences et à toutes les inquiétudes. On apprit à Whydah que, le 15 janvier, le P. Borghéro avait été reçu par le roi, et que, dès le lendemain, il disposait tout pour son départ. Les porteurs de bagages avaient précédé le Père : celui-ci les suivait de près. La joie fut grande à la Mission, quand toute la communauté put courir au-devant de son vénéré Supérieur !

Le retour du courageux missionnaire à Whydah fut bientôt connu des autorités et de la ville entière. On publiait partout les honneurs insignes que le roi avait rendus au *prêtre blanc*; ce qui fut encore très-avantageux pour la Mission. Jusque-là, les indigènes eux-mêmes de Whydah n'étaient pas sans appréhensions pour l'avenir des *prêtres blancs*. Chacun, en effet, se demandait ce qu'ils allaient devenir ; car dans un pays où tout dépend du roi, on ne saurait jamais arrêter une idée, porter un jugement, avant que la parole royale ait prononcé son arrêt. On avait longtemps observé ces européens du fort portugais ; on recon-

(1) *Souvenirs de voyage et de mission.*

naissait que ces personnages mystérieux n'étaient pas des hommes ordinaires. Leur dehors seul annonçait quelque chose d'étrange. « *Ils étaient inspirés, disait-on, du grand fétiche des blancs.* » La curiosité attirait les indigènes vers eux, la crainte les en éloignait.

En résumé, jusqu'alors les nègres n'avaient pas eu avec ces *féticheurs d'Europe* des rapports bien suivis. Ils savaient qu'autrefois les négociants européens, résidant à Whydah, achetaient le produit des sueurs du nègre à vil prix, pour quelques bagatelles, ou bien trafiquaient de leur chair comme d'une marchandise; leurs ancêtres n'avaient connu les blancs que dans le commerce ou dans la traite des esclaves; et eux-mêmes n'avaient pu jusque-là se les représenter autrement que sous l'aspect terrible du négrier. Mais qu'elle ne fut pas bientôt la surprise générale, quand on vit de près ces hommes nouveaux, que l'appât du gain n'avait pas attirés dans ce pays, et dont l'unique ambition était d'enseigner une Religion inconnue. Et quand on sut que le roi avait si bien accueilli le chef des missionnnaires, *le cabécère blanc* du fort portugais, et qu'il lui avait octroyé définitivement l'autorisation de se fixer à Whydah, la population indigène fut complétement rassurée, et accorda volontiers un commencement de confiance aux nouveaux apôtres. Ceux-ci n'avaient plus qu'à se mettre à l'œuvre.

Une circonstance providentielle vint encore augmenter leur crédit. M. le baron Didelot, chef de la station navale des côtes occidentales de l'Afrique, était arrivé en rade de Whydah dans la frégate, *la Junon*. Depuis son entrée dans ces parages, cet officier supérieur n'avait cessé de témoigner aux missionnaires le plus vif intérêt. Il leur avait adressé des lettres pleines de sentiments les plus chrétiens, leur avait envoyé de temps en autre un aviso prendre de leurs nouvelles. Un jour il mit le comble à sa courtoisie en allant lui même à la Mission. Accompagné de plusieurs officiers de son bord, il visita l'établissement avec la plus grande sympathie, promettant à plusieurs reprises sa protection la plus énergique en faveur de tous les intérêts de la religion. Le lendemain, qui était un dimanche, il revint avec le vice-consul, M. Daumas, et avec tous les officiers de la veille, pour entendre la sainte messe. Leur présence à l'église produisit la plus grande sensation chez les noirs tant chrétiens que païens, qui, ce jour-là, s'étaient rendus en grand nombre. Ceux-ci eurent sous les yeux une démonstration religieuse plus éloquente que toutes les paroles. L'attitude noble et recueillie de ces officiers de marine priant Dieu avec ferveur, devait frapper les esprits et laisser dans les cœurs autre chose qu'un souvenir. Les indigènes reçurent une leçon de respect.

Le moment était donc venu pour travailler avec espoir à l'œuvre des âmes. Les missionnaires avaient sondé le terrain ; ils étaient convaincus que les enfants devaient être l'objet de leur premier dévouement. Sans doute quelques jeunes adolescents que le vice n'avait pas eu le temps d'abrutir pouvaient devenir de bons néophytes, quelques conversions isolées d'hommes faits et de vieillards pouvaient briller comme une lueur de douce espérance ; mais il ne fallait pas songer à obtenir de ces conversions en masse, qui frappent de surprise quand on parcourt la vie du grand apôtre des Indes. Les vieux nègres, perdus de vices, abrutis par les liqueurs fortes, esclaves d'un abject fétichisme, étaient incapables de comprendre la sublimité de la doctrine qu'on leur annonçait ; et, l'eussent-ils comprise, ils ne voulaient point rompre avec leurs vieilles habitudes. Chrétiens de nom seulement, ils ne changeraient rien à leur manière de vivre. L'avenir de la Mission reposait donc sur les enfants.

Le divin Maître avait dit : « Laissez venir à moi les petits enfants ! » A Whydah, la première petite créature qui répondit à ce doux appel fut amenée par sa mère. Celle-ci était une négresse encore jeune ; le père, mort depuis longtemps, était mulâtre. Baptisé le jour même de sa naissance par un prêtre noir venu de San-Thamé, l'enfant avait reçu au baptême le nom d'Eudore ; mais c'est là tout ce qu'il avait de chrétien.

Au lieu d'une croix, il portait roulé à son cou un collier de fétiches. Lui-même avait demandé à venir à la Mission ; et la pauvre mère, quoique païenne, avait compris vaguement que ce fils, marqué d'un signe mystérieux, et consacré ainsi au Dieu qu'avait adoré son père, ne devait aimer et servir d'autre Dieu que celui des blancs. Avant d'admettre l'enfant, le Père Supérieur posa quelques conditions : il ne devait plus quitter ; sa mère viendrait le voir seulement de temps à autre ; elle ne lui parlerait plus de fétiches... Toutes ces conditions furent acceptées avec joie ; et, à l'instant même, la mère, saisissant son enfant, lui enleva le collier de fétiches et le brisa. Puis elle se mit à genoux, fit agenouiller son fils près d'elle, et tous les deux remercièrent les bons Pères de la grâce qu'ils venaient de leur accorder. Eudore paraissait avoir de dix à onze ans.

A ce premier, se joignirent bientôt d'autres enfants. Les heures furent partagées en divers exercices de prières, d'instruction, de travail et d'amusement. En quelques semaines, ce premier noyau de la Mission fut transformé sous l'influence d'une vie régulière, calme, pleine de douceur et de tendresse. Que de larmes de bonheur mouillèrent les yeux des missionnaires, en voyant leurs élèves à genoux, les mains jointes, les traits recueillis, adressant à Dieu leur naïve prière : encens d'agréable odeur qui montait de cette terre délaissée vers le cœur du Père céleste !

Or, ce groupe de petits chrétiens qui eût augmenté tous les jours si le local de la Mission l'avait permis ; quelques nouveaux-nés baptisés en danger de mort, et partis pour le ciel avant d'avoir souillé leurs âmes aux fanges de la terre ; d'autres enfants plus âgés, retirés du milieu empesté qui étouffait leur jeune cœur, et appelés à vivre en lieu sûr dans une atmosphère bénigne et vivifiante ; quelques hommes venus à Dieu dans la plénitude de leurs forces ; quelques vieillards enlevés au démon, alors qu'ils avaient déjà un pied dans la tombe : tels furent les premiers fruits de la nouvelle Mission, durant les quelques mois qui suivirent son établissement à Whydah.

En tenant compte des difficultés qu'il fallut vaincre, les missionnaires eurent lieu d'être satisfaits. Le laboureur qui jette sa semence dans un champ couvert de ronces et d'épines ne recueille que quelques épis ; comme lui, les nouveaux apôtres ont semé sur un terrain inculte, et le jour de la première moisson venu, ils n'ont pu offrir au Père de famille qu'une petite gerbe ; mais la beauté de ses épis était la récompense du passé, la joie du présent, et le gage d'un avenir prospère. La terre qui avait donné ces premiers beaux fruits pouvait en donner de plus beaux et de plus nombreux encore.

CHAPITRE VIII

Il ne faut pas cependant croire que les premières assurances d'amitié de la part du roi, des grands personnages, et même de plusieurs groupes de nègres, devaient mettre désormais à l'abri des petites misères qui ne manquent jamais d'être suscitées contre tout étranger. Un pays qui n'admet les européens que pour l'utilité commerciale qu'il en retire, devait trouver fort mal commode que les apôtres ne donnassent pas aux chefs les mêmes avantages que les autres commerçants. A le bien prendre toutes les dépenses que faisait la Mission profitaient au pays ; mais là les chefs ne considèrent pas les choses à ce point de vue, et ne comptent pour rien ce qui n'entre pas directement dans leur caisse ; aussi cherchaient-ils depuis longtemps un moyen de compensation sur les missionnaires, quand un événement imprévu vint les servir à souhait.

On était alors à la saison des tempêtes. Faible d'abord, un orage qui éclata sur Whydah grandit à vue d'œil et devint épouvantable. Le vent précipitait les nuages vers quelque rendez-vous sinistre ; les éclairs, rares au début, se succédaient à l'infini, et leur clarté blafarde et livide rendait plus affreuse encore la nuit épaisse qui enveloppait le ciel et la terre. Le tonnerre grondait, tantôt en échos prolongés, tantôt avec ce bruit sec et strident qui frappe de stupeur la nature entière. Un dernier coup fut terrible. La foudre était tombée sur le fort portugais et la toiture en herbes desséchées brûlait sur plusieurs points. A l'instant le personnel de la Mission a bondi : on enlève le modeste mobilier. Heureusement le vent cessa ; car s'il eût continuer à souffler, l'église, et les autres bâtiments, qui tous avaient une toiture d'herbes, seraient devenus la proie des flammes. Enfin, la pluie qui tomba par torrents fut d'un grand secours ; et l'incendie put être maîtrisé. Les missionnaires, avec quelques blancs de Whydah, s'étaient exposés seuls pour conjurer le danger.

Les nègres s'étaient bien rendus en foule au théâtre du sinistre, mais pour contempler le spectacle d'une maison en feu. Les plus robustes de ces oisifs prétendaient qu'il leur était défendu de toucher le feu du ciel. Il fallut renoncer aux moindres secours de leur part, tant que dura le danger. Les alarmes des habitants du port étaient à peine calmées, que six hauts dignitaires du gouvernement se présentèrent à la Mission. « Le feu du ciel, dirent-ils, a brûlé une partie de votre maison; celle-ci aurait dû se brûler toute entière. Ce feu ne tombe que sur les méchants; vous devez apaiser les fétiches. » C'était là une demande officielle. Mais comme on exigeait une offrande pour les fétiches, la conscience faisait un devoir aux missionnaires de refuser énergiquement ; ce qu'ils firent à plusieurs reprises de la manière la plus formelle. L'ambassade mécontente ne se tint pas pour battue. Le lendemain, un domestique du Jévoghan alla dire au P. Borghéro que son maître désirait le voir. Qoiqu'il soupçonnât un piége, le P. Borghéro n'hésita pas à se rendre à la case du Gouverneur. On somma le Père d'accepter les propostitions de la veille ; sur son refus, il fut mis en prison. Les dignitaires et tous les nègres avaient compté que la vue du taudis sale et malsain dans lequel ils avaient renfermé le Supérieur de la Mission abattrait bien vite sa constance ; et le Jévoghan attendait de minute en minute le bon effet de ses rigueurs. Mais voyant que le P. Borghéro demeurait toujours aussi ferme, il désespéra de le réduire, et prit le sage parti de faire des concessions.

On doit trouver étrange cette conduite des autorités qui, au lieu de secourir un incendié, le condamnent à de fortes amendes et à la prison ; mais telles sont les habitudes antiques du pays, basées sur la soif du bien d'autrui. Il faut cependant observer que, dans cette circonstance regrettable, les missionnaires ont été traités avec des égards inaccoutumés ; car on leur permit de rebâtir leur maison, et on s'est abstenu de la piller, ce qui n'aurait manqué d'arriver si l'accident avait frappé un indigène, eût-il été le premier personnage du royaume. En temps ordinaire, on saisit celui qui a été désigné par le feu du ciel, on le dépouille sans cérémonie, et c'est beaucoup si on lui laisse la vie. Personne si élevé qu'il soit, ne peut se sauver des usages admis. Ainsi, le Jévoghan, qui, sans contredit, est un des plus importants personnages auprès du roi, et qui, depuis trente ans, gouverne Whydah au nom du monarque, quelques jours après avoir condamné les missionnaires à l'amende à cause de l'incendie, fut appelé par le roi à la capitale pour assister aux solennités d'usage : Or, ayant eu quelque retard dans sa marche, lui et sa suite furent mis aux arrêts ; et ce haut personnage fut condamné à une forte amende qu'il ne put payer qu'après bien du temps et à force d'extorsions de tous genres sur ses administrés. Enfin, quelques mois après, on apprit que le *Méhou*, qui est le premier personnage du royaume après le roi et qui avait condamné le Jévoghan, fut à son tour mis en accusation et condamné à payer une énorme amende.

En sorte que les rares vexations, les quelques tracasseries qu'on fit souffrir aux missionnaires furent relativement insignifiantes, et ne purent diminuer en rien ni leur prestige aux yeux des naturels, ni les espérances qu'ils avaient déjà conçues. Du reste, l'essentiel était acquis : l'établissement définitif de la Mission avait été régulièrement approuvé par le roi. Les prêtres au nombre de six, se partagèrent les différentes fonctions et se mirent résolûment à l'œuvre, sans s'occuper ni du monarque d'Agbomé ni des cabécères de Whydah. Et bientôt une circonstance très-solennelle vint montrer au peuple lui-même toute l'indépendance des prêtres catholiques.

Pendant plusieurs jours il ne fut bruit, dans le pays, que des merveilles dont Whydah allait être le théâtre. Avant d'entreprendre son expédition contre la puissante ville d'Abékouta, dont nous parlerons dans le livre suivant, expédition qui lui fut si fatale, le roi Gréré avait essayé ses forces contre un gros village de deux mille habitants. Investi pendant la nuit, ce village fut pris sans coup férir. Jamais entreprise n'avait été menée plus rapidement et avec un succès plus complet.

Dans son orgueil, Gréré voulut faire le déploiement de toutes ses forces militaires et l'étalage du butin et des esclaves, trophée de sa victoire. Agbomé avait eu jusque là, nous dit le P. Laffitte, le monopole exclusif de toutes les fêtes nationales. L'unique cause de ce privilége venait de la superstition bizarre qui obligeait le roi à se tenir loin du littoral. Les féticheurs avaient prétendu que le premier monarque dahoméen qui oserait jeter les yeux *sur le grand lac d'eau salée*, mourrait certainement d'une mort subite. Mais le vrai motif de cette réclusion, était que Sa Majesté, allant sur la Côte, aurait occasion de voir les blancs, de perdre par ce commerce un peu de sa rudesse et de sa cruauté, traits distinctifs de la puissance dahoméenne, et caractères que le fétichisme exige dans un monarque africain. Or, le roi Gréré, enhardi par sa gloire, crut pouvoir se départir pour une fois de cet usage antique ; et résolut de célébrer sa victoire dans la ville même de Whydah. Du reste, l'éclat de Sa Majesté devait éblouir les blancs du littoral ; le bruit de sa puissance devait se répandre parmi les tribus voisines, et porter la terreur jusque dans les murs d'Abékouta, pour en préparer d'avance la ruine complète.

On ne songea donc plus qu'aux grands préparatifs de la fête dont Whydah allait donner le magnifique spectacle. C'est en cette occasion que les prêtres du fort portugais montrèrent leur courageuse indépendance.

« Tous les blancs, nous raconte le P. Laffitte, convoqués par invitation royale, devaient ajouter aux splendeurs de la fête. Nous eûmes l'honneur d'une invitation spéciale. En réalité, cette invitation cachait sous un amas de phrases obséquieuses un ordre formel. Avec les gens de commerce Gréré ne se gêna guère ; il ne prit même pas la peine de formuler un ordre ; il jugea qu'un simple désir serait suffisant. En cas de résistance, il pouvait ruiner d'un mot la factorerie rebelle : il n'avait qu'à défendre aux nègres de lui porter leur huile.

« Nous étions plus indépendants ; aussi s'y prit-il d'une autre manière pour en arriver à ses fins. Pauvre roi ! il ne connaissait que par ouï-dire ce que c'est qu'un prêtre catholique : il ignorait la force qu'il y a en lui, alors que sa conscience est engagée. Notre réponse au message royal ne devait laisser aucun doute sur notre résolution ; et pourtant, à quelques jours de là, un nouvel envoyé de la cour vint nous intimer derechef l'ordre d'obéir, et, cette fois, très-clairement, avec menace de punition en cas de refus. Cette seconde ambassade ne réussit pas mieux que la première. Le matin du jour de la fête, le Jévoghan vint encore s'assurer si nous persistions dans notre désobéissance. « C'est, nous dit-il, pour vous éviter les plus grands malheurs que je suis venu : le roi est furieux. — Nous sommes désolés, répondîmes-nous à ce brave homme, de faire de la peine à ton maître, mais ce qu'il nous demande, notre Maître nous le défend. — Quel est donc votre maître ? reprit-il. — Dieu. » Il s'inclina devant ce nom, et sortit sans insister davantage. On va voir par les détails de l'exhibition, que nous ne faisions que notre devoir en refusant de nous y associer.

« Vers les dix heures du matin, les sons d'une musique infernale, les cris et les hurlements d'une foule en délire, nous annoncèrent que le premier point du programme, le défilé, était en voie d'exécution.

« A onze heures, la tête du cortége défilait sur la place du fort portugais. C'étaient des femmes vêtues de pagnes neufs, marchant une à une et portant, posée sur leurs cheveux crépus, une bouteille de gin. Elles longèrent l'extrémité de la place et se rangèrent en cercle. D'autres femmes suivaient, chargées d'objets divers, fruit de la récente victoire du roi ; elles formèrent un grand cercle. Puis ce fut le tour d'une multitude de soldats, avançant avec un ordre que je ne leur avait jamais vu; ils se placèrent devant les femmes et mirent leurs fusils au repos. Un grand nombre de nègres de tout âge, de tout sexe, les mains liées derrière le dos, venaient après. Ces malheureux, libres il y a quelques jours, rehaussaient la pompe triomphale des vainqueurs, en attendant un sort plus cruel. Leur figure, défaite et empreinte d'une morne résignation, faisait mal à voir ; un long jeûne avait épuisé leurs forces, et la maigreur de leur corps était à peine cachée par des haillons souillés de sang et de boue. De temps à autre, ils regardaient d'un œil hébété ce qui se passait autour d'eux ; le plus souvent leurs regards se portaient vers la terre et y restaient fixement attachés.

« Le défilé continuait toujours, et bientôt il ne resta plus qu'un petit espace libre au milieu de la place.

« Alors parurent quelques chevaux que des noirs menaient en laisse : ces chevaux avaient appartenu aux chefs du village détruit. Les têtes de ces chefs exécutés depuis quelques jours en présence du roi, étaient fixées au bout de longues perches que les porteurs agitaient à chaque instant. Une nuée de vautours fauves, attirés par ces trophées, planaient au-dessus de la foule; quatre ou cinq, plus féroces, rasaient les têtes sanglantes, et ne s'enfuyaient, sous les cris répétés de la populace, que pour revenir encore. La musique, qu'on entendait déjà depuis longtemps, fit enfin son apparition, et avec elle se montrèrent le Méhou, les grands cabécères venus d'Agbomé, le prince *Schoundaton*, le Jévoghan, tous en costume de cérémonie. Les nègres du vulgaire occupaient les rues adjacentes. Un hourra formidable s'éleva du milieu de toute la foule, et l'exhibition prit un caractère nouveau.

« Jusque-là, chacun était resté immobile à son poste; mais alors commencèrent des danses extravagantes mêlées de cris sinistres. Les captifs enchaînés, qui pouvaient à peine se mouvoir, furent forcés de prendre part au mouvement général; leurs gardiens brandissaient au-dessus de leurs têtes des coutelas énormes, des massues armées de pointes de fer.

« Cette scène infernale, à laquelle la fatigue des acteurs mit seule un terme, dura près d'une heure.

« Les ordonnateurs de la fête ouvrirent à grand'peine la foule, et les dignitaires du gouvernement se dirigèrent vers le Fort, un nègre les précédait. La porte d'entrée était close; force fut à l'envoyé de parlementer du dehors : le Méhou et les grands cabécères demandaient la faveur d'être reçus par les missionnaires pour leur transmettre les compliments du roi :

« Va dire aux grands cabécères, répondit le P. Borghéro, qu'ils seront les bienvenus près de nous, à la condition qu'ils entreront seuls, et que pas un des hommes de leur suite ne passera le seuil de notre maison. »

« Pendant ce colloque, les cabécères avançaient toujours; les conditions étant acceptées, je tirai les verrous de la porte. J'avais pris avec moi quelques-uns de nos serviteurs les plus robustes, afin de me prêter main-forte, au cas où la populace voudrait entrer à la suite des chefs. La précaution n'était pas inutile; car à peine les hauts fonctionnaires avaient-ils franchi le seuil de notre habitation, qu'une multitude se précipitait sur leurs pas. Nos domestiques soutinrent bravement le premier choc, et, grâce à ce temps d'arrêt, je pus tirer les verrous. Je laissai la foule heurter à la porte, d'une solidité à toute épreuve, et j'allai rejoindre mes confrères, que je trouvai luttant de ruse avec les plus fourbes des hommes.

« Les cabécères tentaient un dernier effort pour nous faire

accéder aux désirs du roi. D'abord, ce furent de douces paroles puis vinrent les menaces. Il leur fut répondu que le spectacle sinistre que nous avions sous les yeux, loin de nous porter à accepter l'invitation royale, nous forçait à confirmer énergiquement notre premier refus. Ils se retirèrent très-mécontents.

« A la sortie des chefs, les danses, qui avaient continué pendant le colloque, cessèrent subitement ; la foule s'agita encore quelques minutes, les têtes ondulèrent comme les eaux d'un lac agité par la tempête ; puis chacun regagna sa place, et attendit le signal du départ.

« Le défilé commença dans l'ordre que j'ai déjà dit ; les femmes ouvrirent la marche, les bouteilles de genièvre toujours posées sur leur tête ; ces bouteilles, qui avaient reçu de fréquentes accolades pendant la station, étaient vides aux trois quarts. Quand ce fut le tour des esclaves, je les *vis* se mouvoir comme des automates poussés par un ressort secret. A leur passage sous nos fenêtres, ils levèrent les yeux vers nous, nous les saluâmes de la main. Comprirent-ils cette salutation amie ? Je ne le crois pas. Leur regard triste, morne, presque stupide, ne s'anima pas devant cette marque de sympathie, la seule, hélas ! qu'il fût en notre pouvoir de leur donner. Nous vîmes encore, et, cette fois, de très-près, les têtes livides fixées au haut des piques ; la musique joua en notre honneur son air le plus bruyant, les chefs nous saluèrent de la tête, et tout se perdit bientôt dans le labyrinthe de ruelles qui court à travers la cité nègre.

« La fête de nuit fut plus horrible encore.

« Vers six heures du soir, la cohue que nous avions vu défiler devant le fort portugais se réunit sur la place du marché. Les malheureux captifs, épuisés par une longue course et le manque de nourriture, ne pouvaient plus se soutenir : ils se laissaient aller à terre comme une masse inerte ; les cris, les menaces et les coups des bourreaux étaient impuissants à les relever. On leur donna un peu d'eau-de-vie, afin de refaire leurs forces, et l'attention se détourna d'eux pour se porter sur des poëtes à gages, qui célébraient l'unique victoire du roi. Ces favoris du Parnasse africain accompagnaient leurs paroles d'une musique si expressive, que ceux des auditeurs qui n'entendaient rien à leur langage pouvaient suivre point par point les diverses phases de la dernière expédition. Après chaque chant, et le poëme en avait plusieurs, ils se donnaient du cœur avec une goutte de tafia. Leur succès fut complet ; la foule, ivre de joie, applaudit à outrance.

« A la scène parlée succéda une scène muette.

« Les nouveaux acteurs représentèrent, avec une vérité effrayante, tous les genres de supplices usités à Canna et à Agbomé. Pour terminer leur séance, ils donnèrent le programme vivant de la scène finale, qui devait marquer d'une tache de sang le souvenir de cette triste journée.

« Les esclaves enchaînés avaient pu suivre, minute par minute, la marche progressive de leur agonie ; ils avaient vu les contorsions de leur corps au milieu des tortures ; ils avaient entendu le dernier râle qui sortirait de leur poitrine ; ils savaient que leurs cadavres seraient foulés aux pieds, et livrés en pâture aux hyènes et aux vautours.... Quand ce fut leur tour d'entrer en scène, ils n'essayèrent aucune résistance ; ils étaient résignés (1). »

Ici viendrait le tableau de leur supplice. Or, les sacrifices humains qui se firent alors à Whydah n'étaient que la faible image des tueries de Canna et d'Agbomé dont nous avons déjà parlé.

(1) *Souvenirs de voyage et de mission.*

CHAPITRE IX

Après toutes les difficultés suscitées par les indigènes, il semblait que les nouveaux apôtres, à moins d'avoir la vertu de Saint François-Xavier, ne pouvaient produire des fruits parmi des adultes déjà faits à toutes les mauvaises habitdes ; mais, quoique moins puissants à secourir les âmes engourdies que le grand convertisseur des Indes, les missionnaires de Whydah comprirent qu'ils pouvaient du moins imiter ce grand apôtre dans la méthode dont il s'était servi avec tant d'avantages. Ils prirent donc, comme nous l'avons dit, presque exclusivement pour objet de leur zèle les tout petits enfants. « *Sinite parvulos venire ad me.* »

Quoique engendré dans l'iniquité, l'homme n'est pas méchant au point de rester insensible à la vérité, surtout quand elle arrive à son âme par le moyen de la charité et de la douceur évangélique. Mais les dérèglements qui surviennent, l'entraînement des exemples pervers, les mauvaises habitudes enracinées, tout cela ferme l'esprit au vrai, le cœur au bon et au bien ; il faut donc saisir l'homme dans l'enfant, c'est-à-dire avant qu'il ait subi ces tristes influences.

Du reste, les premiers résultats obtenus sur le littoral de la Côte des Esclaves avaient démontré aux missionnaires que cette nature africaine, si barbare, si déréglée, pouvait bien devenir douce et soumise à la loi de Dieu, et à un point qui étonne. Dans ce but ils résolurent d'établir comme fondement de la Mission, une école publique à Whydah, pour tous les enfants qui voudraient en profiter.

Les missionnaires choisirent de préférence la langue portugaise, ce qui leur donna un grand avantage sur les ministres protestants. Ceux-ci, n'enseignant leur doctrine qu'en anglais, confirmaient les préjugés des indigènes, qui croient que chaque peuple a sa religion spéciale. En voyant, au contraire, dans l'église du fort des prêtres parlant latin ou français entre eux, et portugais avec les dahoméens, ils durent se sentir ébranlés devant cette unité de religion parmi des nations si diverses ; et en apprenant que les missionnaires eux-mêmes, au nombre de six seulement, étaient de trois nations différentes, il eurent plus facilement une idée de l'Eglise catholique, *universelle*.

Grâce aux petites constructions ou annexes de la Mission, que le P. Laffitte avait habilement dirigées, les missionnaires purent ouvrir leur école publique, le 10 février 1862. Le P. Borghéro, avec la haute surveillance sur toutes choses, garda pour lui le soin d'instruire les adultes qui se préparaient à recevoir le baptême. Quant aux enfants, ils furent 40 dès les premiers jours ; et 150 s'inscrivirent la première année. Nombre considérable, quand on songe qu'ils se présentaient tous spontanément, sans être accompagnés ni de leurs parents ni de leurs maîtres. Plus de trente étaient orphelins. Il fallut les diviser en deux catégories : les enfants de dix à douze ans et au-dessus furent confiés au P. Fernandez ; le P. Courdioux fut chargé de civiliser les plus petits.

Pour retenir à l'école ces jeunes volontaires et en attirer d'autres, il fallait rendre les séances peu ennuyeuses, pas fatigantes ; on songea à réunir dans les cours du Fort des amusements proportionnés aux goûts de cette jeunesse. Dieu bénit la bonne volonté des maîtres, en leur obtenant petit à petit la tendre affection des enfants. Ceux-ci devinrent très-réguliers et très-nombreux. Une grande douceur les attirait, la moindre sévérité les faisait fuir sans retour.

Le programme des études était fort simple : la lecture, l'écriture et un peu d'arithmétique ; voilà pour les commençants. Les deux écoles confiées aux PP. Fernandez et Courdioux, et établies d'abord avec de faibles éléments, ne tardèrent pas à prendre un développement considérable. Le vide se fit autour du ministre protestant, qui n'eut plus à s'occuper que de l'éducation de sa famille.

La langue portugaise, adoptée, comme nous l'avons dit, pour l'enseignement des écoles, offrit de grands avantages aux enfants. Ceux-ci l'apprenaient facilement, car la plupart d'entre eux, fils d'esclaves libérés au Brésil, retrouvaient la langue de leurs pères. Elle leur servait ensuite dans les transactions commerciales de la plus grande partie de la côte occidentale de l'Afrique.

Les salles d'école étaient appropriées à la température de l'équateur ; les cloisons étaient en bambou, de l'herbe desséchée avait fait les frais de la toiture. Ce genre de construction, très-économique d'ailleurs, permet à l'air de circuler librement. Parmi les enfants recueillis chez les missionnaires, quelques-uns étaient nourris et habillés aux frais de la Mission. Ils se distinguaient par la propreté et l'uniformité de leur costume, composé d'un caleçon. Ceux-là ne sortaient jamais de l'enceinte du fort.

D'autres rentraient dans leur famille pour y prendre les repas et y passer la nuit. On les voyait affublés de haillons pittoresques. Le plus grand nombre portaient, roulé à la ceinture, un lambeau d'étoffe, plus ou moins large, selon la fortune des parents. Deux ou trois, les plus huppés de la bande, se drapaient dans des robes de chambre de simple indienne.

Une question se place ici naturellement : ces enfants nègres sont-ils intelligents ? La science a soumis le nègre à des expériences de toutes sortes. Elle a mesuré l'épaisseur, la forme et la capacité de son crâne ; elle a pesé son cerveau. On a constaté, sans doute, que la vie au grand air et tête nue, et certaines habitudes expliquent l'épaisseur du crâne, sa dureté et son peu de proéminence chez les noirs, comme chez nos paysans de la Bretagne qui se battent *à coup de tête;* mais on n'a jamais établi quel rapport lie l'intelligence au volume du cerveau et à la forme du crâne. « Il faut en prendre son parti, dit

M. Flourens (1), la grandeur de l'intelligence ne dépend nullement du développement du cerveau. » Galien avait déjà dit : « Quel que soit l'organe de l'intelligence, soyez sûr que la qualité y fait plus que la quantité. » Cette parole profonde est encore aujourd'hui le dernier mot de la science. Des causes extérieures peuvent modifier le galbe humain. La forme du crâne du nègre n'est pas un argument contre son intelligence.

« Il serait absurde, dit le capitaine Speke, de prétendre que le nègre est incapable d'éducation ; les enfants noirs ont toujours fait preuve d'une intelligence et d'une aptitude presque égales à celles des enfants européens. Seulement le fils de Cham déploie une subtilité de ruses, une vivacité de réparties, une fertilité d'inventions, qui malheureusement se révèlent par les mensonges les mieux trouvés, débités avec un sans-façon et un naturel tout à fait amusants. » Dans son *Voyage aux grands lacs de l'Afrique*, le capitaine Burton reconnaît la même intelligence au petit nègre.

Toutefois la nature de son esprit a ses caractères distinctifs. Ecoutons le P. Borghéro.

« Les dispositions et la capacité de nos élèves sont très-satisfaisantes. On sait que, comparaison faite entre les habitants des pays tropicaux et les habitants des zones tempérées, ceux des premiers, plus précoces dans le développement du corps, le sont aussi pour les facultés de l'esprit ; mais leur intelligence, trop influencée par le physique, ne prend qu'un faible développement ; tandis que les facultés plus secondaires de l'esprit, la mémoire et l'imagination, dominent davantage. Aussi, tant qu'il n'est question que d'apprendre matériellement, il semble que les enfants de ces contrées, font des progrès plus rapides que ceux de l'Europe ; mais ils sont bientôt arrêtés dans leur marche fougueuse, et tandis que les Européens avancent dans l'étude et en multiplient chaque jour l'étendue par l'élévation de leur intelligence, les tropicaux restent bornés dans leurs conceptions.

(1) *Journal des Savants*, avril 1862.

« J'ai dû vous prévenir sur ce point important ; car, si l'on devait juger un de nos enfants en bas âge et le comparer à ceux d'Europe, on serait entraîné à croire que nos négrillons sont de beaucoup supérieurs aux blancs. Voici un exmple qui présentera mieux la différence qui existe entre les uns et les autres. Un noir apprend plus facilement et en moins de temps une opération d'arithmétique ; mais quand il sera question d'appliquer cette opération à autre chose qu'à des chiffres, quand il faudra faire une observation, établir un raisonnement à l'aide de cette même opération, notre noir sera fort embarrassé, tandis que l'européen, qui aura mis bien plus de temps pour apprendre la même opération, saura sans difficulté en généraliser la loi et en tirer une foule de conséquences pratiques. Cette diversité se manifeste dans toute la suite de la vie ; on la trouve surtout dans les langues, et, pour n'en dire ici qu'un mot qui vous résumera toutes les observations particulières, c'est qu'en général dans les langues de ces contrées les noms des êtres abstraits sont inconnus, et nous avons toute la peine du monde à faire concevoir à un noir une idée de cette nature. Nous ne prendrons donc pas des lueurs éphémères pour des lumières splendides et durables, et nous mettrons à leur juste place dans notre appréciation le mérite de certains succès. »

Le but principal de l'établissement des écoles est l'enseignement de la doctrine chrétienne. Tout le reste n'est qu'un moyen. Sans ces écoles, il est impossible de réunir les enfants. Ainsi, sous le couvert de la science humaine, ils apprennent une science bien autrement précieuse, la science divine. Mais quand on connaît la dégradation morale de la race nègre, on se demande quelles espérances peuvent concevoir, en matière d'instruction religieuse, les missionnaires instituteurs.

Il arrive que certains voyageurs qui subissent pour la première fois le contact de ces natures dégradées, concluent à leur inaptitude au développement moral : ils en jugent trop superficiellement. Mais le missionnaire qui les étudie sans préjugés et qui les aime, puisqu'il ne voit dans ces pauvres nègres que des âmes à sauver, ne conclut pas de leur corruption présente à l'éternité de leur abrutissement. Il s'attache au peu de bien qu'il leur fait, surveille le moment favorable de le développer, ce bien, et souvent il est étonné des ressources qu'il rencontre dans ces âmes.

Toutefois voulant nous montrer à quel point de départ il faut saisir l'intelligence et le cœur du jeune dahoméen, afin de l'initier aux choses surnaturelles, le P. Laffitte nous raconte le fait suivant :

« Pour avoir l'air, dit-il, de nous honorer comme de grands personnages, et en réalité pour nous surveiller de près, le Jévoghan, par ordre du roi, avait mis deux soldats de garde à la porte du Fort portugais. Ces deux espions disparaissaient le jour ; mais, la nuit venue, on les retrouvait à leur poste. Si le temps était pluvieux, ils s'abritaient sous un hangar ; quand le ciel était serein, ils déroulaient leur natte près d'un canon, et la culasse leur servait d'oreiller. Quoique leur métier demandât une certaine dose de sagacité, il courait sur leur visage un grand air de bêtise. Une nuit que les moustiques avaient tiré le P. Courdioux de sa chambre, il ne vit rien de mieux, pour se distraire, que de faire le catéchisme à l'un des gardiens, qui filait du coton à la clarté de la lune, tandis que l'autre dormait d'un profond sommeil. « Sais-tu me dire, lui demanda-t-il, pourquoi tu as été créé et mis au monde ? » Le nègre, qui était à cent lieues d'une pareille question, interrompit son travail, chercha un instant pour quelle cause il pouvait avoir été mis sur la terre, cru l'avoir trouvée et s'écria : « Pour manger ! » Après cette réponse, il reprit son fuseau et tordit son fil, avec la satisfaction d'un homme qui vient de dire une vérité maîtresse. Lorsque l'on me rapporta cette parole, je ne vis là qu'une affirmation isolée. Depuis lors, soit à Whydah, soit dans un voyage sur la Côte, je renouvelai la question du P. Courdioux à des nègres de conditions différentes, et j'obtins toujours la même réponse. »

On comprend, dès lors, quelles difficultés énormes sont à vaincre, quels prodiges de patience et quels trésors de grâce, il faut à l'apôtre, pour parvenir à mettre la foi chrétienne dans l'âme d'un adulte, pour inoculer la vie spirituelle dans le cœur d'un indigène livré depuis longtemps aux jouissances de la brute. Mais quand la grâce doit opérer sur un jeune nègre, dont l'âme n'est pas encore habituée aux satisfactions des appétits grossiers, l'apostolat répand moins de sueurs et obtient de plus prompts succès.

Le P. Borghéro, qui donnait tous ses soins à la préparation des adultes au baptême, possédait un talent rare : celui de mettre à la portée des indigènes les sublimités de la religion. Nègre avec les nègres, il abaissait sa science théologique jusqu'à l'infirmité de leur esprit. Il s'efforçait, par des comparaisons très-simples, d'ouvrir à leur raison dégradée les mystères du Christianisme, de faire sentir à leur cœur déchu la beauté de sa morale. Néanmoins que d'efforts inutiles, que de fatigues sans résultats apparents ! Le premier mot des vérités révélées était toujours une énigme pour la plupart des grandes personnes qu'il voulait instruire. Mais quand son zèle et son expérience s'exerçaient sur de jeunes négrillons arrachés à leur mère avant qu'ils eussent reçu les atteintes de la dégradation, les effets de la grâce étaient bientôt sensibles.

« Voici, nous dit-il, le programme d'instruction religieuse, tel que nous le pratiquons depuis le commencement de la Mission. Nous partageons l'enseignement en trois parties, et nous formons trois classes de disciples : les catéchumènes, les néophytes et les confirmés. Les catéchumènes, outres les longues épreuves auxquelles ils sont souvent soumis, doivent savoir par cœur et comprendre suffisamment pour la pratique le *Pater*, l'*Ave Maria*, le *Credo*, les commandements de Dieu et de l'Eglise, et ce qui regarde le baptême. Si le catéchumène est en âge de puberté, on lui fait connaître la nécessité du mariage chrétien ; c'est une chose essentielle dans ces pays où le véritable mariage n'est pas connu. Tous aussi ont une idée du sacrement de Pénitence, qu'on leur explique à l'endroit correspondant des commandements de l'Eglise ; mais on ne leur parle point encore de l'Eucharistie. Les néophytes continuent à recevoir des instructions sur les mêmes matières ; on leur parle en détail du sacrement de Pénitence et de la Confirmation. Une fois qu'ils ont reçu ces sacrements, on les dispose à recevoir convenablement celui de l'Eucharistie : ce sont les confirmés. Avant de les admettre à la sainte Table, on complète leur instruction sur les sept sacrements, sur les vertus et les pratiques les plus importantes du chrétien, et, suivant leur âge, on leur inculque la doctrine de J.-C. sur l'unité du du mariage. A mesure aussi que l'instruction avance, on tâche de leur inspirer l'horreur des superstitions du fétichisme auxquelles ils sont exposés et sollicités continuellement et avec instance.

« Ces trois classes de disciples suivent assez fidèlement dans la pratique les instructions qu'ils reçoivent ; la plus grande difficulté est d'obtenir qu'ils soient assidus à y venir. Ceux qui ont appris à faire la confession de leurs péchés profitent à vue d'œil, et nous pouvons dire en général que leur fidélité dans la vie chrétienne, leur soin à se conserver dans la pureté de la conscience excitent notre admiration. On serait tenté de croire que, pour des gens qui n'avaient jamais entendu parler de confession, l'aveu de leurs fautes devrait rencontrer bien des difficultés ; il n'en est rien : ces difficultés n'existent que pour ceux qui sont engagés dans les vices et résolus d'y persévérer.

« De tous les enfants qui viennent à l'église, un quart n'a pas reçu le baptême. Nous l'accordons aux catéchumènes, à mesure que nous les trouvons suffisamment disposés. Presque tous sont nés de parents chrétiens ; mais quoiqu'il soit défendu aux fils de païens de venir à l'église, de se faire chrétiens, quelques-uns cependant donnent de temps en temps dans le filet apostolique. Voici un exemple que je choisis entre autres et qui fait voir les dispositions de la Providence.

« Un noir païen, que nous connaissons, avait sous sa protection un orphelin, fils de chétien, mais qui était né d'une femme lui appartenant. Cet enfant fréquentait notre école et avait déjà reçu le baptême ; le noir jugea qu'il profiterait mieux si, au lieu de vivre en liberté, il était admis parmi nos élèves internes. Il nous fit donc écrire une lettre pour nous prier de l'accepter ; il déclarait qu'il nous le donnait en propre, c'est-à-dire qu'il nous transférait ses droits sur cet enfant, comme c'est l'usage en ce pays. Celui qui nous apporta la lettre avait en sa compagnie un des propres fils du noir païen, âgé de sept à huit ans. Comme la lettre n'indiquait pas le nom de l'enfant qu'on voulait nous donner, et que, d'après le style, il paraissait devoir être avec le porteur, nous demandâmes à celui-ci si l'enfant en question était le petit frère qu'il avait en sa compagnie. Je vous ai fait remarquer plus haut que souvent les noirs répondent affirmativement à n'importe quelle question, s'il ne s'agit que de se tirer d'embarras. Il nous répondit donc que oui. De bonnes raisons nous avaient persuadés d'accéder à la demande, et immédiatement nous reçûmes le petit, qui n'était venu là que par hasard en compagnie de son frère. L'enfant parut très-satisfait.

« A l'instant même nous lui tirâmes du cou et des mains les objets superstitieux dont ici chacun est toujours muni, et nous y substituâmes une médaille de la Sainte-Vierge. Il déposa son petit lambeau de drap, et fut habillé comme les autres. Nos élèves le reçurent avec joie parmi eux, et lui-même témoigna une satisfaction surprenante. Deux heures après on vient nous dire la méprise, et on nous nomme l'enfant pour lequel on avait fait la démarche. Nous jugeâmes qu'il fallait renvoyer à son père notre petit noir ; mais l'enfant ne voulait pas retourner chez lui et paraissait désolé, à notre grande surprise, de reprendre la route de la maison de son père.

« La scène ne finit pas là. Le père vient d'apprendre l'échange qui s'est opéré ; il a ouï dire que les fétiches de son petit ont été remplacés par une médaille de la Sainte-Vierge, que les missionnaires l'ont reçu avec bonté parmi les élèves internes; il juge alors que ce qui a été fait de la sorte doit subsister, et nous renvoie son enfant en disant : « Vous l'avez reçu, vous lui avez mis la médaille, il n'est plus permis à un noir de se détacher des blancs; gardez-le donc; il vous appartient. » Et il nous le donne en bonne forme. Jamais nous n'avons vu d'enfant plus docile, plus pieux, plus sage à cet âge de sept à huit ans. Nous l'avons appelé Moïse, en souvenir de la manière providentielle par laquelle du naufrage du paganisme il fut sauvé dans la nacelle de Pierre.

« Il y aurait un plus grand nombre de chrétiens si les maîtres voulaient faire baptiser les enfants de leurs esclaves. Nous avons vu que, selon une des bonnes traditions héritées du Brésil et transportées ici dans les mœurs, l'enfant baptisé jouit de plus de considération que s'il ne l'était pas; qu'il n'est presque plus considéré comme esclave, et qu'en aucun cas il ne peut plus se vendre ; que le baptême le met au nombre des fils. Il s'en suit que les plus riches, ceux qui ont le plus d'esclaves ne leur permettent pas d'embrasser le Christianisme, afin de pouvoir exercer plus librement sur eux les droits de propriété. Si ces riches voulaient faire baptiser les enfants seulement de leurs esclaves, le nombre des chrétiens serait bientôt quadruplé...

« On trouve quelquefois chez ces petits noirs les dispositions les plus heureuses. Nous avons vu des enfants se débattre hardiment contre leur propre mère, qui voulait mettre sur eux des objets superstitieux pour les préserver des maladies ; nous en avons vu renoncer à leur maison, à leurs parents, pour n'être pas exposés à ces prévarications... Ceux que nous avons recueillis dans l'enceinte du Fort mènent une vie parfaitement chrétienne, aussi bien réglée que dans un couvent parmi les peuples fidèles. Ils ne connaissent les superstitions du pays que pour les détester et en inspirer l'horreur aux autres. Il n'y a pas deux ans qu'ils vivent avec nous, et déjà ils nous rendent des services importants. Ce sont eux qui, sous la direction d'un missisonnaire, entretiennent l'église en bon état de propreté, qui servent aux fonctions sacrées, qui animent de leurs voix les cantiques de nos jours de fête. Ils nous aident dans l'instruction religieuse des autres enfants, et nous servent d'interprètes dans les trois langues indigènes qu'outre le portugais on parle à Whydah. Leur conversation amène aux pratiques de l'Eglise les condisciples externes, qui peu à peu se laissent gagner par leur exemple.

« Nos internes suivent les classes commes les externes; mais, outre les heures d'étude communes à tous, ils ont encore le soir une classe spéciale. On voit que si nous pouvions retirer un plus grand nombre d'enfants, si nous avions les moyens de leur faire apprendre un état convenable, nous parviendrions à jeter parmi les païens un germe qui ne manquerait pas d'être fecond et d'où sortiraient les futures générations chrétiennes. Sans doute il est fort à craindre qu'une fois entrés dans le grand monde ces enfants céderont facilement au mal, néanmoins tout ne sera pas perdu; l'instruction reçue ne les laissera pas croupir dans une épaisse ignorance; dès que la lumière commence à se faire, elle va toujours en augmentant. S'ils manquent à leurs devoirs, au moins ils le sauront; et ils auront soin que leurs enfants reçoivent une éducation dont eux-mêmes ont goûté les immenses avantages. Tel sera le commencement de la régénération africaine. Que Dieu nous fortifie, qu'il nous envoie des ouvriers zélés et nombreux, et, par sa grâce, l'œuvre sera conduite à bonne fin (1). »

C'est ainsi que nos missionnaires africains, devenus les instituteurs des petits nègres, ont mis en pratique la belle théorie de saint Augustin sur la *Manière de catéchiser les ignorants*. Cette œuvre réclame la plus énergique patience auprès de la jeunesse en général; mais quand elle s'exerce auprès de ces misérables natures dégradées, c'est le plus pur amour qu'il lui faut, la plus grande tendresse pour l'humanité qu'elle réclame.

(1) *Ann.* 1862.

L'œuvre du catéchisme chez les noirs, c'est l'inspiration évangélique dans ce qu'elle a de plus touchant. Notre siècle qui estime si fort le dévouement à l'humanité, ne saurait rester froid devant cette admirable manière de s'abaisser jusqu'aux dernières misères de l'ignorance.

Une grande ombre se projetait sur l'œuvre des missionnaires de Whydah. Il y avait une lacune dans le plan général de la Mission, et, cette lacune, on était impuissant à la combler. La joie des pères, si vive en constatant les progrès de leurs enfants, s'assombrissait en songeant au triste état des jeunes filles. Le rôle de la femme, si grand dans la rénovation du monde après la venue de J.-C., faisait complétement défaut aux apôtres du Dahomey. Ils souffraient sans doute à la vue de leurs élèves externes qui, montrant d'heureuses dispositions à l'école, se trouvaient, rentrés chez eux, au milieu des vices les plus honteux et des superstitions les plus ridicules : ce double spectacle paralysait l'influence de leur éducation chrétienne et étouffait quelquefois le souffle vivifiant qui commençait à soulever leur jeune cœur. Ils passaient avec promptitude hélas ! des premières ardeurs de la foi aux turpitudes les plus grossières. Toutefois ces enfants prodigues qui quittaient la maison paternelle et la pratique de la vertu étaient encore assez rares ; et les missionnaires se consolaient de ces quelques désertions par les touchantes scènes d'innocence et de fidélité que leur offrait le grand nombre des enfants recueillis et adoptés. Mais ce qui remplissait leur cœur d'amertume, c'était l'état déplorable des jeunes dahoméennes.

Le nègre est dégradé, mais la négresse atteint à des profondeurs de corruption que la pensée chrétienne mesure avec effroi. Or, le salut des femmes nègres viendra par des femmes pieuses et saintes ; et le succès de la Mission sera complet, quand il deviendra possible de fonder pour les filles des établissements analogues à celui des garçons. Si quelque jour l'Evangile parvient à exercer son influence sur les deux sexes, il ne sera plus impossible de donner le spectacle, encore inconnu au Dahomey, d'un mariage chrétien. Cette époque, quand elle arrivera, marquera l'épanouissement et fixera la perpétuité de la foi catholique au milieu de ces races africaines.

C'est donc à leurs sœurs aînées de la Rédemption qu'il appartient de purifier ces cœurs infidèles, de faire goûter à ces âmes prostituées les chastes tendresses de l'amour divin. Cependant, faire venir d'Europe des religieuses chargées de l'éducation des filles, était chose impossible : indépendamment des dépenses qui eussent été considérables, il y avait à considérer si, dans l'état présent des mœurs, les femmes vertueuses étaient en sécurité, soit de la part des indigènes, soit de la part du gouvernement. Après de mûres réflexions, les missionnaires attendirent des jours meilleurs pour la réalisation de leurs vœux.

« Il ne faudrait pas croire cependant, dit le P. Laffitte, que notre ministère parmi les négresses fût tout-à-fait infructueux. Quelques précieuses recrues nous vinrent aussi de ce milieu empesté et malsain et ce ne furent point les moins belles fleurs de la couronne que nous déposâmes aux pieds de Jésus-Christ. »

La grande confiance des missionnaires était aussi dans l'espoir fondé de parvenir à former des prêtres indigènes. Il faudra du temps sans doute, de longues études et de longues épreuves. Déjà, si les ressources et le local de la Mission le permettaient, il y aurait deux cents enfants qui désirent habiter le Fort portugais. On pourrait au moins en choisir une trentaine parmi ceux qui montrent le plus d'aptitude pour s'instruire. Il y a des enfants abandonnés par leurs pères criminels, presque délaissés par leurs mères païennes, et qui cependant sont encore étrangers au vice et à l'erreur. Puissent-ils être recueillis, ces jeunes lys qui étalent leur éclatante blancheur parmi la corruption qui les entoure, et qui risquent tant d'être flétris dans la fange où ils sont nés !

Mais un des moyens que la Providence a voulu mettre entre les mains des missionnaires pour préparer de loin cette terre à recevoir la semence de la divine parole, c'est le soin des infirmes.

Au Dahomey, l'idée même de dévouement, de service gratuit et d'abnégation de soi, au profit du pauvre, du souffrant, est complétement inconnue. Tout ce qui porte au front le cachet de la faiblesse, est foulé aux pieds. Il n'y avait pas dans tout Whydah, ni dans les environs, un seul asile pour les malheureux. Les pauvres malades étaient abandonnés dans les rues. On voyait, le long des murailles, des vieillards mourants, étendus sur la terre nue. La foule passait et jetait sur eux le regard stupide de la bête, qui n'a conscience ni de la souffrance, ni de la mort. On rencontrait des jeunes gens, des enfants, des femmes du peuple dont les yeux et les jambes étaient rongés par des plaies hideuses; des essaims de mouches s'abattaient sur ces pauvres créatures et les harcelaient durant tout le jour. Nul ne s'en inquiétait. Ces malheureux mouraient souvent sur les places dans l'abandon et la misère. On prenait tout au plus leur cadavre et on allait le jeter à la mer, comme on y jette une immondice (1). Souvent, après ces rares honneurs de sépulture, la mer ramenait sur le rivage les ossements blanchis ou même tout le cadavre encore en putréfaction. Les animaux sauvages ou immondes se chargeaient de dépecer cette proie.

Ce fut donc à bon droit que les missionnaires furent choqués et indignés d'une pareille profanation des morts et d'un tel mépris pour les vivants. Ils songèrent à prodiguer leurs soins aux malades. Or, quand on les vit recueillir quelques pauvres les habiller, les panser, les nourrir et les loger, de toute part on leur criait avec étonnement: « Qu'est-ce qui vous paye? » « Dieu, répondaient les Pères. Il a ordonné d'aimer les pauvres, de soigner les malheureux ; il a donné l'exemple ; il veut que tous les chrétiens l'imitent, surtout les *fétiches* des blancs; voilà pourquoi ceux-ci veulent entrer dans la grande Afrique...»

(1) Les naturels du littoral et du haut Nil jettent leurs morts dans le fleuve et dans les lagunes, qui les ensevelissent sous leur liquide linceul. Les habitants de l'intérieur enterrent les leurs accroupis. (L. Dubois.)

Mais un pareil exposé était étrange pour eux. Ils ne voyaient au bout d'un travail quelconque qu'un seul genre de salaire : l'argent.

Toutefois, les Pères ne commencèrent d'exercer l'art de la médecine que dans quelques cas isolés présentés par hasard. Ce qui donna l'éveil aux indigènes, ce fut principalement l'heureuse guérison d'un jeune homme qui, rongé depuis trois ans par une plaie affreuse, avait été presque chassé de la maison de ces parents, tant était infecte la puanteur qu'il répandait autour de lui. Il alla s'accroupir à la porte de la Mission. Les Pères pouvaient-ils ne pas l'abriter sous leur toit ? Il resta un mois au Fort portugais, fut soigné, guéri et rendu à ses parents. Depuis, les noirs ne discontinuèrent plus de courir aux Pères ; et tous les matins une foule de ces malheureux assiége encore l'entrée de la Mission. Chacun demande un conseil pour ses souffrances, ou un pansement pour ses blessures. Les noirs sont souvent couverts des plaies les plus hideuses.

Après les premiers essais de médecine que fit le P. Laffitte, le titre de docteur fut remis au jeune P. Cloud (avec ordre à lui de guérir tous les malades). Ce dernier prit au sérieux ses nouvelles fonctions, et feuilleta avec assiduité un gros manuel de médecine.

« En face de l'entrée du Fort, on voit une sorte de vestibule spacieux, haut, bien aéré ; un banc de terre en fait le tour. C'est là que le P. Cloud, médecin en chef, établit le centre de ses opérations. Les indigènes le saluaient toujours du titre de *Padre doctor*. Tous les jours, à huit heures du matin, il était à son poste, et passait la revue des misères humaines. Inutile de donner la nomenclature des plaies horribles qu'il devait palper. Son courage était admirable. Après une station de deux heures sous le vestibule du Fort, il commençait la visite des malades trop faibles pour se traîner à la Mission (1). »

Parfois venaient les cas imprévus, les **vives émotions et**

---

(1) *Souvenirs de voyage et de mission.*

aussi les grandes consolations. Par la médecine du corps le docteur arrivait à l'âme. « Un jour, au moment où la petite communauté prenait son repas frugal, une foule pleurante et surtout hurlante, déboucha sur la place extérieure du Fort. A ce bruit inusité à pareille heure, les missionnaires se lèvent de table pour en connaître la cause. Cette foule escortait un nègre défiguré, souillé de boue, se traînant avec peine. Le P. Cloud descendit seul, comptant sur un accident ordinaire ; mais il appela bientôt à son secours tous ses confrères, car il eût difficilement suffi à la besogne. Qu'était-il arrivé ? Un nègre, insouciant comme tous ses pareils, fumait tranquillement sa pipe près d'un amas de poudre qui séchait au soleil. Une étincelle, enlevée par le vent au fourneau de la pipe, tomba sur la poudre à demi séchée ; il s'en suivit une explosion formidable, et le nègre fut brûlé des pieds à la tête. Fou de douleur, il s'était roulé à plusieurs reprises dans une mare bourbeuse, et la couche de boue qui enduisait son corps cachait entièrement sa peau. Le premier soin des missionnaires fut de le décrasser à l'aide de deux arrosoirs, et, le lavage terminé, on se trouva en face d'une plaie horrible. Sa peau, brûlée partout, se détachait en lambeaux.

« Ce malheureux fut couvert d'un certain onguent ; puis, bien empaqueté, bien ficelé, il put reprendre à pied le chemin de sa case. Le P. Cloud le visita assidûment tous les jours ; un instant, il le crut sauvé, mais il vit bientôt que le mal serait plus fort que son onguent. Alors il n'eut plus qu'un désir, celui de sauver l'âme de ce malheureux, dont il était impuissant à sauver le corps. Son zèle fut couronné d'un plein succès : le nègre, quelques heures avant de mourir, voulut recevoir le baptême dans les plus saintes dispositions. Cet heureux résultat fut un précieux encouragement pour le jeune docteur (1). »

Nous avons dit que trop souvent hélas ! les femmes nègres

---

(1) Le P. Laffitte.

échappaient à l'action de la grâce ; du moins leurs petits enfants, en danger de mort, la recevaient toute entière dans le sacrement de baptême. C'était encore par l'intermédiaire de la médecine.

Une négresse, dont l'enfant était à toute extrémité, grâce aux drogues que lui avaient fait prendre les féticheurs pour le guérir d'une légère indisposition, se présenta au Fort portugais, espérant que les missionnaires pourraient encore guérir son fils. Elle le portait sur son dos, retenu par un pagne légèrement serré à la ceinture. Le petit être n'avait plus que quelques heures à vivre. Le P. Borghéro lui donna aussitôt le baptême. La mère crut à l'application d'un remède efficace, et combla de remerciements le missionnaire bienveillant. Avant qu'elle fût rentrée dans sa case, il y avait un ange de plus au ciel. On comprend combien la joie surabonde dans le cœur des apôtres, quand ces anges s'envolent vers leur nouvelle patrie ; leurs prières attireront un jour les bénédictions de Dieu sur celles qui furent ici-bas leurs mères selon la nature.

Nous avons vu que pendant le séjour du P. Borghéro à la capitale, le roi avait confié au missionnaire plusieurs personnages atteints d'infirmités que des soins convenables firent disparaître ; mais, grâce à ses cures merveilleuses, la réputation du P. Cloud parvint aussi jusqu'à la cour. Le roi lui confia le traitement d'une de ses filles, qui avait une plaie dangereuse au pied gauche. Cette jeune princesse, arrivée à Whydah, fut reçue par le Jévoghan, dans une case dépendante de la maison. C'est là que le P. Cloud, en compagnie du P. Borghéro, lui fit sa première visite. Le manque de soins avait donné au mal qui la rongeait un caractère des plus graves ; ce mal céda toutefois devant un traitement énergique. La fille du roi, venue en hamac, put reprendre à pied le chemin d'Agbomé. Cette cure insigne plaça le P. Cloud très-haut dans l'estime du peuple dahoméen. Plusieurs fois depuis, le monarque lui a envoyé de la capitale des personnes qui lui étaient chères, et qui furent toujours soignées avec quelque fruit.

« Dieu s'est servi, dit le P. Borghéro, d'une circonstance bien étrange, pour incliner encore davantage les cœurs vers notre sainte religion. Je vous ai déjà dit que le ministre wesléien, comme les autres, recourait à nous dans ses maladies. Or deux de ses enfants ont pris la petite-vérole ; bientôt lui-même en fut atteint : sur ces entrefaites, sa femme donna le jour à un nouvel enfant et se trouva très-mal. Pour comble d'embarras, la petite-vérole s'étendit au reste de sa famille et à ses esclaves ; en tout, treize personnes. Le pauvre homme était dans la plus grande désolation. Dès le commencement, les féticheurs vinrent lui offrir leur médecine superstitieuse ; il la refusa, en déclarant qu'il préférait mourir. Il me fit appeler, et me dit qu'en moi seul il avait confiance. Les féticheurs lui avaient annoncé qu'il allait mourir avec tous ses gens, et c'était l'opinion de tout le monde. Pour moi, je commençai par relever son esprit en lui dissimulant la gravité du mal qui prenait des proportions affreuses. Chaque jour je lui préparais moi-même des boissons rafraîchissantes, je le visitais assidûment ainsi que tous ses malades. Plusieurs d'entre eux étaient couverts de plaies de la tête aux pieds. Dieu voulut faire voir que la guérison est dans ses mains. Pendant qu'on s'attendait de toutes parts à voir mourir ces malheureux jusqu'au dernier, comme c'est l'ordinaire en pareil cas, voici que tous, l'un après l'autre, recouvrent la santé. A présent, chacun se demande comment cela est arrivé, et je vous assure que les féticheurs n'ont rien gagné à ces commentaires.

« Les noirs ne comprenant pas ce qu'ils voient, attribuent tout à mon habileté, laquelle consiste à ne rien donner qui fasse mal. On m'appelle *Boucounou*, qui veut dire le médecin ; mais quand on me parle de cela, je réponds que *Boucounou* est au ciel, et peu à peu on se persuade que le vrai Dieu est celui que nous annonçons.

« Aussi, quand nous demandons à un catéchumène s'il croit ce que nous enseignons sur les mystères, il s'étonne d'abord d'une question semblable, puis il répond : « *Si cela n'était pas la vérité, vous ne le diriez pas ; car nous savons que Dieu est ici et que les fétiches ne sont que des mensonges.* »

« Le 29 septembre, le ministre wesléien, avec ses dix enfants, est venu au Fort pour nous remercier des soins que nous avions pris de lui et de sa famille. Il a assisté à toutes les cérémonies de ce jour, savoir : une messe de première communion, un baptême de trois adultes, et un autre baptême de sept enfants en bas âge. Dans sa reconnaissance, il a même adressé un récit de tout ce que nous avions fait en sa faveur à ses coreligionnaires de Lagos et d'Akra. Qui saurait deviner les desseins de Dieu (1) ! »

Dans le pays des noirs, une Mission ne manquera jamais de plaies à soigner. Ce qui se passe à Whydah fait concevoir l'espérance d'un avenir meilleur pour tout le Dahomey. On semble voir déjà l'accomplissement du précepte évangélique : « *Curate infirmos... et dicite illis : appropinquavit ad vos regnum Dei.* » « Donnez vos soins aux infirmes, et dites-leur : le royaume de Dieu est proche de vous (2). »

La première partie de ce précepte s'accomplit tous les jours ; aimons à croire que le temps viendra bientôt où les apôtres rempliront la seconde partie de leur mandat. Le plus grand nombre des infirmes ne vont réclamer le secours des missionnaires qu'après avoir épuisé toutes les ressources de leurs superstitions. Quand un noir malade se présente chez les féticheurs pour obtenir sa guérison par des moyens hors de la nature, on commence par lui demander, par lui imposer une rémunération assez forte, sous menace de mort ou d'autres malheurs ; puis, s'il ne guérit pas, c'est sa faute, c'est un scélérat. Or, la comparaison entre la conduite des féticheurs et celle des missionnaires est trop claire pour ne pas frapper les noirs. Ils réfléchiront un jour, et, ouvrant les yeux à la lumière, ils comprendront que la source de tant d'avantages pour eux,

---

(1) *Ann.*
(2) Luc, x, 9.

le secret de tant de dévouement de la part des missionnaires, est cette charité divine qui leur est encore inconnue.

En jetant les yeux sur la carte d'Afrique, il est aisé de voir que la conversion du Dahomey aiderait puissamment à celle de toute l'Afrique occidentale, et serait d'un grand secours pour porter l'Evangile dans l'intérieur de ces contrées. Le Dahomey avec le Benin proprement dit, se rattache, par le nord, aux deux vastes royaumes du Yarriba et du Haoussa. De là, les communications jusqu'à Tombouctou et au lac Tchad sont faciles. Il est vrai que sur le versant boréal du Kong, la Croix se rencontrera avec le Croissant ; mais celui-ci ne doit-il pas s'éclipser quelque jour ? A l'Occident se présente le grand royaume d'Achanti, dont la capitale, Coumassia, étend ses relations jusqu'à la Sénégambie. Si donc le Christianisme s'enracine au Dahomey, il pourra facilement rayonner dans ces directions pour en éclairer les ténèbres. La Providence seule connaît ses desseins ; toutefois, à en juger par les premiers résultats de la Mission, ce peuple paraît mûr pour le royaume de Dieu.

Encore quelque temps, et les missionnaires n'auront plus à glaner, ils moissonneront. « Ce matin, écrit encore le P. Borghéro, j'ai baptisé sept personnes ; cette après-midi, un jeune homme est venu au fort en pleurant à chaudes larmes me demander le baptême, car il avait entendu dire que sans cette régénération on ne vas pas au ciel, et il ne voulait pas rester privé de ce bonheur. Nous avons eu bien de la peine à le persuader qu'il fallait différer ce sacrement jusqu'à ce qu'il fût instruit et qu'il eût donné des preuves sincères de sa bonne conduite.

« Ce soir, je viens de mettre en chemin une affaire qui fera quelque bruit : c'est un catholique qui, s'étant marié en bas âge avec une païenne, s'est résolu à légitimer son union. La femme, de son côté, a reçu avec joie le conseil de se faire chrétienne pour être agréable à Dieu. Pendant que nous conférons avec ces deux néophytes, voilà que d'autres arrivent, selon l'habitude, pour recevoir une instruction religieuse. Parmi ces derniers se trouve un soldat qui passe pour un des plus vaillants, et qui sera chrétien avec ou sans la permission du roi. Au moment même où j'écris, deux jeunes hommes sont ici à mes côtés, se préparant avec toute l'ardeur de leurs saints désirs à faire la première communion. C'est encore un travail pour nous de leur faire attendre en patience le jour fixé.

« Enfin je puis vous dire (que Dieu en soit loué!) qu'au sein de la superstition fétichiste se rencontrent bien des personnes qui n'ont pas ressenti la contagion de cet air empoisonné, qui ont gardé leur conscience intacte, et qui, n'ayant pour guide que les inspirations de leur ange gardien, ont su résister au mauvais exemple de leurs parents, de leurs amis, de tous. » Ceci n'est pas la règle sans doute, mais ces exceptions merveilleuses promettent beaucoup pour l'avenir religieux d'un pays si longtemps abandonné. Après un séjour au Dahomey de deux ans et huit mois, le P. Supérieur de la Mission donne cette statistique des sacrements administrés, soit à Whydah, soit dans les environs.

Baptêmes d'enfants en bas âge. . . . . 288 ⎫ 319
    »   d'adultes . . . . 31 ⎭
Confessions. 400
Communions 100
Confirmations. 33
En outre, une catégorie très-édifiante de catéchumènes et de néophytes; soit. 36

Ces chiffres nous racontent des victoires; ce sont de pacifiques conquêtes qui ajoutent de nouveaux fleurons à la couronne de la Sainte Epouse de J.-C. Suivons maintenant la marche de nos apôtres de Lyon à travers ces contrées qu'enveloppent les ombres de la mort. Au souffle de leur zèle, les nations vont se réveiller, et goûter quelque chose des douceurs de la vie de famille et de la vie sociale, en attendant leur complet bonheur dans la vie éternelle.

LIVRE VI

LE VICARIAT

> « Vos merveilles, Seigneur, seront-elles connues des ténèbres ; et votre justice, de la terre de l'oubli ? »
>
> « *Numquid cognoscentur in tenebris mirabilia tua; et justitia tua in terrâ oblivionis ?* »
>
> Ps. LXXXVII, 13.
>
> « Et vous me rendrez témoignage jusqu'aux extrémités de la terre. »
>
> « *Et eritis mihi testes usque ad ultimum terræ.* »
>
> Act. I, 18.

CHAPITRE PREMIER

Nous avons vu se former sous le regard protecteur de Notre-Dame de Fourvières, la nouvelle Société de nos hommes au cœur apostolique. Cette phalange de Mgr de Brésillac était à peine organisée que ses intrépides soldats couraient avec une ardeur sainte à leur poste d'honneur. Le premier pied-à-terre des missionnaires de Lyon, sur le sol africain, fut la Côte de Sierra-Leone. C'est là que les prémices de la Société ont été offertes comme sur un autel d'holocauste. Avec quelles douleurs avons-nous déposé sur huit tombes une humble branche de cyprès !

Mais le Saint-Siége ayant bientôt érigé le Vicariat de la Côte de Benin, le vrai théâtre des premiers labeurs de nos ouvriers évangéliques a été le littoral de Whydah. Le ciel a semblé bénir cette périlleuse Mission. Quoique un peu lents, les premiers succès ont fait concevoir de grandes espérances. Le Fort portugais voyait revenir dans son antique chapelle les beaux jours du culte catholique.

Cependant, de ce centre, les apôtres devaient rayonner. Le Vicariat, avons-nous dit, s'étend du fleuve Volta au fleuve Niger : le champ était vaste, il demandait à être défriché et arrosé. L'histoire rapporte qu'un ravageur de provinces, qu'un fameux conquérant, Alexandre de Macédoine, trouvait le monde trop petit pour son ambition : non moins insatiable, mais mille fois plus pacifique et plus noble, est l'ambition du missionnaire catholique. Le P. Borghéro fut un de ces ambitieux, à qui rien ne coûte quand il s'agit de faire de nouvelles conquêtes.

Après s'être rendu compte du bon état de la Mission confiée à sa sollicitude et s'être assuré qu'elle ne souffrirait pas de son absence, il se disposa à entreprendre quelques explorations. Dieu devait être avec lui, car il allait voyager sous la conduite de l'obéissance. Mais avant de demander à l'apôtre qu'il nous fasse lui-même la description de ses courses, disons un mot de la maison-mère et de sa chère communauté.

A Lyon, d'autres missionnaires étaient impatients de s'élancer vers les côtes d'Afrique. Le R. Père Supérieur prêchait de temps à autre la sublime croisade de Mgr de Brésillac. Il recevait tous les jours de nouveaux aspirants. L'œuvre de l'évangélisation africaine avait réveillé la sympathie générale. Les aumônes se succédaient. En 1862, le séminaire provisoire fut abandonné, la communauté alla s'installer définitivement à l'extrémité du *Cours de Brosse*. Le nouvel établissement avait été bâti dans de vastes proportions ; la chapelle était déjà couronnée d'une voûte gothique assez hardie. Ce sanctuaire, bien qu'inachevé, fut inauguré par la cérémonie de départ de plusieurs jeunes missionnaires.

Les PP. Joseph Verdelet, Pierre Brossart, Lazare Fialon,

Barthélemy Sarra quittèrent Brest, à bord du *Loiret*, le 18 octobre 1862 ; et le 22 novembre, les PP. Victor Noché, de Grenoble, et Claude Vermorel, de Lyon, s'embarquèrent à Marseille sur le *Tombal*. Ces apôtres arrivèrent à leur destination après une traversée des plus heureuses et un apostolat des plus fructueux. Le Père Noché en fit le récit suivant à sa famille :

« Acra, le 9 janvier (1). — Nous devons à la franche cordialité de M. Vidal, capitaine de navire, d'avoir pu célébrer la sainte messe à peu près tous les jours. Le dimanche, l'équipage entier venait relever par sa présence la plus auguste cérémonie de notre sainte religion. Tout travail était suspendu pour la journée, à part les manœuvres indispensables pour la direction du vaisseau...

« Nous approchions de la grande fête de Noël, qui devait avoir pour nous tant de charmes. Dieu a toujours en réserve quelques consolations en faveur de ceux qui ont tout quitté pour lui. Depuis une dizaine de jours nous avions su que trois de nos marins n'avaient pas encore fait leur première communion. Comme vous le pensez bien, nous nous étions empressés de leur offrir notre ministère. Ils acceptèrent avec joie. « Oh ! me disait l'un d'eux, âgé de trente ans, quel bonheur pour ma pauvre mère, quand elle apprendra cette nouvelle ! Il y a si longtemps qu'elle me presse de remplir ce devoir. Je sais bien que j'y ai mis de la négligence ; mais à vrai dire, je n'ai guère eu la facilité de mieux faire. Depuis l'âge de dix ans je navigue sans cesse, et, dans les courts intervalles que j'ai passés à terre, je me trouvais dans des pays inconnus, et j'y restais trop peu de temps pour pouvoir suivre un catéchisme. »

« Plus la bonne volonté est grande dans les âmes, plus aussi on peut abréger la préparation à nos saints mystères. Nous étions évidemment dans ce cas : les dispositions étaient excellentes, non-seulement chez nos trois premiers communiants,

---

(1) *Ann.*, XXX, 45.

mais encore chez tous les autres matelots, qui voulurent s'associer à la fête de leurs camarades, et renouveler eux-mêmes la réception de leur Dieu.

« Les dix jours qui précédèrent la grande solennité, furent comme dix jours de retraite sur le navire : le chant des cantiques avait remplacé les chants profanes, et chaque soir la cloche annonçait le catéchisme, suivi d'une courte instruction que nous étions obligés de faire, moitié française, moitié italienne et moitié grecque ; car, parmi nos matelots nous avions un grec-uni, les autres étaient français et corses, et l'on sait que ces derniers parlent généralement l'italien. Bref, notre jargon n'était guère académique, mais nous nous comprenions, c'était tout ce qu'il fallait.

« Enfin arriva le jeudi, 24 décembre, jour des saints et grands préparatifs. Vers les huit heures du soir eut lieu le dernier catéchisme et la petite instruction accoutumée, après laquelle nous allâmes prendre un peu de repos. A onze heures du soir, la cloche du navire sonna le réveil ; au même instant tout l'équipage est sur le pont : chacun s'occupe avec recueillement à dresser la tente qui doit servir de voûte à notre basilique, à placer et à décorer l'autel. Nous pouvions sans doute nous flatter d'avoir quelque chose de la pauvreté de Bethléem ; mais la pauvreté n'est-elle pas le trésor et la joie du missionnaire ? aussi nous étions heureux et contents.

« La nuit était magnifique, et le ciel paré de ses plus brillantes étoiles ; notre navire marchait très-bien et faisait trois lieues à l'heure ; le vent était constant, en sorte que nous n'éprouvions presque pas de secousses, et lorsqu'on se penchait sur le bord du vaisseau, on pouvait voir dans tout son éclat le phénomène de la phosphorescence de l'Océan. Toute l'écume que soulève la proue, en sillonnant la mer, s'illumine d'éblouissantes clartés. C'est donc d'un effet magique ; on dirait que le navire flotte au sein d'un nuage de feu, tout semé d'étoiles d'or. Ainsi la nature se prêtait à décorer de ses inimitables splendeurs la fête de son Roi.

« Tout-à-coup le pilote annonce qu'il est minuit. Au même instant la cloche retentit de nouveau, et le cœur des matelots entonne le beau chant de Noël : « Minuit, chrétiens, c'est l'heure solennelle... etc. » Pendant ce temps-là je revêts les ornements sacerdotaux, puis la grand'messe commence. Notre capitaine et son officier sont au lutrin. M. Vermorel m'assiste en surplis et en étole. Tous nos matelots sont à genoux autour des marches de l'autel ; nos communiants sont au nombre de sept, dont trois vont recevoir leur Dieu pour la première fois.

« Aussitôt après la consécration, notre équipage entonne de nouveau un cantique de Noël ; on reconnaît sans peine à l'accent de leur voix, que l'émotion les gagne et que leur ferveur augmente. Mais voici le moment solennel et si désiré qui approche. Entouré de mon intéressant auditoire, je lui commente brièvement les actes avant la communion ; jamais prédicateur ne fut écouté avec plus de silence et plus d'attention. Le bruit des vagues de l'Océan et le sifflement de la brise à travers les cordages venaient seuls se mêler, sans les interrompre, aux paroles du prêtre. Puis, animé d'une sainte joie, chacun se présente pieusement pour recevoir son Dieu. Heureux moment ! la mer assiste rarement à un tel spectacle. Ma plume ne peut rendre les délicieux sentiments qu'éprouvaient nos cœurs. Une dernière instruction prépare à l'action de grâces, et la cérémonie se termine par le chant du *Magnificat*. Tout le monde assista encore à la messe du jour. »

Quand ces missions prêchées à bord ne ramènent pas tout l'équipage, elles jettent dans toutes les âmes « *une bonne semence qui germera au temps de l'arrière-saison* (1). » Nos missionnaires exercèrent aussi leur apostolat, dans les moments de relâche, auprès des pauvres indigènes de la Côte qui couraient à eux sur le rivage. « Le 31 décembre, nous rencontrâmes des nègres pour la première fois. Nous nous trouvions

---

(1) « *Ecce agricola expectat pretiosum fructum terræ, patienter ferens donec accipiat temporaneum et serotinum.* » JAC. V, 7.

au lever du soleil, vis-à-vis d'un pays qu'on nomme Grand-Sester. Aussitôt notre navire est entouré d'une multitude de pirogues, formées de simples troncs d'arbres creusés. Les noirs qui les dirigeaient montèrent à bord, pour nous vendre des fruits sauvages, des patates, des bananes, des papayers. On leur donnait en paiement quelques bouteilles de tafia.

« Parmi ces noirs nous en rencontrâmes un qui savait quelques mots de français, nous le gardâmes avec nous en qualité de pilote, pour nous indiquer les écueils toujours assez nombreux aux approches du Cap des Palmes. Il nous dit qu'au village de Garowai nous trouverions de la bonne eau pour renouveler notre provision : c'était un renseignement précieux ; nous prîmes la résolution d'en profiter, et nous jetâmes l'ancre. Lorsqu'il y a longtemps qu'on vogue sur l'Océan, on éprouve beaucoup de plaisir à revoir la terre de près, et il semble même qu'on sente le besoin de la presser sous ses pas : telles étaient du moins nos impressions ; aussi acceptâmes-nous volontiers la proposition que nous fit le capitaine de l'accompagner à la côte. Nous avions aussi une autre pensée, celle de faire une première étude de ces peuples sauvages, et de recueillir quelques notes qui pourraient plus tard être utiles à notre Société.

« En une demi-heure, la chaloupe nous eut transporté sur la plage. Les noirs, qui nous avaient aperçus, s'étaient réunis en grand nombre pour nous attendre. Notre guide comprenait leur langage ; ils l'invitent à le suivre, et voilà que nous avançons tous par un étroit sentier vers le centre de la forêt. A peine avions-nous fait cent mètres de chemin, que nous arrivions à la ville de Garowai. Je l'appelle ville, car elle a des remparts, si l'on peut donner ce nom à une enceinte formée avec de grands piquets entrelacés de branches d'arbre. Cette ville a aussi sa porte d'entrée : c'est une ouverture d'environ cinquante centimètres, fermée par une claie en bambous. Les maisons sont pauvres et petites, les murs sont faits de branchages et les toits couverts de feuilles ; mais elles sont gracieuses et bien travaillées : on dirait une soixantaine de ruches d'abeilles éparpillées sur le sable. Le bord du toit descend jusqu'à un mètre du sol, et la porte est si basse qu'il faut ramper pour la franchir. Point de cheminée à l'intérieur, on n'en a pas besoin, car la cuisine se fait en plein air.

« Dès que nous arrivâmes nous fûmes reçus par le roi et les anciens du pays. Pendant que notre capitaine traitait des conditions auxquelles il pourrait prendre de l'eau, nous étions l'objet de la curiosité générale et surtout des enfants : celui-ci se suspendait à notre bras, celui-là écoutait avec étonnement le tic-tac de notre montre. Mais ce qui les intriguait le plus, c'était la croix que nous portions à la ceinture. Oh! combien alors nous regrettions de ne pouvoir nous faire comprendre, pour leur prêcher notre sainte religion! Nous y suppléâmes de notre mieux par les gestes. Nous leur montrions la croix et en même temps le ciel; puis nous pressions contre nos lèvres le signe sacré de notre rédemption. Alors ils voulaient tous nous imiter : et ils se disputaient notre Christ pour le baiser à leur tour. Pauvre peuple! il est encore du nombre de ceux qui n'ont jamais vu de missionnaire, et qui n'ont pas la moindre connaissance de l'Evangile ; et cependant c'est un peuple qui paraît bon, affable et hospitalier. Volontiers nous serions restés au milieu d'eux, si notre mission ne nous eût appelés ailleurs. Espérons que bientôt l'heure du salut sonnera pour les pauvres habitants du Garowai. Puisse notre apparition de quelques heures, puissent les médailles que nous avons distribuées aux enfants, les caresses que nous leur avons prodiguées, avoir préparé un peu leurs cœurs à la réception de la bonne nouvelle, en leur faisant aimer les *Pères blancs* et connaître l'instrument de notre salut !

« La nuit allait tomber quand le roi vint nous convier à partager son repas, qui consistait en quelques poissons grillés et et quelques fruits sauvages. Nous étions déjà trop en retard pour accepter son invitation ; nos barriques étaient pleines d'eau, et nous dûmes prendre congé de ce bon peuple. Nous reprîmes l'étroit sentier de la forêt qui conduit à la mer, nous remontâmes dans notre chaloupe et nous partîmes.

« Les jours suivants, après avoir doublé le Cap des Palmes, nous fîmes halte devant Fiestowa-Roctowa et Cavalli. Notre capitaine avait mission d'y engager 22 Croumans : on sait que ce sont des nègres qui servent d'abord l'équipage et destinés ensuite à devenir ouvriers ou domestiques.

« A cette occasion, nous eûmes la visite de trois rois sauvages. C'est un singulier spectacle que celui de ces Majestés du désert. Le roi que nous avons vu à Garowai n'avait pour tout costume qu'un bandeau de mauvaise étoffe autour des reins ; mais ceux qui vinrent à bord, quoique mieux habillés, n'étaient pas moins grotesques : ils portaient un grand chapeau français, qu'ils avaient acheté au passage de quelque navire, puis un habit de cocher de fiacre ; avec cela point de pantalon, point de bas, point de souliers ; c'est leur faire un grand cadeau que de leur donner une pipe de tabac. Nous les invitâmes à dîner, ce qui parut les flatter beaucoup : mais c'était un curieux spectacle, et nous ne savions pas s'il fallait rire ou les plaindre de leur embarras : le couteau, la fourchette, la cuiller étaient pour eux des instruments nouveaux, dont ils ignoraient l'usage ; en sorte que tantôt ils mangeaient la viande avec les doigts, et tantôt ils prenaient le pain avec la fourchette : bref, nous étions plus occupés à les voir manger qu'à prendre notre repas. Le soir on leur fit quelques cadeaux, et ils se retirèrent contents, avec ceux de leurs sujets qui les avaient suivis à bord... »

CHAPITRE II

Le reste de la traversée se fit sans incidents remarquables ; mais à mesure qu'on approchait du terme, que de douces émotions dans l'âme de nos deux missionnaires !

L'arrivée à Whydah de ces nouveaux confrères adoucit la

douleur qu'avait causée à toute la Mission la mort prématurée du bon P. Fernandez. Emporté à la fleur de l'âge, ce courageux apôtre *avait en peu de temps accompli beaucoup de choses* (1). Il succomba au milieu des jeunes nègres, à l'éducation desquels il s'était consacré. On était à la fin de 1863.

Le commencement de l'année 1864 fut marqué par une terrible catastrophe, qui détruisit les deux tiers de la ville de Whydah. Le vent du Nord soufflait depuis huit jours. En traversant le désert, ce vent acquiert une chaleur qui dessèche bien vite toute végétation ; et les toits, couverts d'herbes sèches, présentent une matière inflamable que la moindre étincelle suffit à embraser.

C'est ce qui arriva le 17 février 1864. En moins de quarante minutes, les deux tiers de la ville étaient en flammes, et l'incendie devint si intense qu'il gagna les campagnes, et ne s'arrêta qu'aux premières nappes d'eau qui lui barrèrent le passage. La factorerie française offrit un spectacle indescriptible : de vastes bâtiments, de grands chantiers, des centaines de tonneaux d'huile de palme et d'eau-de-vie, des marchandises de toute espèce formaient un foyer dont la flamme s'élevait vers le ciel, à une hauteur prodigieuse.

On laisse à penser de quelle émotion furent saisis les Pères de la Mission. Dans leur quartier ils étaient seuls pour combattre le fléau ; attendu que les noirs ne savaient, comme toujours, que se tenir à l'écart, crier et pleurer. Cinquante personnes périrent dans l'incendie, et un grand nombre d'autres furent gravement blessées. Ce jour néfaste fut appelé par les naturels : *Le Jour du Feu*. La Mission devint le refuge de beaucoup de malheureux, avec lesquels les Pères durent partager tout ce qu'ils avaient de vêtements, de linge et de provisions. Mais ce désastre leur causa une autre crainte.

La communauté des missionnaires et le personnel des classes avaient pris un heureux développement. On avait pré-

(1) Sap. IV.

paré un bon nombre de catéchumènes au baptême, de néophytes à la première communion, d'autres à la confirmation, et voilà que l'incendie les avait tous dispersés. Mais la Providence ramena au bercail, par mille circonstances curieuses, toutes ces brebis égarées. Le 13 mars, dimanche de la Passion, les missionnaires purent conférer le baptême et la confirmation à trente-trois indigènes. Le Jeudi-Saint, il y eut de nombreuses premières communions. Les plus jeunes catéchumènes reçurent le baptême le samedi, et tout ce petit troupeau se trouva réuni dans la joie de la fête de Pâques, qui jamais n'avait encore été célébrée avec autant d'éclat.

Remis de cette fâcheuse alerte, les missionnaires de Whydah songèrent de nouveau à explorer les vastes provinces du Vicariat. Pionnier infatigable, le P. Borghéro dirigea ses premières courses apostoliques vers les régions marécageuses qui s'étendent à l'ouest de Whydah. Il eut la consolation de recueillir de nombreux fruits de salut dans les villes d'Agoué et de Porto-Séguro. Autant les sites les plus variés de la nature captivèrent ses regards, autant les émotions les plus consolantes réjouirent son cœur d'apôtre.

Encouragé par ses premiers succès, l'intrépide missionnaire résolut d'explorer encore les contrées de l'Est, de pénétrer chez les Jabous et les Egbas. Mais avant de le suivre dans ces courses hardies, il importe de donner, pour l'intelligence du lecteur, une description topographique de l'ensemble du Vicariat. La peinture des lieux fait partie de l'histoire, elle complète, anime et colore la narration des excursions évangéliques.

Depuis les montagnes du Kong, au Nord de Sierra-Leone, le sol s'abaisse insensiblement en plateaux ondulés jusqu'au Niger et forme l'immense plaine de la Côte des Esclaves ou du Benin. Elle commence au cap Saint-Paul, près du Volta, finit au cap Formose à l'est du Niger, et s'étend sur un périmètre de 115 lieues.

Un vaste système de lagunes donne à ce Vicariat une physionomie toute particulière. Aussi presque tous les voyages se font en pirogue. La grande lagune qui court depuis le Volta jusqu'au Niger, mérite une attention spéciale. Elle n'offre que deux interruptions : à Godomé et entre Bagda et Quitta, une simple digue de sable, formée comme les dunes, la sépare de la mer. A Grand-Popo et à Lagos seulement cette digue s'entr'ouvre, et laisse communiquer la lagune avec l'Océan. La largeur varie de cent à deux cents mètres ; en quelques endroits même elle s'étend en une vaste nappe d'eau de plusieurs kilomètres.

Des lagunes à l'intérieur des terres, la campagne est couverte d'un réseau indéfini de sentiers. Deux voyageurs peuvent facilement partir du même point et arriver au même but en suivant des directions différentes. Souvent aussi il arrive que certaines directions sont suivies dans une saison, et sont impraticables dans d'autres. Cependant les sentiers les plus fréquentés, qu'on est convenu d'appeler routes principales, sont ceux qui relient naturellement les grands centres. On distingue d'abord la route de Whydah à Agbomé, que le P. Borghéro a suivie, et qu'il indique minutieusement dans sa carte. Plusieurs routes rayonnent autour de Porto-Novo : la plus considérable conduit directement à Allada, pour joindre la route de Whydah à Agbomé ; deux autres vont à Adjisi et Adjiara. Elles figurent sur une carte dressée avec soin par les officiers de la marine impériale en 1863, à l'occasion du protectorat de Porto-Novo. La route qui part de Badagry et monte par Okiadan, Illaro, Ega, Afoura, etc, a été tracée sur les cartes par des officiers de marine ; et la série régulière des pays qu'elle réunit fait penser qu'elle a été autrefois suivie par les européens. La route de Lagos à Abékouta, qui part des parages de l'île Ido, au Nord-Ouest de Lagos, et passe par Oyo, Otta et Agbomaia, est connue de tout le monde et fréquentée surtout dans la saison sèche. Enfin, la carte du P. Borghéro porte encore la route qui part de Epé et va mettre en communication Odé, capitale du Jabou, avec Abékouta capitale des Egbas (1).

Comme nous l'avons dit, quatre principaux peuples occupent l'étendue du Vicariat.

Depuis le Volta jusqu'au Grand-Popo, habite une branche de la famille des Aquapéens, qu'on désigne dans le pays sous le nom de Minas. Leur principale ville est Acra ; leurs villes secondaires sont : Christiamburg, Quitta, Chica, Porto-Séguro, Agoué, Petit-Popo, Grand-Popo. Près du Petit-Popo se trouve Gridgy, où les noirs ont un marché très-bien approvisionné. Un grand chef, qu'ils appellent roi, y réside ; mais il n'est roi que de nom, car les Minas sont tous indépendants dans leurs villes respectives. La ville de Gridjy est située, sur une pente douce, à 12 mètres environ au-dessus du niveau de la lagune. Son monarque nominal n'administre que des villes affranchies, depuis le Grand-Popo jusqu'à Bagdad.

On rencontre ensuite les deux villes maritimes Whydah et Godomé, dont nous avons déjà parlé ; la capitale de ce second royaume est Agbomé, où nous avons vu le siége d'une monarchie compacte, organisée militairement ; et la langue parlée à à la cour est celle de tous les pays déjà mentionnés, c'est-à-dire le Djedji. De là, on a donné à tous ces peuples le nom de peuples Djedjis. Les Djedjis s'étendent du Volta à la rivière Oouo, de 4° de longitude Ouest à 0° 4' de longitude Est ; ils sont même répandus dans le royaume de Porto-Novo jusqu'à 0° 38'.

En avançant du côté de l'Orient on trouve les peuples appelés *Nagos* par les indigènes et *Yorriba* par les Anglais et les Arabes. Porto-Novo, Badagry, Lagos, Epé et Palma en sont les principales villes sur les côtes de la mer. Ces peuples s'étendent de l'Ocpara au Niger, de 0°38' à 5° de longitude Est. Dans l'intérieur, ils entretiennent des relations commerciales jusqu'au centre du Soudan ; et selon plusieurs, jusqu'au Maroc, par les caravanes. Les Nagos ne sont pas réunis en un seul

---

(1) Rapport du P. Borghéro à M. d'Avezac. *Bul. géog.* Juillet, 1866.

corps politique ; ils forment de petits Etats indépendants, souvent en guerre terrible (1). Ce sont les travailleurs les plus énergiques et les plus robustes de ces contrées. On a toujours tiré de leur sein un grand nombre d'esclaves, et ces esclaves, en Amérique, se vendent à un prix qui va quelquefois jusqu'au double des autres. Le roi de Dahomey lui-même recrute ses meilleurs soldats parmi les prisonniers faits chez tous ces peuples.

Sur les limites des Nagos, est le petit Etat des Jabous ; et à l'Orient, s'étend encore le royaume de Benin, le plus vaste du Vicariat. Exploité au XVᵉ siècle par les commerçants portugais, ce pays est moins connu aujourd'hui, et diffère peu dans sa langue, ses lois, son organisation monarchique et ses mœurs, des autres peuples dont on a parlé.

Enfin, le delta du Niger et quelques autres points sur les bords de la mer, sont occupés par des peuplades presque sauvages, qui ne laissent point passer les étrangers sans les mettre à mort, ou du moins sans les dépouiller entièrement. Quant aux pays situés sur les rives du fleuve, mais plus à l'intérieur, ils ne sont guère plus connus sur les côtes qu'en Europe. Un voyageur (2) nous a raconté les terribles péripéties de sa course aventureuse sur l'un des innombrables affluents du Niger :

« Nous découvrions sur les deux rives des traces nombreuses de culture et d'habitations ; mais aussi loin que l'œil pouvait s'étendre, culture, villes et villages paraissaient submergés par l'inondation. Les affluents du fleuve, grossis par les pluies de l'intérieur, montaient rapidement. Le courant nous emportait dans la direction de l'Est, sans nous permettre d'atterrir nulle part. Après une journée brûlante, le soleil se coucha dans toute sa gloire derrière les montagnes de l'Yorriba,

---

(1) 200 villes ont disparu en 25 ans par les guerres qu'elles se faisaient pour alimenter la traite ; 500,000 habitants ont péri par les armes ou par la famine. — P. Bouche.

(2) Un des frères Lander. — *Le Niger.* 453.

lançant jusqu'au zénith des rayons colorés des plus radieuses teintes du prisme. Néanmoins, tout admirable qu'était l'aspect du soleil, il annonçait un prochain orage. Bientôt le vent siffla à travers les hautes tiges des joncs, et l'obscurité enveloppa la terre comme d'un linceul. Impatients de débarquer n'importe où et de trouver un asile quelconque pour la nuit, nous nous mîmes nous-mêmes à ramer pour remonter le courage abattu de nos hommes. Nous gouvernions à la vive lueur des éclairs ; réfléchis sur la surface de l'eau, ils nous servaient de phares pour éviter les nombreuses petites îles entre lesquelles nous descendions silencieusement. De temps en temps nous apercevions tout près de nous les lumières de lampes brûlant dans des cases de très-bonne apparence ; nous entendions distinctement les voix des habitants ; mais tous nos efforts pour les atteindre échouaient contre les impénétrables marécages qui bordaient le courant, véritables labyrinthes de joncs, de roseaux et d'immenses plantes aquatiques. Quelques-unes de ces lumières, après nous avoir attirés longtemps à leur poursuite, s'effaçaient tout-à-coup dans les ténèbres ; d'autres semblaient danser autour de nous, sans que nous puissions reconnaître leur gisement et leur nature ; des voix semblaient nous appeler d'un rivage invisible ; puis tout devenait silencieux, sombre et solitaire. Nous pouvions nous croire les jouets d'un rêve ! Après trente milles de cette navigation pénible, nos hommes étant à bout d'efforts et de forces, nous nous sommes résignés à la nécessité, et, après un repas frugal de riz froid et de miel arrosé de l'eau du fleuve, nous avons laissé le canot suivre le courant. Mais alors nouveau fléau, contre lequel nous n'étions pas préparés : un nombre incroyable d'hippopotames se sont élevés sur le fleuve ; et, nageant, hennissant, plongeant tout autour de notre embarcation, nous ont mis dans un imminent danger. Nos gens qui, de leur vie, n'avaient été exposés sur l'eau à la rencontre de si formidables animaux, furent saisis d'une terreur qu'augmentaient encore de terribles coups de tonnerre et l'épaisseur des ténèbres entrecoupées seulement par de livides et rapides éclairs. Ils nous disaient que les hippopotames faisaient souvent chavirer les canots, et qu'alors il n'y avait plus de salut possible. Pendant qu'ils parlaient ainsi, les monstrueux animaux nous serraient de si près que nous eussions pu les toucher de la crosse de nos fusils. Dans l'espoir de les effrayer je fis feu sur l'un d'eux, et je crois que le coup porta ; car tous, s'élançant à la surface, nous poursuivirent avec tant de rapidité qu'il nous fallut les plus vigoureux efforts pour maintenir quelque avance sur eux. L'explosion d'un second coup de fusil fut suivie d'affreux hurlements, mais qui semblaient s'éloigner. S'ils eussent renversé notre canot, nous aurions payé cher cette rencontre. Seuls, deux hommes de notre équipage ne perdirent pas la tête d'épouvante comme leurs camarades. Bientôt, ayant distingué au nord du fleuve une sorte de chaussée naturelle, je proposai d'y atterrir ; mais nos gens dirent que s'ils n'étaient pas tués par *les éléphants d'eau*, ils seraient certainement la proie des crocodiles. Nous avons continué de voguer. A minuit, la tempête était dans toute sa force. A trois heures, nous vîmes les étoiles scintiller comme des diamants au-dessus de nos têtes : il nous fut permis de prendre terre à un petit village de pêcheurs, où nous payâmes de quelques aiguilles les grands feux qui séchèrent nos habits. »

Tels sont les nombreux dangers que bravera le missionnaire de la Côte des Esclaves, lorsqu'il aura à explorer et à évangéliser les limites orientales du Vicariat.

« Le Niger prend sa source dans le pays des Mandingues, parcourt les royaumes de Bambarra et Tombouctou, du S.-O. au N.-E. ; ceux de Libtakou, de Zaberma, de Gourna, de Borgou et de Noufi, du N.-O. au S.-E. ; baigne les royaumes d'Yorriba et de Founda ; et se divise enfin en plusieurs branches qui aboutissent au golfe de Benin, dans l'Océan atlantique. Son cours est d'environ 3,700 kilomètres, par Ségo, Tombouctou, Boussa et Kacundo (1). »

(1) *Dict. de géog.* Dezobry.

Malgré cet itinéraire du Niger tracé minutieusement par les savants géographes de notre époque, l'histoire doit enregistrer ce fait : c'est que, de tous les fleuves du monde, le Niger est peut-être, avec le Nil, celui qui a suscité les plus ardentes controverses. L'embouchure du *Nil des Noirs* a été longtemps aussi énigmatique que le sont toujours les sources du Nil égyptien. Il y a quarante années à peine, plusieurs géographes croyaient encore, sur la foi des fantastiques légendes de Pline, à l'identité de ces deux célèbres cours d'eau. Les explorations successives, faites de nos jours, ont enfin mis un terme à ces fables et établi, pour ainsi parler, l'individualité du Niger.

« En 1805, Mungo-Park s'embarquait à Sansanding et s'abandonnait au courant du grand fleuve inconnu, résolu à le descendre jusqu'à la mer ou à périr enseveli dans ses eaux (1). » Les découvertes de Clapperton, de Laing et Caillé, et surtout celles des frères Lander sur l'embouchure du fleuve (1830), nous ont donné des renseignements positifs. Enfin, en 1853, le géographe Barth a répandu une nouvelle lumière sur le cours du Niger (2). Tous ces explorateurs ont ainsi apporté la solution d'un problème qui avait été l'objet de longues discussions parmi les savants.

Comme on le voit, missionnaires, géographes, naturalistes, tous semblent se liguer aujourd'hui dans un accord tacite pour resserrer l'inconnu dans des limites de plus en plus étroites. Le centre de l'Afrique reste seul inexploré ; mais ses immenses *steppes* seront désormais le but de tous les efforts de la civilisation et de l'Evangile. Un jour aussi, les fleuves et les lacs africains, que sillonne seule la pirogue du sauvage, verront leurs eaux profondes labourées par les embarcations européennes. Ces vastes routes mobiles ne seront plus des barrières qui séparent, mais des liens qui unissent. Le Niger cessera de

---

(1) L. Dubois, *Le pôle et l'équateur*.
(2) Voir la savante dissertation de G. Reichard sur le Niger. *Bulletin de la Société de géographie*, 1844, I, 169.

rouler ses eaux inutiles au sein des solitudes, pour mettre la puissance de ses courants au service de la religion.

CHAPITRE III

Si nous portons un regard d'ensemble sur la Côte des Esclaves, nous verrons que l'étendue du littoral comprise entre la Côte d'Or et le cap Formose est relativement fertile ; et néanmoins elle forme, dit Fleuriot (1), un contraste frappant avec l'intérieur, ou règne une végétation encore plus luxuriante ; les terrains y sont composés de quartz hyalin, de mica et d'argile, produits de la décomposition des roches de l'intérieur.

Les brises de terre et de mer alternent dans ces parages, et cette régularité n'est interrompue que par les pluies de l'hivernage. L'harmattan est le vent continental qui souffle depuis le grand désert jusqu'au Niger. Les débris qu'il emporte caractérisent les terrains qu'il traverse. Il est chargé de poussière rouge au Sahara ; le long de la Côte des Esclaves, il charrie des poussières blanches.

L'entrée des divers cours d'eau du Vicariat est généralement encombrée par une végétation parasite, qui cesse dès que l'on quitte les eaux saumâtres.

Sur la Côte des Esclaves, écrit le P. Courdioux, la flore est encore à décrire. Dans ces magnifiques forêts, sur les bords de ces lagunes et dans ces vastes clairières, le botaniste trouverait une ample moisson de plantes utiles. Le ronier y croît facilement : c'est une espèce de palmier dont le fruit est comestible et dont le parenchyme donne une huile exploitable ; les baobabs, les fromagers, géants des végétaux, font l'ornement des campagnes. Les morées, les malvacées, les hibiscus donnent des écor-

(1) *Le Tour du monde.* 1876.

ces textiles. Le cocotier ne pousse que près de l'habitation de l'homme, dont il est toujours le fidèle compagnon. Il croît rapidement et peut, dans un avenir prochain, devenir une branche de notre commerce. Le coton, le gingembre, le poivre, l'arbre à beurre, sont les éléments d'un négoce encore restreint, mais qui prend chaque année plus d'extension. D'autres végétaux tels que le tabac, le café, la canne à sucre, le cacao et une infinité de plantes fibreuses, ne demandent qu'à être cultivés en grand, pour donner les plus heureux résultats.

« Toutefois, le roi des végétaux dans ces parages, l'arbre providentiel qui fournit presque à tous les besoins du nègre, c'est le palmier à huile (*elais guineensis*). Ce palmier à la tête élégante, mais au tronc souvent irrégulier et raboteux, atteint une hauteur moyenne de 6 à 7 mètres. Il croît avec une extraordinaire abondance sur toute la Côte des Esclaves; principalement dans les Etats de Popo, de Porto-Novo et du Jébou, où il forme d'immenses forêts qui affectent de suivre les dépressions du sol et les endroits humides. Il se multiplie de lui-même et ne demande aucun entretien. Deux fois par an les indigènes font la récolte des fruits du palmier. Chaque arbre produit deux ou trois régimes ou grappes, et chaque régime de mille à quinze cents fruits. Ceux-ci ont un peu l'apparence de grosses cerises, et, comme elles, se composent de chair et de noyau. On les détache de la grappe au moyen d'une hachette. Lorsqu'on a récolté une quantité suffisante de ces fruits, on les met dans une fosse pratiquée dans une terre argileuse. Après avoir versé une petite quantité d'eau sur les fruits, deux ou trois hommes entrent dans la fosse, et, se tenant au moyen de bâtons, écrasent ces fruits avec les pieds pour en détacher la pulpe. On jette ensuite une plus grande quantité d'eau dans la fosse; et l'huile, qui arrive à la surface en écume jaunâtre, est recueillie au moyen d'une calebasse, puis versée dans de grands pots placés près de là sur des brasiers, où elle subit une ébullition prolongée. Elle est très-liquide, d'une belle couleur rouge-orange, et sent très-bon pendant qu'elle est chaude. Le nègre, après cette opération qui demande à peine quelques heures, n'a plus qu'à transporter l'huile dans les comptoirs ou factoreries européennes pour l'échanger contre nos produits. On sait que l'huile de palme arrive en Europe à l'état solide comme une graisse épaisse. On l'emploie dans la savonnerie et dans la fabrication des bougies. Une seule maison de Marseille, a expédié, en 1868, quarante-deux navires à ses comptoirs, et en a retiré 15,000 tonnes d'huile.

« Après l'élaïs, vient encore un autre végétal d'une certaine importance pour le commerce, c'est l'arachide que nous avons déjà souvent nommée. Cette plante, ajoute le P. Courdioux, est de la famille des *Légumineuses* (arachis hypogea). Elle croît de préférence dans les terrains légers. Aussitôt après les premières pluies, le nègre trace d'étroits sillons et sème, à un pied ou deux de distance, la graine de l'arachide. Jeune, cette plante a un peu l'aspect de la luzerne clair-semée ; en grandissant, elle tend à s'incliner et à ramper tout autour de sa tige. Ce qu'elle présente de plus bizarre, c'est son mode de fructification. Dès que la floraison est terminée, les pistils fécondés se dirigent vers le sol, y pénètrent et y achèvent la maturité du fruit, sorte de petite amande généralement un peu comprimée vers le milieu. Chaque plante produit plusieurs amandes dont l'enveloppe est une coque tendre, rugueuse, parsemée de petites cavités comme un dé à coudre(1). »

Les amandes d'arachides, ou pistaches de terre, sont une friandise pour les nègres. On les vend bouillies ou grillées sous la cendre. C'est un aliment agréable mais irritant, qui, à la longue, occasionne des douleurs d'entrailles. A chaque coin de rue, les négresses en offrent aux passants ; les jeunes filles font leur apprentissage commercial en allant vendre l'*azi* de porte en porte. Elles s'annoncent par un cri nasillard : « *Azi-no dié uaé!* — *Voilà la marchande d'arachides!* » L'amande d'arachide fournit une huile limpide, inodore, moins épaisse

---

(1) *Miss. cath.* 1877.

et moins grasse que l'huile d'olive, avec laquelle on la mélange pour obtenir l'huile d'olive livrée au commerce. Ce n'est que depuis une dizaine d'années que nos maisons françaises ont commencé à acheter des arachides sur la côte du Vicariat. La quantité n'en est pas grande, les indigènes ne s'adonnent point encore à cette culture sur une grande échelle. Ce sont les Popos qui en fournissent le plus. A Porto-Seguro et à Petit-Popo, en 1869, la mesure d'environ 20 kilog. se vendait 2 fr. 50.

Le maïs de la Côte des Esclaves ressemble à celui de France; mais le grain ne devient jamais, dans sa pleine maturité, aussi dur qu'en Europe. Le maïs, dit-on, aurait été apporté d'au-delà du Niger par un gardien de singes. Aussi les Nagos appellent quelquefois par dérision les étrangers des singes. Dans les rues les enfants ont l'habitude de crier à la vue d'un blanc: « *Oïbo akiti agba*; le blanc, le vieux singe. » Dans l'Yorriba, le maïs est appelé *agbado*; au Dahomey, *agbadeku*, ce qui signifie brisé ou nettoyé dans un mortier. Nous avons déjà vu, en effet, cette manière d'apprêter le maïs.

Il faut aussi mentionner le *béraf*, la *patate douce* et le *sésame*. Le béraf croît avec une prodigieuse facilité dans les terrains sablonneux, surtout au bord de la mer, dans toute l'étendue du Vicariat. Quand ce fruit est mûr on le cueille et on le laisse en petit tas dans le champ même. Il ne tarde pas à fermenter et à pourrir; c'est alors que les indigènes en extraient les graines. Ils ont la patience de les dépouiller de la pellicule qui recouvre l'amande intérieure. La patate douce sert aussi à l'alimentation des nègres. La partie comestible consiste dans les tubercules de la racine. Elle a un goût sucré, et se prépare comme nous préparons les pommes de terre. La sésame s'élève à la hauteur d'un mètre et se cultive principalement aux environs d'Abékouta. On en extrait un suc gras et huileux; le reste nourrit les bestiaux et engraisse les terres. Comme on le voit, la plupart des tribus qui composent le Vicariat sont riches en plantes alimentaires. Aussi ces tribus n'ont-elles jamais connu le fléau de la famine ; et parmi elles le missionnaire ne rencontre presque pas de mendiants. Certaines factoreries recueillent et expédient de nombreuses variétés ; car nous pouvons ajouter pour terminer, que l'ivoire, la gomme et le bois d'ébénisterie sont encore les marchandises que livrent aux négociants étrangers plusieurs peuplades de la Côte des Esclaves (1).

La faune de ces pays est en général, comme au Dahomey, bien pauvre en quadrupèdes ; le cheval ne vit pas sur ces côtes occidentales d'Afrique ; les bêtes à cornes y sont petites, les moutons rares ; mais les cabris et les chèvres ainsi que les volailles de toute espèce abondent dans les nombreux villages qui disparaissent sous les touffes des grands arbres.

Nous avons vu que la population du littoral, depuis le Volta jusqu'à Palma, s'élève à plus de cent mille habitants. Quant à la côte de Benin jusqu'au delta du Niger, on n'a aucune donnée qui permette de présenter un chiffre, même approximatif. A l'intérieur, la population, comme nous l'avons dit, est plus considérable qu'on le supposait d'abord. Ces contrées furent, il est vrai, désolées pendant des siècles par la traite des esclaves et par des guerres continuelles ; toutefois elles ne sont pas moins peuplées aujourd'hui que beaucoup de contrées européennes. Partagées en deux familles principales, les Djedji et les Nagos, elles arrivent à un effectif total des cinq ou six millions d'habitants, dont deux millions pour les Djedji et quatre millions pour les Nagos.

Il serait plus difficile de donner la statistique exacte des chrétiens disséminés entre le Volta et le Niger. La seule estimation faite jusqu'ici, et basée sur plusieurs explorations apostoliques, porte à 3,000, le chiffre des catholiques. Que la part de Dieu est restreinte sur un si vaste champ !

La langue djedji, qui est parlée par les Dahoméens, se compose surtout de voyelles, comme les langues de tous les peuples

---

(1) *Miss. cath.* 1877.

primitifs. Le nago ayant plus de consonnes, est plus distinct pour une oreille européenne ; mais aussi moins harmonieux. L'accent et les inflexions jouent un grand rôle ; et les nuances sont difficiles à saisir (1). En somme, quoique les dialectes varient, les langues mères sont, sur la côte occidentale, bien peu nombreuses. Le P. Horner a fait sur la côte orientale la même observation (2). Un français connaissant l'arabe et le nago peut faire, sans interprète, un voyage de soixante-quinze lieues dans l'intérieur ; il peut partir d'Alger, traverser le désert et arriver à Lagos avec la certitude d'être partout compris (3).

Les noirs de la Côte des Esclaves sont généralement grands, bien faits ; les femmes elles-mêmes, ont des formes athlétiques. Leurs traits ne ressemblent guère à ceux des noirs de l'Afrique intérieure ou méridionale ; ils ont, à peu de choses près, les traits des blancs, sauf le nez quelque peu épaté, et les lèvres légèrement saillantes. Leur front n'est pas fuyant, leur menton est peu avancé, et ne rappelle que d'une légère façon la physionomie de la race nègre. Il y a cependant deux choses qui choquent dans la conformation de leur personne : hommes et femmes ont, en général, les épaules très-reculées et comme disloquées ; les omoplates se touchent presque au milieu du dos. Cela vient de ce que, dans la plupart de leurs danses, ils élèvent leurs mains à la hauteur de leurs coudes, ramènent leurs bras en arrière, et, en gardant cette position, leur impriment des mouvements frénétiques. Cet exercice, répété si fréquemment, finit par rendre le haut du buste assez disgracieux. Mais que ne sacrifieraient-ils au plaisir de danser dont ils raffolent ?

La danse, le chant, la musique, sont chers à toutes les tribus. Quoique ces malheureux peuples soient un objet de com-

---

(1) P. Bouche. — D. Rapin. Mai 1878, n° 394.
(2) *Miss. cath.* 28 Janvier 1874.
(3) Le P. Bouche, *Contemporain.*

passion pour toutes les nations civilisées, quoique, chez eux, leurs droits soient méconnus, leurs libertés immolées, rien de tout cela ne semble suffisant pour assombrir leurs réflexions.

Ils laissent couler, en se jouant, leurs heures de loisir, avec autant de légèreté et de jovialité que s'ils étaient les peuples les plus fortunés de la terre. Or, le moyen le plus usité de faire éclater toute leur joie, c'est la danse en famille, la danse du quartier ou la danse de tout le village.

Voici comment s'exécutent ces danses, véritables exercices de gymnastique qui commencent le soir et durent jusqu'au lendemain matin. Après avoir bien fermé les porcs et parqué les chèvres, on annonce la danse au son des tambours. A ce bruit tout le monde de battre des mains et d'accourir. Commence ensuite le chant monotone, que la foule répète en chœur. On se fait des salutations interminables, en formant des cercles.

Les cercles formés, un homme, placé dans le milieu, chante un solo que les autres répètent. Alors tous les corps se balancent et les pieds se lèvent alternativement. Puis, on s'arrête un instant, on prend une gorgée de tafia, soit pour réparer les forces perdues, soit pour en acquérir de nouvelles.

Bientôt fifres et tambourins donnent de nouveau le signal de la danse. Alors se renouvellent et se prolongent au clair de la lune les scènes joyeuses et bruyantes que nous décrivait Hannon dans son *Périple*, il y a près de trois mille ans.

Tout à coup les danseurs frappent la terre en battant la mesure, de manière que trois ou quatre cents talons ne frappent qu'un seul et même coup. Peu à peu la voix se lève, les bras s'agitent, les corps se baissent jusqu'à terre et se relèvent rapidement ; le mouvement se précipite, les tambours battent à se rompre, et tous ces nègres font les contorsions les plus grotesques. Ils dansent ainsi jusqu'à la frénésie, jusqu'à tomber par terre de lassitude et ruisselants de sueur.

Au milieu de cette turbulente gaîté, on aperçoit des femmes mariées, ayant des enfants sur le dos, dansant, chantant, folâtrant et frappant des mains, selon la coutume du pays. Un groupe d'hommes, leurs parents et amis, se tiennent auprès d'elles, comme juges et spectateurs. Quelquefois, la danse se compose d'une ronde formée par toutes les jeunes filles. Elles s'accrochent, se tenant étroitement serrées par la main, glissent sur le sol sans lever les pieds. De temps en temps une danseuse se détache du cercle, et, après avoir sauté et bondi avec ardeur jusqu'à épuisement complet de ses forces, elle retombe dans les bras de ses compagnes, qui, épiant ses mouvements, sont toujours prêtes à la recevoir. Une autre danseuse, puis une autre lui succèdent, jusqu'à ce que chaque fille ait ainsi figuré au centre de la ronde. Les chants de toutes les jeunes danseuses, leurs cris de joie, leurs battements de mains, leurs apostrophes retentissantes ne cessent de tenir lieu d'orchestre. Rien ne saurait rendre l'effet saisissant de ces scènes puériles.

Ces exercices sont ceux des peuples enfants, et ils n'ont rien qui doive étonner. Mais ce qui surprend au-delà de toute expression, c'est un certain sentiment de pudeur, qui porte ces sauvages à danser séparément. Ainsi, les femmes ne se mêlent jamais aux hommes dans la crainte de leur entendre prononcer des paroles dégoûtantes que leur arrache parfois cette excitation fébrile. Il y a certainement de quoi donner une leçon aux femmes mondaines des pays chrétiens, qui sont peut-être moins scrupuleuses à cet égard que les nègres et négresses de la Côte des Esclaves.

Nous devons ajouter que l'habitude de porter les petits enfants sur le dos a aussi pour résultat de déformer le corps des femmes. Les jeunes négrillons sont placés à la hauteur de la ceinture et de façon à avoir leurs jambes étendues des deux côtés ; ils sont tenus par un linge qui les enveloppe jusqu'aux épaules et qui s'attache en avant sur l'estomac de la mère ; un grand pagne couvre le tout et se noue sur le premier linge. Les femmes ainsi chargées, vaquent à leurs travaux, font la cuisine, pilent le mil, courent et dansent. La crainte de voir glisser leur précieux fardeau fait qu'elles portent les hanches en arrière, et l'enfant se trouve comme assis. Le corps de la mère se plie vite à ce maintien difforme et le conserve toujours.

Le front des Nagos est plus large que celui des Djedjis. On trouve chez eux plus de dignité, d'intelligence ; ils sont plus affectueux pour leurs femmes et leurs enfants, plus hospitaliers et plus délicats pour l'étranger. « Je ne puis m'empêcher, dit Clapperton, de citer avec éloges un fait singulier et peut-être sans exemple : nous voyageons depuis huit jours ; nous avons parcouru soixante milles avec un bagage considérable et pesant ; nous avons changé dix fois de porteurs et nous n'avons pas perdu la valeur d'un schelling ; circonstance annonçant, non-seulement quelque chose de plus que la probité des habitants, mais aussi des gouvernements vigilants, dont on ne pouvait supposer l'existence parmi des hommes regardés jusqu'ici comme des barbares (1). »

Toutefois ce jugement favorable paraît exagéré. Sans doute, les divers royaumes du Vicariat sont généralement fertiles ; on y voit, comme nous l'avons dit, de riches cultures en maïs, manioc, patates, ignames, haricots et arachides. Néanmoins sur plusieurs points de la Côte, et surtout aux environs de Whydah et d'Agbomé, les noirs ne sont pas sûrs de jouir paisiblement du fruit de leur travail. Ils craignent à tout moment de se voir dépouillés. Ils se gardent donc bien d'exploiter toute la fertilité du sol, ils ne demandent parfois à la terre que ce dont ils ont besoin pour vivre et pour s'amuser ; et dans les moments de détresse ils ont recours aux rapines.

Ces vastes campagnes et ces nombreuses populations n'ont été explorées que par les négociants européens, surtout par les Anglais ; « Mais l'action civilisatrice de l'Agleterre est nulle en Afrique. Cette nation est essentiellement pratique, mercantile et profondément égoïste ; ses missionnaires, agents du Gouvernement, construiront des temples avec les fonds de

---

(1) *Voyage dans l'intérieur de l'Afrique.*

l'Etat, mais ne trouveront jamais le chemin des cœurs, pour donner à l'indigène le sentiment du devoir, le désir des choses célestes (1). » Au contraire, il reste toujours une vertu après le passage des missionnaires catholiques ; à chacun de leurs pas ils sèment la foi, l'espérance et la charité. Ils ressuscitent les morts à la grâce ; donnent la vie à ceux qui ne l'ont jamais eue. Quand un missionnaire apparaît, l'ancien fidèle européen, à qui le négoce a vieilli la foi, redevient tout à coup jeune chrétien ; une nouvelle sève fait reverdir ses croyances du baptême et les nouveaux fruits du salut ne tardent pas à paraître. A ce spectacle, l'indigène commence à soupçonner qu'il y a quelque chose de divin. Cette première merveille de la grâce s'accomplira à l'apparition de nos apôtres dans ces contrées. On a dit : *l'heure est à Dieu* ; or, voici un signe qui marque pour bientôt cette heure de la miséricorde, voici un fait constant qui désigne tout le Vicariat au zèle apostolique.

Depuis 1866, écrit le P. Courdioux, époque à laquelle la Havane a prohibé l'entrée de nouveaux esclaves, l'exportation de la marchandise humaine a cessé sur la côte de Benin. Sans doute, dans l'intérieur, ce commerce infâme est tout aussi actif que par le passé. Le nègre, homme, femme et enfant, est, comme un ballot de tissus anglais et un baril de tafia, un objet d'échange. Il existe même, en dehors de ce honteux trafic, ce que l'on peut appeler l'esclavage domestique. Les esclaves de cette condition font partie de la famille. Tous les enfants nés de l'union d'une esclave avec son maître sont libres ; et les enfants, nés d'esclaves, à moins d'être affranchis par le maître, restent, ainsi que leurs parents, esclaves à perpétuité.

Mais aussi, depuis cette même époque, les nations ayant aboli la traite, les divers peuples de la côte occidentale ont commencé à entrer en relations suivies. Un service régulier de paquebots a rendu les voyages faciles et peu coûteux. Les anciens esclaves victimes de la traite, dispersés dans les deux

---

(1) Le P. Bouche.

Amériques, ont pu insensiblement revenir au pays natal. Et comme nous l'avons dit en parlant de la population de Whydah, c'est par centaines que les divers ports de la Côte des Esclaves reçoivent chaque année ces enfants du sol africain, si cruellement arrachés à leur foyer et à leur patrie. Le Brésil, les Antilles, Sierra-Leone, l'île de Sainte-Hélène, sont les pays qui en fournissent le plus. Or, ces anciens indigènes ou « *passageiros* » comme on les appelle, ont généralement reçu le baptême. Ils ont quelques notions du Christianisme ; ils savent lire et écrire. Beaucoup appartiennent aux sectes protestantes qui ne sont pas établies dans leur pays natal ; beaucoup aussi sont catholiques. Et si quelques-uns retournent aux pratiques du fétichisme, les autres conservent la foi de leur baptême et même certaines pratiques de la religion catholique.

Nous verrons, en effet, qu'arrivant dans certaines bourgades qu'il visite pour la première fois, le missionnaire de la Côte de Benin est agréablement surpris de rencontrer des familles entièrement catholiques. Quelle joie pour l'apôtre !

Du reste, voici une autre marque de résurrection.

Le Nago et les traditions de l'Yorriba contiennent des mots hébraïques. « J'en fus d'autant plus frappé, nous dit le Père Bouche, que, d'après le chevalier Des Marchais, les nègres de ces contrées observaient au commencement du dix-huitième siècle des pratiques dérivant du Judaïsme. «Ils se font, dit-il, circoncire sans être juifs ni mahométans. Les plus habiles et les plus spirituels ne savent pas d'où leur vient cet usage, et quand on les presse là-dessus, ils répondent que leurs pères et leurs grands-pères l'ont vu pratiquer à leurs ancêtres, et puisqu'ils l'ont pratiqué, ils le doivent pratiquer aussi et instruire leurs enfants à le pratiquer après eux (1). »

« Le même voyageur cite un second usage qui semble emprunté aux juifs : à des époques déterminées, les femmes sont

---

(1) *Voyage du chev. des Marchais.* T. II, p. 158.

obligées, sous des peines graves, à vivre, pendant quelques jours, retirées au fond de leurs cases, à n'avoir aucun commerce avec personne et à ne paraître devant le monde qu'après s'être préalablement purifiées (1). Aujourd'hui encore, on est là-dessus d'une rigueur extraordinaire.

« En présence de ces faits et de plusieurs autres, je me demandais si cette peuplade n'aurait pas eu de rapports avec les juifs, ou même si elle ne devait pas son origine à l'établissement très-ancien de quelque colonie égyptienne ou asiatique. Oui, nos nègres africains n'auraient-ils pas connu le Christianisme ? Plus je réfléchis et plus j'incline vers l'affirmative. Certaines traditions semblent une ombre de traditions chrétiennes. Sans doute, c'est une ombre vague, presque indécise ; mais comment la vertu et la vérité n'auraient-elles pas perdu leur éclat et la netteté de leurs traits dans les ténèbres d'un paganisme grossier et brutal ? Du reste, il est certain que les nègres ont connu la tradition juive ; car Edrisi (voyageur arabe du onzième siècle) désigne les contrées occupées par les Nagos comme « *un pays peuplé de Juifs.* »

« Une autre considération ferait supposer que ces nègres ont reçu les lumières de l'Evangile : c'est que plusieurs Yoroubanis ne sont pas polygames ; ils n'ont qu'une femme, *ce qu'ils disent plus conforme aux lois de la nature.* Quand, comment et par qui leur aurait été prêchée la doctrine chrétienne ? C'est assurément au commencement du dix-septième siècle. Depuis 1610, l'histoire du pays ne fait aucune allusion à l'arrivée d'aucun missionnaire. Peut-être trouverait-on des documents antérieurs et circonstanciés dans les archives de Lisbonne et de Rio de Janeiro ; il n'est pas croyable que les Portugais et les Brésiliens aient si longtemps séjourné à Badagry et sur les divers points de la Côte sans donner sur ces peuplades de nombreux renseignements (2). »

---

(1) *Voyage du chev. des Marchais*. T. II, p. 158.
(2) Le P. Bouche. *Contemporain*. 1874.

Quelles que soient les origines et les croyances primitives de ces tribus sauvages, aimons à considérer leurs vagues traditions du passé comme des lueurs d'espérance pour l'avenir. Les préjugés que la conduite si peu chrétienne des premiers colons avait puissamment fortifiés, se dissiperont un jour sur ces côtes africaines ; comment tiendraient-ils plus longtemps devant l'argument si solide que chacun peut déduire du désintéressement des nouveaux apôtres ?

A mesure que ces missionnaires pénétreront dans l'intérieur, qu'ils arriveront sur les limites du Vicariat, où les peuplades sont moins fétichistes que musulmanes, d'autres traditions religieuses conservées au sein de l'islamisme viendront encore augmenter leur espoir et encourager leur zèle. On observe, en effet, que les fils de Mahomet détestent les mœurs chrétiennes parce qu'ils ne veulent en reproduire toute la pureté, mais qu'ils vénèrent les principaux dogmes de la foi évangélique. Ainsi, professent-ils un grand respect pour la sublime destinée et l'éminente sainteté de la Mère de Dieu. Les auteurs musulmans les plus célèbres ont proclamé, dès les premiers temps, l'Immaculée Conception et la virginité sans tache de Marie. Ils regardent la très-sainte Vierge comme la Mère et la source de toute pureté. Du reste, on sait que Mahomet lui-même fait dire à Dieu :

« Célèbre Marie dans le Coran, célèbre le jour où elle s'éloigne de sa famille du côté de l'Orient.

« Elle prit en secret un voile pour se couvrir, et nous lui envoyâmes Gabriel, notre esprit, sous la forme humaine.

« Le Miséricordieux est mon refuge, s'écria Marie : si tu le crains...

« Je suis l'envoyé de ton Dieu, dit l'Ange ; je viens t'annoncer un fils béni.

« D'où me viendra cet enfant ? répondit la Vierge ; nul mortel ne s'est approché de moi, et le vice m'est inconnu.

« Il en sera ainsi, répliqua l'Ange. La parole du Très-Haut en est le garant. Ce miracle lui est facile. Ton fils sera le prodige et le bonheur de l'univers. Tel est l'ordre du Ciel.

« Elle conçut et elle se retira dans un lieu écarté. »

On le voit, Mahomet célèbre l'Annonciation et le mystère de l'Incarnation du Verbe. Plus loin, il fait dire à Jésus encore enfant :

« Je suis le serviteur de Dieu. Il m'a donné l'Evangile et m'a établi prophète. La bénédiction me suivra partout. La paix me fut donnée au jour de ma naissance. Elle accompagnera ma mort et ma résurrection (1). »

Après ces paroles de leur grand prophète comment les habitants du désert seraient-ils les ennemis irréconciliables des chrétiens ? De telles croyances prédisposent le musulman au culte de la Vierge et du Christ tel que l'enseigne l'Eglise catholique. Nos missionnaires pourront avancer jusqu'aux limites du Vicariat à la faveur de ces pieuses traditions. Le champ est vaste mais les abîmes qui nous séparent de tant d'âmes délaissées ne sont pas infranchissables.

CHAPITRE IV

L'itinéraire du P. Borghéro, dans son excursion à l'Est de Whydah, aura sa place naturelle dans le récit de la mission d'Agoué. Suivons-le donc pas à pas chez les Jabous et les Egbas.

Le 4 avril 1864, il quittait la Mission, emportant l'espoir de découvrir quelques nouvelles contrées du Vicariat où il serait possible d'envoyer des missionnaires. A Porto-Novo, il termine avec le roi les pourparlers relatifs à l'établissement d'une

---

(1) *Le Coran*. Chap. XIX.

mission à Lagos. Les démarches avaient été faites, l'année précédente, dans le même but; le Gouverneur anglais lui remit les titres de la concession d'un terrain. Il en prit possession en bonne et due forme; planta une croix au milieu, et fit entourer ce terrain d'une palissade en bambou. Il se dirigea ensuite à l'Est de Lagos pour visiter le pays des Jabous.

C'est une espèce de monarchie où le roi règne mais ne gouverne pas. Les cabécères absorbent tous les pouvoirs. Ainsi « le Jabou est aujourd'hui soumis au cabécère d'Odé, l'Ibadan à celui de la ville d'Ibadan, l'Egbas à celui d'Abékouta, et le Jabou-Rémo à celui de Co-Houn... Le cabéçariat est presque partout héréditaire et la puissance des cabécères est à peu près absolue. » Il en est ainsi sur tout le littoral.

« Ce pays a été longtemps désolé par la traite des esclaves; Quitto, Petit-Popo, Agoué, Grand-Popo, Whydah, Cotenou, Porto-Novo, Badagry, Lagos, Palmas et Léké étaient les principales rades d'embarquement. Chaque année des milliers d'indigènes faits prisonniers dans les guerres étaient exportés en Amérique. Les négriers découvraient en vain des produits encore inexploités : l'arbre à beurre, l'acajou, l'ébène, le caoutchouc, la gomme, la cire, l'indigo; ils les dédaignaient, trouvant plus avantageux leur infâme trafic (1). » Or, pour leur cargaison, ils n'avaient de comptes à rendre qu'aux différents cabécères.

Mais pénétrons dans le pays des Jabous, dont la capitale est Odé, et la ville la plus importante Epé. Depuis ces dernières années les Jabous ont adopté pour politique l'exclusion de tous les étrangers. Ils vivent, du reste, dans un isolement complet.

Leur roi s'enveloppe de tant de mystères, qu'il est invisible même pour ses propres sujets. Si quelque circonstance le force à communiquer avec eux, c'est à travers un voile qui le dérobe à leurs regards.

Le P. Borghéro fut reçu à Epé par le chef militaire qui porte le titre de *Possou*. Dans sa simplicité patriarcale il l'accueillit

---

(1) *Contemporain.* P. Bouche.

très-gracieusement ; mais il ne voulut jamais lui permettre d'aller à Odé, ni de séjourner à Epé plus de quelques jours. — « Nous ne pourrions, lui dit-il, sauvegarder notre indépendance si nous admettions les Européens chez nous. Vous permettre d'aller à la capitale, ce serait nous exposer à une foule de demandes que nous ne pourrions plus refuser. D'ailleurs nous sommes en guerre avec les Ibadans, nos voisins, et plus que jamais nous avons à nous tenir en garde. »

Pendant son court séjour à Epé notre missionnaire apprit que les Jabous étaient alliés des Egbas, et que leur contingent avait pris part à l'action dans laquelle le roi du Dahomey essuya sa grande défaite, sous les murs d'Abékouta, au mois de mars 1864. Dans le partage du butin les Jabous eurent leur part de prisonniers qui, selon le droit de guerre de ces contrées, sont réduits en esclavage. Au nombre des prisonniers dahoméens, que le sort avait amenés à Epé, il s'en trouvait un de Whydah, fort désireux de se délivrer de l'esclavage. Des négociations étaient déjà commencées ; mais, d'un côté, celui qui offrait la rançon n'était pas sûr d'être remboursé par le père du jeune homme, et, de l'autre, le maître exigeait un prix excessif. On pria le P. Borghéro d'intervenir. Le missionnaire connaissait le père de l'esclave, et aussi le maître de ce malheureux ; ce maître était un Nago chrétien revenu du Brésil. Il commença donc par lui assurer que son argent lui serait rendu, et conclut ensuite le marché. Quelle fut la joie du pauvre prisonnier, en s'entendant saluer par une voie amie et dans sa langue natale !

D'autres dahoméens étaient au pouvoir de chefs musulmans. Le Père alla les visiter et leur porter quelques secours. En se voyant l'objet d'une affectueuse sollicitude, ces infortunés paraissaient renaître à la vie. Ils purent ainsi faire parvenir de leurs nouvelles à leur famille.

Il fallut bientôt partir d'Epé. Au dernier moment le possou alla avec sa garde rendre visite au P. Borghéro, dans la maison qu'il lui avait donnée lui-même pour logement ; il lui apporta des vivres en abondance et accepta de partager son déjeûner. Le voyant prêt à monter en pirogue il lui fit encore cadeau d'une grande quantité d'ignames; protesta de nouveau que, sans les circonstances fâcheuses où se trouvait le pays à l'égard des étrangers, il lui aurait volontiers ouvert le chemin de la capitale et permis de s'établir dans la ville où il commandait. Ils se séparèrent donc dans des termes de bonne amitié; mais le P. Borghéro était sans espoir d'envoyer de sitôt des missionnaires dans le pays des Jabous.

Toutefois, si jamais des apôtres vont se fixer à Epé, ils n'oublieront pas le bon accueil que fit le possou au premier prêtre catholique qui ait paru chez ces peuples à peine connus de l'Europe. Ils sauront aussi, que deux fois le P. Borghéro a célébré le saint sacrifice de la messe au pied de cette colline, en face de ce beau lac entouré d'une couronne de forêts vierges.

A travers ces hauts arbres, dont les racines se baignent mollement dans l'eau, on voit scintiller pendant la nuit la lumière tremblante du pêcheur qui veille en guettant sa proie. Ces lagunes, à l'Est de Lagos, sont généralement plus larges que celles dont nous avons déjà parlé. Les plantations gigantesques qui les bordent, offriraient au botaniste une variété intéressante. Qui n'aimerait à glisser dans de légères pirogues entre ces magnifiques aspects de la nature tropicale ? Tantôt on est en face de belles allées de bananiers et d'ananas, qui partagent de splendides récoltes; tantôt on pénètre sous d'épais rideaux de lianes. Immense tapisserie de verdure et de fleurs peuplée de myriades d'oiseaux au plumage soyeux et resplendissant! Plus loin, on se perd, on s'enfonce sous de majestueux dômes de feuillage, si épais, si touffus, que les rayons du soleil ne peuvent y pénétrer. Dans ces retraites mystérieuses des eaux et des bois, sous ces voûtes fraîches et parfumées, le voyageur et le négociant oublient leurs fatigues et leur gain, mais l'apôtre songe à de nouveaux sacrifices.

Le P. Borghéro était parti à onze heures du matin, et, grâce aux ignames du Possou qu'il promit aux six hommes qui poussaient sa pirogue, il arriva en vue de Lagos le lendemain matin, 23 avril. Il commença la récitation de *Prime* lorsque le soleil parut. Un des piroguiers musulmans, qui était accroupi à ses pieds, enveloppé dans un drap comme un colis, se lève au moment même où le missionnaire disait : *Jam lucis orto sidere*, se tourne vers l'Orient et commence ses prières, où le nom d'*Allah* revient fréquemment.

De retour à Lagos le Père organise son voyage chez les Egbas. Nous avons déjà vu ce qu'était Abékouta, capitale de ce pays, une des villes les plus importantes du continent africain, et la clef du chemin vers cet intérieur du Soudan encore si inexploré. En guerre ouverte avec des voisins puissants, en guerre secrète d'inimitié permanente avec les autorités anglaises de Lagos, Abékouta, qui n'avait jamais vu sans défiance les étrangers arriver dans ses murs, les exclut tout à fait aujourd'hui. Voici le motif de cette mesure rigoureuse :

Les Egbas voulant, une fois pour toutes, terminer la guerre avec les Ibadans, firent une levée générale. Les marchands qui constituent la force principale d'Abékouta, consentirent à prendre les armes, à condition que ceux des habitants qui resteraient dans la ville, s'interdiraient toute relation commerciale avec Lagos, port naturel d'Abékouta. Il fut cependant convenu que le *Bacheron*, chef de l'armée des Egbas et véritablement maître du pays sous un roi purement nominal, pourrait autoriser l'introduction de certaines marchandises ; mais nul étranger, nul européen surtout, venant de Lagos, n'aurait accès dans le royaume. Les chemins de terre furent fermés, et le fleuve Ogoun fut gardé par des piquets de soldats, ayant toute licence envers tous ceux qui oseraient tenter le passage, sans un sauf-conduit du bacheron.

Le P. Borghéro n'aurait donc pu s'aventurer à entreprendre ce voyage si, dès son arrivée à Lagos, il n'avait été assez heureux pour faire parvenir un messager au camp des Egbas. Il fit savoir au bacheron qui il était, et dans quel but il se rendait à Abékouta. Le bacheron, auprès duquel il avait été fortement appuyé de recommandations bienveillantes, lui envoya un de ses officiers, porteur de ses ordres et d'une de ses épées, signe authentique de sa protection. Ce délégué arriva à Lagos le 1er mai.

Le P. Borghéro se hâta dans ses préparatifs, remerçiant Dieu de lui avoir donné un guide pour le conduire sain et sauf, à travers les dangers d'un voyage entrepris dans les intérêts de sa gloire.

Le négociant qui avait interposé son influence auprès du bacheron fut récompensé de ses démarches. Il put remplir de marchandises quatre grandes pirogues qui passèrent pour l'escorte du missionnaire ; c'était une fortune par suite de l'interdiction du commerce. D'autres tentèrent de profiter du même avantage. Ils avaient appris que des pirogues devaient monter à Abékouta, sous le patronage d'un blanc, ils espéraient passer de compagnie. Ils partirent avant ces pirogues pour les attendre aux postes dangereux.

Le 4 mai, on traversa le lac Corodou, dans la direction du Nord, afin de trouver l'Ogoun ; ce fleuve débouche dans un lac par un canal qui traverse un grand bois de palétuviers. C'est une étrange navigation que celle de ce canal. Représentez-vous des arbres dont les troncs soutenus par de longues racines, ne commencent qu'à trois ou quatre mètres au-dessus de l'eau. De leurs branches descendent des filaments qui plongent au fond du fleuve par leur extrême pointe, et de là pousse un nouvel arbre. Multipliez ces arbres de manière à en former une forêt émergeant du lit même du fleuve, et vous aurez une idée de celle que vont traverser les pirogues. C'est dans ce dédale de racines qu'il faut naviguer ; sous ces grottes découpées et fantastiques qu'il faut diriger la pirogue. A chaque pas vous rencontrez un nouvel obstacle ; une racine descendue d'hier vous barre un passage jusque-là resté libre. Que de manœuvres pour vous frayer une route !

Le soir, à travers les éclaircies, on voit dans les lointains vaporeux des monticules dorés par les derniers rayons du soleil. Le ciel est armé de tous ses feux ; certaines parties du lac étincellent comme un miroir ardent. Mais tout à coup ces aspects lumineux disparaissent. Vous n'apercevez plus que vos îlots, vos buissons, vos joncs et vos roseaux. La nuit vous enveloppe de toute part.

Vous avancez à la faible lueur d'une lanterne ; l'écho répète les cris des piroguiers ; d'autres voyageurs, embarqués comme vous sur le canal, demandent des renseignements pour se diriger ; des oiseaux inconnus, effrayés de tous ces bruits, volent en désordre, avec des cris sinistres, tandis que des singes de toute espèce, qui vous regardent, semblent se moquer de votre embarras.

Au milieu de ce bois, de ce fleuve, ou de ce lac, car on peut donner à l'Ogoun toutes ces dénominations, dans une sorte de clairière sur un terrain à peine élevé d'un demi-mètre au-dessus de l'eau, deux villages apparaissent à droite et à gauche du fleuve. On ne s'explique pas comment, dans de pareilles conditions d'insalubrité, il peut se trouver des habitations fixes ; mais le pire des lieux de ce monde ne devient-il pas le meilleur, dès qu'il est patrie ?

Il fut décidé qu'on passerait la nuit au village d'Agboï. Dans des querelles entre tribus Agboï s'était rangé du côté d'un chef révolutionnaire qui fut chassé, et dont le parti fut anéanti à Lagos. Ces sauvages insulaires restent attachés à leur chef malheureux, et ne font guère bonne mine aux gens qui viennent de Lagos, moins encore aux blancs, lesquels sont pour eux un objet de terreur. Nos piroguiers trouvèrent à se loger dans le village, mais personne ne voulut du P. Borghéro. Il fit appeler le chef du village qui lui indiqua une maison, et lui annonça qu'il pourrait y coucher, non pas à l'intérieur, mais sous l'avant-toit. Encore fallut-il chercher un autre gîte, car les maîtres du logis déclarèrent qu'ils ne pouvaient dormir dans le voisinage d'un blanc. On découvrit enfin une maison inhabitée, et il lui fut permis de coucher à terre, sous son avant-toit : faveur très-grande dont il fallut remercier le chef. Pendant qu'à la lueur de sa lanterne, il faisait les dispositions nécessaires pour prendre son repos, une foule de nègres se tenaient à distance, et considéraient tous ses mouvements. Dans l'incertitude s'il serait inquiété la nuit, il prit l'épée que portait l'envoyé du bacheron des Egbas, il l'agita bruyamment dans son fourreau, puis le dégaîna à moitié.

Jusque-là les nègres le regardaient faire ; mais dès qu'il eut éteint sa lanterne, et qu'ils se trouvèrent dans l'obscurité, ils prirent la fuite en poussant des cris d'effroi. Le Père s'endormit sous la protection de son épée et de son ange gardien.

On se mit en marche de grand matin, et, après deux heures de navigation, toujours à travers les palétuviers, on entra enfin dans le courant libre du fleuve.

La source de l'Ogoun, comme celle de la plupart des grands cours d'eau de l'Afrique, est encore inconnue. Elle joue cependant un grand rôle dans la mythologie des Nagos. A en juger par les débordements périodiques, qui se produisent aux époques les moins pluvieuses de ces contrées, ce fleuve vient de loin. Dans la partie inférieure de son cours, il serpente à travers des terrains d'alluvion qu'il a formés, et sur lesquels s'élèvent à présent d'immenses forêts. Ses bords escarpés sont couronnés d'une exubérante végétation d'arbres et de plantes de toutes sortes, depuis le gigantesque bombax jusqu'à la flexible liane qui cherche un appui. On ne voit partout que masses profondes de verdure.

Comme on l'a vu, la navigation de l'Ogoun est très-difficile. Le fleuve, encaissé dans son lit, ronge ses rives limoneuses, et mine la terre qui porte le bombax ; l'arbre s'affaisse sous son propre poids, s'incline peu à peu, tombe, et, par sa chute, barre le passage. C'est avec beaucoup de peine et de danger qu'on parvient à franchir ces obstacles, en passant tantôt au-dessous, tantôt au-dessus de ces troncs énormes. Les habitations sont rares le long de l'Ogoun, et le silence qui règne autour de vous, donne au spectacle déjà si grandiose de ces bords une nouvelle majesté. Quelquefois cependant vous êtes tiré de votre rêverie par un bruit étrange, indéfinissable. C'est une phalange de perroquets qui s'est effrayée à votre approche, et s'éloigne avec des cris secs et aigus. Ailleurs, c'est une république de singes qui se met en révolution dès que la pirogue apparaît. Les arbres sont peuplés de ces animaux moqueurs, qui sautent d'une branche à l'autre, font mille tours d'adresse, vous regardent d'un air surpris ou courroucé, et s'enfuient en vous jetant des cris railleurs.

Le 5 mai, vers midi on fit halte à Oricha. Au moment de prendre le repas, le P. Borghéro découvrit un parterre de pourpier, dout il fit une excellente salade. Les naturels ne mangent jamais d'herbages crus; aussi parurent-ils fort étonnés, et ils se disaient tout bas entre eux : « Il faut que ce soit une des bêtes accoutumées à vivre dans les bois, puisqu'il se nourrit d'herbe crue. » Il faut avouer que le missionnaire n'a pas dû laisser grande idée de lui, parmi les naïfs habitants d'Oricha. Sur le soir on arriva à Go-Houn, où l'on passa la nuit. Ce village est sur une éminence de 30 mètres à pic au-dessus du fleuve (rive gauche). C'était la première station militaire et les piroguiers n'approchaient pas sans crainte ; mais le poste n'était pas encore occupé. Cependant les indigènes, comme alliés des Egbas, ne permirent point de franchir l'enceinte de leur village. Il fallut camper sur un banc de sable et passer la nuit sur une natte.

Le lendemain, à la pointe du jour, la flotille était en marche. Le P. Borghéro, selon son habitude, consacra les premiers instants du jour à la récitation du bréviaire et à la méditation. C'est ainsi qu'on aime à prier. « Pendant que mes yeux, nous dit le missionnaire, considéraient la trace fugitive de la pirogue, mon esprit y voyait l'image de ma vie. Hélas ! me disai-je, ne suis-je pas aussi un frêle esquif voguant sur les flots ? Ne suis-je pas le petit vaisseau de la Providence pour le saint négoce de l'apostolat ? Le Seigneur m'a équipé lui-même dans l'arsenal de son Eglise. J'ai appareillé de France, le port le plus riche en expéditions catholiques. L'Evangile est ma boussole, la Croix mon pavillon, l'Espérance mon ancre, et un souffle divin enfle ma voile (1). »

Tels sont les doux souvenirs de la vie chrétienne qui se présentent en foule à travers ces lagunes aux rives idolâtres. Et si l'on vogue escorté par de pauvres noirs, ces souvenirs de la terre natale et ces suaves images de la vocation apostolique, sont plus vivants encore et deviennent plus chers à votre cœur. Le continuel clapotis de la vague vous invite, au milieu de cette sauvage nature, à la plus douce rêverie des choses de Dieu. Tous les sites parlent le même langage. Dans les mystères des forêts, quand, pour tout signe de vie, on ne voit qu'une végétation follement vigoureuse que, pour tout bruit, on n'entend que les cris des singes et des perroquets pendant le jour, les hurlements de la hyène et du léopard pendant la nuit, alors aussi l'imagination prend son vol par-delà le monde visible. Tandis que l'ignorance païenne croit apercevoir partout des esprits malfaisants, la foi chrétienne découvre, au contraire, dans cette fécondité intarissable de la nature, les merveilles de la puissance divine qui répand la vie à grand flots jusque sur les objets insensibles. Alors plus que jamais, l'âme sent la présence de ce Dieu créateur; plus que jamais, elle croit entrevoir les anges envoyés du ciel pour guider ses pas et protéger ses jours.

Dans les premières heures de leur marche, les piroguiers rencontrent des bas-fonds où gisent des arbres géants qui s'interposent comme des barrières. Ces obstacles franchis, le Père Borghéro remarqua que les équipages qui s'étaient joints à lui, devenaient insensiblement plus silencieux; ils le laissaient marcher en avant avec ses lourdes pirogues, quoique les leurs fussent plus légères. Il était neuf heures du matin, le soleil dardait de toute sa force sur le lit le plus large du fleuve, lorsqu'un murmure général signala une pirogue qui descendait pleine de

---

(1) *Ann.* T. XXII, 144.

soldats. On en découvrit bientôt une deuxième, puis une troisième. En même temps on entendait les cris, c'est-à-dire les hurlements de ces soldats, à qui s'offrait une proie abondante et depuis longtemps convoitée. Autour du missionnaire la consternation était générale : le nombre des pirogues armées s'augmentait à chaque instant, les menaces devenaient plus animées, les soldats brandissaient leurs armes avec fureur.

Le Père fait alors sortir de la cabane de natte son chef Egbas. Celui-ci monte sur une pile de colis, élève l'épée du bacheron, tandis que chacun se tient debout sur l'avant de la pirogue. Dès qu'on est à la portée de la voix le brave chef, qui n'était pas tout-à-fait sans peur, agite son épée, explique sa mission, et désigne cinq pirogues comme faisant partie de l'escorte. « Le blanc qui monte à Abékouta, dit-il, est un ami « du bacheron ; vous devez donc le laisser passer en paix. » On leur fait signe d'avancer. Quand les cinq pirogues désignées ont franchi la limite fatale, ordre est intimé aux sept autres de reculer jusqu'au banc de sable voisin.

En même temps arrivent d'autres pirogues chargées de soldats ; elles passent près du missionnaire. De ceux qui les montent, les uns le regardent de mauvais œil, comme une proie qu'on veut leur soustraire ; les autres le saluent en brandissant leurs armes. Un chef de pirogue, pour le rassurer sans doute, lui fit un compliment qui, de sa part, était aussi bienveillant que possible. Dès qu'il fut près de lui, il le coucha en joue et mit le doigt sur la détente de son fusil. « Blanc, blanc ! tu es « là ! s'écria-t-il ; sans le bacheron qui est là aussi (il dési- « gnait l'épée de ce chef), je t'aurais bientôt fait descendre « dans l'eau. » Lorsqu'il vit que, loin de trembler, le blanc le saluait gracieusement, il se montra satisfait de l'épreuve, et poussant un grand cri de joie il lui fit voir que son fusil n'était pas armé, et loua son sang-froid. Ses soldats l'imitèrent ; chacun en passant feignit de le mettre en joue ; le Père leur rendit avec complaisance le salut, et ils en paraissaient singulièrement flattés. L'homme est toujours enfant.

Quant aux sept pirogues qui avaient dû rebrousser chemin, une lutte s'engagea entre leurs équipages et les soldats ; l'avantage resta à ces derniers. Deux des pirogues, chargées de caisses de genièvre, obtinrent pourtant de continuer leur route, moyennant une forte contribution. Elles rejoignirent l'escorte plus légères qu'auparavant. Les autres pirogues furent brûlées et leur cargaison livrée au pillage.

On vint ensuite aux pirogues du missionnaire, pour avoir de bonne grâce ce qu'on avait pris de vive force aux autres. Le Père fit présent aux soldats de quelques bouteilles d'eau-de-vie et d'une assez bonne somme de cauris. C'était en être quitte à bon marché.

Bientôt on fut mis en émoi par de nouveaux cris. Après le pillage et l'incendie des cinq pirogues, les soldats s'étaient rendus au bois voisin, avaient coupé chacun un gros bâton, et se donnaient le plaisir de fustiger les malheureux qu'ils venaient de dépouiller ; mais on laissa aux premières pirogues le temps de continuer le voyage, afin que le blanc ne fût pas témoin de ce traitement barbare.

Quelques heures après les pirogues arrivaient au poste militaire. Il fallut encore faire des cadeaux, « car, disaient les soldats, ceux qui ne se sont pas trouvés à l'action ne doivent pas pour cela être privés de bénéfices. »

CHAPITRE VI

Dès le 7, on remarqua que le pays changeait d'aspect. Au lieu de forêts épaisses et impénétrables, la campagne était couvertes de cultures ; de nombreux villages bordaient le fleuve ; tout indiquait une contrée plus salubre, une population plus robuste et plus laborieuse. On avait quitté le pays des Nagos Aoris ou Egbados, on était dans le pays des Egbas, les plus renommés des Nagos, les maîtres d'Abékouta.

La navigation fut lente, et le brésilien Francisco Ribeiro, qui attendait le missionnaire à Abékouta, n'était pas sans inquiétude à son sujet : en temps de guerre on peut tout craindre. Au reste, des bruits peu rassurants avaient circulé dans la ville, sans doute à l'occasion des cinq pirogues qui avaient été pillées. Ribeiro obtint du chef d'Abékouta que douze soldats et un officier, seraient envoyés à la rencontre de l'Européen. On quittait Tecpana, lorsque le Père vit arriver cette petite troupe. Elle le salua par une double salve de mousqueterie et par des cris de joie. L'officier entra dans sa pirogue et lui témoigna une vive sollicitude. Il était musulman, richement habillé de velours rouge et de satin vert, armé d'une belle carabine qu'il déchargeait de temps en temps en son honneur.

A partir du point où l'on se trouvait alors, le fleuve devient plus rapide, et les hommes étaient si fatigués, qu'à la nuit tombante on avait encore trois lieues à faire avant d'être au terme du voyage. Ribeiro les attendait au village d'Aro, lieu de débarquement pour Abékouta. Ne les voyant pas arriver, il redoutait quelque carastrophe sur le fleuve au passage du Titi. Près de ce village, en effet, commencent les roches granitiques qui forment le plateau d'Abékouta, et ces rochers rétrécissent considérablement le lit du fleuve ; ce qui produit un courant très-rapide et dangereux. A huit heures du soir, Ribeiro, au comble de l'inquiétude, fait armer une pirogue et va lui-même à leur recherche. On s'était tiré assez heureusement d'affaire ; mais, dans les ténèbres, on heurtait fréquemment sur des bas-fonds, et les rameurs à bout de forces, avaient envie de s'échouer et de passer la nuit au milieu du fleuve. On en était là, lorsque le Père vit briller une lumière qui paraissait s'avancer vers lui. C'était la barque du bon Ribeiro. Dès que ce dernier put entendre le bruit des pirogues, il appela le Père Borghéro pour s'assurer de sa présence : puis il le fit passer dans sa pirogue, plus légère que la sienne, et tous deux remontèrent rapidement vers Aro.

A peine débarqués, ils sautèrent sur des chevaux qui les attendaient. Chemin faisant, ils furent saisis d'une forte odeur de cadavres. « Sentez-vous le parfum du Dahomey ? » dit Ribeiro ? — On traversait la plaine où, quelques années auparavant, l'ancien roi de Dahomey avait éprouvé une complète déroute de la part des Egbas ; déroute que le nouveau roi venait de venger par une tentative audacieuse qui fut couronnée de succès. Or, par contre-coup, ce dernier triomphe d'Agbomé fit accomplir à la Mission de Whydah une œuvre des plus méritoires.

Si la vue de ce champ funèbre rappelait au passant les vicissitudes des armes dahoméennes, elle réveilla, en outre, dans l'âme du P. Borghéro le souvenir d'une des scènes les plus touchantes de son apostolat. Cette œuvre de charité se rattache à un fait historique que nous avons déjà signalé.

Abékouta fut en tout et toujours l'émule, la rivale d'Agbomé. Les rois dahoméens l'ont menacée continuellement, mais n'osèrent pas souvent s'en approcher. Le 3 mars 1851, l'armée dahoméenne forte de 10,000 hommes et de 6,000 femmes, tenta, mais en vain, de détruire cette grande cité africaine. Orgueilleuse et forte sur ses rochers, elle demeure inexpugnable. Les assaillants, après des efforts héroïques et une lutte de quatre heures, furent repoussés, mis en déroute, et eurent 12,000 morts. Les meilleures troupes du Dahomey restèrent à cette terrible journée ; on aperçoit encore dans le voisinage les restes du camp fortifié qu'elles avaient établi.

Le roi actuel s'était imposé le devoir de venger cette défaite si honteusement essuyée par Ghézo, son père. Une nuit du mois de mars 1864, écrit le P. Baudin, les soldats du roi de Dahomey, couverts par les grandes herbes et précédés du féroce bataillon des amazones, s'avançaient en silence dans la direction d'Ishagga, village situé à une petite distance au nord-ouest de la grande cité africaine. Ils entourent ce gros village et occupent les issues de tous les chemins.

Au second chant du coq, les hourrahs sauvages, les détonations d'armes et le pétillement des flammes qui embrasent les cases réveillent en sursaut tous les habitants. Les vieillards, les femmes, les enfants, éperdus, cherchent à fuir ; ils sont faits prisonniers. Les hommes courent aux armes ; mais, surpris, épouvantés, aveuglés par la fumée de l'incendie, ils tombent étourdis sous la massue dahoméenne, sont chargés de chaînes et réunis aux autres captifs.

Le lendemain, l'armée victorieuse prenait le chemin de Whydah, le fameux marché de chair humaine. Au premier rang, s'avancent les chefs, portés sur de mauvaises montures au cou desquelles sont appendues les têtes des chefs vaincus. Ils sont suivis d'un corps de musique diabolique : dents d'éléphants aux sons aigus, tambours sinistres, bruit de ferraille et de clochettes. Viennent ensuite les prisonniers frémissant de rage sous leurs fers et sous les coups dont on les accable. De temps en temps le cortége fait halte, et alors les clameurs redoublent. On veut ainsi honorer quelque commerçant européen, en chantant la valeur dahoméenne ; et les soldats qui portent la calebasse pleine du sang ennemi, l'invitent à y tremper les mains, comme le font en ce moment les principaux noirs. Plusieurs jours sont ainsi consacrés à la célébration de la victoire. Enfin les prisonniers sont exposés sur le grand marché de Whydah pour être vendus comme esclaves. Ceux qui ne trouveront pas d'acheteurs seront amenés à Agbomé, pour être offerts comme victimes dans les sacrifices annuels.

Emu à cette nouvelle, le P. Borghéro, en résidence à Whydah, veut au moins sauver quelques enfants. Il prend les trop rares deniers qu'il a reçus de la charité des catholiques d'Europe, va au marché, et, choisissant de l'œil les enfants les plus intelligents, les met à prix. Le vendeur les palpe, les tourne pour prouver la bonté de sa marchandise, et en retirer un prix plus élevé. Le missionnaire en achète quelques-uns ; faute de ressources, il est contraint de limiter à un petit nombre l'œuvre du rachat.

Les pauvres enfants, qui s'attendent à une mort prochaine, poussent des cris, versent des larmes et n'osent suivre leur libérateur. Celui-ci achète des vêtements pour ses petits noirs, qui n'avaient que leur misérable pagne. On veut même les chausser ; mais eux, habitués aux seuls dons de la nature, ils ne savent comment mouvoir leurs pieds emprisonnés dans des souliers. Aussi, ne tardent-ils pas à se débarrasser de cette entrave : les uns portent leurs deux souliers sous les bras, d'autres ne retirent que celui qui les blesse le plus, les autres s'avancent péniblement.

Enfin, il faut manger. La table se prépare. La vue des couteaux et des fourchettes glace d'effroi les petits noirs qui se tiennent debout, le regard inquiet et abattu. On leur donne des chaises ; ils y placent leurs souliers, croisent leurs bras dessus, et, se cachant la tête dans les mains, se mettent à sangloter. L'exemple du P. Borghéro qui se met à table et prend son repas, parvient seul à les rassurer. Ils se hasardent à faire comme lui et le vin achève de dissiper leur tristesse. Ils racontèrent plus tard qu'ils croyaient avoir été achetés pour être mangés par les blancs, et que, à l'heure du repas, ils s'étaient crus au dernier moment.

Nous devons au P. Fialon de connaître le nom chrétien et l'âge présumé de quelques-uns de ces enfants rachetés : Benito, 9 ans ; Pedro, 12 ans, tatoué ; Adolfo, 9 ans ; Martin, 11 ans ; Augustin, 12 ans ; Louis, 11 ans ; Pablo, 15 ans ; Laurent, 11 ans, tatoué ; Francisco, 10 ans ; Gaspard, 10 ans ; Ignacio, 10 ans ; Melchior, 9 ans, tatoué. Ils furent placés définitivement à l'abri des préjugés et de la corruption.

Tels étaient les souvenirs qui se présentaient en foule dans l'esprit du P. Borghéro, pendant qu'il poursuivait sa course à travers les *champs funèbres*. On n'avait pas enterré les morts. Ils répandaient une odeur infecte.

Sur les dix heures du soir, le missionnaire est aux portes d'Abékouta : elles s'ouvrent devant lui quoique ce ne soit pas la coutume de les ouvrir si tard en temps de guerre. Il fallut encore une heure de marche à travers la ville, pour arriver à la maison de Ribeiro. L'hospitalité y fut des plus gracieuses, mais le sommeil impossible.

Abékouta n'est pas seulement peuplée de méthodistes, mais aussi de négrillons et surtout de fourmis. Ces dernières se promènent dans toutes les rues, et remplissent les cases de leurs processions interminables. Les planchers et les plafonds, quand il y en a, sont parcourus en tous sens par les noires colonnes de ces bataillons toujours en marche. Les habitants, pour soustraire quelque chose à leurs infatigables reconnaissances, placent de petits vases pleins d'eau sous les lits, les tables et les buffets.

Le soir donc, le P. Borghéro se coucha dans un lit ainsi protégé, espérant dormir paisiblement au milieu de ses ennemis. Par malheur, il avait oublié de placer ses habits sur le lit ou sur quelque meuble inaccessible, et ils furent bientôt envahis. Ces habits, gisant en désordre au pied du lit, permirent aux fourmis de monter à l'assaut du lit lui-même. Bientôt le pauvre missionnaire éprouva un chatouillement universel. Il sentit mille piqûres des pieds jusqu'aux épaules. La place dut être abandonnée aux assaillants; et dans sa déroute, le Père Borghéro ne put reprendre ses habits qu'après les avoir vigoureusement secoués.

Le lendemain, 10 mai, l'apôtre était témoin de la manière dont se fait à Abékouta le recrutement de l'armée. Des compagnies de soldats se disséminèrent dans la ville, avec ordre de saisir tous les hommes propres à porter les armes. La consigne s'exécuta ponctuellement, mais ce ne fut pas sans causer un trouble général.

C'est à peine si l'Europe commence à savoir le nom d'Abékouta, et pourtant, dans l'imagination des indigènes, cette ville joue le rôle des cités les plus renommées de l'ancien monde. Elle est assise sur la rive gauche de l'Ogoun, au 7° 8' de latitude Nord et au 1° 25' de longitude Est (méridien de Paris). Elle est bâtie sur des terrains d'origine granitique, ondulés de collines en partie couvertes d'une riche végétation en partie dénudées. Le centre est occupé par un énorme bloc de granit qui s'élève à 80 mètres au-dessus du sol. Il faut rapporter à ce point culminant l'altitude de 170 mètres au-dessus du niveau de la mer que certains auteurs donnent à la ville.

CHAPITRE VII

Abékouta, comme nous l'avons dit, est de fondation toute moderne. Les Egbas sont une branche de la famille des Nagos. Ils étaient depuis bien des années déjà victimes des razzias de toutes les tribus voisines, et fournissaient ainsi à la traite un nombreux contingent d'esclaves. Vers l'année 1825, un partie de ces Egbas conçurent le dessein d'abandonner leurs villages pour se réunir et se défendre contre les nouvelles attaques de l'Yorriba et du Dahomey. Ils choisirent comme point de ralliement l'immense rocher qui surplombe au centre de ses masses granitiques, et le nom d'Abékouta, qui veut dire *sous les rochers*, est un souvenir de ce premier abri. Bientôt, d'autres peuplades en grand nombre suivirent cet exemple. Mais elles emportaient avec elles, l'amour des lieux qui les avaient vues naître ; et, tout en se groupant pour la défense commune, chacune d'elles conserva son nom. La ville d'Abékouta se trouve ainsi partagée en quartiers qui portent le nom des villages abandonnés ; chaque peuplade a même gardé ses droits, ses priviléges, ses usages et jusqu'aux nuances de son dialecte. Le roi, qui est chargé de veiller aux intérêts communs, gouverne chaque quartier d'après ses lois et ses coutumes particulières.

Pour tous les travaux de défense on se contente de creuser autour de la nouvelle ville un fossé de trois mètres de large et d'autant de profondeur, au bord duquel on élève un mur en terre, épais de cinquante centimètres, haut de deux à trois mètres. De petits trous ronds, percés de distance en distance, font l'office de meurtrières. Les noirs ne connaissent pas les premiers éléments des angles saillants et des angles rentrants, qui permettent aux défenseurs de découvrir le pied des courtines et de toutes les lignes de défense. Ils plantent des buissons aux bords des sentiers tortueux qui mènent aux portes ; ces buissons servent à abriter les défenseurs quand ils veulent empêcher les assaillants d'approcher; ce système a souvent été fatal même aux européens. L'attaque des places n'est guère plus compliquée que la défense.

Le circuit d'Abékouta présente un développement de 35 à 40 kilomètres, le tout enfermé dans les fortifications. La topographie de la ville se trouve naturellement divisée en trois parties distinctes par les accidents de terrain ; les collines et les ruisseaux qui en découlent établissent de nombreuses subdivisions. On fait monter à soixante, même jusqu'à cent, le nombre des portions de la ville qui gardent encore les noms des villages abandonnés. En réalité, il faut compter comme branches principales de cette étrange colonie, vingt-cinq à trente quartiers. On donne à Abékouta plus de cent mille habitants ; pour qui voit cette ville du haut de son rocher, pour qui en a visité les différentes sections, et observé les foules compactes qui s'y logent, ce chiffre me paraît nullement exagéré.

A la tête de cette espèce de confédération réunie en une seule ville, est placé un roi dont le pouvoir a des limites parfaitement déterminées. Il doit s'occuper, surtout de faire rendre la justice, dans les cas où les chefs particuliers des tribus n'ont pu régler les différends. L'administration et la conduite des armées sont confiées à un chef élu à vie comme le roi, et à peu près indépendant. L'interrègne qui suit la mort du roi est souvent assez long, et c'est le *bacheron*, ou chef des armées, qui exerce le pouvoir souverain.

Les chefs ont la précaution de choisir un roi assez bon pour leur passer quelques caprices, et qui ne s'avise pas de leur administrer trop souvent la bastonnade. En effet, à côté d'un pouvoir politique fort restreint, le roi jouit d'une puissance très-étendue sur la personne des chefs : des caprices superstitieux, des raisons d'équité traditionnelle, de simples mesures d'hygiène dictent ses prescriptions suprêmes, auxquelles il serait imprudent de désobéir ; car le poison, ou quelque chose de semblable, est toujours là pour justifier des ordres regardés comme venant du ciel.

Le fond de la religion des Egbas est le fétichisme. Les musulmans ont poussé jusque-là leurs conquêtes, et se sont acquis une influence considérable par le nombre de leurs adeptes, par leur habileté dans l'agriculture et dans les arts nécessaires à la vie, et surtout par les relations commerciales qu'ils entretiennent avec le centre du Soudan.

Il possèdent plusieurs mosquées. Celles-ci, n'offrent rien de remarquable, et sont bâties en pisé, comme toutes les autres constructions ; car les ouvriers n'ont point appris à tailler la pierre, et d'ailleurs l'acier manque pour faire des outils.

Nous avons dit que le vêtement ordinaire, sur toute la Côte des Esclaves, est le pagne, pièce d'étoffe large de soixante-dix à quatre-vingts centimètres, et longue de deux à trois mètres. Pendant longtemps on ne connut pas d'autre vêtement. Au dix-septième siècle, dit le P. Gaby, c'était le seul en usage sur la côte occidentale. Depuis que l'Islamisme a pénétré dans ces contrées, les musulmans remplacent les pagnes par les tobés, espèces de sacs blancs chargés d'arabesques et assez semblables pour la forme à ceux dont se revêtent quelques ordres religieux.

Les Egbas ont en général la tête découverte ; leurs cheveux sont rasés, contrairement à l'usage que l'on trouve répandu chez toutes les peuplades voisines. Il est curieux de voir les perruquiers du pays, installés sous quelque grand arbre, au milieu d'une place publique, ayant à droite et à gauche des tas de cheveux, fumant tranquillement leur pipe, et attendant les pratiques qui viennent s'asseoir à leurs pieds ; les perruquiers prennent entre leurs genoux la tête de ces pauvres patients, et leur besogne est d'une longueur désespérante. Quelques-uns conservent leurs cheveux longs de cinq à six centimètres et les font arranger en tresses petites et minces ; ce travail ne dure pas moins de trois à quatre heures. On a soin dans ce cas, d'emporter de la nourriture ; et il n'est pas rare de voir des nègres manger des fruits, des arachides grillées ou du manioc pendant que le perruquier les tient entre ses genoux et dispose les tresses sur leur tête. Les noirs rasent avec des ciseaux ou des rasoirs venus d'Europe ou de l'intérieur (1).

Les protestants ont des missions à Abékouta depuis près de vingt-cinq ans. Ils se partagent en trois sectes : les anglicans, les méthodistes et les baptistes-américains. Leurs écoles sont assez fréquentées. Ils ont une imprimerie pour publier des traductions de la Bible, des livres de doctrine et de prières et un petit journal en langue Egbas. Le Père visita ces Révérends, qui l'ont reçu avec bienveillance, mais non sans une certaine inquiétude de le voir établir une mission catholique au milieu d'eux. Le missionnaire baptiste est depuis neuf ans à Abékouta ; avant d'y venir, il avait déjà passé sept ans à Idgiaie, grande ville de l'*Yorriba*, détruite par les Ibadans, en 1862.

Le P. Borghéro trouva quelques anciens esclaves de la Havane et d'ailleurs, qui avaient reçu le baptême quand ils étaient chez des maîtres catholiques. De retour dans leur pays ils abandonnèrent Dieu pour reprendre, les uns le culte de Mahomet, les autres les absurdités du fétichisme. Aux reproches que l'apôtre leur adressa sur ce retour à leurs premières erreurs, ils lui répondirent que, se trouvant abandonnés à eux-

---

(1) Le P. Bouche, *Contemporain*. 216.

mêmes, ils n'avaient que pu suivre l'exemple de ceux au milieu desquels ils vivaient.

« Les principales autorités de la ville, écrit le missionnaire, m'ont accueilli très-favorablement. Nous pourrons, sans aucune crainte et avec un légitime espoir de succès, envoyer des missionnaires à Abékouta. Le roi est mort depuis un an, et son successeur n'est pas encore nommé. Je n'ai pas vu le bacheron; il était à la tête de l'armée réunie en présence des Ibadans; mais je lui ai députe un messager avec des cadeaux : c'était le même officier qui était venu me prendre à Lagos. Cinq jours après, il revint avec la réponse suivante : « *Merci mille fois de vos présents; je regrette que vous restiez si peu de temps dans notre pays. J'ai donné ordre sur le fleuve de vous laisser passer en paix; mon envoyé vous accompagnera jusqu'à Lagos avec mon bâton.* »

« Le 15 mai était un dimanche. Jamais sur cette terre idolâtre ne s'était dressé un autel au vrai Dieu. Je célébrai les saints mystères sans éclat, mais avec une émotion facile à comprendre. Jésus-Christ prenait possession de cette portion de son héritage; puisse son règne, arrivé pour tant de nations, s'étendre aussi sur ces pauvres Egbas! L'influence du christianisme ferait d'eux un grand peuple. Leur capitale est la porte du Sahara et du Soudan. Déjà les caravanes des Egbas poussent leurs communications jusqu'au lac Tchad et jusqu'à Tombouctou. Ces peuples sont doués d'une constitution robuste, et s'adonnent avec ardeur à l'agriculture. Ils passent, avec les tribus des Nagos, dont ils font partie, pour les meilleurs travailleurs des deux Guinées. Malheureusement ils ont été jusqu'à présent exploités au profit de l'esclavage. Ce sont eux qui sont les plus recherchés au Brésil et à Cuba; Lagos était, il y a peu d'années encore, le point d'où la cupidité les exportait en masse. Depuis que les anglais occupent cette ville, l'infâme trafic a cessé; mais les noirs n'en sont ni plus tranquilles chez eux, ni plus en paix avec leurs voisins. Ils s'usent en guerres sans cesse renaissantes; toujours ennemis acharnés les uns des autres, sans savoir pourquoi, sans poursuivre d'autre but que de s'opprimer et de se détruire mutuellement. S'ils étaient amenés à la civilisation chrétienne, quel ne serait pas leur bonheur sous un climat privilégié, dans un pays qui donne tout en abondance.

« Le sol s'élève graduellement, et présente, dans ce grand espace circonscrit par le cours du Niger, des plateaux où les richesses végétales rivalisent avec les richesses minérales. On y rencontre des collines et des vallées fertiles, sans chaînes de montagnes qui entravent les communications. Les géographes ont bien tracé sur les cartes de grandes chaînes qu'ils appellent montagnes de Kong, mais je me suis assuré que ces montagnes sont de simples plis de terrain. Que les Egbas subissent le joug pacifique de l'Evangile, et ils ne tarderont pas à constituer une grande nation, qui réunirait les branches éparses des Nagos, et établirait des relations entre le golfe de Guinée, le cours inférieur du Niger, le Soudan et les bords de la Méditerranée (1). »

Le P. Borghéro venait de jouer le rôle d'éclaireur évangélique. Son retour à Lagos s'effectua sans accident en deux jours et demi. Il remercia l'ange qui l'avait conduit sain et sauf.

En attendant qu'il pût établir des missions dans les belles et grandes villes qu'il venait de visiter à l'intérieur, notre actif missionnaire s'occupa énergiquement de fonder une nouvelle résidence sur la côte. Il choisit la ville de Porto-Novo, la plus maritime du littoral. Assistons aux diverses phases de cette fondation considérable.

(1) *Ann.*

LIVRE VII

PORTO-NOVO

> « Les déserts devenus agréables seront engraissés. »
> « *Pinguescent speciosa deserti.* »
> Ps. LXIV, 13.
>
> « Le Seigneur donnera sa parole aux évangélisants, afin qu'ils l'annoncent avec une grande force. »
> « *Dominus dabit verbum evangelizantibus virtute multâ.* »
> Ps. LVII, 12.

CHAPITRE PREMIER

Porto-Novo (Port-Neuf), qui a donné son nom à tout le royaume, est une ville très-importante, au nord de la grande lagune, à 50 kilomètres de Whydah. « Situé entre 6° 20' et 6° 40' de latitude Nord, et 0° 06' et 0° 40' de longitude Est, le royaume de Porto-Novo est confiné, au Nord, par le royaume d'Okiadan ; à l'Est, par la colonie de Lagos ; au Sud, par le golfe de Benin ; et à l'Ouest par le royaume de Dahomey, dont il est indépendant. La chaleur y est excessive. Le thermomètre ne descend jamais au-dessous de 25° cent. Une telle température est pourtant rendue supportable par des brises régulières, venant de la terre pendant la nuit, et de la mer pendant le jour. Les plus grandes fraîcheurs ont lieu vers quatre heures du matin, et la plus grande chaleur se produit vers trois heures de l'après-midi.

« Dans les Etats de Porto-Novo, comme au Dahomey, les indigènes comptent une saison de sécheresse et une saison de pluies. Ils distinguent encore les saisons par le genre de culture de chaque époque de l'année : la saison du maïs, la saison des haricots, la saison des arachides, la saison des ignames, etc. Les productions du sol sont abondantes et variées. La terre produit spontanément le palmier, le baobab, le bombax, le cocotier, etc. (1) »

La côte de Porto-Novo est morcelée en un certain nombre d'îles formées par les branches des petits canaux qui circulent de tous côtés. C'est dans ces îles peuplées et fertiles, ombragées d'élégantes plantations et défendues par la nature, que les portugais avaient fondé de nombreux établissements. Actuellement ces possessions, conservées indépendantes, sont l'objet des visées et de la convoitise de l'Angleterre.

Situé entre Whydah et Lagos, les deux points les plus importants du vicariat, Porto avait été signalé depuis longtemps à l'attention des missionnaires. Le P. Supérieur s'y était déjà rendu en mai 1862, et avait fait une première visite au roi qui l'autorisa à fonder un établissement. Au mois de février de l'année suivante, des circonstances inattendues ayant engagé le gouvernement français à conclure un traité avec le monarque de Porto-Novo, un article de ce traité stipula pour les missionnaires une pleine liberté, et la concession d'un vaste terrain dont le P. Borghéro, avons-nous dit, prit possession le 7 octobre 1863. La mort du roi, arrivée peu après, et les difficultés que souleva le choix de son successeur, retardèrent l'exécution du projet de la Mission. Enfin, le 17 avril 1864, le P. Borghéro, toujours infatigable, arriva à Porto-Novo pour s'y établir. Envoyé de Dieu, ministre du Père de

(2) *Miss. cath.* 7 Février 1878.

famille, il réclama l'héritage promis, afin de le défricher et de le fertiliser. Il se rendit au terrain concédé. Pour y aller, on suit une pente assez rapide, des bords de la lagune jusqu'au sommet d'un plateau. De là, on découvre un paysage aussi agréable qu'il est possible de le rencontrer le long de ces côtes, généralement plates et sans caractère. On se trouve entre la ville et les comptoirs européens. La vue s'étend, au Nord, sur une belle campagne; au Sud et à l'Ouest, sur la lagune et sur une forêt qui la sépare de la mer ; à l'Est, sur un bois consacré aux cérémonies idolâtriques.

« De temps immémorial, dit le P. Borghéro, ce bois a été l'asile des superstitions. Les grands arbres, les lianes qui les unissent, les taillis épais, tout se prête aux terreurs qu'inspirent les esprits malfaisants. Sous ces mystérieux ombrages s'élèvent des temples où se rendent des oracles, et qui servent de demeure à un des grands prêtres du pays. C'est là qu'ont lieu des orgies, dont l'ivresse ne peut être inspirée que par l'enfer ; là des victimes humaines sont immolées sur les autels du prince des ténèbres. Effrayante parodie des sacrifices offerts au Dieu de lumière ! Dès qu'on entre dans cette forêt aux proportions gigantesques, qu'on se trouve au milieu des ruines de ce temple fait et refait tant de fois, qu'on pénètre dans les maisons sacerdotales, qu'on voit ces idoles aux formes hideuses, toutes barbouillées d'huile de palmier et de sang, on rencontre, dans ces recoins de la mort, la figure terrifiante des prêtres, dont les traits expriment la moquerie ou la rage, dont les yeux enflammés sortent de leurs orbites et semblent voir autre chose que ce que vous voyez. Alors, et malgré soi, on subit l'influence de cette religion de colère et de terreur. Moi, qui ai si souvent entendu les cris déchirants des victimes, mêlés aux chansons infernales qui accompagnent les sacrifices, je suis encore saisi d'une indicible horreur, quand l'imagination me reporte vers ces lieux maudits (1).»

(1) *Ann.* T. XXXVI, 240.

Un tel voisinage rendait l'installation des missionnaires très-difficile ; d'autant plus que, par suite des nouvelles dispositions prises pour l'établissement du protectorat français, une partie du terrain avait été enlevée et remplacée par une autre, qui entamait le bois sacré. Néanmoins, dès le jour de son arrivée, le P. Borghéro plante des piquets sur le sol pour tracer ses alignements. Aussitôt le grand prêtre sort de son antre, s'inquiète, s'irrite, court chez le roi, qui, n'osant résister, envoie l'ordre de suspendre les opérations. Le féticheur arrive lui-même sur le terrain, criant, gesticulant, menaçant de tous les anathèmes de ses dieux. Fort de son droit, le P. Borghéro, à son tour, se rend auprès du monarque, qui assemble les plus hauts dignitaires ; mais le conseil, pas plus que le roi, n'ose affronter la colère du dieu de la foudre. Le missionnaire contint son irritation devant une telle injustice, mais ne se découragea pas. Uniquement par esprit de prudence, il crut devoir attendre un moment plus favorable, et se contenta d'explorer le pays avant de retourner à Whydah.

L'espace compris entre Porto-Novo et la mer a été tracé sur les cartes d'après les renseignements fournis par les agents de la factorerie française : il ne mesure pas plus de quatorze kilomètres. Entre la lagune et la mer s'étendent des plaines basses et marécageuses, remplies d'arbres, de joncs et de hautes herbes. Chaque année, à l'époque des fortes pluies, la crue des eaux soulève les herbes flottantes, qui recouvrent les bords des lacs et des lagunes. D'énormes morceaux se détachent, et sont comme des îles flottantes au milieu de la mer. D'autres fois, ces grands amas de plantes aquatiques forment un immense radeau entièrement suspendu sur les eaux ; on en voit qui, emportés par le courant, font souvent changer les apparences des rives (1).

La capitale, Porto-Novo, comme nous l'avons dit, a donné son nom au rayaume. Parmi les villes et villages connus, les

---

(1) A M. Davezac.

plus importants, sont : Ajjara, Azzéra, ou Adggéra, très-renommés par leurs grandes foires où abondent les marchandises de l'Europe ; et Ouéké, chef-lieu d'une province puissante, qui a soutenu des guerres contre le roi. La ville même de Porto-Novo est sur les bords de la lagune intérieure, dans l'île principale formée par le plus grand canal creusé dans ces marécages, dont le contournement enveloppe la capitale en tous sens. Cette île, de figure circulaire et d'un diamètre d'environ 15 kilomètres, est un plateau bien cultivé, qui suffit à nourrir un grand nombre de petits villages disséminés sur la surface.

Généralement toutes les eaux de ces lagunes fournissent du poisson en abondance. Elles ont en moyenne trois mètres de profondeur et servent de retraite à des caïmans, et à des hippopotames, beaucoup moins redoutables que ces myriades de moustiques et animaux semblables. Ces derniers font passer des nuits d'enfer au voyageur qui a le malheur d'être surpris par la nuit au milieu de ces mille canaux, d'où l'on a souvent une grande peine à se tirer pendant le jour.

Dans le tableau topographique de cette nature amphibie, nous devons mentionner, la lagune de Nokhoué et ses communications avec le pays environnant. Ces communications se font au moyen d'étroits canaux, qui passent au milieu d'une grande plaine, couverte d'herbes et même d'arbres. On remarque, surtout à l'Ouest, deux canaux qui relient la lagune aux deux villages de Godomé et d'Agbomé-Epvi. On ne peut encore quitter ces lieux sans jeter un coup-d'œil sur deux villes étrangement situées sur l'eau, et bien mieux que Venise même *(Si parva licet componere magnis)* : *Ahouansoli* et *Cotonou*. Les voyageurs ont ignoré l'étymologie du premier nom. Nous savons toutefois que *Tonou* veut dire lagune ou marécage, et *Cotonou* lagune des morts. Le roi de Dahomey aurait jeté dans l'ouverture, entre la lagune et la mer, tous les cadavres de ceux qui étaient tombés sous sa hache en défendant leurs habitations. Dans ces deux villes la plupart des cases, construites en bois et en feuillage, sont soutenues sur des piquets, élevés au-dessus de l'eau d'environ trois mètres. Sous chaque maisonnette se trouve une petite pirogue pour servir au besoin à la pêche, ou pour aller à terre cultiver le maïs et le manioc. Les naturels ne passent jamais la nuit hors de leur maison aquatique. Ils construisent des habitations plus élevées que les autres, où se tiennent toujours des vedettes destinés à voir au loin si le roi de Dahomey, l'épouvantail perpétuel de ces pays, s'avance avec son armée.

On ne saurait guère imaginer une vie plus misérable que celle que mènent ces gens, suspendus de la sorte sur les eaux; et pourtant on ne les en ferait jamais sortir. Il est vrai que le lieu de la naissance est toujours le plus beau du monde; le soleil y dore toutes les misères.

Tant de charmes puissants la patrie est ornée !

On attribue l'origine de ces villes, et même des villages qui entourent Porto-Novo, aux naturels qui, échappés il y a environ cent cinquante ans aux ravages du Dahomey, se sont établis de manière à se mettre à l'abri de ce terrible chasseur d'hommes (1).

Çà et là dans la campagne des flaques d'eau luisent au soleil; sur leurs bords mille petits négrillons prennent leurs ébats. On les prendrait de loin pour de charmants petits monstres s'agitant autour d'immenses aquariums.

La nourriture de ces parasites est des plus frugales. Les productions de leur terrain vaseux leur suffisent. Chez eux le pain est remplacé par l'acassa, ou petit gâteau fait de farine de maïs. Les nègres le mangent avec du poisson fumé et de l'huile de palme. De la farine de manioc ils composent une bouillie qui leur tient lieu de pommes de terre. Rarement ils mangent de la viande. Ordinairement ils boivent de l'eau, dans laquelle ils délayent de l'acassa.

Le gouvernement de Porto-Novo, comme celui de presque

---

(1) *Bulletin de la Soc. de géog.*

tous les États nègres, est monarchique et absolu. Il n'y a pas d'armée régulière. Quand le roi part pour la guerre, tous ses sujets deviennent soldats. Ils s'équipent et se nourrissent à leurs frais.

La justice est rendue par les chefs du quartier où a lieu le délit. Les cas qui peuvent entraîner la peine de mort sont réservés à l'arbitrage de certains chefs supérieurs, et plus particulièrement à celui des féticheurs ou prêtres païens. On emploie souvent le système des épreuves judiciaires. Ainsi, à Togbo, un endroit de la lagune est réservé aux épreuves par l'eau. On oblige presque toujours le prévenu *à boire le fétiche*: c'est-à-dire à avaler un breuvage, dont il ignore la composition, et que lui présente le féticheur. Grand nombre d'empoisonnements sont ainsi accomplis au nom de la justice et de la religion.

Tels furent les principaux renseignements que le P. Borghéro put apporter à ses confrères de Whydah. C'était là le seul résultat de sa première tentative de la mission de Porto-Novo. Mais plein de confiance en Dieu, le 14 juillet de la même année, revenant à la charge, il entreprit un second voyage à la même capitale. A son arrivée, il fut accueilli dans la factorerie de M. Régis, de Marseille, où il reçut une généreuse hospitalité. Ayant appris que le roi de la côte et que les représentants de la France étaient dans les dispositions les plus bienveillantes, il résolut de se mettre immédiatement à l'œuvre, en organisant un véritable chantier sur le terrain appartenant à la Mission.

Mais la terreur qu'inspirait le voisinage du bois fétiche, et le vague souvenir des choses affreuses qui s'étaient passées sur les lieux mêmes où le missionnaire voulait s'installer, causaient déjà aux ouvriers une appréhension visible. Ce n'était qu'en tremblant qu'ils levaient la hache pour couper les broussailles. Afin de les rassurer et de leur faire voir que leur peur était imaginaire, le P. Borghéro prend lui-même un de ces gros sabres qu'on emploie dans les travaux de ce genre, et frappe impitoyablement les branches si redoutées. Les noirs épouvantés se disaient : « La foudre va tomber sur ce téméraire ! » Le missionnaire redouble ses coups, et quand on le voit sain et sauf, on conclut que si le féticheur blanc peut braver impunément la foudre, c'est que le Dieu des européens est plus puissant que les fétiches des noirs. De temps en temps le grand prêtre sortait de son mystérieux sanctuaire, et lançait contre le chantier l'anathème de tous les dieux de son averne. Néanmoins aucune sanction ne fit justice des audaces du blanc.

« Notre première cabane, maison ou baraque, comme vous voudrez l'appeler, dit le P. Borghéro, fut achevée en dix-sept jours. Elle forme un parallélogramme de 24 mètres, sur 4 mètres, 30 centimètres, divisé en trois parties égales. Au centre, est une vaste salle de 8 mètres de long ; à chacune des extrémités, se trouve une chambre de 4 mètres ; le reste est occupé par les dortoirs destinés à nos jeunes néophytes. Pour suppléer au défaut de serrures, nous avons disposé les fenêtres à l'instar des sabords des gros navires. La forme allongée du bâtiment, et la disposition des lits, placés en étagères ont fait donner à notre résidence le nom de *Frégate* ; elle le conservera dans le pays jusqu'à sa dernière heure. Rien n'y manque du mobilier nécessaire : armoires, tables, chaises, lits. Mais ce qui étonnera peut-être davantage c'est que la maison toute entière, murs, toits, portes, fenêtres, mobilier, tout est construit en palmier vinifère (*rafia vinifera*) (1). Les branches se transforment en perches et en planches qu'on assemble pour faire les murs et les cloisons ; le sommet de la branche garni de feuilles couvre le toit ; la feuille tressée devient une excellente corde, qui sert à lier entre elles les diverses parties de la construction, la côte des feuilles fournit des chevilles de toutes les dimensions imaginables ; enfin l'épiderme de cette même feuille tient lieu de fil, de ficelle, d'étoupe, de laine à matelas, et donne des chapeaux d'une élégance,

---

(1) Du tronc incisé de cet arbre coule une liqueur excellente ; c'est de là que lui vient le nom de *Palmier vinifère*.

d'une souplesse et d'une légèreté qui le disputeraient aux panamas les plus renommés.

« Pour compléter cette première installation, nous ouvrons deux chemins qui nous mettent en communication avec la ville et avec les établissements européens. Les noirs ne peuvent se lasser d'admirer un chemin de 440 mètres en ligne droite, qui longe notre terrain au nord. Ils se le disent les uns aux autres ; ils amènent leurs amis, et leur montrent cette merveille. Dès qu'ils arrivent à l'extrémité du chemin, vous les voyez étendre la main avec vivacité, comme pour indiquer l'infini, et ils accompagnent ce geste de l'exclamation : « Voilà ce que savent faire les blancs ! » En me voyant planter des piquets, et les regarder, un œil fermé, pour marquer l'alignement, ils s'imaginaient que, par la vertu magique de cette opération, le chemin se dressait tout seul. Quelques-uns se donnèrent le plaisir de m'imiter : ils venaient mettre l'œil à un piquet, pensant voir le chemin se disposer de lui-même en ligne droite, par le fait seul qu'ils le regardaient (1) ».

L'ouverture de la nouvelle mission fut fixée au 15 août. Tout fut préparé pour célébrer avec pompe un jour qui devait réunir une triple solennité : l'Assomption de la Sainte-Vierge, la fête du souverain de la France et l'ouverture de la Mission. Les officiers du *Dialmath*, mouillé dans la lagune, et les agents de la factorerie française prêtèrent volontiers leur concours. On aurait vu, dans la soirée du 14, les négociants et les marins, après avoir quitté leurs livres de comptes et leurs tables de calcul, manier des bréviaires et des livres d'église, et s'exercer à devenir les chantres de la première cérémonie catholique.

Il ne faut pas omettre ici une circonstance qui ne pouvait être que de bon augure : lorsque, le matin du 15 août, le P. Borghéro se rendit de la factorerie française à la nouvelle Mission, il apprit que les quatre néophytes, qui avaient partagé ses travaux, avaient voulu veiller toute la nuit pour prier et

---

(1) *Ann.*, t. XXXVI, p. 242.

s'entretenir de religion. Cette inspiration d'en haut chez des enfants de douze à quinze ans, rappelle l'esprit de la primitive Eglise. Revenons aux préparatifs de la fête.

La rustique salle de la maison de palmier était parée de tous les pavillons du *Dialmath*, disposés en tenture. A neuf heures tout était prêt et le sacrifice commença. Les chrétiens de la ville et beaucoup de païens s'étaient rendus à la cérémonie; le *Dialmath* fit feu de toutes ses pièces au moment de l'élévation, puis au *Te Deum* et au *Domine salvum* qui suivirent la messe. Ainsi fut annoncée la prise de possession du catholicisme dans ces contrées sauvages. Il faut espérer que ce sacrifice propitiatoire ne cessera plus d'être offert. Le reste du jour, la nouveauté du spectacle attira un grand nombre d'idolâtres, ils semblaient avoir oublié la terreur que leur inspirait le bois fétiche. Enfin, un banquet, donné à la factorerie française, réunit à la même table toutes les notabilités de Porto-Novo.

Il ne s'agissait plus que de recouvrer le terrain contesté par le féticheur, et où devait être bâtie la chapelle. Le commandant Lefort fut d'un grand secours pour les missionnaires. Il alla lui-même chez le roi présenter leurs réclamations, et le roi envoya ses officiers planter les pieux aux angles du terrain, pour marquer la délimitation de la propriété des blancs. Quelques heures après, le patriarche du bois sacré, instruit de ce qui se passait, arrive furieux, arrache les pieux et les lance sur le terrain qu'occupaient déjà les missionnaires, en prononçant contre eux ses plus terribles malédictions; on eût dit un fécial romain qui déclarait la guerre aux ennemis de son peuple. Il fallut une nouvelle série de démarches auprès du roi qui, du reste, ne demandait pas mieux que de satisfaire les Européens.

Enfin, il fut décidé que le féticheur rentrerait dans le silence, et, à la grande satisfaction de tout le monde, le 26 août, en présence du commandant, des officiers, du roi et du féticheur lui-même, on replanta les jalons sur cette terre tant disputée. Les missionnaires s'empressèrent de l'entourer d'une clôture et d'en faire disparaître les broussailles qui l'encombraient. « Sans aucun retard, dit le P. Borghéro, nous y élevons un bâtiment de 25 mètres de long, sur 15 mètres 50 centimètres de large; les deux tiers devaient être occupés par la chapelle, et le reste devait servir d'école. Nous avons fait comprendre aux ouvriers qu'il ne s'agissait pas d'un édifice ordinaire, mais qu'ils allaient construire la maison du Dieu des chrétiens, qu'il fallait y déployer toute l'habileté dont ils étaient capables. »

Cette humble chapelle fit l'admiration des indigènes, et passa bientôt pour le plus beau monument de la contrée. Elle est entièrement faite de branches de palmiers, qu'on avait choisies parmi les plus belles, et disposées avec une élégante symétrie.

Par une heureuse coïncidence, l'amiral, commandant la division navale française de Whydah, tous les Européens qui avaient accompagné l'amiral, assistèrent avec lui à la dédicace de la première église élevée au culte de Notre-Seigneur Jésus-Christ sur cette terre infidèle. Elle porte le titre de l'Immaculée-Conception.

Depuis lors, la Mission suivit sa marche progressive. L'école fut bientôt fréquentée par un nombre considérable d'enfants indigènes; et beaucoup de nègres reçurent le baptême.

Le protectorat français cessa peu de temps après. On eut donc à regretter le départ des officiers qui avaient tant contribué au succès de l'entreprise, et dont la présence avait tant relevé, devant les noirs, l'éclat des premières cérémonies religieuses. Mais les bonnes dispositions du roi, des chefs et du peuple, sont demeurées les mêmes; et les missionnaires continuèrent avec confiance l'œuvre commencée sous de si heureux auspices.

Il était utile pour nos apôtres de rechercher les origines et de connaître les mœurs de Porto-Novo.

CHAPITRE II

Téacbarin, fondateur de la monarchie et de la ville de Porto-Novo, était fils d'un des rois du Dahomey. Chassé par son frère, à la mort de leur père, il s'enfuit d'Allada avec les compagnons d'armes qui lui restèrent fidèles, et alla s'établir dans les forêts désertes et sur le bord des lagunes qui sont devenues le royaume de Porto-Novo.

La capitale de Porto-Novo est, comme Whydah, une immense agglomération de cases et d'enclos, où l'on distingue à peine de longues ruelles étroites et tortueuses. Les quelques places qu'on y remarque sont irrégulières et malpropres. Le long des murs on aperçoit une foule de statuettes, que les pluies on réduites à l'état informe de petits amas de terre; les unes étant sans tête, les autres sans bras ou sans ventre. Les prêtres-fétiches profitent du beau temps pour réparer les désastres. Quand de nouvelles statues sont mises à la place des anciennes, on les voit affreusement ornées de dents de singe, de chien, de cheval, ou bien couvertes d'huile de palme, de sang et de plumes. Quelques ruines en forme d'arcades attirent l'attention. Sur ces vieux murs sont encore incrustés plusieurs crânes humains, témoignages de mœurs sanguinaires (1). Quelques enclos sont si vastes, qu'ils offrent l'aspect de petits villages. La case la plus belle et celle du maître. Porto-Novo a beaucoup de ressemblance avec Whydah, quant au caractère des constructions.

A la saison des pluies et des grands vents, les nègres gardent leur case; le soir venu, on les voit s'accroupir autour d'un grand feu, et là ils aiment à se réunir pour fumer, chanter, ou

---

(1) Le P. Bouche. *Contemporain*, 458.

prendre part à ces interminables conversations qu'ils ont coutume de poursuivre la plus grande partie de la nuit. Quand c'est la saison des grandes sécheresses, des grandes chaleurs, ils passent la journée dans la somnolence et la torpeur. Mais, pendant la nuit, il semble que ce soit une autre nature d'hommes. Le corps et l'esprit, accablés par l'écrasante chaleur du jour, reprennent une nouvelle vigueur dès que revient la fraîcheur d'une nuit toute scintillante d'étoiles, [toute transparente, presque phosphorescente de clartés; et traversée par l'air embaumé du parfum des diverses plantes. Aussi, pendant ces belles nuits, le nègre se montre plus expansif, a plus d'entrain, plus de joyeux éclats de rire ; il aime à entendre le récit des vieillards, les prouesses des braves, l'improvisation des poètes; et bientôt il acceptera plus facilement l'exhortation du missionnaire, faite au clair de la lune.

A Porto-Novo, les récits liturgiques des féticheurs et leurs chants sacrés, ont un langage mystérieux imité de la Bible. Malheureusement, un trop grand nombre de cultes y sont en honneur.

D'après le P. Courdioux (1), « les femmes qui mettent au monde des jumeaux morts, font fabriquer une statue à double face et d'une seule pièce, la placent dans un coin de leur maison et lui offrent deux poules, afin d'obtenir la connaissance de l'avenir. »

Chaque ville et village de l'intérieur a ses dieux tutélaires et ses temples ; chaque particulier a aussi ses divinités domestiques, ses gris-gris, et ses lieux de dévotion. L'étranger ne peut faire un pas dans ces régions, sans rencontrer des signes idolâtriques. Chacun en cela suit son inspiration. Pour l'un, le lieu sacré de ses mystères est le coin d'un champ, la bifurcation de deux chemins ; pour un autre, c'est un petit bosquet, un arbre isolé; pour tous il faut de l'ombrage.

On rencontre souvent des *bosquets fétiches*. Sous l'ombre

---

(1) *Miss. cath.* 1876.

des arbres on voit des cercles de mâchoires de caïmans, rangés autour d'un pieu bariolé de diverses couleurs. Impossible d'énumérer tous les objets ridicules qui encombrent ces lieux de dévotion. Un *gbô*, sorte de Bacchus ; un *legba*, ou démon, symbole qui rappelle le mauvais esprit; des têtes d'oiseau, des têtes de singe.; un *paloka* ou fourche, dont se servent les féticheurs, pour tenir immobile la tête de la victime, quand ils l'ont étendue par terre ; un *bâton* pour assommer la victime; une *carafe* fétiche, placée près de l'idole pour qu'elle boive quand elle a soif; de petites *assiettes* pour offrir de la farine de maïs, de l'huile de palme, etc. Une *clochette sacrée*, pour appeler le fétiche quand on veut offrir des sacrifices. Telle est la nomenclature des principaux objets ou instruments du fanatisme dans ces bosquets.

Le *masque fétiche*, joue aussi un grand rôle. On l'appelle *Gélédé*. Tous les ans, après la récolte, on consulte *Ifa*, dieu de la fortune, pour savoir quel sera le sacrifice le plus agréable au Gélédé. Une ville de l'intérieur possède un Gélédé fort célèbre : C'est un énorme buste d'homme en bois creux, dont le féticheur se revêt comme d'une cuirasse. Autour du tronc sont disposés quatre pantins, les enfants du Gélédé. Au moyen d'une ficelle, le féticheur les agite, et le Gélédé crie : « Mes enfants vous saluent. » Les autres féticheurs, couverts de simples Gélédés sans enfants, poussent de longs et de nombreux hourras.

Il est aussi un fétiche secondaire nommé dans la langue du pays : *Adjiralasin*; ou bien : *Chougoudou*. C'est la demeure d'un esprit que l'on envoie au loin, dans un but de curiosité et de vengeance. Chaque nouveau roi détruit les Chougoudous de son prédécesseur, et s'en fabrique qui lui appartiennent. Les salams, ou quartiers, ont leurs Chougoudous ; les particuliers peuvent aussi avoir les leurs.

Le roi, pour faire ses Chougoudous, achète des esclaves, ou bien fait saisir les malheureux que la maladie ou la vieillesse rend inutiles ; ou bien fait arrêter pendant la nuit le premier venu. Aussitôt la victime est bâillonnée. On lui lie les mains; et quand la nuit est tombée, on la conduit au lieu désigné. Les eclaves du roi creusent une fosse assez profonde où ils jettent quelques feuilles d'arbre. Le féticheur attache solidement les jambes de la victime que l'on descend dans la fosse, mais de façon à ce que la tête et les bras dépassent le niveau du sol. Ainsi placée, elle est assommée avec le bâton fétiche, ou elle est laissée vivante, suivant ce que Ifa le commande. Si elle est tuée, on lui verse de l'huile de palme, de la farine de maïs sur la tête; Si elle est vivante, on lui verse comme dernière consolation, de l'eau-de-vie dans la bouche, de l'huile sur la tête. On amasse ensuite autour de cette tête, dont on moule les contours, une épaisse couche de boue argileuse, que l'on rend plus résistante en y mêlant des débris de pots cassés. Devant le palais du roi actuel de porto-Novo, il y a un Chougoudou qui n'a pas voulu se laisser détruire par le nouveau monarque, et qui a promis de le protéger. « Les noirs assurent que l'homme qu'il recouvre, se promène la nuit dans les rues de la ville. »

Les particuliers et les chefs de salams font leurs Chougoudous tout comme le roi, avec cette différence qu'au lieu d'enterrer un homme ils enterrent une poule, un serpent, un chien, un pigeon, etc. Le chien jappe la nuit contre les voleurs; le pigeon vole et va voir ce qui se passe; le serpent se glisse près de l'ennemi de son maître, le mord et revient à sa place accoutumée. On leur offre, en récompense de leurs bons services, de l'huile de palme et la farine de maïs.

Il est encore de plus monstrueuses croyances. Porto-Novo, nous dit le P. Baudin, est aussi le théâtre d'horribles sacrifices qui s'y célèbrent aux grandes solennités, par l'immolation de nombreuses victimes humaines. Ces sacrifices se succèdent parfois pendant neuf jours avec une barbarie incroyable.

Les indigènes de ce royaume, comme ceux de Dahomey, croient à la vie future et pratiquent un grand culte pour les morts. Leurs croyances à l'autre vie sont les mêmes que celles des naturels d'Agbomé; leurs cérémonies funéraires ne sont pas moins barbares. Pour que les morts ne soient pas dépourvus et réduits à l'indigence, à leur arrivée dans l'autre monde, on brûle dans le *bosquet fétiche*, sis hors de la ville, tout ce qui leur a appartenu ici-bas. Si c'est un homme puissant et riche qui vient de mourir, on inhume ses dépouilles avec pompe et on immole sur sa tombe ses femmes et ses esclaves.

Les funérailles des rois se célèbrent deux fois. Dès que le souverain vient d'expirer, un grand nombre de ses esclaves arrosent de leur sang le tombeau royal. Ce premier sacrifice est toujours accompli en secret, avant que le peuple apprenne que le roi n'est plus. Par ce silence plus ou moins prolongé, on prévient souvent les intrigues et les troubles.

Pendant que la population est calme au dehors, ou qu'elle se livre avec entrain aux occupations de chaque jour, dans le palais royal règne un morne silence ; c'est à peine si on découvre quelque anxiété dans la physionomie des ministres les plus aimés du monarque défunt. On procède cependant, sans le moindre retard, aux premières funérailles qu'on environne d'un grand mystère. Voici comment nous les raconte le P. Poirier, dans une lettre adressée au P. Planque, en date du 12 décembre 1874.

.... « Le roi Messi, plongé dans une ivresse presque continuelle, ne pouvait vivre longtemps. Son état d'abrutissement était tel, que, devenu incapable de lever la tête, il rampait comme une brute dans son appartement.

« Un jour il fut trouvé ivre-mort. D'après un usage du pays, on arrose l'homme ivre avec de l'eau froide, pour « rafraîchir son cœur », disent les noirs. Le roi reçut devant sa porte cette humiliation. Mais ce traitement ne réussit point, et Messi, étendu sur sa natte, enfla d'une manière horrible.

« Aussitôt le Huégan (chef du palais) fait appeler un Ouisegun, sorte de médecin qui mêle les féticheries aux remèdes naturels. Un prêtre d'Ifa (Babalawa) accourt en toute hâte. Il se recueille et interroge le fétiche sur le sort réservé au roi. L'oracle répond que le prince guérira si l'on immole un bœuf. Immédiatement, le sacrifice est offert. Le féticheur prend pour lui une cuisse et une partie des entrailles, dont il offre l'autre à l'*élegba* (esprit infernal), et que les vautours viennent dévorer. Ce qui reste du bœuf, après avoir été exposé devant Ifa et en avoir touché des lèvres, est cuit et mangé par les gens du palais. Un bouc est offert au fétiche particulier de Messi.

« L'immolation des victimes ne rendit point la santé au malade. L'Ouisegun et le Babalawa connaissaient les véritables causes du mal ; mais ils se gardaient bien de dire à Sa Majesté de s'abstenir de boissons enivrantes.

« Enfin, on apelle un marabout. Enveloppé dans un large burnous blanc, ayant au côté un long chapelet, et, à la main, un rouleau de papier où sont tracés quelques caractères arabes, il arrive gravement et se place en face du malade. Après avoir prononcé quelques mots inintelligibles, il dit que, en s'abstenant de boire de l'eau-de-vie, Sa Majesté guérirait, sinon, elle était infailliblement perdue.

« Les fumées de l'ivresse passées, Messi, loin de suivre le sage conseil du marabout, s'empressa de s'administrer une forte dose de tafia. Le mal empira et la mort devint imminente.

« Le Huégan fit alors renfermer, dans un lieu séparé, les femmes et les esclaves du roi, afin qu'ils ne fussent pas témoins de sa mort, et n'éveillassent point, par leurs cris, des soupçons au dehors. Le Babalawa, appelé une seconde fois, déclara que son fétiche était muet. Le marabout, son papier à la main, et roulant entre ses doigts les grains de son chapelet, adressait au ciel de ferventes prières : « Que Dieu te protège, qu'il éloigne
« le mauvais esprit de ton chemin, qu'il te pardonne tes fautes,
« qu'il te conduise dans le lieu bon et détourne ton pied du che-
« min du feu » !

« Ainsi mourut Messi, après deux années de règne. Prince sans énergie et énervé par la volupté, il ne gouvernait pas. Tout allait au caprice des cabécères et à la volonté des féticheurs. Le vol était à l'ordre du jour, le crime restait impuni, et sous prétexte qu'il fallait aux dieux une victime humaine, les féticheurs pouvaient satisfaire sans aucun frein toutes leurs vengeances particulières.

« Les funérailles eurent lieu dans le plus grand secret, le jour même de la mort. Quelques vieux esclaves, versés dans les rites djedji, sont initiés au secret, et, sous la conduite de Hunfuo, messager du roi, creusent, dans une case voisine de celle du monarque défunt, une fosse large mais peu profonde. Les cabécères arrivent en silence et pénètrent dans la chambre mortuaire, éclairée par des torches de résine et par des lampes alimentées à l'huile de palme. Quelques nattes, des calebasses et d'autres vieux objets, destinés à servir plus tard aux funérailles publiques, sont jetés dans un coin. Le corps du roi est enveloppé d'un pagne blanc, une calotte également blanche, et qu'il avait reçue le jour de son élection, orne sa tête ; aux bras, des bracelets d'argent ; aux doigts des anneaux de même métal ; aux pieds les souliers, insignes de la majesté royale. On dépose ensuite le cadavre dans un grossier cercueil de bois, où on a soin de placer quelques bouteilles d'eau-de-vie et de gin.

« Le moment solennel est arrivé. Au milieu de la nuit, alors que les gens du palais paraissaient endormis, *Apollogan* (premier cabécère et chef des féticheurs), et le migan (bourreau), ayant tous les deux le pagne enroulé à la ceinture, une calotte blanche sur la tête, et, au cou, une sorte d'étole blanche, insigne du cabécérat, descendent dans la fosse, tandis que le gogan (chef des bouteilles), reste sur le bord pour leur passer ce qui est nécessaire au sacrifice.

« Bâillonnées et à moitié ivres, les victimes, au nombre de six, sont amenées par les aides du migan. Ce sont le porteclefs, la cuisinière ou première femme du roi et son petit esclave, la femme qui raffraîchit le roi au moyen d'un large éventail, celle qui étend la natte appelée Ateni et celle qui tient le parasol.

« Le gogan les présente au sacrificateur qui les reçoit dans la fosse, et Apollogan les offre aux dieux, en répandant sur la tête de chacune d'elles un peu d'huile de palme mêlée à de la farine de maïs. Puis on accorde aux victimes, comme consolation dernière, quelques gouttes de tafia. Les trois premières, garrottées et agenouillées, reçoivent le coup fatal, et leurs têtes tombent sous le sabre fétiche d'Ogun. Les trois autres, étendus dans la fosse et la tête fixée au sol par une fourche fétiche, sont frappées à l'occiput avec un bâton rond et poli, appelé *Olugbongbo*. De ce sang chaud et fumant sortant à flots par la bouche et par le nez des victimes, les deux bourreaux crépissent le fond et les parois de la fosse, et reçoivent des mains du gogan, des nattes et des étoffes qu'ils étendent sur cette couche de sang.

« Aux premiers rayons du soleil, la bière royale est redescendue dans la fosse. A côté d'elle l'on place, enveloppés dans une natte, les cadavres de la cuisinière et du petit esclave, et la fosse est recouverte de terre. Les autres esclaves sont jetés dans une fosse séparée, puis, cabécères et féticheurs se retirent en silence.

« Au dedans comme au dehors du palais, rien n'est encore connu, quelques rumeurs circulent, mais la mort ne sera officielle qu'à l'avénement du nouveau roi.

« Trois mois après la scène que je viens de décrire, aura lieu une autre cérémonie dont voici les détails :

« On creuse la fosse et on en retire la tête du roi. Nettoyée avec soin, elle est disposée dans un pot de terre neuf, et portée à la case fétiche de Mézé, située à l'intérieur du palais et commune aux trois familles royales qui se partagent successivement le pouvoir. Placé sur une caisse garnie d'étoffes précieuses, le pot est recouvert d'un chapeau. Autour sont suspendus le couteau, le collier et autres objets du défunt. De temps en temps, on vient offrir à la tête du roi un peu de sauce à l'huile de palme, et après avoir plongé dans le vase la partie inférieure du crâne, on mange le reste de ces mets en l'honneur du défunt.

« Dans cette case il y a trois têtes de rois qui n'ont pas encore reçu les honneurs publics de la sépulture. Jusqu'ici les grandes dépenses que cette fête entraîne, n'ont pas permis de la célébrer. Elle s'accomplit dans un bosquet fétiche, illustré déjà par beaucoup de crimes. Les nattes et autres objets ayant appartenu aux défunts sont brûlés, et, sur les cendres, trois enfants, pour chacun, doivent être immolés.

« Quelques jours après la mort de Messi, on a élu Dassi, qui a pris le nom de Tofa. Prince hautain et énergique jusqu'à la cruauté, il veut gouverner par lui-même. Il n'est pas encore entré au palais. Bientôt doit avoir lieu *la cérémonie de son sacre.* »

CHAPITRE III

Les secondes funérailles sont publiques et solennelles. C'est l'apothéose du roi, qui alors devient *fétiche*. On lui envoie, pour le servir au-delà de la tombe, un plus grand nombre de femmes et d'esclaves, qu'on immole en grande cérémonie. Et pour rehausser l'éclat de sa cour dans son nouveau royaume, on lui choisit des cabécères ou ministres, comme nous l'avons déjà dit en racontant les funérailles des rois du Dahomey.

Or, quatre rois décédés : Meï, Sungi, Mecpon et Messi, n'avaient pas encore reçu l'honneur des funérailles solennelles ; et Tofa, leur successeur, qui n'avait pas encore été sacré roi, voulut acquérir de l'influence, en affectant un grand attachement aux anciens usages.

Le P. Baudin nous découvre ces scènes révoltantes.

« Le gongon (clochette de fer) se fait entendre : défense aux noirs de cultiver la terre, quoique en pleine saison de semailles ; ordre à tous les négociants de payer les droits échus et ceux de six mois à l'avance. Les cabécères reçoivent aussi leurs instructions et font avertir le peuple que quiconque sortirait la nuit serait exposé à périr. Enfin, les *agaunigan* sont convoqués. Ces derniers sont des hommes remarquables par leur force, leur courage et surtout par leur méchanceté. Le roi les choisit et ils sont préconisés dans une assemblée générale. En temps de guerre, ils marchent les premiers ; en temps de paix, ils forment la garde secrète du roi, sont les exécuteurs de ses vengeances et les voleurs officiels de Sa Majesté et des cabécères. Le peuple leur donne le nom de *agbo* (bélier), parce qu'ils attaquent ordinairement d'un coup de tête. Revenons aux funérailles.

« Les dispositions prises, les ordres du roi sont connus de tout le peuple. Dès que le soir approche, nul n'ose sortir, pas même pour secourir un voisin. On tremble d'avoir à voyager de jour, personne ne s'étonne si tel ou tel a disparu. Les *idêpés* ont beau jeu ; la ville entière est livrée à ces assassins.

« Les malheureux qu'on surprend sont aussitôt enchaînés, vendus ou réservés aux sacrifices. Si ce sont des personnages importants qu'on ne puisse ni vendre, ni immoler le jour, ils deviennent les victimes des sacrifices nocturnes. Un nègre, nommé Damian, étant sorti vers les neuf heures, fut aussitôt arrêté devant notre case, et, quoique déjà blessé au bras, il put enfin se dégager et se précipiter dans une case voisine, au moment où les idêpés en grand nombre couraient sur lui.

« Durant ces jours lamentables, c'est l'enfer qui triomphe. Il n'y a plus de loi ; chacun peut tuer et voler. Ainsi le veut l'ancien usage. Cependant, la peur ayant dépeuplé les rues et les places publiques, les marchés n'étant plus alimentés, le roi fait publier que les campagnes peuvent envoyer leurs produits, pendant le jour. On ne répond pas à cet appel.

« Mais Tofa est pourvu de victimes et d'argent. Les funérailles solennelles des quatre rois défunts vont commencer. Elles doivent durer neuf jours. Le palais regorge d'eau-de-vie et de poudre, les cabécères y déposent leurs présents ; les princes des *mattes* (campagnes) y conduisent leurs esclaves voués aux sacrifices ; les princesses elles-mêmes offrent aux rois défunts une jeune et belle négresse, pour chanter et danser devant eux, en s'accompagnant du chêchêché (calebasse au long col entouré de cauris). L'acbasagan, le sogan et le watagan ont envoyé leurs mandataires. Le roi invite aux fêtes les principaux étrangers fixés à Porto-Novo, tels que Malais et Nagos. Tant que dureront les réjouissances, tous, même les djedjis, prendront à discrétion dans le palais royal eau-de-vie et poudre.

« Dès la veille de la neuvaine, sur le soir, une cabane de bambous, recouverte de paille, et disposée pour l'*ago oba*, c'est-à-dire la collection d'objets que l'on veut envoyer aux rois défunts. Cette cabane est construite dans une cour située au milieu de l'enceinte fétiche, consacrée aux sépultures royales. On y compte neuf petites cases; chacune d'elles contient un pot de terre cuite, et, dans chaque pot, sont renfermés deux crânes des majestés décédées. Près de ces pots, on voit des parasols et autres objets ayant appartenu aux défunts.

« Parmi les djedjis, c'est l'usage d'enterrer les morts; mais, quelque temps après l'on retire les têtes qu'on nettoie bien et qu'on place dans un pot, et c'est devant ce pot religieusement conservé, qu'on offre les sacrifices.

« A minuit commencent les tueries. L'exécuteur est le chef de Diofi, ville du royaume de Porto-Novo; il est assisté dans ses fonctions par ses fils et ses esclaves. Le premier sacrifice est un « *sacrifice de vengeance*, » et la victime est un homme de la petite ville d'Appa, à l'est de Porto.

« Téacbarin, disent les anciens, fut attaqué par les habitants d'Appa qui maltraitèrent son escorte. Or, pour perpétuer la vengeance que demandait cette injure, le peuple de Porto-Novo immole souvent des citoyens d'Appa. Dans cette dernière ville, on use des mêmes représailles.

« Le chef de Diofi; qu'on appelle *Obba-Honiki*, prend la victime et la conduit dans la cour fétiche, près de la cabane des bambous. Le malheureux, retenu par les mains brutales de ses exécuteurs, comprend qu'on va l'immoler, et pousse des cris de détresse: *Au secours !.... on veut me tuer. Qu'ai-je donc fait ? Blancs, secourez-moi !....* » Il exhale en vain son désespoir, car nul ne peut intervenir sous peine de mort, et les idêpés en armes occupent toutes les issues. On ne bâillonne pas cependant le moribond, parce qu'on veut, avant qu'il expire, lui donner des commissions pour l'autre monde. La victime se renferme bientôt dans un morne silence, et toutes les cruelles djableries finies, on lui fait sauter la tête.

« Le sang de la victime est recueilli dans une calebasse. On coupe au cadavre une main que l'on suspend à la porte fétiche, on détache habilement la peau des reins, que l'on prépare et que l'on fait dessécher; elle servira à confectionner un tambour, que l'on entendra aux prochaines féticheries. Les caillots de sang, épars çà et là, sont mêlés à de la bouse de vache, et l'on en frotte le sol de la cabane. Quant aux derniers lambeaux de chair, ils sont traînés et honteusement exposés, devant le palais, à la vue de tout le peuple.

« Une nouvelle victime est amenée, c'est celle qui est fournie par le watagan. Pour que la vengeance soit plus complète, on a acheté autrefois un homme et une femme de la ville d'Appa; et c'est parmi leurs descendants qu'on choisit toujours la victime qui doit remplacer le watagan. C'est un jeune homme qui ignore complétement ce qui l'attend. On le conduit dans la cabane, et pendant qu'on l'invite à jouer d'une trompette, les exécuteurs le saisissent, lui donnent les commissions d'usage et le renversent sous une grêle de coups de bambous. Son sang est recueilli pour achever de crépir la case, et son corps est exposé devant la porte fétiche, en regard de la grande place du marché.

« Dans la lagune, d'autres victimes sont sacrifiées. Les eaux ont porté les corps de quatre femmes devant Badagry; un homme a été trouvé dans les herbes, près de Porto-Novo. Le lendemain, les cadavres sont restés exposés sur la place du marché; cette place était remplie d'hommes armés de fusils, qui exécutaient des *fantasias* devant les cadavres, en chantant et en tirant force coups de feu. Pendant la journée, les exécuteurs ont achevé de crépir la case avec le sang des victimes ; puis ils ont placé les objets ayant appartenu aux quatre rois défunts : chaises, chapeaux, souliers, parasols, couteaux, pagnes, nattes, plats ; en y ajoutant, pour l'usage des souverains, des caisses d'eau-de-vie, des sacs de cauris ; ils ont arrosé le tout du sang des victimes. On y mit encore les têtes que l'on avait décollées. Sur le haut de la case flottaient trois drapeaux : rouge, noir et blanc.

« Le roi, les princes et les cabécères, qui ont fait tuer, la même nuit, des bœufs et d'autres animaux, passent la journée à manger et à boire. Les débris de leurs festins sont jetés près de l'*ago* (case). Dans différentes parties du palais, sont disposés des bassins remplis d'eau-de-vie, où chaque djedji va boire à volonté.

« La journée se passa en libations et en décharges de mousqueterie. La nuit mit fin aux bacchanales. On se reposa cette nuit-là et le jour suivant. Tous ces sacrifices avaient été faits en l'honneur de Meï.

« La nuit suivante, les sacrifices recommencent. Les cadavres des deux premières victimes, qui étaient restés exposés sur la place du marché, sont foulés aux pieds par les exécuteurs, qui, leur férocité et leur rage assouvies, les jettent dans la lagune. Ils immolent ensuite d'autres victimes en l'honneur de Sungi, père de Tofa. Deux nouveaux cadavres vont prendre la place occupée par les deux précédents. On les recouvre de paille, afin sans doute qu'ils ne soient pas reconnus. Le sang arrose les objets de l'*ago*. Dans l'intérieur du palais et sur la lagune, d'autres victimes sont immolées. Tofa a voulu faire le magnifique.

« Cette nuit et le lendemain, nouvelles orgies. La nuit et les jours suivants, repos ; et ainsi de suite pour les deux rois Mecpon et Messi.

« Le neuvième jour approche. La veille, le roi fait prévenir tous les blancs de ne sortir ni la nuit, ni le jour ; car, a-t-il dit, s'il vous arrive malheur, je n'en réponds pas. Dès le matin, djedjis, malais, nagos, s'arment de leurs fusils et reçoivent de la poudre. Bientôt toute la ville retentit de cris, de chants, de hurlements, de bruits de mousqueterie ; les vieux canons de Tofa y mêlent leurs voix. La matinée se passe ainsi en fête, on régale les victimes qui, la plupart, ne sachant pas les usages de Porto-Novo (ce sont des gens achetés ou des étrangers), ignorent le triste sort qui les attend.

« Vers deux heures de l'après-midi, on se prépare à brûler l'*ago* et à expédier des présents aux rois défunts. Tous les braves de Porto-Novo se rangent en bataillon devant la place, près de leurs chefs de guerre (baloguns), armés de parasols. Les drapeaux, rouge, noir et blanc, sont enlevés de dessus l'*ago*, et tous se mettent en marche. Chaque balogun suit son drapeau, et le tambour, fabriqué avec la peau de la victime immolée le premier jour, fait entendre ses roulements lugubres. Le roi et les cabécères restent au palais, excepté *Agboton*, le mauvais génie de Tofa. Ce vieux cabécère, armé du bâton du roi, ouvre la marche. Le cortège sort des remparts et s'avance très-lentement, à cause de la foule.

« De la Mission on peut voir tout ce qui va se passer. En face, à cinquante pas, hors du rempart, près d'une des portes de la ville, s'élève au milieu de la plaine, le petit bosquet fétiche de forme ronde ; c'est un massif de broussailles impénétrables. La veille, les noirs y ont ouvert à coups de sabres, un large et tortueux chemin conduisant au pied d'un grand arbre, où l'on doit brûler l'*ago* et immoler les dernières victimes. Une longue file d'hommes armés arrivent enfin, bannières déployées. Ils viennent, le balogun en tête, se ranger par bataillon, de chaque côté du bosquet. La première victime, vêtue de blanc, conduit un cheval par la bride, c'est le représentant du Sogan, palefrenier des écuries du feu roi. Il marche d'un pas décidé et paraît heureux : c'est un jeune homme d'une vingtaine d'années.

« La veille, le cabécère lui dit : « Je désire faire présent d'un cheval pour les rois. Veux-tu le conduire là-bas dans le buisson où l'on va s'amuser, offrir aux rois de l'eau-de-vie et brûler ce qu'il leur a appartenu ? »

« Le jeune homme accepte.

« C'est bien, dit le cabécère, va te laver et reviens ; mange bien et bois bien ; demain tu conduiras le cheval et tu feras, près de l'*ago*, les commissions qu'on te donnera pour les rois. »

« On le voit s'avancer. Arrivé en face du chemin du bosquet, il s'arrête avec son cheval ; il trouve à l'entrée le chef de Diofi, qui, de chaque côté du cheval, agite deux banderolles. Dans l'intérieur du taillis se présentent les fils et les esclaves du grand exécuteur, armés de sabres et de bâtons.

« La seconde victime arrive vêtue comme un cabécère (elle représente l'Acbasagan) ; on tient un parasol au-dessus de sa tête, tandis qu'elle porte un plat et, sous son bras, une peau de léopard ; c'est ainsi que faisait l'acbasagan : il étendait la peau et servait sur elle à manger au roi. En dehors du bosquet, on place une chaise ; la victime s'y assied, entourée des Baloguns et de leurs gens. Des noirs viennent à tour de rôle se coucher devant le faux acbasagan, le saluer et le complimenter. A le voir parler, gesticuler, se lever, s'asseoir, on pourrait penser qu'il se croit sérieusement un cabécère.

« Cependant les remparts se couvrent de curieux. Toutefois les enfants sont enfermés, pour qu'on ne les vole pas. Le reste de la population est dans l'anxiété.

« Vers trois heures, passent des hommes et des femmes. Les hommes portent les bambous et la paille ; les femmes, les objets de l'*ago*. D'autres sont chargés de bois, de caisses d'eau-de-vie, de cauris, d'ossements d'animaux placés au palais, près de l'*ago*. Un individu apporte, enroulées dans des feuilles de palmier, les têtes des victimes tuées au palais. Pour les conserver, on les avait fait cuire. Tous ces objets sont déposés à l'entrée du bois fétiche. Deux hommes et quatre femmes doivent les porter dans l'intérieur. Les infortunés, ils ignorent qu'ils vont préparer l'autel qui doit les dévorer !

« L'acbasagan et son compagnon d'infortune, le sogan, arrivent au lieu du sacrifice. Le feu est mis au bûcher, les exécuteurs découvrent leurs armes et se précipitent sur les victimes. L'acbasagan jette son plat et sa peau de léopard, s'arrache à ses bourreaux, s'élance dans les broussailles et cherche à s'échapper. Une haie d'hommes lui interdit tout passage ; il reçoit un coup de feu et on le traîne au supplice. Dans la confusion produite par cet incident, la jeune fille, que les princesses envoyaient aux rois défunts, avait pu s'échapper aussi dans les broussailles. La malheureuse, bientôt reprise, pousse des cris que le tumulte ne permet pas de saisir. Ceux qui étaient auprès d'elle l'ont entendue crier : « *Au secours! au secours !* » Beaucoup de curieux effrayés ont fui ; d'autres victimes ont poussé ce cri : « — *Ou pa mi ho!* — *On me tue!* » Enfin, voyant toute résistance inutile, les malheureux se laissent conduire. Après avoir reçu les commissions pour les rois défunts, trois hommes et deux femmes s'agenouillent ; d'un coup de massue appelée *olugbongbo*, les exécuteurs les abattent et on les jette encore palpitants sur le bûcher. Une immense décharge de coups de feu répond de toutes parts. Les exécuteurs alimentent le bûcher en y entassant des bambous, de la paille et des objets pour les défunts. Vient le tour du cheval ; il tombe près du feu. La négresse qui doit réjouir leurs Majestés noires dans l'autre monde, est exécutée malgré ses supplications, ainsi que le sogan, conducteur du cheval. On les pousse dans le brasier avec le pauvre acbasagan.

« L'horrible sacrifice est consommé. Les coups de feu continuent encore deux heures, et chacun reprend le chemin de sa case.

« On ne sait si les Anglais laisseront ces cruautés inpunies, ou demanderont réparation de la violation du traité qu'ils ont fait avec Sungi, père de Tofa, et que celui-ci ne respecte point(1). » Quel horrible tableau de mœurs !

De tels spectacles soulèvent d'indignation la nature hu-

---

(1) *Ann. et Miss. cath.*, 1876.

maine. L'âme chrétienne est péniblement bouleversée au récit de tant de cruautés. Le courage de l'apôtre lui-même est prêt à défaillir, à la vue de tant de superstitions barbares, en présence de ce culte révoltant qui repose sur des croyances si profondément enracinées.

Néanmoins, il semble que l'heure si attendue de la régénération a sonné pour ces malheureuses peuplades. Depuis le départ des Portugais, c'est-à-dire depuis deux cents ans, les indigènes de Porto-Novo étaient retombés, comme on le voit, dans les ténèbres les plus profondes et vivaient tristement en dehors de tout mouvement religieux. Mais, sur ces rivages autrefois inaccessibles, abordent aujourd'hui les messagers du ciel, les envoyés de Rome. C'est le nouvel arc d'alliance qui brille au firmament. Dieu se souvient encore des antiques et illustres églises d'Afrique ; il oublie sa malédiction.

Cependant, quand on connaît les côtes et les lagunes de Porto-Novo, ses populations et leurs mœurs ; quand on sait la vie que doit y mener, et les difficultés qu'y doit rencontrer l'ouvrier apostolique, on comprend sans peine que, pour affronter de tels peuples, il faut d'intrépides soldats qui ne craignent pas de se dépenser, et qui puissent, au besoin, compter sur une armée de réserve. On comprend que pour évangéliser de telles contrées, il faut absolument l'action combinée de missionnaires unis et nombreux.

Il fallait donc, pour assurer le succès de la mission de Porto-Novo, toute une société courageuse d'hommes disciplinés, agissant avec harmonie et avec constance. Aussi, avons-nous vu que, dans ses desseins de miséricorde, la Providence avait réservé ce difficile et glorieux héritage aux enfants de Mgr de Brésillac. Prêtons l'oreille à ces voix aimantes qui font tressaillir le désert.

CHAPITRE IV

Le Père Borghéro avait pris possession du poste et planté sa tente ; mais pour entreprendre le combat, il fallait, avons-nous dit, une escorte bien décidée. Le séminaire de Lyon recrutait de temps à autre de nouveaux enrôlés, et ceux-ci, pleins de ferveur, n'attendaient que le premier signal pour s'élancer vers le champ de bataille.

On vit tour à tour le Père Bébin J.-B. s'embarquer à Liverpool, le 18 août 1864 ; les PP. Bonnefoux Pierre, Jolans Alphée, Falco Evariste, à Marseille, le 9 octobre 1864 ; les PP. Burlaton Antoine, Bouche Pierre, le 24 décembre 1865 ; les frères Baviera Joseph, Martinez Hélie, le 16 janvier 1866 ; les PP. Puech Barthélemy, Halgan Joachim et le petit nègre Lorenzo, en mars 1867 ; le P. Séquer Georges et le frère Isidore, en avril 1867. Enfin, le jeune P. Bouche Jean, de Bagnères-de-Luchon, partait aussi de Liverpool, le 24 juin 1867.

Ce dernier, avec l'ardeur méridionale qui le caractérise, semble avoir exprimé le contentement de tous ses frères d'armes, à leur départ, quand il écrivait après sa traversée : « Parti sur le vapeur anglais *le Mandingo*, j'ai eu un ciel pur, une mer calme, des compagnons de route bons et prévenants ; que devais-je désirer de plus ? Le spectacle de l'Océan est un peu monotone, il est vrai, mais l'agitation des vagues lui donne une animation et une vie qu'on aime et dont on ne se lasse pas ; on l'aime comme tout ce qui s'agite, et a signe de vie sur la terre ; comme on aime l'enfance à cause de sa pétulance et de sa gaîté. Je passe sous silence l'île enchanteresse de Madère, le climat délicieux des Canaries et nos excursions à Saint-Louis du Sénégal, à Sainte-Marie-de-Bathurst, à Sierra-Leone et sur divers points de l'Afrique occidentale. Toutes ces contrées sont connues et il me tarde d'arriver vite chez nos bons noirs de la Côte des esclaves (1). »

Le P. Bouche, débarqué à Lagos, songeait à se rendre à Porto-Novo, quand il fut témoin et acteur d'une scène charmante. Ayant quitté la France dans l'intention de passer quelques jours en Angleterre, et obligé ensuite de voyager sur un packet protestant, il avait cru bon de serrer sa soutane dans la malle, et de s'habiller à la française, c'est-à-dire de mettre pantalon, gilet, redingote, faux-col et le reste. On prétend qu'on reconnaît toujours un prêtre sous un habit laïque : ce qu'il y a de certain, c'est qu'il ne fut pas reconnu. M. M*** lui témoigna dans la traversée un véritable attachement. Une seule chose l'intriguait sur son compagnon de voyage : son silence sur la maison de commerce qu'il représentait à la côte. Il le questionnait souvent, mais ses réponses plaisantes ne servaient qu'à le dérouter de plus en plus. « Représentez-vous la maison de M. Régis ? lui demandait-il. — Non, lui répondit le Père, il se fait trop de commerce chez M. Régis et c'est fatigant. — Alors, c'est la maison de MM. Astrié, Daumas et Compagnie ? — Pas davantage. — Celle de M. Colona, peut-être ? — Nullement. — Cependant ce sont les seules maisons françaises établies sur la côte. Quel commerce faites-vous donc ? Achetez-vous de l'huile de palme ? — Non, l'huile de palme sent trop mauvais. — Des arachides et du coton ? — Cela est trop embarrassant.

Enfin, M. M*** se creuse inutilement la tête. Un jour, dans un moment d'épanchement, « eh bien, dit-il au P. Bouche, je suis juif, mais je m'attache facilement aux catholiques. Il n'est qu'une chose que je n'aime pas chez vous, ce sont vos prêtres. Un prêtre aurait beau se cacher, je le reconnaîtrais entre mille. Je le sens comme le chien sent le gibier. » On juge si, après avoir

(1) *Contemp.* Août 1874.

tenu de tels propos, il fut confus en apprenant que son compagnon était prêtre. « Vous, prêtre ! » lui répétait-il sans cesse.....

C'est avec une telle gaîté et un tel entrain que tous les nouveaux apôtres firent leur traversée et arrivèrent enfin au terme tant désiré.

Le personnel de la Mission fut partagé entre Whydah et Porto-Novo. Une fois établis dans cette nouvelle résidence, les missionnaires de Lyon travaillèrent à gagner la confiance des indigènes, à s'attacher les cœurs à force de charité et de patience. Suivant le conseil du divin Maître : *Curate infirmos, docete*, ils se mirent discrètement à l'œuvre pour le soin des malades et l'instruction des enfants.

Ce fut là d'abord tout leur ministère. Ces précautions sont nécessaires au milieu de populations dont le fanatisme s'exalterait si tout-à-coup elles entendaient prêcher une religion nouvelle. Il fallait en commençant des actes et non des paroles.

Le soin des malades devait être le moyen le plus efficace de pénétrer dans les foules, de se faire tolérer, et puis respecter et aimer. L'expérience faite à Whydah encourageait fort nos apôtres dans cette stratégie. Un hôpital provisoire fut organisé, et devint bientôt l'asile d'un certain nombre de malheureux. Les indigènes furent émerveillés et attendris de la charité des blancs.

« La médecine, écrivait le P. Vermorel, nous a donné à Porto-Novo une renommée qui ferait honneur aux plus célèbres docteurs d'Europe. Ce ne sont pas seulement les simples noirs qui ont recours à nos remèdes, mais les féticheurs, autrefois médecins du pays, mais le roi lui-même, s'adressent à nous dans leurs maladies. Tout récemment ce dernier est venu nous prier de guérir un de ses enfants. Il ne nous fit qu'une seule recommandation, à savoir, de ne point introduire dans nos remèdes de la graisse de poule ou de porc; les princes de Porto-Novo ne faisant pas usage de ces aliments. Nous nous rendîmes à ses désirs, et le lendemain le roi nous envoya une dinde en témoignage de sa reconnaissance. »

Bien que provisoire, le petit hôpital, qui était loin de remplir toutes les conditions de confortable et de solidité, a servi néanmoins pendant dix longues années. Il vient de recevoir une amélioration sensible sous le rapport sanitaire. Cet établissement est plus vaste, les plafonds plus élevés, et de nouvelles fenêtres ont été ouvertes pour mieux aérer les chambres. Il y a aujourd'hui des salles réservées aux amputations, aux pansements de chaque jour; des salles pour recevoir ceux qui sont atteints de maladies contagieuses. Dans le courant de l'année 1874, le frère Hélie, grand docteur et chirurgien de la capitale, a soigné 250 malades et fait 10 amputations, dont la plupart ont réussi. Plusieurs des malades ont pu recevoir avant de mourir, la grâce du baptême.

Au mois d'avril dernier, ce bon frère se trouvait à Cotonou pour recevoir des provisions qui devaient arriver de France, lorsqu'il fut témoin d'un accident terrible : « Il était midi, raconte-t-il lui-même, nous sortions de table, j'allais faire la sieste : tout-à-coup, un noir épouvanté se précipite dans la factorerie en me disant : *Monsieur, viens vite! blanc appelle toi, requin manger pied de Krowman.* Je cours à la plage, la pluie tombait par torrents. Le pauvre Krowman affaibli, épuisé par la lutte qu'il venait de soutenir, était dans les bras de ses compagnons qui s'efforçaient d'arrêter le sang en tenant sa jambe bien serrée : le pied était arraché et les os étaient à nu jusqu'au genou; que faire? Je n'avais aucun instrument, pas même une pince, pour saisir les artères. Avec quelques morceaux de linge, je liai fortement la jambe, pendant qu'on cherchait une pirogue. Malheureusement toutes les embarcations étaient parties le matin pour Porto-Novo. Une barque apparaît enfin sur la lagune, on y installe le malade et je pars avec lui, poussé par quatre canotiers. Il était deux heures, nous espérions arriver avant la nuit, mais les canotiers s'égarent, et la nuit nous surprend au milieu des hautes herbes du grand lac, tandis qu'une nuée de moustiques nous assaille de toute part. Je souffrais de voir le pauvre Krowman en proie à une douleur atroce. J'aurais voulu le soulager, mais je n'avais qu'un peu de vin pour soutenir ses forces. Enfin, après bien des vicissitudes, nous arrivions vers minuit à la Mission de Porto-Novo. L'amputation a eu lieu le matin à huit heures ; le malade l'avait supportée avec beaucoup de courage ; il allait même assez bien ; lorsqu'une fièvre violente l'emporta la nuit suivante (1). »

Huit jours après, on amena encore de Cotonou un Mina, dont le bras droit venait d'être mangé peut-être par le même requin. Ce pauvre canotier était dans un état pitoyable : l'avant-bras avait disparu ; l'os supérieur était découvert jusqu'à cinq ou six centimètres de l'épaule. En se débattant avec le monstre il avait reçu trois autres morsures, une au ventre et deux aux jambes. On se demandait si le patient survivrait à l'opération, ayant déjà perdu beaucoup de sang. D'un autre côté, si frère Hélie ne procédait immédiatement à l'amputation, la mort était imminente. Le malade fut donc amputé, peu après sa guérison était certaine ; il promenait tout joyeux dans le jardin de la Mission. Cet infortuné Mina s'était précipité dans la barre pour porter secours à un autre canotier, qui a disparu tout entier sous la dent du requin. Ces sortes d'accidents sont fréquents sur la côte.

« Enfin, la semaine dernière, écrit encore le frère Hélie, à quatre heures du matin, nous arrivait un pauvre esclave portant une partie de ses intestins dans une serviette. Il venait de recevoir dans le ventre un coup de couteau. Le meurtrier était un voleur, qui s'était introduit dans le clos de son maître. Chose étonnante, malgré sa blessure, l'esclave saisit le voleur et le retint jusqu'à ce qu'on vînt à son secours. Il est maintenant en voie de guérison. » Combien de ces malheureux doivent la vie à la mission catholique, et combien d'âmes doivent leur salut aux soins prodigués à leur corps !

(1) Lettre du 22 mai 1875.

Une fois la confiance des adultes assurée par la reconnaissance des premiers malades, les missionnaires travaillèrent à attirer celle des enfants. Un point très-important dans l'œuvre d'une mission, c'est l'école. Les jeunes enfants vivant près de l'apôtre, formés par lui, n'ont point les préjugés de leurs pères à l'endroit des chrétiens. Ils s'habituent à penser comme le prêtre catholique, à croire comme lui, et, de retour dans leur famille, ils la disposent à recevoir tôt ou tard les vérités de la foi.

Après le *curate infirmos*, la seconde devise des missionnaires de Porto-Novo fut : *sinite parvulos venire ad me.* « Depuis sa fondation, écrit le P. Courdioux, la Mission de Porto-Novo a élevé plusieurs centaines d'enfants. Les uns nous ont été confiés par des parents chrétiens ; les autres, en assez grand nombre depuis quelque temps, par les familles indigènes et surtout par les principaux chefs de la ville ; d'autres enfin ont été achetés par les missionnaires. L'esprit de caste est inconnu parmi eux. Riches, pauvres ou esclaves, tous fraternisent. Ils sont dociles et apprennent avec facilité la doctrine chrétienne, ils retiennent aussi en peu de temps tous les premiers principes de la lecture et de l'écriture.

« Leur costume est aussi varié que leur teint : on voit depuis le blanc à peu près authentique jusqu'au noir de jais, en passant par les nuances intermédiaires. Les uns portent les vêtements Européens, les autres une chemise ou un pantalon, ou bien un simple chiffon autour des reins. Pour aller à l'école, on se met en grande tenue. Beaucoup d'écoliers n'ont qu'un vêtement ; aussi, les jours de lessive, gardent-ils la maison. Cette pénurie de vêtements, la crainte respectueuse du blanc, l'éloignement de la Mission, sont autant de causes qui empêchent un grand nombre d'enfants de fréquenter les classes. Puissent de nouvelles ressources, apportées d'Europe, permettre aux missionnaires d'établir des écoles dans les divers quartiers de ces villes populeuses, et de distribuer, aux négrillons qui pullulent dans les rues, un morceau d'étoffe (1) !.... »

(1) *Miss. cath.* 26 novembre 1875.

Par les enfants, les missionnaires de Porto-Novo gagnèrent chaque jour le cœur des parents. Lorsque ceux-ci eurent la certitude que les *féticheurs blancs* les aimaient, ils sentirent, peu à peu tomber les préjugés qui les séparaient d'eux. Leur esprit ne tarda pas à suivre leur cœur; et bientôt l'un et l'autre s'ouvrirent plus facilement aux influences de la grâce.

Déjà le ministère des prêtres, à Porto-Novo, consistait à faire ce que faisait Notre-Seigneur lui-même dans les villes de la Judée : ils évangélisaient la foule sur les rues et dans les campagnes par des entretiens familiers. La sympathie leur était acquise; la curiosité de la nouvelle doctrine leur atttira des auditeurs et puis des fidèles ; bientôt chacun s'empressa d'accourir à la Mission pour voir et entendre. Toutefois, les conversions ne se firent pas sans difficultés.

Les apôtres n'eurent pas à faire à des idolâtres complets ni à des sauvages incultes qu'il s'agit d'éclairer, en leur montrant la grossièreté de leurs erreurs ; mais à un peuple, venu, en partie, du désert et du centre du Dahomey, profondément religieux et fanatique ; à un peuple fier de sa religion, qu'il regarde comme au-dessus de toute discussion, ayant un corps de doctrines disparates, mais d'autant plus dangereuses que le faux s'y rencontre à chaque pas revêtu de quelques lueurs de vrai. Il est, dès lors, presque impossible au missionnaire d'amener ces indigènes d'un seul coup à la plénitude de la lumière. Il faut d'abord leur persuader qu'ils ne sont pas les seuls à connaître Dieu, à l'aimer et à le servir. Et, par ces transitions et ménagements, on arrive enfin à déchirer les voiles, à dissiper les ténèbres.

« Pendant le court séjour que je fis à Porto-Novo, il y a deux ans, j'avais pu voir, dit le P. Vermorel, combien le fétichisme y était profondément enraciné. Le grand féticheur était un véritable souverain : devant lui tout pliait, le roi lui-même ; tant était puissant le prestige de cette parole : « le fétiche le veut! » Une telle domination l'avait enflé d'orgueil au point qu'un jour il osa dire en ma présence : « Je suis maître du ciel et de la terre; tout obéit à mes ordres. » En revenant ici, j'ai trouvé les choses bien changées; les premières prédications de l'Evangile avaient suffi pour ébranler le fétichisme, au cœur même de son empire (1). »

Trois jours après son arrivée à Porto-Novo, le P. Vermorel fit une visite au roi, avec un de ses confrères. Ce qu'on est convenu d'appeler le palais du roi, à Porto-Novo, n'est qu'une réunion de cases renfermées dans une clôture de 300 à 400 mètres de superficie. On est tout surpris d'apprendre que c'est la demeure d'un souverain. Deux portes principales donnent accès dans l'intérieur du palais. Une petite chaîne fétiche, placée sur le seuil de ces portes, en interdit l'entrée aux mauvais génies. Les fidèles sujet de Sa Majesté ne manquent jamais, en signe de respect, de se découvrir la tête et l'épaule gauche, chaque fois qu'ils passent devant ces portes principales. Les pigeons du roi prennent leurs ébats sur vos têtes; vous voyez passer les poules, les canards et surtout les porcs de Sa Majesté; ceux-ci paraissent jouir d'une liberté absolue de circulation. La première cour est fréquemment remplie de monde. Ce sont les envoyés des villages qui apportent au roi des présents en nature. Les uns des fagots de bois, les autres quelques poules, d'autres un sac de maïs, un mouton, une chèvre (2).

« Le palais proprement dit est un simple quadrilatère divisé par plusieurs cours, dont une, plus propre et plus grande, est réservée aux fêtes religieuses. Autour des cours s'élèvent des maisons régulières à toitures élevées et couvertes en chaume ; une seule, qui sert de magasin général, a un étage et est aérée d'une manière bizarre. Les cases les plus rapprochées des portes d'entrée servent de demeure à quelques soldats et aux serviteurs du palais. Plus loin se trouve le harem (3). »

« Le harem, dit M. Gellé, est l'habitation des femmes qui

---

(1) *Ann.* Lettres du 2 janvier 1867.
(2) *Miss. cath.* Le P. Courdioux. Janvier 1877.
(3) Le P. Bouche. *Contemporain*, 456.

servent d'instruments de plaisir et de honte, selon le caprice du monarque. Quand elles sont vieilles, elles vont cultiver les grandes propriétés du roi. On compte deux cents femmes, environ, gouvernées par un eunuque qui a toute la confiance du roi et sert de messager dans les grandes circonstances (1). »

Après avoir traversé deux cours, les missionnaires arrivèrent près du monarque, dont l'entourage était loin de se distinguer par le luxe. Son trône était une simple natte, étendue sous un péristyle de fort modeste apparence; son vêtement ne différait pas de celui des autres indigènes, et rien en lui ne révélait une majesté. A sa droite, une femme tenait sa pipe, et derrière lui une seconde femme avait à la main un large éventail. Devant le péristyle, six moses ou confidents étaient assis par terre et n'avaient autour des reins que des pagnes vieux et usés. Tout était de nature à faire croire à une grande misère. Le roi de Porto-Novo est cependant riche, perçoit beaucoup d'impôts et dépense fort peu. Son royaume a de deux cents à deux cent cinquante mille habitants; sa capitale en renferme de quarante à cinquante mille, en comptant les faubourgs.

A la vue des missionnaires, le prince Mecpon, avec un sourire amical, leur tendit la main et témoigna une bienveillance inattendue. Quoique le P. Verdelet parlât assez bien le nago, la conversation se fit par interprète. Comme au Dahomey, il est interdit aux blancs d'adresser directement la parole au roi.

Le monarque paraissait avoir une cinquantaine d'années; il était grand de taille, avait un corps robuste, un caractère ferme et un regard intelligent; ses traits étaient réguliers et sa physionomie aurait été agréable sans un tic qu'il avait contracté par l'abus de la pipe. Passionné pour les liqueurs alcooliques, il s'enivrait souvent et avait alors de véritables accès de colère. Un jour il s'élança sur le ministre du commerce, et il lui aurait passé son épée au travers du corps si ses moses ne l'eussent pas arrêté.

(1) *Revue maritime et coloniale.* Mars 1864.

« Le seul cérémonial exigé des blancs en la présence du roi, c'est d'avoir la tête découverte. Les noirs laissent tomber le pagne de dessus leur épaule, le roulent autour de la ceinture et restent assis par terre dans l'attitude la plus humble. Si le roi leur adresse la parole, ils se mettent à genoux, s'inclinent profondément, font claquer trois fois l'index et le medium de la main droite contre la main gauche, et ne répondent qu'après en avoir obtenu la permission. Ils observent la même chose quand ils désirent parler. Les naturels habillés à l'européenne, et les serviteurs des blancs, sont seulement tenus de se découvrir la tête (1). »

Les apôtres présentèrent au roi le besoin qu'avait la Mission de se procurer un terrain pour y établir des religieuses. « Choisissez-le vous-mêmes, répondit-il, et je vous en donnerai la propriété. » Il ordonna ensuite de porter des rafraîchissements ; on servit trois grands verres d'eau trouble et détestable, puisée dans la lagune. Pour empêcher le monarque de transporter ailleurs le siége de son gouvernement, les prêtres fétiches lui font croire que sa mort suivrait de près le jour où il ne boirait plus de cette eau, donnée miraculeusement à *Aboupo*, son ancêtre, pour lui conserver la santé et la vie. Le roi regarde donc cette lagune comme une véritable fontaine de Jouvence et croit bien agir en faisant boire un verre de cette eau sale à tous les blancs qui lui rendent visite. La plupart craindraient de manquer à leur devoir s'ils ne buvaient pas jusqu'à la dernière goutte. Les missionnaires s'étant contentés d'y tremper les lèvres crurent avoir fait beaucoup. Mecpon se mit à sourire et fit porter du vin de Porto. Avant le départ des visiteurs, il voulut encore leur offrir en cadeau deux canards et un porc, que les moses conduisirent à la Mission.

Après l'avoir remercié, les missionnaires lui dirent qu'ils allaient rendre visite au gogan, son premier ministre, et aux autres cabécères. Le roi secoua tristement la tête : « Le gogan,

---

(1) P. Bouche. *Contemporain*, 457.

dit-il, n'est pas l'ami de son roi ; il use contre moi de sa puissance et me cause de l'inquiétude. C'est un homme dangereux, méfiez-vous en ! » On le remercia de son conseil, et on promit de se surveiller auprès du gogan.

Quelques années plus tard, Mecpon était un vieillard toujours fort bonhomme, mais infecté de cette ridicule vanité qui est le trait distinctif de tous les chefs nègres. Leur principal soin est de chercher à imprimer dans les esprits une grande idée de leur importance. Le souverain de Porto-Novo faisait sans cesse aux étrangers d'incroyables récits de son pouvoir, du nombre de villes soumises à son sceptre, de sa grande influence sur ses voisins, de la docilité de ses peuples, de la supériorité de ses mesures gouvernementales. Pour donner en même temps un échantillon de celle-ci ; il criait, avec des gestes et une voix de pédagogue, à des marmots qui jouaient devant sa cour, d'*aller à leurs affaires, autrement !* ..... Sur ce, il chantait la louange des éléphants et avalait du rhum.

« Le roi Mecpon, écrivait plus tard le P. Courdioux, m'a retenu des heures entières, pour lui expliquer quelques-unes des vérités de la religion chrétienne. Il y prenait un plaisir extrême. Nous avions pensé que, avec le temps et la grâce d'en-haut, nous l'amènerions à la connaissance de Jésus-Christ. Mais Dieu ne l'a pas permis ; Mecpon est mort en 1874, sans que nous ayons été prévenus de sa dernière maladie (1). »

Les missionnaires de Porto-Novo, ayant pris congé du roi, se rendirent chez les principaux chefs de quartiers, qui, tous, leur firent un accueil sympathique, et les assurèrent de leur reconnaissance pour le bien qu'ils faisaient par la médecine. Un jour viendra où la cour, les princes et la masse du peuple indigène comprendront que la médecine corporelle est peu de chose en comparaison de la médecine spirituelle que les apôtres appliquent aux âmes.

Les missionnaires voulurent, sans retard, profiter des bon-

---

(1) *Miss. cath.* Janvier 1877.

nes grâces et de l'autorisation du roi, pour compléter les bâtiments de leur résidence. Le bois qui touche à la Mission est, de temps immémorial, le théâtre des grandes cérémonies idolâtriques; chaque arbre est regardé comme sacré. Là se trouvent la maison du grand féticheur et le noviciat des jeunes féticheurs et féticheuses. Or, en bâtissant un mur sur la lisière du bois, les missionnaires rencontrèrent un arbre qui les gênait. Le P. Bonnefoux mande le grand féticheur, et obtient sans trop de résistance d'abattre l'arbre malencontreux. Enhardi par cette première concession, le missionnaire-bûcheron demande à déraciner un second arbre qui le gêne. « Celui-là n'est pas à moi, dit l'*Onichango*, ou le grand féticheur, il est à mon frère; et comme nous sommes fâchés, allez vous-même lui demander. » On envoya donc à ce dernier force présents, et on obtint facilement toute la partie du bois qui lui appartenait. Aussitôt le P. Verdelet en donna connaissance au roi, réunit des esclaves, leur ordonna d'abattre tous les arbres et de déblayer le terrain. Les pauvres nègres étaient pleins de frayeur : « Père, disaient-ils, tu veux nous tuer ! *Chango* (le dieu de la foudre) nous foudroiera si nous touchons à ces arbres. — Ne craignez-rien, s'écria le P. Bonnefoux, suivez-moi? » Et, saisissant une hache, il abattit quelques arbustes. Les esclaves voyant que rien de malheureux ne lui arrivait, s'enhardirent peu à peu, frappèrent un coup de hache et s'enfuirent à quelques pas ; puis, revenant, frappèrent plusieurs coups, puis se mirent en train de tout abattre.

Dès que l'Onichango s'aperçut qu'on mettait à découvert et le temple et sa case, il rassembla les prêtresses, les arma de sabres et de casse-têtes et les envoya contre les ouvriers. Ces femmes, transformées en furies, se précipitèrent vers les esclaves en brandissant leurs sabres ; ces pauvres esclaves tremblaient de tous leurs membres. « Coupez, coupez toujours ! » criait le P. Bonnefoux ; et donnant l'exemple, il frappait tous les arbustes à droite et à gauche. Les prêtresses s'agitaient comme des bacchantes, couraient du temple aux esclaves et des esclaves à leurs divinités, dont elles imploraient le secours. Presque toute la ville de Porto-Novo était réunie et attendait, impatiente de savoir le résultat de la tentative sacrilége des missionnaires. Aux yeux des indigènes, c'était une lutte entre Chango et le dieu des blancs. Or, les foudres de Chango restèrent muettes, et le prêtre grand féticheur, et toutes ses prêtresses, rentrèrent dans leurs cases poursuivis par les huées de la foule.

Depuis lors, les PP. Verdelet et Bonnefoux jouirent auprès des noirs d'une grande considération. Il se mirent à l'œuvre avec ardeur, et, en peu de temps, métamorphosèrent l'établissement de la Mission. Ce n'était d'abord qu'une légère construction en palmier vinifère de forme allongée. On appelait autrefois cette résidence : *la frégate*, parce que les tables, les chaises, les armoires et les lits superposés en étagères offraient bien l'aspect de l'intérieur d'un vaisseau. Mais la frégate fut remplacée par une superbe maison à étage. Ce bel édifice mesure trente mètres de long sur quatorze de large; une jolie colonnade l'entoure et soutient une large varande, qui permet de se promener à l'abri du soleil; une seconde colonnade, portée par la première, supporte une toiture en fer. La case des jeunes néophytes, ou internes, est adjacente à la maison des Pères, ainsi que la cuisine, l'école, la chapelle et l'hôpital. Il ne fallait plus, au plan général de la Mission, que des cases pour les pauvres petites négresses.

CHAPITRE V

Depuis ce commencement de prospérité pour la Mission de Porto-Novo, le crédit du grand féticheur et de tout le fétichisme lui-même a singulièrement baissé dans l'esprit des indigènes. L'influence morale des prêtres-fétiches avait reçu une grave atteinte, par la destruction d'une partie du bois sacré ; elle devait en recevoir une plus grave encore, par la défection d'un des féticheurs les plus importants de la capitale. Mais ce qui acheva de jeter dans un discrédit complet toute la féticherie, c'est l'exécution d'Onichango lui-même.

Dans un moment de violence, ce malheureux avait tenté d'assassiner un commerçant français. Aussitôt le roi fit arrêter le coupable. Se voyant chargé de chaînes, Onichango désespéré entre dans des accès de rage; ses yeux injectés de sang lancent l'éclair; toute sa physionomie donne un hideux reflet de son âme perverse. Cependant le jugement a commencé : le monarque déclare qu'attenter à la vie d'un blanc est un crime digne de mort. Toutefois, deux choses l'embarrassent : il est contraire aux usages du royaume de faire mourir un féticheur ; d'autre part, le roi est persuadé que c'est le tonnerre qui l'a mis sur le trône et qui l'y maintient. Ne perdra-t-il pas toutes les bonnes grâces du fétiche en tuant son grand-prêtre ? Mais la nuit porte conseil; le lendemain, le roi a trouvé le moyen de tout concilier : « Offrons au fétiche, dit-il, de beaux présents d'huile de palme, afin de lui prouver que nous sommes toujours de ses amis. Puis, laissons-le s'endormir, et au milieu de la nuit lorsqu'il ne pourra rien voir, rien entendre, décapitons Onichango, envoyons sa tête au blanc, et enterrons le reste du corps. De cette façon-là, le fétiche ne saura rien et nous protègera toujours. »

Le conseil du roi prévalut, et, pendant que la sentence allait être portée, on permit aux missionnaires d'envoyer un néophyte pour préparer le féticheur au baptême. Par un prodige de la grâce, Onichango fut attendri en recevant, de la bouche d'un enfant, les premières vérités du christianisme. Il ne cessait de dire à son jeune apôtre : Oh ! que n'ai-je connu plus tôt la religion des Pères ! depuis longtemps j'aurais abandonné mes fétiches et je ne serais pas ici. Je vais mourir ; je l'ai mérité. Du moins, dis aux Pères que je les conjure de m'accorder la grâce du baptême, afin que Dieu me pardonne. » Il se mit ensuite avec ardeur à l'étude du catéchisme, que le néophyte lui traduisait phrase par phrase. Mais un matin, on annonça que le roi avait fait décapiter Onichango. Privée du baptême d'eau, puisse son âme, régénérée par le baptême de ses saints désirs, s'être envolée au ciel et devenir la protectrice de la Mission de Porto-Novo!

Les paroles suprêmes du féticheur criminel, converti à la dernière heure, furent souvent répétées aux indigènes, qui conçurent de plus en plus une haute idée de la religion des missionnaires, et des missionnaires eux-mêmes. L'influence de ces derniers devint si grande que c'est aux blancs que s'adressait le petit peuple, quand il voulait obtenir du roi une faveur ou le redressement d'un tort. La femme d'un mahométan alla réclamer leur protection. Il s'agissait de lui faire rendre son enfant qu'elle voulait élever dans la religion catholique, et que, pour ce motif, le père lui avait soustrait. Le soir même, on envoyait au premier ministre le bâton de la Mission, avec prière de faire droit à la requête de la pauvre femme ; il fut répondu que, dès le lendemain matin, l'enfant serait rendu à sa mère. Mais, pendant la nuit, le père, instruit de ce qui se passait, prit la fuite avec l'enfant. Les noirs qui l'avaient aidé à fuir, furent appelés par le ministre et sévèrement admonestés. Comment, leur dit-il, avez-vous osé favoriser la fuite d'un enfant que sa mère réclamait, sans aucun égard pour l'intervention des missionnaires ? Il prit de là occasion de faire l'éloge des prêtres catholiques, rappelant qu'ils guérissent les malades, instruisent les enfants, s'occupent uniquement du bien du peuple. Aussi les missionnaires avaient-ils toujours libre entrée chez ce premier ministre ou gogan.

La case du gogan possède un étage, et a quelque peu d'apparence. Quant à ce premier cabécère, il ne paraît pas aussi méchant que le roi veut bien dire. C'est un vieillard d'un grand âge et d'une intelligence peu ordinaire. Le P. Verdelet et le P. Bouche lui ayant fait une visite, quel ne fut pas leur étonnement de parcourir trois chambres sans rencontrer une fausse divinité ! Et comme ils en témoignaient leur surprise : « Il y a deux années, leur dit le gogan, que je ne rends plus mes hommages à ces vaines statuettes. Les musulmans m'avaient parlé de la fausseté de ma religion et je ne pouvais pas les croire ; les protestants me le répétèrent après eux, je ne les croyais pas davantage ; les Pères me l'ont dit, et je les ai écoutés ; et j'ai vu qu'il n'y a pas de religion comme la leur. J'ai pris mes dieux, et je les ai brisés tous, et mes moses en ont jeté les débris dans la campagne, afin que je n'en visse pas même les traces. » Puis, se tournant vers ses serviteurs : « Si vous voulez être heureux, suivez la doctrine des Pères. » Tel est le Mardochée que Dieu a placé aux portes du palais royal, pour préparer peut-être la délivrance de son peuple. C'était le 24 juillet.

Le 26 de ce même mois, les missionnaires reçurent à leur tour la visite du gogan et de quelques noirs. On leur montra quelques objets apportés de France. Trois surtout attirèrent leur attention : un aimant en forme de fer à cheval ; un joujou marchant au moyen d'un ressort, et un prisme triangulaire. A la vue de ces merveilles, « quel malheur, s'écria le cabécère, que les blancs meurent ; ils font de si jolies choses ! »

Ces bonnes relations des missionnaires avec le premier ministre, furent d'un excellent résultat pour les indigènes et les chrétiens eux-mêmes. Elles provoquèrent bientôt une grande expansion de la foi.

« J'ai été édifié, dit le Père Vermorel, de la piété des fidèles de Porto-Novo envers la Vierge Immaculée. Afin de répondre à leur dévotion, nous avons fait une neuvaine préparatoire à la fête de l'Immaculée-Conception. Tous les soirs, à la fin des exercices, nous donnions la bénédiction du St-Sacrement, et nous étions agréablement surpris d'entendre nos chrétiens chanter en musique avec beaucoup d'ensemble, ce qui ne leur est pas ordinaire, le *Pater*, l'*Ave*, le *Gloria Patri*, les *Litanies de la Sainte-Vierge* et le *Salve Regina*. Vers le milieu de la neuvaine, les chrétiens de Lagos sont arrivés avec leurs familles, pour célébrer la fête de Marie ; notre église n'a pu contenir tout le monde ; ces chrétiens avaient fait un voyage de plus de quarante lieues !

« Les trois derniers jours de la neuvaine et le 8 décembre, nos néophytes ont improvisé une belle illumination, qui a donné aux païens, accourus de toutes parts, une haute idée de notre religion. Le jour de la fête, nous avons chanté la grand'-messe avec diacre et sous-diacre, chose que n'avaient jamais vue les noirs et qui les a ravis d'admiration.

« Je demande chaque jour à Dieu de nous envoyer des religieuses à Porto-Novo. Je ne puis voir sans gémir le délaissement des petites filles, et la condition malheureuse où elles se trouvent réduites. »

De tels désirs ne devaient pas tarder d'être exaucés. Les sœurs, venues d'Europe, seront bientôt reçues comme des anges du ciel, et jouiront, au milieu des noirs, de la plus parfaite sécurité. Désormais la mission catholique de Porto-Novo, devait exercer la plus grande et la plus salutaire influence sur toute la population indigène, et même sur les événements du royaume.

Comme nous l'avons dit, le protectorat de Porto-Novo avait été abandonné par la France depuis le 10 décembre 1864. Les Anglais, attentifs à leurs intérêts, profitèrent de cet abandon pour commencer leurs attaques sur ces côtes. Un officier de marine avait offert trois femmes au roi Mecpon ; quelque temps après il venait les lui réclamer. « Ce que l'on m'a donné est à moi, dit Mecpon, et je ne dois pas le rendre. — Je les demande, répondit l'Anglais, parce que tu les as, dit-on, immolées à tes dieux. » Mecpon ne put retenir un sourire moqueur et ordonna d'appeler les trois femmes. Elles se présentèrent et déclarèrent qu'elles étaient traitées avec les plus grands égards. L'officier en saisit une par le bras ; Acbotou, ministre du commerce, lui fit lâcher prise et le repoussa avec force : « Blanc, lui dit-il, respecte mon roi ! » L'officier sortit furieux de la case royale et se rendit à Lagos.

Il revint sur le *Kind-Eyo*, son petit vaisseau de guerre, et menaça de bombarder la capitale, si Acbotou ne venait pas lui faire des excuses. Les nombreux serviteurs de ce cabécère jurèrent qu'ils se feraient tuer plutôt que de le laisser partir ; ils craignaient que les Anglais ne le missent à mort. Alors le P. Verdelet, supérieur de la Mission, envoya une pirogue à bord du *Kind-Eyo*, et obtint la promesse qu'il ne serait fait aucun mal à Acbotou, s'il se présentait. On exigeait cependant qu'il demandât pardon à genoux, en simple petit caleçon et sans pagne.

Le P. Verdelet alla aussitôt représenter au cabécère les maux que son refus attirerait sur le pays, et lui proposa de l'accompagner sur le vapeur. Le conseil de tous les ministres indigènes accepta l'intervention de l'apôtre, à la condition que le P. Bonnefoux resterait comme otage dans la case royale.

Acbotou partit tout tremblant, accompagné du missionnaire. Arrivé devant l'officier il tomba à genoux et lui demanda pardon : le capitaine du *Kind-Eyo* le releva et le traita avec certains égards. Le roi de Porto-Novo s'engagea à payer aux Anglais plusieurs *pouchous* d'huile de palme, et le vapeur repartit pour Lagos (1).

CHAPITRE VI

En septembre 1867, la Mission de Porto-Novo, quoique jeune encore, donnait des fruits qu'on pouvait regarder comme les prémices d'un consolant avenir. Elle avait alors pour soutiens : les PP. Verdelet, supérieur de la maison, Courdioux, Vermorel, Bouche et Bonnefoux. Tous les blancs s'accordaient

---

(1) Le P. Bouche, *Contemporain*, 454.

à dire que les nouvelles constructions faites par le P. Verdelet procureraient dix ans de plus de vie aux missionnaires, en leur faisant éviter les fièvres du pays. Le P. Bouche, chargé des classes de français, comptait cinquante-deux élèves, parmi lesquels se trouvaient les fils des principaux cabécères de Porto-Novo, des féticheurs eux-mêmes et des anciennes familles royales.

Le maître était satisfait de ses disciples : « Nous sommes ravis, dit-il, de leur assiduité, de l'avidité pieuse avec laquelle ils écoutent nos paroles, et du désir ardent qu'ils ont de recevoir le baptême. Leur exemple a exercé une salutaire influence sur plusieurs de leurs compatriotes, et nous avons maintenant une vingtaine de catéchumènes.

« Pauvres enfants! les épreuves ne leur ont pas manqué. Le 15 septembre, l'un d'eux, nommé Aousou, m'arriva tout attristé.

« — Père, me dit-il, ma mère est furieuse de ce que je ne salue plus les fétiches. Elle me maudit, avec menace de me faire amarrer et mettre à mort par le roi. Ne puis-je pas, pour lui faire plaisir, adorer les fétiches au moins une fois?

« — Comment ! tu préférerais obéir à ta mère plutôt qu'à Dieu ! Souviens-toi que si elle te maudit tu as une autre mère au ciel, qui te bénira, si tu veux être bon. Comprends-tu?

« — Je comprends, répliqua-t-il, et il disparut aussitôt.

« Le lendemain, à son arrivée :

« — Eh bien ! lui demandai-je, où en es-tu de tes affaires ?

« — Regarde plutôt, Père, répondit-il en me montrant ses mains blessées. Mon oncle voulait me contraindre de saluer Chango ; sur mon refus, il a saisi un bâton et m'a frappé.... C'est en me débattant que je me suis fait mal. Je lui ai dit que je ne veux plus offenser Dieu ; qu'il peut me tuer, mais qu'il ne m'amènera jamais à adorer les fétiches.

« — Qu'a-t-il répondu?

« — Il ne m'a rien répondu ; seulement il était en colère.

« — Ne crains rien, Dieu arrangera tout.

« Je ne me trompai pas. Depuis lors on laissa Aousou plus tranquille. »

Le même missionnaire écrivait encore :

« Le P. Courdioux m'a chargé de l'école : j'ai eu la consolation d'y trouver des négrillons obéissants, doux et aimables. Quelques-uns sont très-intelligents et font des progrès rapides. La plupart sont pieux et conservent leur piété après qu'ils ont quitté la Mission. Un des anciens élèves de l'école, employé à bord d'un petit vapeur de Lagos, ayant obtenu la permission d'aller voir ses parents, vint tout d'abord à la Mission pour se confesser, au risque d'avoir à peine le temps pour visiter sa famille (1). »

Après les jours de travail, la communauté avait ses heures de récréation en famille. A la belle saison on s'organisait en caravane joyeuse, et le petit bataillon, conduit par ses chefs, entreprenait à pied un véritable voyage. Le 22 juillet, à 4 heures du matin, un jeudi, jour de marché à Ajjéra, tous les enfants de l'école se mirent en route avec le P. Vermorel. Les PP. Verdelet et Bouche les suivaient à cheval. Il fut décidé qu'on arriverait à Ajjéra pour sonder le terrain dans le but d'y fonder une station. Cette ville est située dans l'intérieur des terres, à trois lieues de Porto-Novo. Le grand cabécère qui la gouverne est revêtu de pouvoirs extraordinaires. Les communications sont faciles, les marchés considérables; l'air y est sain ; ce serait pour la Mission un poste excellent.

La petite armée s'avance avec entrain. Presque toute la campagne est cultivée. Les sillons, régulièrement tracés, portent le maïs, le manioc, les haricots, les mandoubies, etc. A droite et à gauche de la route on rencontre des fétiches repoussants, devant lesquels la multitude des passants se prosterne. A ce spectacle, le cœur des missionnaires est navré. « Tout le long de notre route, écrit le frère Jean-Marie, nous n'avons entendu que des cris et des chants de féticherie. En passant

(1) *Ann.*

devant certaines cases, nous avons été effrayés par les cris de détresse d'un noir qu'on faisait mourir, qu'on torturait horriblement. Plus loin, nous avons subi l'affreux spectacle d'un homme pendu, les deux pieds attachés à la cime de deux piquets, le reste du corps renversé, le ventre et l'estomac entr'ouverts, la tête tranchée et fixée au tronc d'un autre arbre ; le tout répandait une odeur infecte. On a dit que c'était la fille du roi d'Ajjéra qui était la cause de la mort de cet homme. La princesse était malade depuis longtemps ; et le féticheur en haine de ce noir, dit au roi que s'il voulait la guérison de sa fille, il devait offrir au fétiche un sacrifice humain (1). »

A mesure qu'on approche de la ville, la végétation est plus vigoureuse. « On paraît apporter, dit le P. Bouche, dans les travaux de l'agriculture, plus de soins qu'à Porto-Novo. On se sert d'ailleurs, ici et là, du même instrument pour travailler la terre, c'est une bêche au manche court, au fer large et légèrement arrondi. Tous les champs sont plantés d'un certain nombre de palmiers et de cocotiers, ce qui donne au pays l'aspect d'un immense bosquet. Plusieurs de ces arbres sont entièrement dépouillés des filaments qui se rattachent à la nervure des feuilles. Les oiseaux les ont pris pour construire leurs demeures aériennes ; et ces arbres sont tellement chargés de nids, qu'il n'est pas rare de voir les branches se briser.

« Le roi d'Ajjéra nous fit très-bon accueil. Il nous invita à passer notre journée sous le péristyle de sa case, où nous serions garantis des ardeurs du soleil ; fit donner de l'herbe à nos chevaux, nous offrit trois poules, et chargea quatre de ses confidents de pourvoir à nos besoins. Après nous être installés de notre mieux, nous visitâmes la ville et trois petites lagunes situées à l'entrée d'épaisses forêts de palmiers qui couvrent les hauteurs environnantes. Le peu qu'on voit de ces lagunes est couvert de nénuphars en fleur ; mais, à une centaine de mètres, nous n'apercevions déjà plus rien ; les arbres et les lianes nous

---

(1) Lettres particulières.

cachaient tout. Les pirogues arrivaient en foule pour le marché. Ceux qui les montaient nous dirent que leurs cases se trouvaient dans une contrée beaucoup plus peuplée que le littoral. Leurs récits ont inspiré à M. Verdelet le désir de pousser plus loin ses excursions.

« A notre retour chez le roi, ses confidents étendirent sous le péristyle de larges feuilles de bananier, qui devaient nous servir de nappe, et nous nous accroupîmes autour. Le P. Courdioux nous avait donné quelques vivres; une femme qui avait reçu des remèdes dans notre établissement de Porto-Novo, nous fit cadeau d'une vingtaine d'œufs; d'autres noirs nous apportèrent des oranges et des noix de coco; bref, nous fîmes un excellent repas.

« Nous allâmes ensuite au marché. L'emplacement qu'il occupe est très-vaste; nous avions cependant de la peine à circuler, tant la foule était grande. On y vend des étoffes, des poissons, du bétail, des patates, et généralement toutes les productions du pays.

« Sous un hangar recouvert en feuilles de palmier, une vieille femme vendait des fétiches. Ses cheveux en désordre, ses deux gros yeux sortant de leurs orbites, son visage effaré lui donnait l'air d'une furie. Le P. Verdelet s'approche et lui demande ce qu'elle vend.

« — Des fétiches, répond-elle.

« — Comment ne rougis-tu pas, reprend le missionnaire, de tomber à genoux devant cette terre que tu as pétrie de tes mains, devant ce bois que tu as façonné toi-même? Comment surtout oses-tu proposer aux autres hommes d'adorer de tels objets?

« Elle ne savait que répondre. Surviennent deux féticheurs:

« — Si nous n'adorons pas les fétiches, disent-ils, que voulez-vous que nous adorions?

« — L'homme est infiniment plus grand qu'un fétiche, continue le P. Verdelet.

« Se méprenant sur le sens de ces paroles, les féticheurs ajoutent :

« — S'il nous faut adorer des hommes, nous ne saurons pas quels hommes méritent nos adorations.

« — Aussi, reprend le missionnaire, ne vous dis-je point d'adorer les hommes, mais d'adorer Dieu et de n'adorer que lui seul.

« Il leur expose alors l'histoire de la création du monde, de la chute originelle, de l'Incarnation et de la Rédemption. Les féticheurs l'écoutent avec avidité, et, quand il a fini :

« — Nous comprenons, disent-ils, que tes paroles sont vraies, la vérité est en toi, et nous serons heureux de l'apprendre de ta bouche.

« Ils veulent adresser encore quelques questions ; mais le P. Verdelet ne juge pas à propos de rien ajouter avant d'avoir eu, sur la religion chrétienne, un entretien avec le roi. Cet entretien ne se fit pas attendre.

« Le roi nous ayant demandé si nous ne désirions pas établir des relations commerciales avec Ajjera, le P. Verdelet lui répondit :

« — Je te remercie, ô roi, de ce que tu m'offres l'occasion de te dire ce qui m'amène sur cette côte. Je vivais tranquille au pays des blancs ; des voyageurs y répandirent le bruit qu'on trouvait ici des peuples nombreux, se prosternant devant la même boue que la veille encore ils foulaient aux pieds ; des peuples prenant un morceau de bois dont ils brûlaient une partie pour adorer le restant, comme si un côté valait mieux que l'autre.

« Chaque fois qu'on me parlait de ces choses, mon âme devenait triste, parce que j'aimais les noirs. Un jour enfin j'ai dit : « J'irai, et je leur annoncerai la vérité. » Et j'ai quitté mes parents et mes amis qui voulaient me retenir et je suis venu.

« Sache donc, ô roi, qu'il n'y a qu'un seul vrai Dieu, que ce Dieu peut tout, et que devant lui les fétiches ne sont rien. C'est lui qui a créé le ciel et la terre, qui a fait les animaux, les lagunes, les palmiers et les plantes ; et toutes ces choses il les a faites pour l'homme. L'homme a été placé au-dessus de tout le reste, il a été établi le maître de tout ; il s'avilit donc lui-même quand il adore ce qui est au-dessous de lui. »

Le missionnaire explique ensuite comment l'homme, créé parfaitement heureux, est déchu de son état d'innocence et de bonheur, comment Dieu l'a racheté et lui a ouvert le ciel.

« Voilà, conclut-il, en s'adressant à tous ceux qui étaient là, voilà les vérités que je viens vous annoncer. En même temps je soignerai vos malades et leur donnerai de bons remèdes ; je recevrai les enfants dans ma case, et les traiterai comme s'ils étaient à moi. Ce que je demande en retour, ce ne sont pas vos cauris, c'est de vous voir adorer Celui qui peut seul vous procurer le vrai bonheur. »

« A mesure que parlait le missionnaire, la satisfaction du roi devenait de plus en plus visible.

« Père, dit-il enfin, pourquoi ne pas te fixer dès aujourd'hui parmi nous ? Reste pour nous enseigner cette vérité que tu annonces ; mon peuple et moi nous t'écouterons avec docilité. Nous t'élèverons une case et nous te donnerons les hommes et les terres dont tu auras besoin. J'ai un fils que j'aime ; je te le donnerai pour qu'il apprenne la religion des blancs. Les autres noirs te donneront aussi leurs enfants, et je veillerai à ce que rien ne te manque... »

« Nous lui avons promis de venir, dès que nous le pourrions, nous établir à Ajjéra. Il doit, en attendant, nous envoyer son fils à Porto-Novo, et nous faire quelques visites.

« Nous quittâmes Ajjéra vers les quatre heures. Puisse quelqu'un de nos confrères y fixer bientôt son séjour ! A en juger par les apparences, Ajjéra sera une terre féconde qui rendra au centuple. »

Quelques jours plus tard, le P. J. Bouche écrivit de Porto-Novo à son frère, le P. B. Bouche, supérieur de la Mission de Whydah, pour lui dire qu'il désirerait beaucoup le voir, et lui donner son rendez-vous fraternel à Cotonou, dont nous avons déjà parlé. Il partit le 6 août.

Du côté du Dahomey la lagune s'élargit et paraît très-profonde. A droite, on laisse un marigot qui conduit à Aboupa; à gauche, s'étend un beau lac. Devant la province d'Ouémé, la lagune est obstruée par des couches épaisses de plantes aquatiques.

« J'avais d'abord, nous dit le P. Bouche, laissé les piroguiers ramer à leur guise ; j'aimais à me sentir entraîner peu à peu, parce que une marche lente me permettait de contempler les nénuphars et les belles fleurs qui flottent sur les eaux. Quelques aigrettes, des sarcelles, des bécassines et plusieurs espèces d'oiseaux aquatiques se promenaient par dessus, animaient le paysage et lui donnaient plus de charme. Cependant le soleil devenait ardent. J'invitai les piroguiers à pousser le bambou avec plus de force, et je leur distribuai une large ration de tafia, leur promettant de leur en donner bientôt une seconde. Je savais déjà qu'avec un peu d'eau-de-vie on obtient des noirs tout ce que l'on veut. Quand je les servais, ils s'inclinaient devant moi, prenaient le verre et versaient quelques gouttes par terre ; c'était la part du diable ; après cela ils buvaient le reste, déposaient le verre, s'inclinaient de nouveau en signe de remercîment, et leur chef, me montrant ses bras musculeux et frottant sa poitrine avec ses deux mains : « Tafia, dit-il d'un air satisfait, bonne chose ! lui faire chaud partout et donner courage au noir. » Le canal, ou la partie étroite de la lagune, fut bientôt franchi, et la pirogue se dirigea vers le milieu du Nokhoué, où je fus frappé du calme et de l'étendue de cette magnifique nappe d'eau. De tous côtés la terre avait disparu à nos yeux, et les cimes des grands arbres seules m'indiquaient à l'horizon l'endroit où se trouvaient les rives.

« Près de nous quatre nègres, montés sur deux pirogues, étaient occupés à pêcher ; ils avaient fixé à chacune des embarcations une des extrémités de leur filet, qu'ils tenaient tendu au fond du lac et qu'ils traînaient après eux. Sur chaque pirogue, un noir poussait le bambou et avançait tandis que son camarade, portant une longue perche sur l'épaule, la lançait en avant avec tant d'adresse qu'elle retombait toujours droite, et s'enfonçait dans la vase ; en passant il la reprenait et la lançait de nouveau, afin que le poisson effrayé s'en fût vers le filet et se trouvât pris. Je m'arrêtai à examiner cette pêche ingénieuse ; en quelques instants, on retira de l'eau une trentaine de poissons.

« Nous hâtâmes notre course vers Afatonou, petit village bâti sur pilotis, que je désirais visiter. De longs poteaux, appelés coquaires par les blancs de la côte, sont plantés au fond du lac, et c'est au bout de ces coquaires, à deux ou trois mètres au-dessus de l'eau, que les indigènes construisent, avec des planches et des branchages, leurs demeures aériennes. Un curieux spectacle nous attendait : on fêtait le nouveau cabécère de l'endroit ; faute de place publique ou de grande salle, les nègres montaient sur les toits de leurs cases ; et on entendait au loin leurs joyeuses clameurs et le bruit assourdissant de leurs affreux tam-tam. Leurs petites pirogues étaient rangées sous les cases, et aucune n'était ce jour-là partie pour la pêche ; car tous avaient voulu prendre part à l'allégresse commune. Ils s'agitaient tumultueusement sur leur toitures presque plates, et leurs corps, noirs comme l'ébène et à demi-nus se détachant nettement dans le bleu du ciel, donnaient à cette scène un cachet des plus sauvages. On aurait cru voir les hideux ébats d'une légion de diablotins (1). »

Au sud de Nokhoué, se trouvent les habitants d'un autre pauvre village que nous avons déjà nommé, Ahouansoli, bâti sur pilotis comme Afatonou.

Arrivé enfin à Cotonou, le P. Bouche reçut une lettre de son frère, qui lui annonçait que les fièvres l'ayant empêché de se mettre en route, il devait renoncer au plaisir de le voir. Notre jeune missionnaire de Porto-Novo fut reçu avec bonté par M. Fortuné, agent de M. Régis, qui l'installa dans la meilleure

---

(1) *Contemp.* Septembre 1874, p. 462.

chambre de sa factorerie : « Je vous souhaite, lui dit-il en souriant, de passer cette première nuit tranquille. » La maison était de bambous et les cloisons servaient de refuge à une multitude de rats.

Le Père, quoique harassé de fatigue ne se coucha qu'à dix heures. Le sommeil vint bientôt ; mais à peine endormi, le malheureux missionnaire fut réveillé par une douleur subite et assez vive. Les rats promenaient déjà sur son lit, et un deux venait de le mordre à la cheville. Le P. Bouche n'y tint pas ; il alluma sa lampe et l'horreur de ces petites bêtes l'empêcha toute la nuit de fermer les yeux. Dès le lendemain matin il fuyait Cotonou pour se rendre à Porto-Novo (1).

A son tour, le P. Poirier entreprit un voyage aux collines que les noirs appellent les *montagnes de l'intérieur*. « Là, disent-ils, il y a des pierres, des arbres de la bonne eau et pas de fièvres. » Pour voir toutes ces merveilles il faut arriver à Sakété. Cette ville est à dix lieues de Porto-Novo.

Faire une course de ce genre sur la côte d'Afrique, c'est tout un événement, et chose assez rare. Il faut un hamac, des porteurs, des bagages et surtout des vivres pour tous ; mais un missionnaire n'a pas besoin de tout cet attirail. Ses jambes lui servent de porteurs, ses bagages se réduisent à quelques couvertures, à quelques provisions, et à un sabre ou coutelas pour construire au besoin une cabane dans la forêt.

Ainsi partit notre apôtre. Après deux heures de marche sur un terrain accidenté et fertile, il fallut traverser un canal en pirogue, puis gravir une haute colline. Au sommet se présente le premier village. « Le chef se nomme Iangran ; c'est un prince de la famille royale de Porto-Novo. Quelques têtes accrochées aux arbres attestent les victoires de la dernière guerre, et tiennent les pauvres noirs sous la terreur des seigneurs de la forêt. » Une première halte se fit à Lakké, une

---

(1) *Contemp.* Septembre 1874, p. 460.

seconde à Cougé, et ce ne fut qu'au coucher du soleil, que le Père aperçut Sakété.

Là, en effet, on commence à rencontrer des pierres gisant sur les sentiers, des arbres de 80 mètres d'élévation et une douce fraîcheur. « Au milieu d'une terre rouge mêlée d'argile, on trouve d'énormes blocs isolés. Ce granit, d'une substance jaune, semble être d'une origine volcanique. Le moyen d'extraire ces pierres est très-difficile pour des noirs privés de tout instrument. Après avoir dégagé un bloc de la terre qui l'entoure, ils le mettent au feu ; et dès qu'une fente se déclare, ils y enfoncent des coins de fer. »

Le missionnaire voulut d'abord visiter le roi de Sakété. Après quelques difficultés celui-ci lui accorda une audience. Sa Majesté, comme tant d'autres monarques africains, était sans luxe et même sans propreté et sans dignité. Prenant d'abord le Père pour un négociant : « J'aime beaucoup, dit le roi, les blancs de l'Europe parce qu'ils ont de fort belles choses. » Ayant ensuite compris que son serviteur était prêtre catholique et missionnaire : « Venez à Sakété, dit-il, vous me donnerez des conseils et vous instruirez mon peuple. Je vous donnerai des terres pour vous établir. Mes sujets vous apporteront des poules, des moutons, des porcs, du maïs, etc. » Chaque maison de cette petite capitale est isolée et protégée par des buissons. Après trois jours, le P. Poirier rentra à Porto-Novo.

L'œuvre évangélique dans cette partie de la côte allait enfin recevoir un élément de bien que Whydah n'avait pu encore obtenir. Les prêtres de la Mission écrivirent au P. Planque : « Nous possédons un terrain très-bien situé pour l'établissement des Sœurs ; il n'y a plus qu'à préparer leur logement (1). » A cette dernière demande, le Père Supérieur de Lyon n'hésita pas d'avantage. En janvier 1868, le P. Thillier s'embarquait à Marseille, et conduisait à bord du *Maris Stella* les quatre

---

(1) P. Courdioux. *Ann.*

Sœurs : Bonaventure, Sacré-Cœur, Angèle et Bruno, ainsi qu'une escouade de huit petits nègres. Cette partie pieuse de l'équipage fut confiée à la bienveillance du capitaine Garcin. Notre-Dame de Fourvières et Notre-Dame de la Garde protégèrent dans leur traversée les premières colombes qui avaient pris leur essor vers la côte de Benin.

Elles furent reçues à Porto-Novo comme les vrais anges gardiens des petites filles nègres ; et leurs pupilles furent bientôt très-nombreuses. « Nous sommes quatre, écrivait l'une d'elles, et le bien à faire ici exigerait un personnel de religieuses beaucoup plus considérable. Mais, malgré tant de besoins, nous ne pouvons encore vous appeler à notre aide ; l'insuffisance de nos ressources s'y oppose. Vous le savez, dès qu'on nous amène une enfant nous devons l'adopter ; c'est-à-dire la vêtir, car elle est nue ; la nourrir, car elle n'a rien ; en un mot, elle est à la charge complète de la Mission. Et encore toutes celles que nous avons recueillies jusqu'ici ont échappé à la mort d'une manière toute providentielle..... »

Suit le tableau des misères de ces infortunées créatures. Un mot d'une d'elles peindra la situation de presques toutes. Son père l'ayant brusquement arrachée des bras de la Sœur, où elle s'était réfugiée : « Blanche, blanche, s'écria-t-elle, si l'on ne me tue pas, je reviendrai chez toi. » Du reste, la vive reconnaissance que témoignent celles qui couchent chez les Sœurs, prouvent bien les traitements barbares qu'elles subissent chez elles. Après une petite caresse reçue, c'est souvent qu'elles disent à leurs maîtresses : « Les enfants que vous avez laissées doivent bien vous regretter ! » Et comme les bonnes Sœurs leur font comprendre qu'en Europe on donne à tous les enfants les soins qu'elles reçoivent, alors de grosses larmes coulent de leurs yeux, au souvenir des coups qu'elles ont reçus. Et, pressant la main des religieuses dans leurs mains : « Sœurs, disent-elles, quand vous aurez moi sage, j'irai en France, n'est-ce pas (1) ? » Un missionnaire qui s'intéressait à l'une

---

(1) Lettre inédite.

de ces enfants, lui disait un jour : « Tu as une mère encore vivante, il faut retourner vers elle. — Oh ! non, répondit-elle, je ne veux pas, je ne veux pas ! — Et pourquoi cela, mon enfant ? — Parce que en toi j'ai trouvé un père qui est meilleur que ma mère. » C'est la nature qui parlait là avec la finesse africaine. Ces pauvres petites créatures sentent bien, dans les soins dont on les entoure, la puissance d'une vertu étrangère au fétichisme : la charité.

Dès la première année, les religieuses purent recueillir vingt-cinq petites filles, dont six ont eu le bonheur de recevoir le saint baptême et de faire la première communion le jour de Noël. L'année suivante, le P. Courdioux écrivait : « A Porto-Novo, l'internat des Sœurs va très-bien. Les religieuses sont parfaitement acclimatées et se mettent doucement au courant des rudes mœurs du pays. Malheureusement, faute de ressources, nous sommes obligés de refuser de nouvelles élèves. Cependant c'est par l'éducation, surtout par l'instruction des jeunes filles, que nous arriverons le plus sûrement et le plus vite, à faire pénétrer les lumières de la foi parmi les ténèbres du fétichisme (1). »

Les Sœurs, écrit le P. Courdioux, ont déjà organisé l'Œuvre de la Sainte-Enfance parmi leurs élèves. Elles sont très-zélées. Aussi feront-elles une assez belle recette, grâce à une ingénieuse industrie.

La communauté possède un fort beau singe que les Portugais appellent *Guaraïba*. Ce singe est très-amusant. Les Sœurs en ont fait un excellent quêteur pour la Sainte-Enfance. Il donne de véritables représentations au profit de cette œuvre. Les élèves se cotisent pour réunir des cauris ; quand elles en ont une certaine somme, elles la portent à la Trésorière qui est une de leur compagnes. Alors, grâce à son offrande, cette trésorière obtient des maîtresses qu'on lâche le singe pendant toute la récréation. Pendant ce temps précieux, toutes les pe-

(1) *Ann.* 29 août 1869. N° 248.

tites négresses sont en mouvement : elles s'en donnent à cœur joie. Il faut les voir courir, se cacher tour-à-tour. On ne sait quel est le plus espiègle du singe ou des enfants !....

L'établissement des Sœurs était fondé ; la Mission catholique était prospère ; le ciel avait béni les efforts de nos apôtres à Porto-Novo ; l'enfer devait exhaler sa rage.

On sait que les protestants ont aussi leurs Missions en Afrique, à côté des Missions catholiques ; mais les ressources matérielles qui feraient la grande prospérité des nôtres, s'évanouissent dans leurs mains, parce que la charité, la vraie charité du Christ, n'entre pas dans leurs œuvres. Leurs ministres sans doute, au prix de l'or, essayent de tenir des écoles de garçons ; mais ils n'ont jamais réussi à se donner des Sœurs pour soigner les plaies hideuses et infectes des noirs, et pour élever chastement les petites filles des nègres. Les Sœurs ! L'illustre évêque de Perpignan, Mgr Gerbet, disait aux protestants : « Faites-nous une Sœur de charité et je cesserai d'être catholique ! »

Ce n'était donc pas par les efforts impuissants des protestants, que celui qui eut la tête écrasée par le pied de la Vierge devait manifester sa colère, et protester contre la présence des religieuses de Porto-Novo. Le prince des ténèbres témoigna sa rage de la manière la plus ignoble, par une institution de jeunes féticheuses.

Après avoir parlé de tout le dévouement de nos Sœurs de charité et du bien qu'elles ont fait dès les premiers jours, dans la capitale du royaume, le P. Courdioux ajoute : « Vous savez que notre résidence de Porto-Novo est adossée à un bois sacré, et que le féticheur qui habite ce bois nous étourdit, une grande partie de l'année, par ses cris et ceux de ses dévots. Ce sont des saturnales qui recommencent chaque soir et durent toute la nuit.

« Mais, depuis quelque temps, le grand féticheur a réuni dans le bois une vingtaine de petites filles qu'il initie aux mystères du dieu de la foudre. Je ne sais à quoi elles sont occupées tout le long du jour ; mais trois fois dans la journée, à peu près aux heures de l'Angelus, elles poussent de grands cris, suivis de longs hou-hou-hou. Ces pauvres enfants sont ainsi gardées jusqu'à l'âge de quinze à dix-huit ans. Une ou deux fois par mois, elles vont toutes ensemble quêter au marché.

Ce jour-là, elles prennent un bain ; se teignent les cheveux sur une moitié de la tête, tantôt en rouge, tantôt en brun ; se couvrent le cou et la poitrine d'une peau jaunâtre, faite de plantes aromatiques. Elles ont pour vêtements deux pagnes, l'un rouge, l'autre blanc, qui descendent jusqu'aux genoux. Un collier de cauris blancs au cou et des bracelets de même matière aux jambes, complètent leur toilette. Elles sortent du bois sacré, les plus jeunes les premières ; elles s'avancent une à une, dans les étroits sentiers qui sont les rues de nos villages noirs, l'index de la main droite posé sur les lèvres et la main gauche appuyée sur la hanche ; elles se dandinent en chantant. Une vieille féticheuse, le corps couvert de tatouages mystérieux et les yeux injectés de sang, les suit et les ramène à la case fétiche. Enfin, lorsque ces jeunes filles arrivent à l'âge de l'initiation définitive, elles sont tatouées, surtout aux épaules, et c'est à quoi l'on reconnaît de quel fétiche elles sont les prêtresses (1). »

Telle est la grossière concurrence que le fétichisme a imaginée. Il est pénible, sans doute, pour les apôtres et pour les épouses de Jésus-Christ, d'entendre tous les jours les cris de ces malheureuses enfants qu'on forme au culte du démon ; mais ne semble-t-il pas que ce soit là le dernier effort de l'ennemi du genre humain, s'agitant encore sur une terre qu'il a longtemps possédée, et que les soldats du Christ lui enlèvent chaque jour ?

(1) *Ann.* Janvier 1870, n° 240.

LIVRE VIII

LAGOS ET AGOUÉ

> « Comment entendront-ils parler de Dieu, si personne ne leur prêche ? »
>
> « *Quomodo autem audient sine prædicante ?* »
>
> ROM., X, 14.
>
> « Les petits enfants ont demandé du pain, et il n'y a eu personne pour leur donner à manger. »
>
> « *Parvuli petierunt panem, nec erat qui frangeret eis.* »
>
> JEREM, IV, 4.

CHAPITRE PREMIER

Le point qui parut le plus favrable pour établir une troisième station sur la Côte des Esclaves, fut Lagos ou *Lacs*. Cette île donna son nom à la ville même de Lagos. Celle-ci est à 70 kilomètres à l'Est de Porto-Novo ; elle est située à 1°8' de longitude Est, par 6°28' de latitude Nord, au Sud de la grande lagune Ossa, non loin de l'embouchure de l'Ogoun (1).

Ce vaste Etat est borné au Nord par les pays Nagos et la ville d'Abékouta ; à l'Est, par le Jabou et le Benin ; au Sud,

---

(1) *Miss. cath.*

par la mer ; à l'Ouest, par Porto-Novo et le Dahomey. Cette position exceptionnelle a fait de Lagos un centre des plus importants pour le commerce avec le monde entier. Les principales productions exploitées par les navigateurs sont encore : l'huile de palme, le coton, la sésame et l'ivoire. L'île de Lagos mesure environ, de l'Est à l'Ouest, trois milles anglais (4817^m); et du Nord au Sud, un mille (1609 ^{m}). Elle fit autrefois partie du pays que les Arabes et après eux les Anglais désignent sous le nom de *Yorriba*, mais que les Indigènes ne connaissent que sous le nom de pays Nagos. Plus tard cette île devint un petit royaume indépendant et l'un des foyers principaux de la traite des nègres. Depuis 1862 elle est colonie anglaise, mais depuis 1851, l'influence britannique s'y fait sentir; et à l'ombre du pavillon anglais, les nègres trouvent une liberté et une sécurité qu'ils demanderaient en vain aux Etats voisins. Aussi la population s'y développe et augmente de jour en jour par l'arrivée d'émigrants du Brésil et d'esclaves échappés de tous les pays environnants. La ville de Lagos seule compte 50,000 habitants, et l'île entière 80,000.

Les missionnaires de Lyon avaient plusieurs fois exploré cette partie du littoral. De Whydah et de Porto-Novo, ils avaient poussé leurs courses apostoliques jusqu'à Lagos, où ils visitèrent souvent les chrétiens qui vivaient sans prêtre. Pionnier infatigable, le P. Borghéro parcourut, le premier, ce point important de la côte. Il écrivait à son retour :

« Tout récemment j'ai visité les chrétiens de Porto-Novo, de Badagry et de Lagos. Dans ce voyage, j'ai baptisé un bon nombre d'enfants et d'adultes, en tout quatre-vingt-douze personnes.

« A Lagos, le 27 septembre, qui était un dimanche, j'ai célébré la sainte messe publiquement dans une maison spacieuse, où les indigènes avaient érigé un autel auquel rien ne manquait. Ces braves gens, en revenant du Brésil, apportent toujours avec eux de petites statues de saints et d'autres objets sacrés. Ce jour-là, chacun fournit ce qu'il avait en son pouvoir.

On trouva jusqu'à l'encens et l'encensoir; il y avait aussi une cloche de médiocre grandeur. On doit s'étonner qu'en un moment on ait pu trouver, dans un pays infidèle, et sous la main des pretestants, assez d'objets sacrés pour improviser une église, et obtenir la célébration d'une première messe publique à Lagos. Près de quatre cents personnes assistaient à cette messe. C'était encore une représentation de l'Eglise catholique; des gens de dix nations différentes se trouvaient là avec une attention et un recueillement remarquables. Quarante-six personnes reçurent le baptême en ce jour. Les catholiques ne s'arrêtèrent pas là; ils témoigèrent le plus vif désir d'avoir une Mission, et nous offrirent une somme considérable pour nous faciliter les moyens de nous établir dans leur ville. Le même jour cinq négociants européens se présentèrent au gouverneur anglais pour traiter de l'acquisition d'un terrain destiné à l'établissement de la Mission : ils étaient disposés à l'acheter, selon la coutume de la colonie qui le fait payer assez cher. Le gouverneur, dans une visite que je lui avais faite quelque temps auparavant, s'était montré favorable à une mission catholique. Quand il entendit la députation et ses projets, il répondit qu'un terrain destiné à la Mission ne saurait se vendre, que le Gouvernement devait le donner gratis. Cependant, comme la loi coloniale qui fixe le prix des terrains défend en même temps d'en concéder gratis, et que le gouverneur n'avait pas le pouvoir de déroger à cette loi, il promit de proposer la chose à la première réunion de son conseil et de l'appuyer de son mieux. La concession fut donc faite gratis et en bonne forme; le terrain était même plus grand qu'on ne l'avait demandé.

« En présence de tels faits, ne devons-nous pas seconder de tous nos efforts les pieux désirs des fidèles sur le point le plus important de notre Vicariat ? Il faut bien espérer qu'en vue de si grands besoins et d'une telle bonne velonté, le dévouement des missionnaires ne fera pas défaut et que l'Œuvre de la Propagation de la Foi nous aidera puissamment. Lagos est un pays amplement libre, où le champ est ouvert et n'attend que les ouvriers. Le gouvernement anglais qui comprend son intérêt, loin de contrarier les missions catholiques dans ses colonies, les favorise souvent et ne leur oppose pas trop d'entraves. Il faut ajouter encore une circonstance importante.

« Quand notre vénéré fondateur, en 1856, eut demandé à la Propagande d'être envoyé au Dahomey, on espéra, à Lagos, d'avoir bientôt une Mission. En conséquence, avant d'apprendre que Mgr de Marion-Brésillac était destiné à Sierra-Leone, le consul de Sardaigne, avec les autres catholiques de Lagos, avait obtenu une portion de terrain pour la future Mission; on faisait alors le premier partage des terres de la colonie, et la loi coloniale n'était pas encore portée. Une petite chapelle fut aussi construite. Dans la suite, faute de quelques formalités devenues nécessaires après la prise de possession définitive, et parce qu'on avait perdu tout espoir d'avoir une Mission, le terrain accordé fut envahi, la chapelle destinée à d'autres usages. Maintenant qu'on s'est remis à l'œuvre et qu'on a obtenu une seconde fois l'autorisation nécessaire, si l'on ne profitait pas de l'occasion, ce serait une perte de longtemps irréparable. Si les difficultés qu'éprouve en ce moment la colonie s'aplanissent, comme tout le monde l'espère, il deviendrait par la suite impossible de trouver une emplacement convenable, même avec des sommes excessives. »

C'est ainsi que le P. Borghéro adressait au Supérieur de Lyon les demandes les plus pressantes. Il fallait pour cette grande entreprise des secours pécuniaires, et surtout le concours d'un plus grand nombre d'ouvriers. Le R. Père Planque avait tout compris. La fondation fut résolue en principe. Mais la maison-mère ne pouvait épuiser son personnel d'une manière si rapide. Il fallut encore attendre, mais pas longtemps.

En avril 1868, les PP. Thollon, Gonzague et le Frère Pocachard quittaient Marseille à bord de la *Fortune*; à la fin de la même année et sur le même port, s'embarquaient les PP. Barthe François et Baudin Noël, accompagnés de sept petits nègres. Ces nouveaux apôtres allèrent porter la joie et la confiance à leus frères de la Côte des Esclaves.

Le P. Courdioux, Supérieur général de la Mission, avait enfin annoncé que le P. Bouche irait à Lagos, le 15 août 1868, pour fonder la nouvelle station. Celui-ci partit avec confiance, sous la bénédiction de Marie, et accompagné seulement du Frère Hélie Martinez (1). « Plus nous avancions, c'est-à-dire plus nous approchions de Badagry, écrit le P. Bouche, et plus nous rencontrions des pirogues sur lesquelles les noirs portaient l'huile et les amandes de palme qu'ils allaient troquer contre les marchandises européennes. En passant près de nous, ils se soulevaient sur leurs petits bancs, souriaient et nous envoyaient un joyeux bonjour.

La lagune est bordée de mangliers et de palétuviers à travers les racines desquels ont voit souvent se glisser des *caïmans-alligators*, qui sont très nombreux sur la côte. Les noirs leur rendent un culte et les regardent comme des divinités en général peu malfaisantes, parce que, toujours repus de petits poissons, ils ne songent pas à attaquer l'homme. »

Les pirogues, longeant toujours la lagune à force de pagaies, arrivèrent bientôt en vue d'Erapo. Ce village, quoique situé au milieu de marécages, tire sa principale richesse de la culture de cannes à sucre sauvages. On y remarque un temple célèbre consacré à *Eddou*, joli petit singe plein d'élégance et de gentillesse. Il est si commun et si familier dans les bois, qu'il va jusqu'auprès des cases et sur la place publique où il se nourrit des fruits que les dévots ont placé devant les statuettes. Ce singe, ou plutôt cette divinité bienfaisante, est surtout vénérée par les Nagos et joue un grand rôle dans leurs récits. Ils lui attribuent d'autant plus d'intelligence qu'à leurs yeux tous les singes sont des hommes. « *Comme ils sont fins et adroits,* disait un Nagos au P. Bouche, *ils ne parlent pas devant nous, afin qu'on ne les oblige pas à travailler.* »

(1) *Ann.* Août 1869.

Enfin après de nombreuses péripéties, le missionnaire arrive à Lagos et s'engage dans les rues tortueuses de cette grande cité. Par son irrégularité, elle ressemble à toutes les villes de l'intérieur et du littoral. On commence toutefois à recrépir les cases avec de la chaux et on élève souvent un étage. Nous savons qu'ailleurs c'est là un privilége réservé aux blancs et aux rois. Certaines cases à Lagos ont un péristyle, et les propriétaires se donnent le luxe d'en cirer le parquet avec de la bouse de vache. On voit des parquets noirs comme l'ébène, unis comme du marbre, propres et luisants avec des incrustations de coquillages blancs, disposés avec goût et formant quelques dessins. Le soin de faire et de nettoyer ces parquets est confié aux femmes ; elles délayent la bouse de vache dans l'eau, en répandent sur le sol une couche de quelques millimètres, la laissent sécher, et la frottent avec les feuilles du *papayer*.

Comme nous l'avons dit, les commerçants européens et les employés blancs de la colonie sont aujourd'hui en petit nombre à Lagos ; ils occupent, le long du quai, un quartier spécial. Le Père Bouche n'eut qu'à se louer d'eux.

En octobre, le nouvel apôtre avait choisi une résidence, et pris possession de son poste. Les chrétiens de Lagos, dépourvus de prêtres, n'avaient pour les soutenir dans la foi que le ministère d'un pauvre Brésilien. Celui-ci ayant reçu la liberté de son maître, était aller s'établir à Lagos. Les Brésiliens catholiques le nommaient le *Padre Antonio*, parce que, disaient-ils, il était le plus versé dans la connaissance de la religion, et surtout des cérémonies catholiques et des rubriques romaines. Ce brave homme, quoique peu instruit, exerçait sur ses compagnons et coreligionnaires une véritable influence. Il était souvent consulté dans les différends, et son arbitrage jugeait en dernier ressort.

Mais dans son zèle il ne se contentait pas d'être un homme juste. Comme les missionnaires de Whydah et de Porto-Novo ne faisaient, d'après lui, que de trop rares apparitions à Lagos, il se crut autorisé à réunir chez lui tous les catholiques, les dimanches et jours de fêtes. Là, avec toute la gravité dont il était capable, il récitait en public les prières liturgiques qu'il savait ; il se permettait même, à l'aide d'un petit rituel portugais, de faire l'eau bénite et de célébrer une espèce de messe blanche. Ces prétendus mystères s'accomplissaient avec le plus grand sérieux et la meilleure bonne foi du monde.

Le *Padre Antonio* réunissait encore son peuple fidèle tous les samedis, et présidait aux vêpres et à l'office de la sainte Vierge que l'on chantait en langue portugaise. Telle fut même l'origine de la Congrégation de la très-sainte Vierge fondée plus tard par les missionnaires et qui depuis lors ne cesse de fonctionner. Notre pieux laïque avait baptisé un bon nombre d'enfants dont plusieurs sont allés au ciel revêtus de leur robe d'innocence. Il faisait aussi des enterrements, où il psalmodiait les prières de son rituel catholique.

Dieu qui lit au fond des cœurs dut bénir l'intention si pure de *Padre Antonio*. A défaut des grâces qu'il ne pouvait communiquer *ex opere operato*, notre prêtre-laïque n'exerça pas moins un ministère fructueux *ex opere operantis* ; on peut assurer qu'il fit du bien à un grand nombre, n'eût-ce été qu'en éloignant tant de fidèles des temples de la réforme et des ministres protestants qui fourmillent à Lagos.

A l'arrivée des missionnaires, l'édifiant brésilien a renoncé à ses fonctions sacrées et à son sacerdoce d'emprunt. Il céda volontiers ses objets au culte qu'il avait eu soin de se procurer. Pour tout dédommagement il voulut être l'ami intime et demeura toujours l'auxiliaire dévoué des prêtres catholiques.

CHAPITRE II

A mesure que l'évangélisation africaine gagnait du terrain sur la Côte des Esclaves le Séminaire de Lyon continuait d'envoyer de nouvelles recrues sur ce théâtre du dévouement apostolique. Les PP. Veyret Alexis, du diocèse de Grenoble, et Bourguet Joseph, du diocèse de Nancy, partaient de Marseille sur *la Fortune*, le 27 novembre 1869. Leur traversée fut une reconnaissance continuelle de mille peuplades échelonnées sur la côte occidentale, ayant soif de la vérité éternelle, et déjà mûres pour l'Evangile.

Dans son long journal de voyage (1), le P. Veyret nous raconte d'une manière amusante ses consolations les plus douces suivies de regrets les plus amers. Après le récit de quelques vents contraires, de quelques secousses violentes de la tempête, du désordre habituel de sa cabine où tous les meubles sont mis en mouvement par le roulis, le missionnaire salue la ville si malpropre de Gibraltar, où les enfants courent à l'envi pour lui baiser les mains. C'est la vieille foi espagnole ! La fête suave de l'Immaculée Conception et la nuit solennelle de Noël sont pompeusement célébrées à bord de *la Fortune*. Tout l'équipage a chanté : « *Sur cette onde mobile...* » Le 10 janvier, passage de la ligne. Le 28, le vaisseau mouille en face du petit Cavally: les *Crowmen* viennent en foule caresser le crucifix des missionnaires. Le roi de *Grand-Tabou* se présente lui-même à bord, pour saluer les *apôtres blancs* ; il est couvert d'un énorme chapeau de paille et d'un pagne bleu : avec toute sa majesté royale, il invite les deux Pères à se fixer dans son village. Le fils de l'ancien roi de *Basha* vient à son tour, sollicite les blancs, pour qu'ils descendent dans sa pirogue. « Craco, lui dit le P. Veyret, si par hasard nous descendions à terre, où me logerais-tu ? Que me donnerais-tu à manger ? Le roi me couperait le cou, n'est-ce pas ? — Non, non, répondit le prince nègre sur le ton de l'indignation. Les Crowmen, jamais avoir fait mal aux blancs ; les Crowmen être bons ; jamais le roi faire couper cou à toi. Mais moi te présenter au roi, dire qui tu es ; et le roi te protéger alors

---

(1) Lettre du 15 mars 1870, adressée aux élèves aspirants des Missions africaines.

beaucoup, beaucoup. Moi aller chercher bananes, cocos, ananas, patates douces; moi donner à toi case, pirogues, femmes.
— Arrête, misérable, lui dit le missionnaire, tu ne sais pas que les Pères blancs n'ont jamais de femmes? Ils ont promis à Dieu de vivre isolément, pour aimer, instruire, guérir les autres surtout les noirs. — Comment, reprit aussitôt l'indigène étonné, toi jamais gagner femmes, jamais gagner femmes? — Non, jamais! — Oh! alors toi grand, grand, faire grandes choses; mais pourquoi toi pas venir chez Crowmen? Oh! Crowmen.... avoir bien besoin de toi, de Pères blancs!... »
« A ces paroles d'un païen, ajoute le P. Veyret, mon cœur saignait. » Quelques instants après, le vaisseau avait quitté le rivage de Basha, et les missionnaires songeaient encore avec tristesse à la généreuse invitation de l'illustre Crowman. Quand sonnera l'heure de la miséricorde pour ce peuple abandonné?

« Un jour, écrit encore notre missionnaire, je me promenais sur le pont, tenant mon parasol et récitant mon bréviaire, lorsqu'un pauvre petit négrillon, un des Crowmen recueillis sur la côte, est venu de lui-même s'offrir à tenir mon parasol. A peine âgé de huit ans, il voulut à tout prix m'abriter, pendant que je priais le bon Dieu. Or, j'étais ému jusqu'aux larmes; et je priais le Seigneur de se faire connaître à ce petit enfant, qui donnait non un verre d'eau, mais l'ombre et la fraîcheur à son apôtre. »

Le 1ᵉʳ février, le vaisseau avait mouillé devant Béréby. Le roi de cette ville, sur une invitation du capitaine, accepte un déjeuner à bord de *la Fortune*. Il se fait annoncer par quelques coups de canons; et bientôt une grande pirogue vole sur les flots. Sa Majesté se présente avec sa longue barbe et son grand chapeau galonné d'or; c'était là tout son costume royal. En arrivant, écrit le P. Veyret, le prince les a salués respectueusement et leur a donné une forte poignée de main. Pendant le repas il leur faisait passer la moitié de ce qu'il avait dans son assiette en *signe d'amitié*. Devinez avec quelle exactitude ils lui rendaient la pareille ! Après s'être informé du but de leur mission, ils les a félicités, et a manifesté un grand désir de les retenir dans son royaume. Pour le dédommager de leur refus forcé, ils accèdèrent à son second désir : il voulait leur faire les honneurs de sa capitale. Les voilà donc sur la pirogue royale. Le passage fut prompt. En sortant du canot, le roi fut le premier à se mettre à l'œuvre, pour tirer la nacelle sur le rivage. Hommes, femmes, enfants, tout le monde accourt ; chacun se met en position pour imiter et soulager le pauvre monarque, *et honorer les Pères blancs.*

Arrivés à terre, ils furent enlevés par des bras vigoureux qui les ont mis à l'abri des dernières vagues. Mais alors, tous les enfants, saisis de frayeur en leur présence, prennent la fuite. Ils avaient beau leur faire signe de venir, inutile ! Cependant l'un d'eux, moins troublé que ses camarades, finit par donner la main, mais en tremblant. Le Père lui fait une petite caresse sur la tête ; aussitôt tous les fuyards se hâtent de venir en chercher autant. Pauvres enfants, ils les auraient mis en pièces pour avoir à porter quelque chose de leur personne ou de leurs effets. Les dix doigts de chaque Père étaient tenus par dix mains différentes ; leur soutane n'était pas assez vaste pour être pincée par tout le monde. L'un portait un chapeau, l'autre un parasol, celui-ci un sac de voyage, celui-là un bréviaire, ce dernier des lunettes tous les autres s'appliquaient à relever les soutanes par devant et par derrière, pour les empêcher de traîner dans le sable. Cette entrée à Béréby fut vraiment triomphale pour les missionnaires.

Le roi les conduisit sous un pavillon, où il les fit asseoir sur une espèce de fauteuil en bois. Les enfants allaient courir les bois, montaient à la cime des arbres, pour cueillir des fruits qu'ils venaient leur offrir avec une grâce charmante. Après un premier repas, le Père Veyret donna une séance de violon ; tout le peuple assemblé applaudissait à ses accords.

Le lendemain, de grand matin, le frère du roi, qui est ministre de la guerre, venait le réveiller pour jouer du violon. Il lui observa qu'un *Père blanc* commence la journée par la célébration de la sainte messe, la plus grande action qu'on puisse accomplir sur la terre. A cette parole, il n'insista plus, et alla prévenir tous les grands personnages de la cour que les Pères s'occupaient à dresser l'autel. On entendit tout à coup le bruit formidable du canon. A ce signal, toute la population accourt pour assister au Saint-Sacrifice. Le roi et les ministres donnent l'exemple d'une tenue édifiante. Debout autour de l'autel, ils forment la garde d'honneur du prêtre-sacrificateur, ou plutôt de Jésus-Christ descendant pour la première fois peut-être sur cette terre abandonnée. Le Ministre de la guerre crut qu'il entrait dans ses fonctions de faire régner l'ordre pendant la messe. Que se passa-t-il entre le Sauveur et ces âmes étrangement recueillies ? Dieu le sait.

L'heure du départ avait sonné. Les missionnaires durent quitter Béréby avec le profond regret de ne pouvoir se fixer au milieu d'un peuple qu'ils aimaient déjà. Mais la destinée de l'apôtre est de voir les émotions varier et se succéder dans son âme, comme les tableaux de la nature et les perspectives de l'Océan s'offrent tour-à-tour à ses regards émerveillés.

Le 12 février, l'équipage aperçut Acéra ; le 19, on était en face de Petit-Popo. Enfin, *La Fortune* abordait sur la plage de Whydah, le 2 mars 1870. « Je ne vous ai pas encore dit, écrivait plus tard le P. Veyret, qu'à notre arrivée à Whydah, nos pauvres confrères n'avaient ni pain ni vin, pour nous recevoir. Depuis plus de trois mois, ils mangeaient de l'accassa (1) et buvaient le pitoux. Ce régime qu'il fallut adopter n'était guère appétissant. Je fis donc comme le patriarche Noé, je plantai une vigne (2).... »

Les privations de nos missionnaires n'étaient pas seulement dans la nourriture, mais aussi dans le gîte. « Un grand orage,

---

(1) Espèce de pain à l'usage des noirs et fabriqué avec la farine de maïs.

(2) Lettre particulière. — Whydah, mars 1870.

écrivait un autre Père, a renversé et brisé la toiture de la maison. Nous avons tout délogé sous une pluie diluvienne. Le P. Veyret s'est retiré pendant plusieurs jours dans la boutique du charpentier; votre serviteur était parfaitement à l'abri dans la cabane du jardinier, tout le reste de la communauté montait la garde devant nos effets entassés dans l'écurie des brebis qui servait aussi de salle à manger (1). »

Quelle langueur, quelle mélancolie, durant ces longs jours où le vent pleurait sur ces toits d'écorces et de feuillage ! Que de larmes secrètes répandues alors au souvenir de la patrie absente ! Mais non, les missionnaires de Whydah avaient appris de saint Paul à vivre heureux « dans les travaux et les chagrins, dans la faim et la soif, dans les veilles et les jeûnes, dans le froid et la nudité (2). »

Les relations édifiantes du P. Veyret et du P. Thillier étaient venu réjouir les jeunes aspirants des Missions africaines. Quelques jours plus tard, la communauté faisait ses adieux aux PP. Beaugendre, Marie-Raoul, du diocèse de Rennes, et Meyranx Jean-Baptiste, du diocèse d'Aires. Ces nouveaux missionnaires s'embarquaient à Marseille, le 5 août 1870.

Mais, pendant que les apôtres achetaient l'évangélisation du Dahomey au prix de tant de sacrifices, la Providence soumit aussi à une dure épreuve tout le personnel de la Maison-Mère de Lyon. L'année 1870 avait ouvert une période néfaste pour la France. Sous le règne de la Commune, le séminaire des Missions Africaines, situé à la grand' rue de la Guillotière, était trop bien placé pour ne pas être honoré des vexations et des persécutions de la tourbe communarde. Comme la plupart des établissements religieux de la ville, il fut l'objet de minutieuses perquisitions. Témoin de quelques scènes indignes, le P. Papetard, alors en résidence à Lyon, sentait bouillonner dans ses veines le sang généreux du vieux soldat ; et, malgré

(1) Lettre particulière du P. Thillier au P. Arnald, avril 1870.
(2) II Cor. XI, 27.

lui, sa main nerveuse se fût portée volontiers sur la garde d'une épée ou sur la crosse d'un fusil.

Le mercredi 7 septembre, la maison fut occupée par un détachement de gardes nationaux. Presque au même moment mourait un des jeunes aspirants. Le décès constaté, il s'agissait de faire la déclaration exigée par la loi ; un des directeurs de l'établissement alla remplir cette formalité, escorté de deux baïonnettes. L'enterrement fut fixé au lendemain. Le cercueil franchissait la porte du Séminaire, on l'arrête. La bière est ouverte, on en sonde les parois, on remue le cadavre, on écarte le linceul, on décroise les mains pieusement armées du crucifix « *pour voir s'il n'y a pas des armes ou de l'argent cachés* ». Cette scène avait lieu en présence d'un groupe de cyniques qui ricanaient en face du cadavre. Et une voix osa crier : « Qui sait s'il ne fait pas le mort pour s'échapper ? » La fouille terminée les porteurs eurent la liberté de continuer leur marche. Les directeurs et les condisciples du défunt, muets de douleur, se disposaient à accompagner leur frère au lieu du repos.

Non !!! Cette consolation leur est brutalement refusée. Seul, le frère du défunt, à force d'instances obtient cette faveur. Il suit le cercueil placé entre deux gardes nationaux qui l'escortent au cimetière et le ramènent aussitôt, sans lui laisser le temps d'achever un *de profundis* sur la tombe béante de son frère.

Les jours suivants, le Séminaire fut occupé par un plus grand nombre de gens armés. La chapelle gothique qu'on venait de construire devint un dépôt de cartouches. On avait déjà profané et souillé ce saint lieu ; les voûtes si élégantes avaient été criblées par les balles que cette soldatesque ivre lançait avec les blasphèmes les plus horribles.

Pendant cette tourmente, les Pères et tous les jeunes aspirants de la Maison étaient parvenus à se soustraire à la brutale surveillance de ces gardiens. La plus grande partie des séminaristes se retirèrent en Angleterre, où ils furent reçus par le

Révérend docteur Vaughan, supérieur et fondateur du Collége de Mil-hill, près de Londres. Le Père Planque se fixa en Suisse pour surveiller de plus près la marche des événements.

Le calme fut bientôt rétabli. Comme Paris, Lyon rentra dans l'ordre à l'apparition d'un gouvernement légal. L'établissement des Missions africaines s'ouvrit de nouveau pour recevoir ses véritables hôtes un instant dispersés par l'orage. Cette pépinière d'apôtres avait hâte de fournir quelques ouvriers évangéliques à la jeune Mission de Lagos.

Le P. Bouche, secouru du P. Vermorel, du bon Frère Hélie et de *Padre Antonio*, endurait facilement les fatigues de cette nouvelle fondation. D'agréables surprises lui furent ménagées. Un protestant offrit à la Mission catholique une belle image de la Vierge. Une femme indigène fit don en grande partie de la première cloche. Celle-ci pesait 1800 livres. On put ouvrir la neuvaine de l'Immaculée Conception. Le jour de la clôture chacun voulut concourir à la brillante illumination de la petite chapelle improvisée. En quelques heures, le sanctuaire fut littéralement couvert de bougies, et bientôt tout ruisselant de clartés.

Néanmoins la nouvelle Mission eut beaucoup à souffrir des tracasseries incessantes que suscitaient les ministres protestants, les marabouts et les francs-maçons. On épiait le moindre mouvement des catholiques ; leurs plus touchantes cérémonies étaient commentées, critiquées ; le diable se démenait. La mort elle-même choisit pour sa première victime, à Lagos, le bon Père Vermorel, qui mourut de fatigue vers la fin de 1869.

Malgré mille entraves, les prêtres de Lyon avaient solidement occupé leur poste. Le P. Bouche eut pour successeur le P. Cloud. Le nouveau Supérieur avait avec lui le P. Barthe, mais celui-ci ne fut pas longtemps son auxiliaire. Le triste état de sa santé l'obligea de rentrer en France. Vint ensuite le P. Bourguet, et après lui les PP. Beaugendre et Meyranx. Les débuts de leur apostolat furent rudes. « Il y aurait à Lagos un bien immense à faire, écrivait le P. Beaugendre, mais nous manquons d'hommes et d'argent. Si, à Porto-Novo, tout est déjà magnifique, ici tout est encore misérable. Nous sommes trois à coucher dans un corridor ; voilà nos chambres. Notre maison est en bois et le soleil nous frappe directement sur la nuque. Le pain est si cher, que nous sommes obligés de manger de la farine de manioc (1). »

Le même missionnaire s'adressant un autre jour à M. l'abbé Ménager, jeune aspirant au Séminaire de Lyon : « Ah ! l'Afrique, disait-il, voilà, cher ami, la patrie de quiconque ne craint pas de souffrir. Tu as vu dans le petit récit de mon voyage que la fièvre ne m'a pas empêché de franchir les barres : or, je viens de faire ici trois lieues à pied dans un demi-pied de sable, et le soir du même jour douze lieues dans un tronc d'arbre, sans avoir rien mangé. » « Me voilà africain, écrivait-il à un ecclésiastique, et toi vicaire de ville.... Quand donc mangeras-tu nos bananes, nos melons et nos cocos ? J'ai un saint pour Supérieur. Pauvre P. Cloud, il sue, il sue, mais qu'il gagne des âmes à Dieu ! Le champ est vaste ici, et la moisson abondante. J'avais toujours désiré les bois et les sauvageries, je n'ai pas été exaucé. Lagos est une ville plus considérable que Rennes. On dirait une ville anglaise. Toutes les rues sont encombrées de soldats anglais, à la calote et à la ceinture rouges. On se lève et on se couche au bruit du canon. »

L'apôtre avait raison : le champ était vaste. Le P. Thollon et le Frère François furent envoyés à Lagos, où le saint ministère était très-pénible, et les occupations très-diverses. La chapelle, construite en bambous, contenait à peine 500 personnes. Pour frapper les regards et toucher les cœurs, on donnait au culte tout l'éclat possible. J'ai commencé à apprendre le *Kyrie* à sept ou huit musiciens, écrivait le P. Beaugendre. En revenant de la bénédiction, un vieux père de famille, le seigneur Grégorio, me demandait à jouer d'un instrument.

---

(1) Lettre au R. P. Gaudreul, 12 novembre 1870.

Les noirs sont passionnés pour la musique ; nos chants et nos cérémonies exercent sur eux un effet irrésistible. »

Les missionnaires avaient organisé trois écoles. Les PP. Beaugendre et Meyranx, les Frères Hélie et François se consacraient à la jeunesse. Le procureur de la Mission, le R. Père Courdioux, écrivait au Supérieur de Lyon : « Les Pères de Lagos nous annoncent que les enfants indigènes arrivent en foule, dont plusieurs des écoles protestantes. On ne sait où les loger (1). »

Pour former l'esprit, ouvrir le cœur, purifier la conscience de ces pauvres petits êtres, pour gouverner cette fourmilière dans des maisons à peine construites et aussitôt envahies, il ne faut pas des maîtres légers, superficiels, des habitudes molles, des occupations stériles. Pour suffire à la tâche, de fortes vertus sont nécessaires, un grand esprit d'observation et une méthode.

On sait aussi que dans une mission naissante les durs travaux des mains sont de chaque instant. « J'ai des salades magnifiques, dit le P. Beaugendre, des choux, de la chicorée, des radis. Nous sommes à la saison des pluies, bon temps pour le jardinage (2). » Une plantation d'orangers, d'arbres à pain, de manguiers etc. environna bientôt la résidence des missionnaires. « Notre nouvelle école, y compris la chapelle, a dix-huit ouvertures à crépir et à peindre : ceci est mon affaire, nous dit un autre apôtre; me voilà donc obligé de réciter mon bréviaire la nuit. »

Le P. Thollon était tour-à-tour maçon, couvreur, étameur, horloger. « Quel homme pour ne pas plaindre sa peine ! Il faisait tout à la perfection, disaient ses confrères. » Il eut surtout le talent de se faire chérir de tous. Aussi, une fièvre bilieuse l'ayant emporté, quelle douleur dans toute la Mission !

« Nous avons aussi en Afrique, écrit le P. Beaugendre, des

---

(1) Août 1870.
(2) 18 avril 1871.

séparations bien cruelles et de bien grands déchirements de cœur. Moi qui n'avais pas pleuré en quittant les parents, les amis et la France, je viens de le faire comme un enfant pendant trois jours. Un confrère et surtout un ami s'est envolé au ciel, lundi 6 mars, à 5 heures. Il avait trois ans de labeur sur cette côte. La Mission perd un bon ouvrier. Trois jours avant d'expirer il avait blanchi nos écoles. La veille de sa mort il me disait : « Mon Père, priez pour moi... » Au nom de Jésus et de Marie, son regard se portait vers le ciel. A l'heure dernière sa figure était celle d'un ange. Il fut enterré à côté du P. Vermorel. Ah! que je l'aimais, ce bon père Thollon. Tous les enfants de l'école sont venus après sa mort pour le voir étendu sur son lit où on eût dit qu'il dormait. Les plus petits touchaient son oreiller de leur tête, passaient leurs mains sur son front et sur sa barbe, puis s'en allaient en sanglotant. Les jours suivants, ces pauvres petits nègres, nous voyant encore tristes, voulaient nous consoler en caressant notre barbe et nos cheveux. »

Ces angéliques consolations étaient la récompense de bien des sacrifices. La Mission de Lagos réclamait d'autres ouvriers. Le 24 novembre, s'embarquaient à Bordeaux les PP. Chausse Jean-Baptiste, du diocèse de Lyon, et Deniaud Toussaint, du diocèse de Nantes. Quelques jours après, en janvier 1872, partaient de Marseille les PP. Artéro Jean-Baptiste, du diocèse de Turin, et Vacher Pierre, du diocèse de Tulle. Ces nouveaux secours, envoyés à la Mission de Benin, permirent à nos apôtres de Lagos de se fortifier sur ce point du littoral où l'on constatait un vrai réveil de la foi chrétienne. Les écoles étaient fréquentées par plus de deux cent cinquante élèves ; la chrétienté de l'île comptait au moins douze mille catholiques(1).

Le 4 avril 1872, le P. Deniaud écrivait au R. P. Supérieur : « .... Je ne puis m'empêcher, en terminant, de vous parler de nos chrétiens. Leur conduite est des plus édifiantes. Avec

(1) Le P. Borghéro.

quelle admirable assiduité ont-ils assisté à tous les offices de la Semaine-Sainte. Le dimanche de Pâques, à toutes les messes, notre église était entièrement remplie. Tous nos catholiques ont fidèlement accompli leur devoir pascal. »

« En vue de la confirmation qui doit avoir lieu dans deux mois, nous instruisons près de cinq mille personnes. Plusieurs hommes communient fréquemment ; mais peu de femmes, quelques-unes cependant. Nous avons quelques mariages chrétiens. Le P. Meyranx prêche souvent en anglais. Les ministres protestants sont furieux de voir le terrain que nous gagnons chaque jour (1). »

« Le culte de Marie est ici en grand honneur. Tous les samedis, à sept heures du soir, nos chrétiens se réunissent à l'Eglise, et chantent en portugais l'Office de la Sainte-Vierge. La plupart le savent par cœur, ainsi qu'une foule d'invocations à Notre-Dame. Cette dévotion est pour le missionnaire une source de consolation (2). »

Le P. Supérieur de la Mission écrivait à son tour : « Un nouvel établissement de religieuses dans notre Vicariat serait on ne peut plus utile ; et l'endroit où il conviendrait mieux est, sans contredit, Lagos. Les chrétiens y sont aujourd'hui en plus grand nombre ; ce sont des Nagos revenus du Brésil. Ils ont un peu hérité de leurs maîtres de cette modestie chrétienne de cette douceur d'esprit qui est un reflet de la piété, ou du moins qui y dispose le cœur. Les filles des Nagos chrétiens, quoique nées ici, se couvrent plus convenablement, et semblent mieux disposés aux choses saintes que les filles des indigènes même chrétiens. En outre, Lagos est un des points culminants de la Mission déjà signalés, où l'on jouirait le plus de cette liberté nécessaire à la direction d'un établissement de femmes. » Ce vœu, inspiré par le zèle, et tempéré par la prudence, devait être bientôt exaucé.

---

(1) Le P. Beaugendre.
(2) *Ann.* 1872.

Du reste, les infatigables missionnaires préparaient les voies à cette nouvelle colonie de vierges. « Vous savez, écrivait le P. Cloud, que nous construisons une école et une chapelle pour les Sœurs. Quand elles arriveront, elles seront bien aises de se trouver comme un essaim d'abeilles renfermées dans une ruche toute prête. Dans quelques jours nos travaux seront achevés, et près de trois cents enfants pourront être recueillies.

Comme on le voit, en même temps que la vie de nos apôtres se cache et s'immole sur ces côtes africaines, elle y devient admirablement féconde. Quel zèle dans la fondation de ces petits établissements ! Quelle activité, quelle vigueur, à la fois française et chrétienne !

Mais tant de labeurs et d'épuisements devaient ébranler les natures les plus fortes. Le P. Deniaud fit entendre un cri de détresse : « Nous chantions autrefois avec enthousiasme : *Volons, volons, remplacer ceux qui tombent !* .... Or, à Lagos on tombe. Vous le savez, mon Révérend Père, de nouveaux vides dans nos rangs viennent d'attrister encore votre cœur et le nôtre. Qu'ils se pressent de venir, ceux qui ont le désir de souffrir pour Dieu, de donner des âmes à Jésus, et Jésus aux âmes (1) !.... » De 1869 à 1872, la chrétienté de Lagos avait tour-à-tour versé des larmes d'adieux sur la tombe des PP. Vermorel, Thollon, Meyranx, Veyret, Artéro et Bourguet. Ces confesseurs de la foi, ces héros, victimes d'un martyre lent et douloureux, étaient morts à la tâche. « Que le grain meure, dit saint Bernard, et qu'apparaisse la moisson des peuples convertis (2). »

(1) *Ann.* 1872.
(2) *Serm.* XV *in Cant. Cant.*

CHAPITRE III

Cependant le Séminaire de Lyon envoyait d'autres ouvriers évangéliques. Le 25 octobre 1872, les PP. Poirier Jules-Ambroise, du diocèse d'Angers ; Letourneur Pierre-Marie-Emile, du diocèse de Rennes ; Pourret Jean-Paul, du diocèse de Bayonne, recommandés à la bienveillance du capitaine Gastaldi, s'embarquaient à Marseille, à bord de la *Fortune*. Ces missionnaires avaient le bonheur d'amener avec eux quatre religieuses tant désirées à Lagos, les Sœurs Claire, Véronique, Joséphine et Colette. Ce secours important devait réjouir et fortifier tout le personnel de la Mission. Lagos allait devenir le centre de toutes les stations fondées sur la Côte-des-Esclaves.

« Voilà, écrit un missionnaire, le plus vaste champ de bataille ouvert au zèle catholique. » Mais que d'efforts constants pour y triompher ! Le protestantisme, grâce à ses ressources pécunières y engage tous les jours une lutte acharnée ; le mahométisme inocule dans les âmes et par tous les moyens son énervement et son sensualisme ; le fétichisme y ravale les cœurs jusqu'à la dégradation la plus profonde ; enfin certaines sociétés secrètes ou franc-maçonneries, adaptées aux mœurs païennes et ayant pour but de dévoyer systématiquement les esprits, y sont aussi détestables dans leurs affreux résultats que celles qui minent les populations européennes. Heureusement que les missionnaires catholiques doivent toujours se dire avec confiance les ministres de Celui qui a vaincu le monde. Cette pensée les reconforte en face de l'ennemi, les rend impassibles au milieu des péripéties et des aventures de leur apostolat. Le missionnaire de Lagos surtout a besoin d'un grand sang-froid, en présence de populations si hétérogènes, au milieu de mœurs si bizarres. Ecoutons l'un des apôtres : « J'entrai un jour, dit le Père Beaugendre, par une porte basse et étroite, dans une case obscure servant de vestibule à d'autres réduits. Au-dessus de la porte était suspendu le *Choïllé* ou fétiche gardien de l'habitation, lequel, assure-t-on, doit tuer tout voleur qui franchit le seuil de la case. Un peu plus loin, entre deux fétiches, des formules de prières mahométanes au nombre d'une cinquantaine, garnissaient les bords d'une calebasse attachée au toit de feuilles de palmier.

« Au cri de : « Ago (ouvre-moi le chemin) » une voix sourde me répondit : « — Agoiaô (tu peux entrer). »

« J'ouvris alors une petite porte qui donnait sur un couloir large d'un pied seulement, et où jamais la lumière n'avait pénétré. Un sauvage vint à ma rencontre. Il avait le visage tatoué, la tête entièrement rasée à l'exception d'une touffe de cheveux tombant sur le front, et pour tout vêtement un simple pagne.

« Il me reconnut pour le féticheur des blancs, et m'accueillit avec grand respect, mais sans m'accorder les mille salutations d'usage : il avait un air de méfiance qui m'étonna. Cependant il me conduisit dans le réduit où aboutissait le couloir. Je compris alors la froideur de son accueil. La pièce où j'étais introduit était le temple des fétiches, et en ce moment même, un féticheur et une vieille féticheuse exerçaient les secrets de leur art.

« *Eoumilaïye* (1), le maître de la case, me montra la natte sur laquelle je devais m'asseoir et lui-même se coucha sur la sienne. Les féticheurs n'eurent pas l'air de m'apercevoir : ils continuèrent leur entretien avec le fétiche Ifa, dieu des noix de palmes.

« L'aspect du temple était propre à inspirer un certain

---

(1) Nom qui signifit en Nago : venu au monde avec péril.

effroi. Une demi-obscurité ne laissait voir que les yeux de Eoumilaiye et des deux suppôts de Satan, et çà et là du sang répandu. Le féticheur avait dans ses mains une dizaine de noix de palmes, qu'il tournait et retournait, les roulant tantôt une à une, tantôt toutes ensemble, dans une poudre jaune étendue devant lui sur une peau de bouc. La pythonisse, les cheveux épars, regardait le féticheur, et de temps en temps fixait sur moi ses yeux de possédée.

« Condamné au silence, je pouvais examiner à loisir ce qui m'entourait. Tout près de moi se dressait un fétiche dont la figure était ruisselante de sang; un autre avait la figure couverte d'huile de palme (1) à laquelle étaient collées grand nombre de plumes de coq. Les murs étaient tapissés d'étoffes blanches et tachés de sang. Le féticheur demi-nu, avait près de lui un coutelas et était entouré d'une dizaine de petits vases noirs, qu'il découvrait et refermait mystérieusement.

« Soudain, il poussa un cri aigu que répéta sa compagne. Il prit une calebasse, répandit à terre une partie de l'eau qu'elle contenait, la porta à ses lèvres, puis la passa à la féticheuse qui, après avoir bu, la remit à Eoumilaiye, lequel se désaltéra amplement et m'invita à en faire autant. Je le remerciai ; ce qui ne parut pas lui faire plaisir.

« Vint le second plat. C'était une calebasse de colas (2). Le féticheur se servit de ses dents pour partager en deux chacun de ces fruits, et la calebasse qui les contenait circula comme la première. Je refusai de nouveau ; on me regarda d'un œil peu bienveillant. Eoumilaiye fit appeler ses femmes. Elles vinrent chacune à leur tour, se prosterner devant Ifa, boire de l'eau et manger des colas ; puis elles se retirèrent.

« La cérémonie terminée, je m'approchai d'Eoumilaiye, et lui frappant sur l'épaule :

« — Ami, lui dis-je, que viens-tu donc de faire ?

---

(1) L'huile de palmier est très-épaisse et d'une odeur désagréable.
(2) Petit fruit rouge et fort amer, dont les noirs sont très-friands.

« — Ami, répondit-il en secouant mélancoliquement la tête, l'ami vient s'asseoir chez son ami, et il ne veut ni boire ni manger.

« — Eoumilaiye, ne sais-tu pas que l'Olorounoïbo (le dieu des blancs) ne veut pas que je mange rien de ce que tu as offert à ton Ifa ? Va me chercher de l'eau à la citerne, va me cueillir quelques colas dans le buisson, et tu verras que je boirai et que mangerai volontiers chez toi.

« Aussitôt Eoumilaiye va me chercher de l'eau, en boit et me la passe (1). Il va ensuite chercher un vieux sac, et en tire une dizaine de colas qu'il me faut croquer bon gré mal gré.

« Eoumilaiye content de moi, ne cessa de me répéter l'éternel *okouo* (je te salue). A chaque instant il me tendait sa main qu'il fallait accepter ; et, en signe d'amitié, il me serrait la mienne avec une force extraordinaire. J'étais déjà considéré comme l'ami de la case.

« — Pourquoi donc, ami, lui demandai-je, fais-tu ainsi à Ifa ?

« — C'est pour devenir riche, pour bien manger et pour avoir beaucoup d'enfants.

« — Et pourquoi ce grand fétiche dont tu as arrosé la tête avec du sang ?

« — Celui-ci, c'est Eoumiloroun (2) : il faut bien que je lui offre des sacrifices.

« — Et cet autre qui a bu de l'huile de palme ?

« — C'est mon père.

« — Comment ! ton père ? Il est mort ; que veux-tu qu'il fasse de ton huile ? »

« Mon interlocuteur me regarda sans rien comprendre.

« — Voyons Eoumilaiye, tu sais que l'oïbo (blanc) n'a qu'un seul oloroun (Dieu), lequel, certes, ne mange pas.

---

(1) Cette coutume de goûter l'eau avant de la présenter à son hôte, existe partout ici. Le noir veut montrer que l'eau n'est pas empoisonnée.

(2) Eoumiloroun, en Nago, veut dire : qui est venu au ciel avec péril, ou : mon esprit dans l'autre monde.

« — Raconte-moi ce que tu as fait lorsque ton père est mort, et ce que tu fais encore pour lui.

« — Déjà les feuilles sont tombées bien des fois, répondit Eoumilaiye ; il y a je ne sais combien de lunes que mon père est mort. Il était riche, il avait tué beaucoup d'ennemis ; c'était un grand chef, il avait beaucoup de femmes (1). Aussi, lorsqu'il mourut, vint-il beaucoup d'amis prier pour lui. Ils apportèrent quantité d'huile et de tafia ; nous dansâmes et priâmes longtemps.

« — Quelle était donc ta prière et celle de tes amis ?

« Eoumilaiye commença alors à chanter dans sa langue sauvage :

REFRAIN.

« Mort, tu es mort, nous te pleurons... C'est le sentiment qui soulève nos poitrines... C'est toi qui fus la mère au caloulou..., le père de la marmite où cuit la chasse...

1ᵉʳ COUPLET

« Nous te cherchons ; le sommeil a quitté nos paupières... Les feuilles de la forêt ne nous indiquent pas le chemin que tu as suivi...

II

« Oui, nous te cherchons ; plus de repos possible. Grand guerrier, serais-tu donc entré dans quelque case par la porte de derrière ?...

III

« Au revoir, au revoir..., valeureux compagnon... Ce qu'ont fait les bouses (2), c'est que homme riche ne s'enterre pas, non, ne s'enterre pas en secret...

« Après avoir prié bien longtemps, continua Eoumilaiye, et avoir donné à boire à mon père beaucoup de tafia, nous lui avons offert de riches étoffes afin qu'il ait toujours un beau pagne, des bouses pour acheter des esclaves, un sabre et un coutelas ; nous lui avons donné aussi du sang de coq, de chevreau et de bœuf.

« — Vois ce que je donne à mon père chaque jour.

---

(1) Eoumilaiye a trente-neuf frères, sans compter les sœurs.
(2) Coquillage servant de monnaie sur la côte de Guinée.

« Et il me montrait le fétiche couvert d'huile de palme et de plumes de coq, et plusieurs petits pots de terre.

« — Voici l'huile qu'il doit manger, voilà l'huile dont il doit se frotter le corps pour être toujours agile et vigoureux. Voilà des colas, de l'eau, des bouses, tout ce qu'il lui faut pour bien manger. Le matin et le soir je viens lui parler et lui demander ce dont il a besoin ; et quatre fois au moins par lune, je lui tue un coq, un chevreau ou un bœuf.

« — Tu crois donc que ton défunt père et ton Ifa mangent et t'entendent ?

« Il parut tout étonné de ma question. Je choisis ce moment pour lui dire quelques mots du Dieu des chrétiens. Il les écouta avec un grand intérêt, ses deux grands yeux cloués sur moi. Lorsque je lui dis que les féticheurs et les féticheuses des blancs (les prêtres et les religieuses) n'étaient pas comme les siens ; qu'ils avaient quitté leur père, leur mère, leurs amis, leur pays, pour venir lui apprendre la vérité ; qu'ils ne se mariaient jamais, n'ayant d'autre famille que la sienne et celle des autres noirs, il m'adressa mille questions, et fit appeler tous les gens de la case pour me montrer à eux et pour leur raconter ce que c'est qu'un féticheur des blancs...

« — Ils ne se marient jamais, jamais, répétait-il. Il dit que nos enfants sont aussi les siens... Bientôt, ajouta-t-il, en se tournant vers moi, bientôt j'irai chez toi, et je te donnerai un de mes enfants. Dès que les féticheuses blanches seront arrivées, je leur donnerai aussi, tout à elles, une de mes filles.

« Un enfant ainsi donné n'est plus inquiété pour sa religion ; il est regardé comme appartenant au grand fétiche, à l'Olorounoïbo.

« Ce pauvre sauvage m'accompagna avec un respect certainement aussi grand que celui qu'il avait pour son Ifa. Au moment de la séparation, vingt fois il me répéta *Orewai* (au revoir), vingt fois il me serra la main ; puis il s'assit tout rêveur, et j'étais bien loin déjà, qu'il me suivait encore du regard... »

« Le moment arrivé de porter un défunt à sa dernière demeure, le cadavre, recouvert d'une natte, est mis sur les épaules de six ou huit hommes vigoureux, suivis d'un grand nombre de féticheurs ayant quelquefois sur la tête un bonnet semblable à celui de nos sapeurs français, et le corps couvert de peaux de différentes couleurs. Ils frappent de toute la force de leurs poignets sur des tambours, et se livrent à toutes sortes de contorsions imaginables, afin d'effrayer les mauvais génies.

« Tous hurlent le chant suivant avec accompagnement de tambour :

REFRAIN.

« Le guerrier sait tuer son ennemi(*bis*). Mort, viens donc combattre(*ter*).

1ᵉʳ COUPLET

« Mort, que n'es-tu guerrier !... Du moins nous saurions mourir au combat.... Mais non, toute tête qui porte chevelure peut-elle terrasser corps à corps le vautour perché sur un grand arbre ?...

II

« Oui, et ceux qui ont un père, et ceux qui ont une mère, et ceux qui n'en ont pas, tous sortent par le même chemin... etc...

« Le convoi arrivé au lieu où doit être déposé le cadavre, les bruits et les cris redoublent. On met en terre des provisions pour l'autre monde, chacun parle quelque temps au mort, et l'on retourne à la maison du défunt pour y danser, chanter, boire et manger, c'est-à-dire pour y prier.

« Voici une autre coutume :

« Quand un homme est mort, tous les amis se réunissent pour éloigner la tristesse de la famille. On tue quantité de poules et de chevreaux, on boit et on mange trois jours durant. On fait un trou à l'endroit où le défunt avait l'habitude de dormir et on dépose le cadavre. Pendant neuf jours, les femmes et les enfants gardent le réduit et couchent sur la fosse. Le neuvième jour, on verse de l'eau sur cette fosse, et l'on y danse. La famille va alors visiter tous les amis qui ont apporté tafia et provisions.

« Trois mois après, les amis sont invités de nouveau à se

réunir dans la case où est enseveli le mort. Là, dans l'obscurité, les féticheurs déterrent le cadavre et en détachent la tête qu'ils déposent sur des étoffes précieuses. Ils égorgent ensuite des victimes, poules, chevreaux et porcs ; et le sang et le tafia coulent sur ce crâne hideux. Pendant trois jours on danse, on chante et on verse à profusion le tafia. Le quatrième jour on enterre de nouveau le crâne et le mort est satisfait.

« Voilà dans quelle ignorance sont à peu près tous nos païens. Ils savent que l'*Oloroun ti Oïbo* est supérieur à leurs fétiches ; leur science religieuse ne va pas plus loin. Avec de la patience et avec l'aide de Dieu, nous obtiendrons qu'un grand nombre des enfants de ces sauvages fréquentent l'école et soient régénérés par la connaissance de notre sainte religion.

« Depuis le peu de temps que nous sommes à Lagos, nous avons eu la consolation de baptiser et d'admettre à la première communion beaucoup de ces pauvres enfants. Cette année, nous avons baptisé vingt-six enfants de païens, dont plusieurs à l'article de la mort, qui maintenant tendent leurs petits bras vers le Sauveur, pour qu'il jette un regard de compassion et d'amour sur cette terre d'Afrique, hélas ! si abandonnée.

« Mais que le nombre de ces élus est minime, quand nous voyons le bien qui souvent serait facile à faire ! Que de fois n'ai-je pas visité des cases où les enfants croupissaient dans la plus affreuse misère ! Ces pauvres petits encouragés par les caresses de l'*Oïbo*, s'attachaient vite à sa soutane, prêts à le suivre. Je leur disais de prendre leur vêtement et que j'allais les emmener avec moi. Alors, regardant leur mère, ils me répondaient tristement, que de vêtement ils n'en avaient pas. Et ainsi il fallait abandonner des âmes encore innocentes aux prises avec l'ignorance et la corruption (1). »

Que le zèle de saint Vincent de Paul aurait eu à se satisfaire ! « *Parvuli petierunt panem, nec erat qui frangeret eis.* »

Cependant, avec de maigres ressources, la Mission de La-

---

(1) *Ann.* T. XLV, 41.

gos obtenait de consolants résultats. « Que vous dirai-je aujourd'hui? écrivait le P. Poirier. Vous parlerai-je de mes conquêtes ? N'allez pas croire que nous convertissons les masses comme saint François-Xavier. Toutefois le bien se fait. » Un jour c'est un vieux chrétien qui fait sa première communion ; une autre fois c'est un adulte qui reçoit le baptême pour mourir en parfait chrétien ; dernièrement bon nombre d'indigènes à cheveux blancs recevaient la confirmation; voici un libéré de quarante ans, revenu du Brésil où il fut baptisé : c'est le 15 août dernier qu'il a reçu son Dieu pour la première fois... Jamais la fête de l'Assomption n'avait été si belle à Lagos.

Le matin, à neuf heures, messe solennelle avec diacre et sous-diacre. Dix enfants de chœur en soutanes rouges entouraient gracieusement l'autel. Le soir, à trois heures, grande procession autour du clos, avec croix, bannières, oriflammes. Les petites élèves des Sœurs portaient la statue de la sainte Vierge sur un brancard doré. Puis venait la confrérie du Rosaire dont chaque membre avait à la main un flambeau allumé. La procession s'est arrêtée devant un trône magnifique dressé sous l'ombrage. Là, des voix d'anges ont disputé aux oiseaux du ciel l'honneur de chanter les gloires de Marie. On s'est rendu à l'église, où reposait tout ruisselant de lumières le très-saint Sacrement qui les a tous bénis(1). Plus tard venait la touchante fête du Rosaire, les lugubres cérémonies du jour des Morts, l'imposante solennité de Noël : toujours grande foule de curieux et d'âmes attendries. C'est un peuple dont il faut frapper les sens pour le conduire à l'Evangile. Mais où sont les aumônes, où sont les apôtres ?

(1) Lettre à M. Bernard, directeur du Grand Séminaire d'Angers, 28 décembre 1878.

CHAPITRE IV

Sans doute, les missionnaires de la Côte des Esclaves avaient souvent gémi de ce que les ressources matérielles leur faisaient défaut pour opérer le bien, ils avaient surtout déploré le manque de coopérateurs pour leur grande entreprise ; et néanmoins, par un prodige d'ardeur, ou plutôt sous l'influence de la grâce, ils songeaient à une nouvelle fondation. Les ouvriers étaient bien rares, mais la moisson blanchissait si abondante, et le temps pressait pour la cueillir.

Un point du littoral avait plusieurs fois attiré l'attention des missionnaires et leur avait fait concevoir les plus belles espérances : c'était la petite ville d'Agoué, située à huit lieues et à l'Ouest de Whydah. Agoué, comme Abékouta, date de mémoire récente. On trouve facilement dans ces contrées des villes nouvelles, puisqu'on les détruit en quelques heures et on les rebâtit avec la même facilité.

Ce qui devait donner une véritable importance à la station d'Agoué, c'est le voisinage de Petit-Popo, village très-répandu, parsemé de plantations diverses. Les cases et les maisons sont tellement ombragées et couvertes par les arbres, qu'on dirait de loin une immense forêt de palmiers et de cocotiers. Les habitants vivent de fruits et de poissons, et se livrent tour-à-tour à la guerre et au commerce. Qu'il serait à désirer que les rayons du Soleil de Justice arrivent jusqu'à leur sombre demeure ! Les missionnaires d'Agoué y pénétreront un jour.

La première excursion à Agoué avait été faite par le P. Borghéro. « Je commençai mes courses apostoliques, dit-il, par le voyage d'Agoué et de Porto-Séguro. Outre la visite des chrétiens qui se trouvent dans ces parages et le baptême à conférer à plusieurs enfants, une autre cause encore nous appelait. Depuis au moins trois ans, le village Petit-Popo était en guerre avec Agoué ; ces deux localités ne sont qu'à neuf kilomètres l'une de l'autre. Le résultat de ces hostilités incessantes avait été l'incendie de la ville d'Agoué, la destruction de plusieurs petits villages interposés, la cessation de commerce, et les communications rendues plus difficiles pour les voyageurs. Car, comme on voyage en lagune, les canotiers des deux pays ne peuvent, sous peine de la vie, paraître dans les eaux ennemies.

« En venant d'Agoué on trouve près de Petit-Popo un village nommé *Ajudo*, qui appartient en entier à une famille de Whydah; il est resté neutre dans la lutte, et c'est là que les gens des deux pays en guerre s'échangent et se remplacent. Les négociants les plus influents, les officiers de la marine anglaise, le commodore lui-même, et surtout des ministres protestants avaient fait toutes sortes de démarches pour arriver à une conciliation : rien n'avait pu réussir. Quelques mois après notre arrivée, en 1861, nous avons été invités à intervenir dans cette affaire pour pacifier, s'il était possible, ces deux pays. Ce ne fut qu'en février 1863 que je pus m'absenter de Whydah pour ce voyage.

« Je me hâte de vous dire qu'à Agoué j'ai trouvé une chapelle pourvue de tout et avec une certaine richesse : elle est bâtie dans une immense enceinte, propriété d'un de ces esclaves libérés revenus du Brésil. C'est là que je célébrais la messe, que je baptisais les enfants ; les fidèles, tous nagos de nation, revenus du Brésil, se sont présentés en grand nombre. J'ai trouvé à Agoué une espèce d'école portugaise; mais, hélas! les enfants, au nombre de trente, ne savaient aucune prière ni aucun article du catéchisme.

« J'ai prolongé mon excursion jusqu'à Porto-Séguro, et en tout j'ai baptisé dix-neuf enfants : un plus grand nombre reste à baptiser pour une autre occasion. Il va sans dire que nous fûmes sollicités de toutes parts d'établir une Mission à Agoué;

cette Mission rallierait tous les chrétiens épars dans les bourgades voisines. Les chefs nous ont offert autant de terrain que nous en voudrions. Il y avait jadis une Mission protestante qui dépendait de Whydah, et qui fut détruite pendant la guerre. Dans ce voyage j'ai aussi visité le roi Gridgy.

« Voici maintenant, en substance, mes négociations pour la paix : le chef d'Agoué et, en général, ce que nous appellerons le peuple étaient tous disposés à la paix. Je pris de nouvelles informations sur l'état des querelles, et j'acceptai la médiation qui m'était offerte. Le chef d'Agoué me donna plein pouvoir pour négocier la paix avec le chef de Petit-Popo. Celui-ci me reçut avec beaucoup d'égards et de politesse, mais se montra indomptable et tout-à-fait résolu à continuer la guerre. Le peuple de Petit-Popo n'a dans cette guerre que très-peu de part ; il est presque neutre. Le chef prend à sa solde des gens tirés des peuplades sauvages situées plus à l'Ouest ; ce mode de recrutement retarde les attaques et fait traîner les hostilités en longueur. Nos conférences continuèrent deux jours, et le chef de Popo, contrairement à l'usage de tous ces pays, voulut que personne ne fût témoin de nos pourparlers ; il était évidemment seul à soutenir une hostilité désastreuse. Il mettait à la paix des conditions impossibles ; il voulait être maître d'Agoué et être indemnisé de tout ce qu'il avait perdu pendant la guerre, sans tenir compte de toute une ville qu'il avait incendiée. Les chefs d'Agoué, au contraire, remettaient tout dommage à eux causé, à condition de rentrer en paix. Quand j'eus épuisé tous les moyens de conciliation sans rien obtenir, il ne me restait plus qu'à recourir aux intimidations que notre caractère nous oblige quelquefois de faire entendre aux puissants de la part de Dieu. Du moment, lui dis-je, qu'il refusait d'accepter un accommodement honorable et avantageux, il n'avait plus qu'à s'attendre à tomber sous la main de la vengeance divine. Il parut terrifié de cette pensée, et bientôt, revenu de sa première impression, comme je le poussais à une résolution, il me promit sous une espèce de serment, qu'il n'attaquerait jamais Agoué s'il n'était point provoqué ; mais que se réconcilier était pour lui impossible. Il faisait précisément alors des enrôlements chez les tribus voisines. Je lui rappelai cette circonstance, et il renouvela à plusieurs reprises son engagement de s'abstenir de toute hostilité non provoquée. Je l'assurai qu'Agoué en ferait autant. A mon retour dans cette ville, je fis une relation de mes négociations aux chefs réunis ; le principal d'entre eux promit devant tous, et au nom de tous, qu'il ne provoquerait jamais ses voisins. Il assura qu'il n'avait jamais voulu la guerre, et pour preuve il ajouta que, dans une bataille où il avait chassé les ennemis, il avait épargné leur vie en défendant aux siens de les poursuivre parce qu'ils étaient tous, disait-il, de la même famille. Jusqu'à ce jour (décembre 1863) il ne s'est produit aucune hostilité.

« Dans les mœurs de ces pays il y a des bizarreries qui ne valent pas la peine d'être rapportées ; ce sont de véritables enfantillages. En voici cependant une qui vous fera juger de la valeur des autres : les entretiens officiels entre un chef et les blancs ne se font jamais directement dans la langue du pays, mais toujours dans une langue européenne et par interprète. Quand, à Agoué, je me suis rendu à la maison du cabécère, pour lui rapporter le résultat de mes démarches à Petit-Popo, nous nous entretînmes directement pendant qu'on attendait que les chefs inférieurs fussent réunis. Lorsque tout fut prêt, il me dit : Vous savez l'anglais ? — Oui. — Eh bien, ayez la bonté d'exprimer en anglais à l'interprète ce que vous avez à me dire, il nous le traduira : ce qui fut fait. Ma relation finie avec toutes les explications qu'elle comportait, on termina la séance publique par les compliments d'usage, et nous reprîmes la conversation directement et sans interprète. La raison de cette étiquette est que l'on ne veut pas laisser arriver aux oreilles du chef ce qui pourrait troubler les usages du pays : le fétichisme est encore là. »

CHAPITRE V

A son tour, le Père Thillier veut raconter son excursion à Agoué. C'est ainsi qu'il s'adresse au R. Père Supérieur :

« Parti de la Mission de Whydah le 20 août 1871, au lever du soleil, je n'arrivai à Grand-Popo qu'à dix heures du soir, ce trajet se fait communément en huit heures et assez agréablement ; car une lagune calme, continue et profonde unit Whydah à Grand-Popo. Pour nous, une multitude d'incidents fâcheux contribuèrent à allonger le chemin et à l'attrister.

« Heureusement l'hospitalité cordiale offerte par M. Penki, gérant de la factorerie de M. Régis aîné, à Grand-Popo, me fit oublier bien vite les fatigues et les contrariétés. Dans l'après-midi du lendemain, M. Penki mettait à mes ordres trois bons canotiers et une pirogue installée avec tant de soin que le reste de mon voyage fut une vraie partie de plaisir. A cinq heures du soir j'étais à Agoué. Une hospitalité non moins généreuse qu'à Grand-Popo, m'attendait à la nouvelle factorerie de M. Régis. M. Fortuné me reçut, non comme un étranger, mais comme un ami, je dirais comme un frère. Il se mit entièrement à ma disposition, pour tout ce qui pouvait m'être nécessaire, utile ou agréable.

« Après avoir pris un peu de repos, j'ai commencé mes visites ; la première a été pour le roi. C'est un homme d'une soixantaine d'années, et qui vit au milieu de ses sujets, comme un père au milieu de ses enfants. A mon arrivée, il me fit prier de vouloir bien l'attendre un moment, sous une salle d'ombrage qui est dans la cour. Il se trouvait là plusieurs personnes et parmi elles un féticheur. Je lui adressai la parole et lui demandai pourquoi il était féticheur.

« — Le fétiche, me dit-il, est une chose grande et sainte, et quand on sait bien faire fétiche, on est grand et puissant. Viens chez moi ce soir ; je mettrai deux morceaux de bois l'un contre l'autre, et tu verras comme ces deux morceaux de bois vont sauter et courir sans que personne ne les touche.

« — Toute la puissance des féticheurs, repris-je, leur vient du démon, et le démon est notre ennemi, l'ennemi de tous les hommes. S'il leur accorde parfois quelques faveurs, il les fait payer bien cher. Ceux qui l'adorent et le servent iront, après leur mort, dans sa maison, et la maison du démon et une maison de feu où l'on souffre horriblement.

« Il m'avait écouté attentivement et se préparait à me faire quelque question, lorsque le roi est entré. Tout le monde s'est levé pour le saluer. Il s'est avancé vers moi, m'a serré affectueusement la main et m'a invité à le suivre dans une maison voisine. Là, il m'a fait servir des rafraîchissements à la manière des noirs (1). Nous nous sommes ensuite mis à causer, il m'a demandé où je demeurais :

« — A Whydah.

« — Whydah, dans le Dahomey ? Vous avez un roi bien méchant; il n'aime que la guerre, et la guerre est une chose mauvaise. J'étais l'ami de son frère ; son père était bon, il n'aimait pas la guerre ; mais lui, il est méchant.

« Le roi m'a demandé si nous n'établirions pas bientôt une Mission à Agoué, ajoutant qu'il nous donnerait gratuitement un beau et grand terrain.

« Le second chef d'Agoué, que l'on appelle communément *cabécère des Anglais*, m'a reçu avec la même cordialité, m'a engagé beaucoup à fonder une Mission, et il m'a assuré que

---

(1) Ces rafraîchissements consistaient en trois bouteilles contenant, l'une de l'eau-de-vie, l'autre du vin blanc, et la troisième de la liqueur de menthe.

nos écoles seraient fréquentées par un grand nombre d'enfants.

« Je suis allé ensuite rendre visite à une famille, dont le chef, mort depuis plusieurs années, avait fait construire, près de sa demeure, une jolie chapelle, et avait mis tous ses soins à l'entretenir et à l'orner. Des circonstances fâcheuses ont porté la famille à la louer ainsi que plusieurs pièces attenantes, à des négociants anglais, qui en ont fait une factorerie. Un grand nombre d'objets ont été perdus ou détériorés; il reste encore quatre petites cloches, un autel, six chandeliers, un encensoir, des fonts baptismaux, un chemin de croix, etc. Ces objets ont été transportés dans un appartement convenable et assez grand où j'ai pu dire la messe et administrer les sacrements.

« Les jours suivants, j'ai visité les chrétiens; trois m'ont reçu comme un père, presque comme un ange; tous m'ont exprimé leur douleur d'être privés de missionnaire.

« — Hélas! me disait l'un d'eux, qu'il y a longtemps que nous n'avons pas vu de prêtre! Il en est venu quelques-uns, mais ils sont restés si peu de temps, que nous ne savions pas encore leur arrivée, qu'ils étaient déjà partis.

« — Père, me disait tristement un jeune homme, pourquoi ne veux-tu pas demeurer avec nous ? Il y a une Mission à Lagos, une à Porto-Novo, une à Whydah, et ici nous sommes entièrement abandonnés; sommes-nous donc plus méchants que les autres ?

« — Vois, ajoutait un vieillard, vois comme nous sommes malheureux; nous vivons en païens, ignorant même les jours de dimanche et de fête.

« J'objectai la difficulté de fonder une Mission cette année, à cause de la diminution des aumônes envoyées par la France.

« — Ne t'inquiète pas de cela, me répondirent-ils, nous te donnerons tout ce qu'il te faudra; ta maison ne te coûtera rien, pas plus que la chapelle et l'école.

« Pressé par des vœux si ardents et si unanimes, je leur ai promis de faire mon possible auprès de mes supérieurs pour leur envoyer des missionnaires. Je les ai exhortés, en attendant, à profiter de mon séjour, pour faire baptiser leurs enfants, et pour s'approcher eux-mêmes des sacrements.

« Ils répondirent à cet appel avec un tel empressement, que je ne pus donner aux païens tout le temps que j'aurais voulu. J'eus cependant la consolation de catéchiser bon nombre de ces derniers. Un jour, une brésilienne m'amena une négresse.

« — Je voulais, me dit-elle, te l'amener plus tôt ; mais cette femme est esclave, elle ne peut disposer de son temps. Sois assez bon pour l'instruire ; elle n'aime pas la religion des païens ; elle aime la religion des chrétiens et veut se faire chrétienne.

« Je commençai donc à instruire cette pauvre négresse, et quelques jours après elle recevait le baptême.

« Plus d'une fois l'on m'a arrêté dans les rues, pour avoir des explications sur notre sainte religion. Dans une de ces circonstances, une jeune femme me demanda si je baptisais les païens.

« — Pourquoi ne les baptiserais-je pas? Ne sont-ils pas des créatures destinées à aller au ciel ?

« Elle me demanda alors si je prenais bien cher pour donner le baptême.

« — Je ne demande rien à personne, car je veux que tout le monde, les riches comme les pauvres, se fassent baptiser et aillent au ciel.

« — Ce que tu dis là est bon, reprit-elle ; aussi je veux te porter des enfants à baptiser et me faire moi-même chrétienne.

« Je n'ai pas besoin de vous dire, mon R. Père Supérieur, combien j'étais heureux aux milieu de ces bons noirs. Mais une consolation toute spéciale m'a été procurée par douze enfants, qu'un de nos Pères nous avait amenés à Whydah, et que les ennemis du bien avaient fait sortir de la maison bien tristement, après une année à peine de séjour. Je les avais crus perdus sans retour. J'ai été heureusement trompé dans mes appréhensions. Dès qu'ils eurent appris mon arrivée, ils se réunirent en toute hâte et vinrent me saluer. Ils m'ont accompagné partout, ils ont été les premiers à s'approcher des sacrements. Ils m'ont aidé à faire le catéchisme. Ils ne l'avaient pas oublié depuis leur sortie de Whydah ; souvent ils s'étaient réunis chez le plus âgé d'entre eux pour le repasser et pour chanter les cantiques que je leur avais appris. Tous cependant appartiennent à des familles païennes, tous sont d'un âge bien exposé à la séduction (de dix à quinze ans), même cinq d'entre eux n'étaient pas encore baptisés. La persévérance de ces chers enfants n'est-elle pas une garantie pour la prospérité d'une Mission dans la petite ville d'Agoué ? Au reste, on a remarqué bien souvent que les deux peuples qui forment la ville d'Agoué, (les Minas et les Nagos) sont d'une nature plus forte, sont plus chastes, plus fermes et plus laborieux que les autres noirs répandus sur la côte.

« Je travaillais plein de joie, sans penser aux inconvénients que pourrait avoir une fatigue extrême. Chaque jour m'amenait de nouveaux baptêmes soit d'enfants, soit d'adultes ; chaque jour m'amenait de nouvelles confessions, de nouvelles communions, et les chrétiens m'assuraient que si je restais au milieu d'eux, il en serait toujours ainsi. Mais, au bout de quinze jours, l'excès de travail détermina une fièvre ardente, et il me fallut retourner à Whydah. J'avais baptisé cinquante enfants, vingt adultes, et trente personnes s'étaient approchées de la sainte table. J'étais heureux de ces succès, mais j'étais attristé en pensant aux succès plus beaux encore que j'aurais pu obtenir par un plus long séjour. »

Pour fortifier le personnel de la Mission, les PP. Malen, Ménager et Pagès furent envoyés au Benin. Ils s'embarquèrent à Liverpool, à bord du *Volta*, le 6 novembre 1873. Le 9 avril de l'année suivante, quatre nouvelles religieuses affrontaient l'Océan : Sacré-Cœur, Marie des cinq plaies, Agathe et Véronique ; et à la fin de la même année, le 14 décembre 1874, le P. Boutry avait la consolation de conduire encore aux rives du Benin, comme à l'autel du sacrifice les deux jeunes vierges Françoise et Angèle.

CHAPITRE VI

L'œuvre devenait donc plus facile à entreprendre ; et il était à désirer qu'on mît en voie de formation la résidence d'Agoué. Les missionnaires connaissaient parfaitement cette nouvelle cité, et leurs courses apostoliques y étaient tous les jours plus fécondes.

« Agoué, écrivait le P. Thollon au R. P. Planque, fut fondée en 1823 de la manière que voici :

« Les commerçants et les négriers venant à la Côte des Esclaves, amenaient pour les aider dans leur chargement, à Grand-Popo, à Whydah, à Lagos, des compagnies de Minas, hommes remarquables par leur adresse à passer les mauvaises barres de ces pays.

« Deux de ces compagnies, dont l'une était au service des Anglais, et l'autre au service des Portugais, ayant terminé leurs engagements, partirent de Whydah pour regagner leur patrie. Mais après trois ou quatre jours de mer et de vent contraire, elles furent obligées d'atterrir à quelques heures de marche au-dessus de Grand-Popo, afin de renouveler leurs vivres. Elles trouvèrent là des fruits en telle quantité, qu'elles résolurent de s'y fixer. Elles construisirent des cases où, quelques jours plus tard, elles amenèrent leurs familles. Ainsi fut fondé Petit-Popo. Ces gens devinrent les interprètes des négriers dans leur commerce avec l'intérieur.

« Mais la compagnie anglaise, surpassant bientôt l'autre en opulence, voulut nommer un chef qui eût tout pouvoir sur les deux compagnies. De son côté la compagnie portugaise se choisit un chef en dépit de toute opposition, et, lorsque sa rivale vint l'attaquer avec l'appui des nègres de l'intérieur, elle ne céda qu'à la dernière extrémité, après que toutes ses cases eurent été la proie des flammes. Les Minas vaincus vinrent camper à deux heures au-dessous de Petit-Popo. Là, protégés à gauche par la mer ; à droite par une large et profonde lagune, ils bravèrent leur ennemis, dont tous les efforts demeurèrent impuissants.

« *Georges*, chef de la compagnie anglaise, se retira à Petit-Popo ; et *Cohingo*, chef des Portugais, resta maître du pays d'Agoué.

« Pendant ce temps-là, des esclaves libérés du Brésil, profitèrent de leur liberté pour rentrer dans leur pays, vinrent apporter à Agoué l'appui de leurs bras et de leurs richesses, et commencèrent à former cette population chrétienne qui y est presque dominante.

« Les Minas de Petit-Popo, jaloux de la prospérité de ceux d'Agoué, tentèrent de nouveau de les détruire en 1832. Ceux-ci les repoussèrent, et pour se mettre désormais à l'abri de nouvelles attaques, ils plantèrent tout autour d'Agoué des cactus épineux, plante qui croît très-bien même sur les sables brûlants de la plage. Ils formèrent ainsi un rempart de 1 mètre 50 d'épaisseur, impénétrable aux naturels que leur peau nue protège mal contre les épines des cactus. Quelques canons qu'ils purent se procurer complétèrent l'armement et firent d'Agoué une véritable forteresse.

« En 1861, sous la conduite de leur chef Padro Coujo, les habitants de Petit-Popo attaquèrent de nouveau Agoué. On leur répondit par le canon. Les assaillants effrayés entassèrent sur le rivage une immense quantité d'herbes sèches et y mirent le feu. Ce stratagème leur réussit. Les flammèches emportées par la brise tombèrent sur un toit de chaume, et en un instant la ville ne fut plus qu'un monceau de cendres. Les Minas et les Brésiliens d'Agoué n'abandonnèrent cependant pas la position ; les uns et les autres s'adonnèrent depuis lors à l'agriculture. Et c'est ainsi qu'Agoué est devenu le pourvoyeur des marchés de Grand-Popo et de Whydah.

« Telle est, en quelques mots l'histoire de ce pays, où chaque année il se fait de soixante à soixante-dix baptêmes, ce qui indique un nombre assez considérable de familles chrétiennes. Mais comme j'ai eu le regret de le constater dans ce dernier voyage, il règne encore chez la plupart de ces chrétiens une ignorance profonde de la religion. Ceux qui savent l'Oraison Dominicale et la Salutation Angélique forment le petit nombre. Presque tous vivent dans la polygamie, croient qu'il suffit du baptême pour être sauvé, et ne connaissent pas d'autres sacrements.

« Quel bien feraient des missionnaires à Agoué! Une visite de huit jours peut empêcher de tomber complétement dans l'idolâtrie ces chrétiens chancelants ; elle n'est pas suffisante pour les retirer de leur ignorance et de leurs vices. Combien d'ailleurs qui sont près de passer au mahométisme et au *fétichisme*! J'ai vu sur des poitrines chrétiennes la croix déjà entourée de fétiches.

« Quand je passais dans les rues d'Agoué, des centaines d'enfants accouraient pour me baiser la main et me demander de les bénir. Pauvres enfants, faute d'un missionnaire qui les protège, ils seront bientôt, hélas! la proie de l'ennemi. Je n'ai pu m'empêcher de recueillir quelques-uns d'entre eux, et je les ai amenés avec moi à Whydah. Ils sont maintenant à l'école, tous bien contents et tous travaillant avec courage. Ils nous seront d'un grand secours, pour commencer les écoles lorsqu'on fondera la mission d'Agoué. Parmi ces enfants, il en est plusieurs qui appartiennent aux familles les plus influentes. Nous avons le neveu du roi, son petit-fils, et j'aurais amené son fils unique, s'il n'eût été malade (1). »

Il n'y avait plus à hésiter. Le P. Supérieur de Lyon autorisa la fondation d'Agoué. La Mission y fut ouverte et définitivement établie par le P. Bouche et le P. Ménager. A sa grande joie, le P. Bouche, Supérieur de la nouvelle Mission, trouva à Agoué comme à Lagos, une petite chapelle bâtie depuis plusieurs années par un ancien esclave du Brésil. Ce dernier,

---

(1) *Ann.* 1ᵉʳ juillet 1872.

devenu chrétien et plus tard libéré, imagina, de retour dans sa patrie, de se procurer les objets nécessaires au culte catholique. Plus réservé que *Padre Antonio*, de Lagos, il ne se hasardait point dans la naïve représentation de nos cérémonies religieuses ; mais, attentif au passage des missionnaires catholiques, ils les invitait à séjourner le plus possible à Agoué et leur offrait ses bons offices avec le plus grand empressement. Inutile de raconter quelle fut sa joie à l'arrivée de nos missionnaires. Il contribua puissamment à leur installation.

Nous avons vu au Dahomey et à Porto-Novo les rois et les cabécères souverains maîtres de toutes choses. Quand il n'est pas opprimé et contraint, le peuple lui-même partage cette souveraineté. Un passant vient qui plante sa lance ou son bâton en un point, le voilà possesseur pour une saison du champ qu'il a choisi : procédé primitif ordinaire aux barbares et qui, au rapport de Tacite, était également celui des anciens Germains.

A Lagos, colonie anglaise, le régime européen y est parfaitement établi, le droit de propriété est reconnu et respecté. A Agoué, la propriété foncière est, en principe, reconnue. Dans l'application ces lois subissent de fréquentes injustices (1) ; quant aux biens qui ne sont pas occupés ou justifiés, le cabécère (qui n'est pas dans cette ville décoré du titre de roi) est complétement libre d'en disposer.

Mais, grâce à la crainte qu'inspirent généralement les blancs, l'accueil fait à nos missionnaires fut des plus favorables, soit auprès des autorités, soit auprès de toute la population. Les nouveaux apôtres d'Agoué purent s'établir paisiblement ; et pas la moindre tracasserie ne vint assombrir la joie et l'espérance qu'ils éprouvèrent, à la vue de ce vaste et fertile champ qu'ils allaient défricher et ensemencer.

(1) Après la mort des parents, la transmission des héritages suit la ligne féminine, coutume singulière que partagent plusieurs peuples polygames, en particulier ceux du Malabar et certaines tribus américaines, et que pratiquaient également, au témoignage de César, les anciens bretons.

A Agoué, comme sur les autres points de la côte, le fétichisme, ce culte des peuples enfants, est la religion de la grande masse. Les superstitieuses et sanglantes pratiques y sont en honneur. Là aussi, ont voit le cortége des adorations de toutes les forces naturelles, les palavres, les épreuves judiciaires, les exorcismes et les incantations. Les féticheurs et féticheuses paraissent en grand nombre. Les féticheuses surtout ont dans la ville un asile mystérieux très-considérable où elles initient les jeunes négresses à leur langage et à leurs jongleries. Quand elles ont passé dans la maison-mère le temps requis, les aspirantes subissent un examen sévère. Si celui-ci est satisfaisant, on proclame les néophytes *féticheuses*, *personnes sacrées* ; on les revêt d'un long habit, on dépose sur leur front une couronne de paille, qu'elles portent durant tout le jour de la réception. Seule, la mère-féticheuse a le droit de s'orner toujours de cette couronne symbolique ; à elle aussi l'honneur de choisir des novices et d'annoncer aux initiées la fin de leur temps d'épreuves. Ce temps d'études et de recueillement dure jusqu'à deux et trois ans. Ne dirait-on pas une infernale imitation de nos pieux asiles, de nos virginales congrégations ?

Voici comment les féticheuses d'Agoué cultivent la vocation de leurs sujets et recrutent leur personnel. « Les familles, nous dit le P. Ménager, qui ont des membres dans la féticherie, sont tenues de fournir au corps mystérieux quelqu'autre de leurs membres pour remplacer celui qui meurt. Cette obligation est telle que si la famille s'y refuse, toutes les féticheuses ne cessent de la tracasser et de la poursuivre. Et quand il lui arrive un malheur, un accident quelconque, les féticheuses l'accusent aussitôt, disant que c'est la vengeance du grand féticheur suprême. Parfois, les familles qui ne veulent pas continuer d'offrir un de leurs membres comme tribut exigé, sont obligées de quitter le pays, pour fuir la colère ou bien le poison des féticheuses (1). »

---

(1) Lettre du 16 j. 1876.

Celles-ci paradent souvent sur les rues d'Agoué. Quand on les rencontre, il est de toute rigueur qu'on se prosterne devant elles. Par un profond sentiment de respect on les salue le front dans la poussière et en faisant claquer les deux mains sur la tête. La personne des féticheuses est inviolable. Le nègre qui oserait les profaner, les frapper ou même les toucher par mégarde, serait aussitôt brûlé vif ou châtié cruellement. Elles ont elles-mêmes tout pouvoir discrétionnel, tout pouvoir exécutif. Elles se soutiennent mutuellement, se défendent avec ardeur, et forment à elles seules une véritable armée toujours sur le pied de guerre. Quand un blanc a offensé l'une d'elles, par crainte du *grand fétiche des blancs*, on ne châtie pas le coupable dans sa personne ; mais la féticheuse offensée pousse aussitôt un cri aigu, prolongé, féroce : à ce signal, toutes les féticheuses accourent comme des furies. A leur passage tumultueux et rapide à travers les rues étroites et tortueuses, toutes les cases de la ville se ferment. Les féticheuses peuvent librement exercer leur vengeance. Elles environnent avec un vacarme épouvantable la demeure du malheureux imprudent, vocifèrent pendant plusieurs heures toutes les malédictions de leur rite, et ne se dispersent le plus souvent qu'après avoir enlevé, une à une, les branches ou feuilles de palmier qui couvrent la case maudite ; laissant ainsi sous les ardeurs du soleil ou à la belle étoile l'insolent téméraire qui ose outrager une féticheuse (1).

Les féticheurs d'Agoué ont aussi une grande influence et une toute-puissance sur les malheureux indigènes de la Côte. Comme nous l'avons déjà dit, les noirs se croient toujours tourmentés par les mauvais esprits et se figurent que le ministère des féticheurs a pour but de calmer ces esprits. Or, comme les orages sont fréquents et terribles à Agoué, les nègres de ce pays ont consacré un culte spécial à la foudre. De temps immémorial, les *féticheurs du tonnerre* furent les

---

(1) Le P. Bouche.

plus nombreux. « Les foudroyés sont considérés comme des criminels occultes que le tonnerre a voulu châtier; aussi leurs corps sont-ils traînés aux gémonies sans nul respect et aux cris de : « Nous mangerons de la chair humaine ! » Les féticheurs, en effet, mangent les corps des foudroyés ; même en état de décomposition. Le corps d'un roi foudroyé n'est pas plus respecté qu'un autre (1). »

Les funérailles des féticheurs du tonnerre sont très-dispendieuses pour la famille. Pour faire face à ces grandes dépenses, les parents vont jusqu'à vendre leurs esclaves et leurs enfants ; c'est une tache pour les proches et les amis du défunt de ne pas faire dignement ces funérailles.

Aussi le prestige des *féticheurs du tonnerre* est-il considérable parmi le peuple. Ces personnages privilégiés effacent souvent la majesté royale ou celle du cabécère. En présence d'un crime, ils prononcent en dernier ressort. Leur autorité est absolue. « Dans la soirée du 4 décembre 1875, nous raconte le P. Ménager, un terrible orage éclata à Agoué. Pendant plus d'une heure les coups les plus effrayants de la foudre ne cessèrent de se succéder et même de s'accompagner. Jamais de ma vie je n'avais entendu pareil orage. Il venait du Sud-Ouest. Le feu du ciel tomba sur une maison voisine de notre résidence, et consuma en quelques instants toute la toiture... Immédiatement les féticheurs et féticheuses de la foudre dressèrent procès-verbal au sieur *Rouevidjin*, propriétaire de la maison brûlée. Pendant plusieurs jours le conseil diabolique du tonnerre examina quels pouvaient être les motifs de culpabilité qui avaient contraint la foudre à châtier ce riche négociant d'Agoué. Le 12, dès le matin, des bandes de féticheurs couraient les rues, hurlant à fendre les oreilles, annonçant à tous que, le soir, aurait lieu la *décision de la palavre*. A l'heure dite, toute la ville était devant la maison des féticheurs pour entendre la *sentence de la foudre*. Le cabécère qui doit assister

---

(1) Le P. Ménager.

à toutes les palavres, siégeait au milieu de sa jeune cour, sous un grand arbre, vis à vis du groupe des principaux féticheurs. Ceux-ci étaient en grande tenue; c'est-à-dire enveloppés d'un grand pagne blanc, le front ceint d'une couronne de plumes rouges et vertes de perroquet. Le chef féticheur était orné de la belle couronne de paille, ayant à la main un petit bâton fourchu, etc. Après s'être longtemps concertés, les *illuminés* s'agenouillèrent devant leur grand chef. Le *gongon*, (clochette en fer) imposa silence à toute l'assemblée. Alors le grand féticheur, déjà gagné par des présents, s'avança majestueusement devant l'accusé et déclara que la foudre n'avait pas eu de motifs pour tomber sur sa maison, qu'il était du reste très-honnête, qu'il ne s'agissait donc que d'un pur caprice de l'Esprit, que cependant l'accusé avait à payer les frais du procès, c'est-à-dire la valeur de deux esclaves en tafia, cauris et diverses étoffes. Aussitôt, les accusés, prosternés le front dans la poussière, remercièrent de son infinie mansuétude le grand féticheur qui retourna à son siége et fit toucher le *gongon*... »

Un autre jour, le grand chef assembla la ville entière; fit toucher le *gongon*, et annonça que « si les coupables d'un certain crime n'étaient pas connus le lendemain, les féticheurs allaient les livrer à la *foudre*, en la priant de les tuer. » Après cette déclaration, commencent quelques cérémonies burlesques. Des crânes humains sont portés mystérieusement par les féticheurs, ceux-ci exécutent des danses folles, s'élancent, s'arrêtent tout-à-coup, tracent sur les rues quelques signes, quelques lignes de démarcation, criant ensuite à gorge déployée que les coupables franchiraient bientôt ces limites, fouleraient aux pieds ces caractères symboliques, mais malheur à leur tête criminelle! Enfin ces mille contorsions et incantations extravagantes finirent cependant. Le cabécère avait déjà donné ses ordres. On livrait au grand féticheur de la foudre les malfaiteurs reconnus coupables d'avoir brisé les pirogues de la maison française (1).

(1) Le P. Bouche et le P. Ménager.

Les mœurs d'Agoué diffèrent peu de celles des autres points de la Côte. La nourriture principale des indigènes est le poisson frais, ou le poisson desséché au soleil. Quelques naturels, véritables carnassiers, taillent ou aiguisent leurs dents en scie pour mieux déchirer la chair ou la viande crue dont ils se régalent aux grandes occasions. La pratique du tatouage, répandue sur tout le littoral, est minutieusement observée chez les Minas. Cet art sanglant fait serpenter sur la peau du nègre de fantastiques arabesques qui varient de famille à famille, de tribu à tribu. Chaque quartier, chaque case presque, porte, incrustée sur l'épiderme de ses habitants, une marque distinctive, un blason nobiliaire (1).

Comme les Dahoméens et les Nagos, les indigènes d'Agoué sont complétement noirs ; ils éprouvent une certaine fierté au sujet de leur teint, et méprisent les basanés et les mulâtres. Ils ont pour la plupart les cheveux crépus, quelques-uns les ont roux. Leurs yeux sont généralement bruns ou d'une couleur de vert de mer. Les hommes sont d'une grandeur médiocre. Ils vont toujours la tête découverte, portent des pendants d'oreilles qui pèsent jusqu'à trois ou quatre onces : ce sont des dents, des coquilles, des cornes, etc. Il y en a aussi qui se font percer la lèvre supérieure ou les narines, pour y suspendre de pareils ornements. Ils couchent sur des nattes de jonc (2). Le P. Dujaric dit que les négresses Minas sont très-fécondes et fort bonnes nourrices. Elles portent aussi leurs petits enfants sur le dos pendant qu'elles travaillent. Quelques voyageurs prétendent que c'est pour cette raison que les petits négrillons ont souvent le ventre gros et le nez aplati : la mère, en se haussant et baissant par secousses, fait donner du nez contre son dos à l'enfant qui, pour éviter le coup, se retire en arrière autant qu'il peut, en avançant le ventre. Le P. Du Tertre prétend que

(1) Certains écrivains ont vu dans le tatouage l'origine du blason historique ; en se civilisant, les peuples l'auraient transporté de leur corps à un objet extérieur, écu ou armoiries.

(2) Mandelslo.

« beaucoup de négrillons sont extrêmement camus, parce que les pères et mères écrasent le nez aux enfants, qu'ils leur pressent aussi les lèvres pour les rendre plus grosses. » Cependant ceci ne doit s'entendre que de quelques tribus. Ailleurs et partout, le nez large et la lèvre grosse sont les traits naturels du nègre.

L'architecture de ces peuplades en est toujours à la hutte d'argile et de branchages. La cabane du noir est encore, à Agoué, d'une construction tout à fait élémentaire. On fabrique un cadre avec quatre morceaux de bois non dégrossis, solidement reliés aux angles avec du rotin. On installe ce cadre et on le charge de terre pétrie. Un grand nombre de ces petits bâtiments se composent de quatre murs de torchis recouverts de chaume. De cheminée, il n'en est pas question ; dans ce pays, la fumée est libre comme l'air, elle prend ses ébats capricieux dans les coins et recoins de la case, et s'échappe par où elle veut.

Quand un nègre veut traire sa vache ou sa chèvre, il lui suce les mamelles avec ses grosses lèvres et rejette le lait dans une calebasse : opération un peu longue, mais d'une propreté trop africaine.

Un étroit tablier de cuir ou de peau brute, ou bien un pagne de cotonnade, une écharpe en fil d'aloès, un simple rameau feuillu : tel est l'unique vêtement des habitants d'Agoué. Est-ce à dire que la coquetterie soit inconnue sur cette plage africaine ? Non, certes. Cette toilette sommaire comporte, au contraire, mille barbares raffinements, surtout chez la femme. On voit chez elle : dents limées ou noircies, peau déchiquetée, couturée ou tuméfiée ; visage, chevelure et membres couverts d'un épais badigeon de chaux, de beurre fondu, d'huile de palme ou d'autres cosmétiques encore plus repoussants. Ces matières, il est vrai, sont encore destinées à isoler le corps et à le protéger contre le soleil, les intempéries et la morsure des insectes. Quant aux cheveux, ils sont indifféremment rasés en tout ou en partie, ou disposés en cent façons bizarres. Il n'est sorte de procédés étranges ou douloureux que n'invente une coquette Minas ou un fat Agouéen, pour torturer et défigurer son corps sous prétexte de l'embellir.

« La graisse et la fumée sont les vêtements intimes de ce peuple », a dit Burton. En outre, mille colifichets, grains de rasade, ornements divers en ivoire, en métal, ou simplement en bois, pendent au cou, aux bras, aux jambes et aux oreilles (1). Je ne parlerai pas des innombrables amulettes et petits fétiches portatifs dont se couvrent aussi les nègres de cette côte. On comprend donc que la vanité africaine peut encore se satisfaire dans les mœurs d'Agoué.

Ce sont autant d'obstacles à l'évangélisation de ce pays, autant de difficultés à vaincre, pour établir le culte de l'humilité chrétienne. Mais nous avons déjà vu plusieurs fois ce que réclament de privations et de patience héroïque les débuts et les progrès d'une Mission. Qu'il nous suffise d'inscrire, avec le P. Bouche, huit cent vingt-six actes de baptêmes faits à Agoué en quelques années. C'est le prix de bien des luttes, le trophée de bien des victoires !

La nouvelle d'un fâcheux événement vint attrister nos missionnaires. Ils apprirent qu'à Whydah les Portugais schismatiques, jaloux de l'influence catholique, cherchaient depuis longtemps à perdre les prêtres de Lyon dans l'esprit du roi. Une guerre projetée contre quelque ville voisine leur donna l'occasion de réaliser leurs projets. « Si le roi, disaient-ils, voulait s'assurer la victoire, il devait chercher la protection de tous les fétiches, surtout du grand fétiche des blancs. Tous les prêtres du royaume devaient se réunir dans un même lieu, et implorer ensemble le secours d'en-haut, pour attirer ainsi sur les armes royales la protection de tous les dieux. Il fallait même, pour honorer le Dieu des européens, mettre une croix au bonnet de chaque soldat. » Telle fut l'ordonnance que les féticheurs les plus importants imposèrent au monarque.

---

(1) M. Dubois, *Le Pôle et l'Equateur.*

Celui-ci *somma* les Pères de se rendre à l'église schismatique pour assister aux prières publiques. En vain les missionnaires du fort portugais s'offrirent-ils à prier chez eux et à faire dans leur église tout ce que désirerait Sa Majesté, alléguant que la loi de leur Dieu leur défendait de communiquer dans l'exercice du culte avec des apostats... etc. Malheureusement les féticheurs et les schismatiques avaient l'oreille du prince. Celui-ci prit ou feignit de prendre les Pères pour des rebelles ; et on les mit aux arrêts. Les PP. Thillier et Rodin, ainsi que le frère Jean-Marie, eurent la joie de se dire les prisonniers du Christ. Ils espérèrent un instant la palme du martyre. Mais, sur les remontrances des agents de la factorerie de M. Régis, le roi finit par mieux apprécier les services que rendaient les Pères blancs à son peuple, et ordonna qu'on les mît en liberté.

CHAPITRE VII

Cependant nos missionnaires d'Agoué voulurent explorer les environs de leur résidence. En octobre 1875, l'un d'eux écrivait à sa famille : « J'ai fait dernièrement le voyage d'Akrakou, ville de deux à trois mille âmes, dans l'intérieur des terres. Nous partions d'Agoué de grand matin, amenant quelques petits nègres qui devaient nous servir d'interprètes. Il faut se diriger vers le nord. On rencontre bientôt la grande lagune qui longe toute la côte du Vicariat. Pour franchir ce canal, on monte en pirogue...

« En ce moment même j'ai pu jouir d'un beau spectacle : celui du majestueux lever du soleil. Il ne varie guère de 5 h. 45 à 6 h. 15, c'est-à-dire d'une demi-heure. Ses feux, répandus avec profusion, dissipaient la brume devant nous, découvrant une eau calme et unie comme la glace. A peine un léger courant se dessinait au milieu de la lagune..

« C'était un jour de foire pour Akrakou. Trois vieilles négresses m'avaient prié de les prendre dans ma pirogue, elles et leurs marchandises. Voilà qu'une des négresses tira bientôt de sa ceinture un vieux débris de pipe charbonnée, et pria la commère de lui passer son amadou. Celle-ci imita bientôt sa compagne. Nos deux suisses improvisés étaient en train de chasser à l'unisson tous les miasmes de la pirogue. On eût dit facilement que notre frêle embarcation marchait à la vapeur ! La troisième négresse caressait son petit enfant dormant paisiblement sur ses bras et abrité par son chapeau colossal (1).

« Nous étions souvent croisés par des canotiers qui nous saluaient, tout en chantant leur refrain monotone. Enfin, on arrive au bord opposé de la lagune, où les pêcheurs sont occupés à retirer leur petites nasses assez abondamment garnies de poissons. Une armée de fourmies voyageuses traversaient en colonne grosse comme le bras le chemin où nous descendîmes. Elles forment, en s'accrochant les unes aux autres, un véritable tunnel sous lequel passe le gros de tous ces bataillons. Si j'avais eu le temps, j'aurais suivi leur marche pour évaluer approximativement leur nombre. Puisque, plus de douze heures après, à notre retour, nous les trouvâmes encore continuant leur défilé. »

Le lecteur ne sera pas surpris d'apprendre qu'il y a des fourmis dans ces parages, puisqu'il y en a partout ; mais peut-être ne lira-t-il pas sans intérêt quelques particularités sur ces insectes parfois si nuisibles aux missionnaires. Le traducteur des *Voyages de Robertt Adams*, raconte que ces fourmis sont en nombre prodigieux dans les bois de Sierra-Leone, dans la Guinée et sur les bords des lagunes du Benin. Elles sont, dit-il, de deux sortes : les unes noires, les autres rouges.

(1) Ces chapeaux de paille grossièrement tressée mesurent plus de 80 cent. de rayon et servent à la fois de parapluie et de parasol. Ce sont de véritables toitures chinoises ambulantes.

Les fourmis rouges, quoique petites, sont fort incommodes ; elles s'introduisent dans les maisons, montent aux jambes des habitants et font des piqûres cuisantes, elles envahissent les plats aux heures des repas, pour peu qu'on néglige d'y faire attention. Le moyen de diminuer un peu ce petit tourment quotidien, est d'arroser de temps en temps le sol de sa case ou le plancher de ses appartements. On met aussi dans quelques coins des jattes pleines d'huile, dans lesquelles les petites fourmis vont en foule engluer leurs pattes et faire naufrage.

Mais les fourmis les plus redoutées de nos missionnaires et les plus terribles pour le voyageur sont les fourmis noires. Elles sont plus grosses et forment bien le volume d'une guêpe; aussi sont-elles incommodes jusqu'à mettre en péril la vie des hommes et dévorer des enfants. Ce n'est pas dans les maisons qu'elles vont faire leurs attaques ; elles s'écartent au contraire des villes et villages : on pourrait facilement les y détruire en cherchant leurs retraites, et en les inondant d'eau bouillante, c'est dans les champs, c'est au milieu d'une forêt voisine des lieux habités, qu'elles s'établissent et qu'elles dressent leurs embûches.

Voici comment elles opèrent :

Une armée de ces insectes s'empare d'un chantier qui leur indique le passage fréquent des nègres ; bientôt la largeur du chemin en est toute couverte sur une longueur de quarante à cinquante pieds ; si alors un nègre nonchalant ou préoccupé vient à s'engager au milieu de cette armée, sans l'avoir aperçue, il est assailli par une multitude d'ennemis qui, de ses pieds, lui montent en un instant sur tout le corps, et le piquent avec fureur dans les endroits les plus sensibles, surtout aux yeux. Un homme fait parvient ordinairement à se tirer de danger, en fuyant à une centaine de pas, et en agissant vivement des deux mains, pour écraser tout ce qui s'est attaché à sa peau : heureux s'il a près de là une rivière, une pièce d'eau quelconque, où il puisse se plonger pour s'en débarrasser plus vite ! et tout le mal qui lui reste de son accident, est une fièvre de deux ou trois jours, causée par l'inflammation résultant de toutes les morsures qu'il a endurées.

Mais lorsque la malheureuse victime est un enfant faible et sans expérience, rarement elle échappe à la mort : suffoquée bientôt par la douleur, elle tombe, elle expire au milieu de ces terribles fourmis, et son cadavre devient leur pâture. Tel est le nouveau danger que peut courir chaque jour l'apôtre qui évangélise la partie de l'Afrique comprise entre les deux tropiques (1).

Cette digression aura bien sa raison et son excuse aux yeux de nos lecteurs : nous éprouvons le désir de faire passer dans nos modestes pages quelques lumières et quelques images de ce ciel d'Afrique, de cette nature inhospitalière, où les prêtres de Lyon ont tant à craindre et tant à souffrir. On aime à parcourir les lieux qui ont reçu la trace de leurs pas.

Donc, notre missionnaire fut sauf des fourmis et de leurs piqûres. Il continue de parler ainsi à sa famille : « Enfin, nous voilà en hamacs portés par deux vigoureux noirs.

« Doucement balancé sur leurs fortes épaules, je laissai avec bonheur mes pensées se reporter aux belles et fraîches matinées d'été et de printemps passées auprès de vous...

« Des centaines d'oiseaux au brillant plumage et au chant varié animaient gaiement cette nature parfois si sauvage, et à laquelle la main de l'homme n'a jamais disputé que quelques pieds de terre pour construire sa case. Chaque année, cette plaine se couvre d'une nappe d'eau. Récemment desséchée, et engraissée par les détritus qu'y déposent les eaux limoneuses, elle offrait le spectacle d'une végétation des plus luxuriantes...

« Il est plus de dix heures. Nous arrivons à Akrakou. On entre dans la ville par un petit chemin qui conduit directement à la maison du cabécère. Déjà une multitude de petits négrillons, au costume académique, pousse des cris et hurle à me fendre la tête, s'approchant, s'enfuyant, revenant, partant encore,

---

(1) Le *Chev. de Frasans*, chap. II.

pour appeler leurs père et mère, qui bientôt arrivèrent aussi craintifs que leurs enfants. On n'avait jamais vu le *blanc*, du moins de mémoire d'homme. La population entière fut bientôt sur pied, pour venir voir le blanc qui était reçu chez le roi.

« Celui-ci, qui, par un oubli de ses serviteurs, n'avait pas été averti de mon arrivée, se disposait à aller visiter sa culture et à se mettre lui-même à l'ouvrage. Il me fit donc attendre quelques instants : il fallait se costumer en monarque, c'est-à-dire prendre un pagne et se couvrir la tête d'un misérable feutre... Dans quel piteux appareil cette majesté d'Akrakou s'offrit à mes regards !.....

« Le roi est d'une taille ordinaire; sa figure est assez commune et déjà ridée par les années. Il peut avoir de 50 à 60 ans.

« Après nous être salués, en faisant claquer les doigts dans la main l'un de l'autre, le prince m'offrit une chaise en bois, la seule qui soit dans le palais; et bientôt nous entrâmes en conversation sur la Mission d'Agoué.

« Je vous dirai, en passant, que chaque fois que j'avais à tirer quelque chose de ma poche ou de ma caisse de voyage, je faisais fuir les noirs et négresses qui étaient là toujours sur le qui-vive pour me voler.

« Le roi me demanda donc ce que faisaient les missionnaires d'Agoué. « Nous ne faisons pas de commerce, lui répondis-je ; nous enseignons la religion du vrai Dieu, et faisons ce que nous pouvons pour guérir les malades. — Mais, homme de Dieu, tu ne voudrais pas venir t'établir ici, pour faire ce que tu fais à Agoué ? — Si le grand homme de Dieu de la terre des blancs le veut, je viendrai avec plaisir près de toi, pour enseigner à tes enfants et aux enfants de ton peuple le chemin qui conduit dans la maison de Dieu. — Dis donc au grand homme de Dieu de vouloir, etc., etc. » Nous parlâmes encore de religion. Tous les renseignements que je donnais paraissaient lui être agréables.

« Toutefois, comme sa pauvreté royale avait excité ma compassion, je lui offris un pagne de coton et le joli bracelet, cadeau de Mme X. que vous m'avez envoyé. Vous dire l'air de bonheur qui passa subitement sur son visage est chose impossible. Vous comprendrez mieux que je ne pourrai vous le dire combien le prince noir était heureux de regarder son bras si richement orné. Il se dressait avec fierté en se drapant sous son pagne, qui, grâce à sa nouveauté, avait gardé le *frou-frou* de la soie.

« Voulant toujours être agréable à Sa Majesté, je l'invitai à prendre part à mon repas que j'avais fait préparer par nos enfants dans la maison d'une de leurs connaissances. Or, voici le menu qui, sans être royal, était cependant de l'extra : une poule au kaloulou, c'est-à-dire à l'huile et au piment ; des petits pois en sauce avec de la sardine de Nantes ; comme dessert, du vin blanc du Pallet, envoyé par mon oncle Edouard.....

« Le roi fit preuve d'un bon appétit, et complimenta l'enfant devenu cuisinier. Comme il désirait garder une place dans un coin de son estomac à tous les mets qu'il avait aperçus *de la terre des blancs*, il dut renoncer à une partie de sa ration que les yeux, plus grands que son ventre, avait avidement convoitée. Il offrit donc le trop copieux à son ministre, qui, à genoux près de lui, attendait sans doute sa *lêchée*.....

« Lorsque j'interrogeais les enfants sur le sujet de la conversation de mon royal convive, ou sur ses réflexions touchant les délices du repas, je n'avais pour toute réponse que de grands éclats de rire, ce qui me faisait une fois de plus regretter de ne pas connaître le mina.

« Bientôt les grands du pays me firent dire qu'eux aussi désiraient voir ma figure. Mais comme j'étais fatigué et que je voulais, en outre, faire le grand personnage et me donner de l'importance, je leur fis répondre que j'avais un pressant besoin de repos, mais que dans une heure ils pourraient me contempler à loisir.....

« Enfin, il fallut s'exécuter. Je témoignai donc le désir de visiter la ville. Le cabécère fit porter son bâton devant moi, et je parcourus ainsi, suivi des grands et de la foule, les rues tortueuses et étroites d'Akrakou. Au fond d'une grande place, se dresse, environné de hauts et magnifiques arbres, le seul monument de la cité ; c'est une vaste maison ouverte, où le roi rend la justice devant son peuple.

« A Akrakou, on se sent déjà à l'intérieur. La végétation est toute différente. Le cocotier, en s'éloignant de la mer devient de plus en plus rare ; mais le boabab et tant d'autres arbres gigantesques que l'on ne trouve pas sur les bords de la mer, sinon tout rabougris, paraissent ici très-communs et servent à la fabrication des pirogues.

« Après avoir félicité les noirs qui m'entouraient du bel aspect de leur petite ville, j'allais visiter la foire qui se tient à quelques minutes d'Akrakou. Quand j'arrivai, ce fut bientôt de toute part un véritable tumulte. Jamais un blanc n'avait paru dans ce pêle-mêle de nègres et négresses. Ce fut un sauve-qui-peut général. La terreur semblait donner de l'activité aux jarrets de ces pauvres noirs ; ceux qui ne pouvaient fuir se culbutaient et tombaient les uns sur les autres. Quelques femmes abandonnèrent un instant leurs marchandises ; les enfants, plus effrayés encore, renversaient, brisaient les calebasses des vendeuses, les bazars des marchands.

« Cependant quelques personnes d'Agoué qui fréquentent la foire, n'ayant pas craint de venir me parler, la foule se rassura peu à peu, les choses rentrèrent dans l'ordre. Il fallut songer au départ. Le cabécère, tout joyeux et tout honoré de ma visite, voulait me retenir. Lui et tous les grands me saluèrent avec mille démonstrations, tant qu'ils purent apercevoir les hamaquaires qui m'emportaient rapidement.

« Après tant d'honneur, j'étais bien aise de respirer à pleins poumons, sous ce ciel tropical, l'air pur et frais du soir. Le silence n'était troublé que par le bruit des porteurs. Dans ce mystère d'une nuit qui va vous envelopper de ses ombres, on rêve, on contemple facilement. Plus l'horizon est vaste, plus l'âme se sent libre, grande, capable de monter jusqu'à Dieu.

« Lorsque l'obscurité ne m'eut plus permis de distinguer les arbres immobiles et les fleurs doucement endormies, l'air se remplit d'insectes phosphorescents, ou mouches de feu, qui, semblables aux vers luisants de France, voltigeaient d'herbe en herbe, faisant étinceler leur feu verdâtre, tandis que l'astre des nuits, soumis à ses lois, vînt à son tour me procurer la jouissance de sa douce et pâle lumière, se mirant dans la lagune.

« Je contemplais encore toutes ces merveilles, quand un esclave (je tiens à vous citer ce fait de gratitude, ils sont si rares sur la côte!) un esclave, dis-je, dont l'enfant avait, à la chasse, blessé un nègre que je soignais chaque jour, vint de lui-même et pour la seconde fois à ma rencontre avec une pirogue pour me prendre de l'autre côté de la lagune. « J'avais hâte de te revoir, me dit-il, car tu prends tant de soins de mon blessé! » Il pouvait ajouter : s'il vient à mourir, peut-être aussi que mon enfant mourra; car telle est ici la loi. Et quand dans les cas fortuits on échappe à la loi on est toujours menacé de la famine et du poison.

« J'arrivai à Agoué vers huit heures. Le feu blafard qui éclairait les cases était encore d'un bel effet. Heureux d'une journée si riche en émotions, je remerciai Dieu et sa très-sainte Mère de leur insigne protection (1). »

La Mission d'Agoué offrait les plus riantes perspectives d'avenir; à l'autre extrémité de la Côte des Esclaves, celle de Lagos était déjà florissante. Nos apôtres étaient donc maîtres du littoral. Cependant deux points intermédiaires et très-importants n'ont pas eu encore de résidence de missionnaires : Grand-Popo et Badagry, deux ports considérables.

« Nous avons débarqué à Grand-Popo, écrivait le P. Veyret, et nous sommes descendus à terre avec le P. Bourguet et le capitaine Morpin. La factorerie de M. Régis nous a donné l'hospitalité durant trois jours ; mais nous n'y avons pas dormi tranquilles. Vous savez que ce pays est ravagé par les serpents-fétiches. Or, la veille de notre arrivée, les deux chiens de la

---

(1) Lettre particulière.

factorerie ont été avalés par un boa d'une grosseur extraordinaire. Messieurs les agents de la factorerie n'ont pas pu lui faire lâcher prise. Ils ont été obligés de recourir aux féticheurs du pays qui sont venus le chercher en toute hâte, et l'on emmené sans lui faire aucun mal. Mais les chiens n'en ont pas moins été croqués. Notre capitaine, homme d'un grand sang froid, apprenant cet événement, n'a consenti à aller se coucher que lorsqu'on lui a eu mis six sentinelles à la porte de sa chambre. Quant à moi, j'avais trois autres sentinelles à ma porte et un homme qui couchait dans ma chambre. Vous allez peut-être me prendre pour un peureux, mais non ! Toutes ces précautions avaient été prises sans mon consentement. Ma bravoure en était froissée, mais ma personne en était plus en sûreté. Pendant nore séjour à Grand-Popo, j'allais visiter la campagne. Quel aspect elle offrait à mon cœur de missionnaire ! On eût dit que depuis le déluge cette malheureuse terre n'avait été habitée que par le diable. Je rencontrais à chaque pas des temples de fétiches, où les feticheurs immolaient force poulets, moutons, etc. au dieu de la guerre, afin qu'il obtînt au peuple de Grand-Popo la victoire sur le Dahomey. Quand je m'approchais trop de certains temples, les noirs qui m'accompagnaient me criaient aussitôt : « *Père, ne va pas là, on te couperait la tête.* » J'obéissais à l'instant... Enfin, nous quittâmes cette terre maudite ; mais non sans prier le Seigneur de lever au plus tôt l'arrêt de mort qui pèse sur elle, et de la rendre digne d'entendre la bonne nouvelle. Espérons qu'un jour les apôtres de la vérité, accourus d'Agoué et de Whydah, se rencontreront sur ce point du littoral pour y célébrer le triomphe de l'Evangile.

Une autre cité populeuse de la Côte attend le même bienfait, celui de posséder une résidence de missionnaires, c'est Badagry. Cette ville maritime très-commerçante n'est qu'à quelques lieues à l'Est de Porto-Novo, située à 6° 12' 24" de latitude nord, et à 0° 32' 52" de longitude est. Badagry fut autrefois la capitale d'un petit royaume. Les Anglais, les Français et les Portugais y avaient des comptoirs. Aujourd'hui les maisons anglaises seules y ont conservé leurs représentants. Les Anglais y abondent par moments ; le protestantisme y achète chaque jour des prosélytes. Toutefois l'Eglise catholique y compte un certain nombre de fidèles. Quoique livrés à eux-mêmes, ces chrétiens ont leurs petites réunions, profitent avec bonheur des visites régulières ou du passage fortuit des Pères de Lagos et de Porto-Novo.

Ceux-ci n'ont pas encore, sur ce point de la côte, parcouru les routes de l'intérieur, ou, pour employer le style officiel de Badagry, *les sentiers du taillis*. Nous savons qu'en 1830 Richard Lander avait pénétré dans ce repaire de négriers et de forbans. Il l'immortalisa parce qu'il en fit son point de départ pour se rendre à Boussa, d'où il descendit le Niger, explorant les rives de ce grand fleuve. Il reconnut que les lois fondamentales de l'Yorriba étaient presque aussi monstrueuses qu'au Dahomey. A la mort du souverain de ce royaume, son fils aîné, ses quatre premières femmes, les chefs de ses eunuques et les gouverneurs de ces principales provinces, doivent venir boire un poison subtil sur son tombeau et y être ensuite précipités avec lui. La majesté et la sûreté du trône expliquent suffisamment la chose ; mais que cet usage meurtrier s'étendît sur toute la hiérarchie gouvernementale, en faisant descendre une terrible solidarité des chefs de provinces à ceux des cités, et de ceux-ci aux simples cabocirs de villages, c'est ce que raisonnablement un européen pouvait ne pas admettre, mais ce dont Lander ne put douter.

« Au nombre des décédés, nous dit-il, se trouvait le chef de *Yenna*. Or la coutume exigeait que deux de ses femmes quittassent la vie le même jour que lui. L'une des deux veuves s'était exécutée de bonne grâce, mais l'autre regimbait de toutes ses forces contre l'usage au grand scandale des âmes pieuses. Toujours hésitante entre la corde et le poison, elle prenait congé chaque jour et chaque jour remettait son départ au lendemain, malgré les remontrances des vénérables matrones et les exhortations des prêtres. On allait jusqu'à penser que, grâce au crédit des félans (les musulmans) et à l'appui tacite de Mansolah lui-même (le roi), la vieille contumace parviendrait peut-être à conserver sa vie; mais on n'osait se communiquer cette supposition qu'avec des frémissements d'horreur (1). »

De petites républiques indépendantes assises sur les bords du fleuve Ocpara forment le vaste Etat de l'*Yorriba*. Elles sont encore soumises aux fréquentes incursions du Dahomey. Celui-ci leur enlève les meilleurs esclaves et leur impose ses lois et ses mœurs sanguinaires.

Cette partie du désert a aussi ses poètes qui chantent leurs hauts faits et célèbrent leur courage. On n'en rencontre point qui stigmatisent leurs vices. Et quels vices, dira-t-on? Un vol, bagatelle; un coup de poignard, une dose de poison, vetille; un meurtre, ce n'est que partie et revanche. Aussi la belle figure du Badagryen est-elle tailladée, couturée de cent manières; quelle adresse, quel plaisir d'enlever l'œil d'un ennemi, trancher l'oreille d'un rival, ou tout au moins lui balafrer la face. On comprend le bien immense que feraient à ces régions désolées une colonie d'apôtres établis à Badagry.

(1) *Le Niger*. De Lanoye.

APPENDICE

Cependant, le zèle des missionnaires de Lyon devait s'étendre au-delà du golfe de Benin. Bien que notre ouvrage n'ait pour objet que la Côte des Esclaves, nous mentionnerons les terres nouvelles récemment occupées, et celles qui vont l'être, par nos ouvriers évangéliques. Le nom de ces apôtres était au cœur, sinon sur les lèvres de celui qui murmurait cette parole : « Je les entraînerai au loin par les liens de la charité (1). »

Nous lisons dans les *Annales* :

« Une mission vient d'être créée dans l'Afrique méridionale, et confiée à la Société des Missions-Africaines. Elle comprend plusieurs districts détachés des deux vicariats apostoliques du Cap de Bonne-Espérance.

« Le 15 mai 1873, se sont embarqués à Southampton (Angleterre): les PP. Jean Devernoille, de Saint-Romain-de-Popey (diocèse de Lyon); et Alexandre Guillet, de Blain, (diocèse de Nantes) (2). »

Le 5 juillet de la même année, six autres missionnaires faisaient leurs adieux au Séminaire de Lyon et s'embarquaient encore pour la nouvelle préfecture du Cap central. Les PP. François Devoucoux (du diocèse de Nevers); François Gaudeul (du diocèse de Rennes); Auguste Lebouvier, Pierre Legeay, Joseph Pasquereau (du diocèse d'Angers); et Joseph Pied (du diocèse de Nantes) : telle fut l'intrépide colonie qui affronta les périls de l'Océan, pour aller fertiliser la pointe méridionale de l'Afrique.

(1) *Traham eos in vinculis charitatis.* Os. XI, 4.
(2) Janv. 1874. — N° 272.

Dans une longue et belle lettre adressée à sa famille, le P. Lebouvier raconte les vicissitudes de sa traversée. C'est un intéressant journal daté de l'Océan, où l'on voit la protection signalée de la Providence au milieu des plus grands périls (1).

— Le 15 juillet, le vaisseau mollement bercé quitte enfin le port de Southampton, avance majestueux, gagne la haute mer. Par trois jours de souffrances, le missionnaire paye le tribut à ce mal prosaïque que tout le monde connaît. — Le 18, peu à peu les entrailles malades cessent leurs révolutions; le calme règne dans les cabines et sur le pont; une douce gaîté va revivre parmi les passagers. On éprouve même de toute part un gros appétit. La salle à manger offre tout le confortable, tout le luxe de la vie parisienne. — Le 22, on est menacé de tempête. La vue de quelques oiseaux sinistres inquiète l'équipage. Mais ce n'est qu'un ouragan qui disparaît bientôt. On avance toujours, on a franchi la ligne. Aucun rivage n'a apparu. Que l'Océan est immense! — Le 25, la mer est toujours tranquille, unie comme un miroir. La traversée deviendra-t-elle monotone? Ce n'est plus une navigation vers le golfe de Benin; le voyage du Cap est de plus long cours que celui de Dahomey. Mais si à midi le ciel est en feu, le soir, le firmament est splendide, la brise rafraîchissante. A certains moments de la nuit, le sillon que creuse le navire devient une voie lactée sous les mille étincelles phosphorescentes qui le couvrent. Ces petites étoiles glissent silencieuses jusqu'au pont même qu'elles illuminent. Tant de ravissants spectacles élèvent l'âme jusqu'à Dieu. — Le 28, hélas! voici une véritable tempête : elle gronde furieuse. C'est la voix de Dieu, *vox Domini super aquas*. Des vagues énormes s'élancent au souffle de l'aquilon, elles bondissent, se heurtent, se brisent pleines d'écume. C'est terrible, mais c'est beau!... *Mirabilis in altis Dominus, mirabiles elationes maris.* Le vaisseau, poussé par une force indomptable, se précipite au fond de l'abîme; puis, remontant les vagues

---

(1) Du 15 juillet au 3 août. Lettre particulière.

comme autant de collines, il se dresse avec la rapidité d'un cheval fougueux. L'équipage tremble, le capitaine s'émeut, les missionnaires et grand nombre de passagers espèrent contre tout espoir, chantent, invoquent l'*Etoile de la mer*. — Le 31, la tempête dure encore. Enfin, vers le soir, elle se tait ; les flots s'apaisent. — Le 1er août, que les missionnaires sont loin de la France, de leur mère, de leurs amis ! L'amertume de ce souvenir est adoucie par la pensée qu'avant trois jours ils salueront la côte africaine, leur terre promise. — Le 2 août, malgré la brume du matin, on découvre au loin l'île de Ste-Hélène. Funèbre souvenir ! Les Anglais avaient relégué bien loin leur glorieuse victime. A son passage à Londres, le P. Lebouvier visita au musée de M. Tussau les différents objets qui avaient meublé la prison de Bonaparte : son lit, son oreiller, etc ; et près de ces dépouilles, couchée dans un berceau tout d'or, de velours et de soie, reposait l'image en cire, de traits et de grandeur naturels, du petit roi de Rome. *Vanitas vanitatum. Sic transit gloria mundi.* Le missionnaire salue avec émotion le tombeau de notre plus belle gloire militaire ! — Le 2 août, le vent est si favorable qu'avec une rapidité vertigineuse on franchit cent lieues en vingt-quatre heures. — Le 3, le vaisseau hâte sa course à travers les brouillards. Les drapeaux se hissent au sommet des mâts ; les embarcations se préparent ; chacun boucle ses malles, ficelle ses paquets. Déjà les montagnes se présentent avec leurs cimes grisâtres. On entre dans la baie au bruit du canon. Le port répond par une salve d'artillerie. Tous les quais sont couverts d'une foule compacte de curieux aux mille costumes. C'est une longue galerie de tableaux représentant des personnages de toute couleur ; c'est un atelier de sculpture où les figures variées sont à peine ébauchées. Mais voici des soldats anglais qui gardent les avenues du port, des douaniers qui visitent les marchandises. Voici deux prêtres qui viennent accueillir leur confrères. On juge de leur joie !

De nos apôtres de Lyon destinés au Cap, les uns ont été

chargés d'évangéliser le pays des Namaquois sur la partie occidentale de cette région ; les autres établis dans le pays des Hottentots, devaient administrer les deux districts de Georgestown sur la côte, et de Beaufort dans l'intérieur.

La ville du Cap, nous dit le Père Lebouvier, est située sur les bords de l'Océan, dans une immense plaine, entre les deux petites montagnes de la *Table* et du *Lion*. Ainsi resserrée au pied de ces rocs incultes, où croissent çà et là quelques fleurs sauvages et quelques buissons nains, elle se dérobe à la vue de la pleine mer ; les navires doivent pénétrer dans le port pour la découvrir.

La température y est très-douce ; aussi la ville du Cap est, comme la Rome antique, un rassemblement bizarre d'individus venus de tous les pays du monde. On y rencontre la collection complète de toutes les physionomies humaines. Toutefois le type dominant a un teint basané, une stature robuste et bien proportionnée ; mais une démarche nonchalante, un regard presque éteint. Les divers groupes de la population ont leurs usages à part, leurs croyances, leurs prêtres et leurs cimetières. Dans les quartiers les plus importants règnent le fanatisme et la corruption des sectaires du Croissant. On croit à l'immortalité de l'âme ; on se plaît à déposer sur la tombe des ancêtres des gâteaux et autres friandises.

Les Hottentots racontent que leurs pères, ayant offensé *Gounya-Ticquoa* (le bon génie), furent condamnés par lui avec toute leur postérité. Faute et punition du premier couple, ivresse de Noé et ses conséquences, pratique de la circoncision, doctrine de l'impureté légale, culte pyrolatrique de Moulouk, arc-en-ciel appelé l'arc du bon Dieu et à l'apparition duquel on attribue une signification heureuse : on est ici en pleine Bible. Il n'est pas jusqu'au nom de *Jiouvah* appliqué au soleil qui ne soit une réminiscence des livres saints (1).

Ces mœurs et ces traditions devaient être épurées et consa-

---

(1) M. Dubois. *Le Pôle et l'Equateur.*

créés par les plus saintes audaces et au prix des plus grands sacrifices. Le P. Devernoille, vice-préfet apostolique, écrivait en 1875 : « Vous savez que la Mission de Pella est fondée... Au moment où j'arrivai, le P. Pasquereau disait la sainte messe, sans servant ni assistance entre quatre murs délabrés et ouverts à tous les vents ; sa malle lui servait d'autel... Nous avons été tour-à-tour maçons, charpentiers, jardiniers, etc. Enfin, notre habitation a quatre petites chambres qui ferment à clef (ce qui est en Bushmanland grande et unique merveille!). Nous avons, la semaine dernière, pour la première fois, fait un pain de trois livres, que nous avons cuit dans la marmite. Mais que nous avons besoin de ménager le grain !... »

Le 15 décembre 1874, les PP. Moreau et Murat s'embarquaient à Southampton pour aborder au rocher de Ste-Hélène. C'était là un nouveau champ du Père de famille dont la société de Lyon se réservait la culture. Quelques mois auparavant, les PP. Devernoille et Guillet, en se rendant au Cap, avaient relâché dans cette île, pour la désservir durant plusieurs jours. Elle est sous la juridiction de Mgr Léonard, vicaire apostolique du district occidental. Les missionnaires y furent accueillis par les consuls de France, d'Irlande, des Etats-Unis, par le colonel Maréchal et plusieurs familles françaises établies à Sainte-Hélène, pour garder la maison qu'avait habitée Bonaparte.

A l'arrivée des deux prêtres, il y avait dans l'île un évêque anglican, ancien ministre officiel de Georgestown. Il fallait lui disputer le terrain pied à pied. Les catholiques n'étaient alors à Ste-Hélène qu'au nombre de soixante-dix, y compris les soldats, les femmes et les enfants (1).

A ces divers champs de bataille situés à l'extrémité méridionale de l'Afrique, et réservés à nos soldats évangéliques, il faut ajouter une partie des déserts qui s'étendent au nord du fleuve Orange. Mais ayons hâte de mentionner un dernier poste d'honneur que vont occuper les missionnaires de Lyon.

---

(1) Le P. Devernoille. — (11 juin 1875.)

Fonder une station sur le point le plus important d'une voie large, qui s'ouvre au nord de l'Afrique et conduit directement au centre, s'installer au Fezzan, telle est la courageuse tentative que sont à la veille d'exécuter les enfants de Mgr de Brésillac. Cet acte d'audace aura le plus grand résultat pour l'avenir du christianisme dans la péninsule.

Entre la régence de Tripoli et le pachalick du Fezzan, sur une longueur de soixante lieues, les voyageurs ont rencontré des traces de la domination romaine, des tombeaux, des inscriptions. Le christianisme a plus encore laissé de ses vestiges sur ces portes du désert. Barth visita les ruines d'un couvent, dont « l'église, à triple nef romane, subsiste encore presque en entier (1). » Cette grande ligne du centre de l'Afrique a été récemment parcourue par le docteur Nachtigal (2).

Le Fezzan est une vaste oasis formée de vallées fertiles et environnées d'arides solitudes. La nature l'a entourée d'une ceinture de remparts élevés, qui le protègent contre l'invasion des sables. L'inaltérable pureté du ciel entretient sur ces régions une chaleur parfois suffocante; il est vrai que les nuits y sont longues et toujours fraîches. Le Fezzan se divise en dix districts, dont le principal, El-Hofarg, renferme Mourzouk, la capitale, et quelques autres villes de moindre importance. Ces districts sont autant de magnifiques jardins que l'on cultive avec soin. Sur les trente mille âmes de races diverses qui habitent le Fezzan, Mourzouk n'en compte pas plus de trois mille. Placée dans une situation pittoresque, au confluent de deux routes orientales du Soudan, cette ville, aujourd'hui soumise aux Turcs, ainsi que le reste de l'oasis, paraît destinée à un avenir commercial très-important.

Et cependant les déserts qui l'environnent sont immenses. Des légendes racontent les désastres de caravanes mortes de soif au milieu de la traversée. Qui ne connaît l'histoire de ces

---

(1) *Le Pôle et l'Equateur*. — L. Dubois.
(2) *Bulletin géog.* Juillet 1876.

deux voyageurs dont l'un acheta de l'autre une jatte d'eau pour dix mille drachmes d'or, et qui n'en périrent pas moins tous deux? Selon les indigènes, un homme égaré dans ces déserts, pendant les brûlantes chaleurs de l'été, ne peut vivre plus de douze heures (1). Le chamelier nomade porte sa provision d'eau suspendue aux flancs de sa monture et contenue dans une outre en peau, enduite de goudron à l'intérieur. Il s'en va seul à travers l'espace sans limites, sous un soleil dévorant, perdu, pour ainsi dire, entre l'immensité du désert et l'immensité du ciel. De ses chants monotones il charme les ennuis de la route et ranime le courage de son fidèle compagnon, comme fait le muletier castillan ou andalou. Derrière lui disparaît sur le sable la trace de ses pas, comme s'évanouit à la surface des mers le sillage d'un esquif. Le soir il a la terre nue pour lit et la voûte du ciel pour tente. Il est vrai que les nuits, au désert, sont d'une incomparable splendeur. Du haut d'un ciel serein, la lune et les étoiles versent d'éblouissantes clartés, qui allument à la cime des collines sablonneuses des reflets phosporescents, semblables à ceux dont brillent parfois les mers tropicales. Une brise bienfaisante vient rafraîchir l'atmosphère embrasée; Au milieu du silence universel de la nature, son harmonieuse haleine, qu'aucun bruit rival ne domine, caresse doucement l'oreille, comme ferait le gazouillis d'un ruisseau (2).

Mais, si l'aspect de ce désert excita l'enthousiasme et frappa l'imagination du savant, la vue de cette région abandonnée, si pénible à parcourir, a su réveiller aussi la sainte ardeur du missionnaire. Pour y faire revivre les siècles de la foi, nos ouvriers évangéliques veulent franchir de nouveau ces solitudes incommensurables, et occuper le poste si décisif du Fezzan. Puissent-ils raviver, au souffle de leurs prédications, les rares étincelles de christianisme enfouies sous ce sable musulman!

(1) Léon l'Africain.
(2) L. Dubois, *Le Pôle et l'Equateur*.

Nous avons vu, au commencement de cet ouvrage, comment les premiers apôtres de l'Evangile avaient dépassé les Romains dans leurs victoires, en fondant les grandes églises du littoral, Carthage, Julia-Cœsarea, Hippone, et plus de six cents autres évêchés. Ils avaient porté le nom et le règne de Jésus-Christ jusque dans le désert. Ouargla, Ghat-Ghadamès et autres villes étaient, dans le siècle de saint Augustin, des cités épiscopales. Aujourd'hui, le sud de l'Algérie et des autres Etats barbaresques qui longent la Méditerranée, entre le 35° et le 15° degré de longitude, n'offre qu'une mer de sable parsemée d'oasis. Celles-ci sont occuppées par les descendants des *cinquante nations ou tribus diverses, les unes noires les autres blanches*, dont parle Ptolémée l'Egyptien; nations remplacées plus tard par les légions romaines, à l'époque de leur établissement en Numidie et en Mauritanie; nations civilisées enfin par la loi du Christ, qui leur fut annoncée durant plusieurs siècles.

Les barbares vinrent ensuite. Nous avons raconté la longue et cruelle agonie de l'Afrique chrétienne sous le joug des Vandales ariens. Un nombre immense de familles furent transportées de force dans le fond de l'Arabie. Tout le reste fut obligé d'abandonner aux vainqueurs les plaines et les vallées, et de se réfugier dans les gorges incultes et au-delà des dunes de sables dans les oasis du désert.

Le Fezzan fut un des centres peuplés par ces fugitifs. Ceux-ci conservèrent leur langue nationale (le berbère), leurs traditions civiles, et, durant des siècles entiers, leur antique religion. Mourzouk a vu tour à tour dans son sein des caravanes de *Kabyles* venues des montagnes du littoral, et des colonies de *Mzabites* et de *Touaregs* accourues du désert. Or, ces derniers surtout, connus sous le nom générique de *Berbères*, ont conservé un souvenir, une empreinte, quelques vagues traditions de christianisme.

« Un fait général à noter, c'est que les Arabes ne regardent pas les Touaregs et les Mzabites comme de vrais musulmans.

Ils appelent les premiers « abandonnés » de Dieu (c'est ce que signifie le mot Touareg), parce qu'ils n'ont pas accepté de cœur et qu'ils ont souvent renié la foi musulmane ; ils disent d'eux qu'ils n'ont pas de religion : « *Ma andhoum eddin.* » Ils nomment les Mzabites *cinquièmes* (Hamsi), (ce qui est devenu un terme des plus injurieux parmi les musulmans), pour indiquer qu'ils n'appartiennent à aucune des quatre sectes reconnues du mahométisme (1). »

Les Berbères, soit du littoral, soit du désert, n'ont pas adopté la polygamie. Chez eux la femme, qui jouit d'une certaine considération, est apte à exercer le pouvoir politique, tandis que dans le monde musulman, et surtout chez les Arabes, elle n'est en réalité qu'un vil esclave. On sait toute l'horreur des Musulmans pour la croix. Ils évitent, en effet, d'en reproduire le signe dans leurs édifices et leurs ornements. Chez les Touaregs il n'en est pas ainsi. « La croix se trouve partout, dans leur alphabet, sur leurs armes, sur leurs boucliers, dans les ornements de leurs vêtements. Le seul tatouage qu'ils portent sur le front, sur le dos de la main, est une croix à quatre branches égales ; le pommeau de leurs selles, la poignée de leurs sabres, de leur poignards sont en croix (2). » Or, le sens de ces signes n'est pas complétement perdu chez les Berbères ; quelques-uns en ont parfaitement l'intelligence. « Que portes-tu inscrit sur ton front et sur ta main ? demandait un prêtre à un kabyle. — C'est le signe de l'ancienne voie. » Puisse-t-il devenir bientôt le signe de la voie nouvelle pour les tribus du Fezzan ! Ce bel héritage, réservé à nos missionnaires de Lyon, produira la joie de l'Eglise et la gloire de la France.

« Il a suffi de *quelques coups de pioche française*, pour voir apparaître des forêts d'oliviers, de citronniers et d'orangers, dans des contrées de l'Afrique autrefois si fertiles mais où, pendant douze siècles, le désert avait roulé des flots d'un sable

(1) Mgr Lavigerie. *Recueil*. 1869.
(2) M. Duveyrier. *Bulletin géog.*

stérile (1). » Quelques années de colonisation ont suffi au génie français, pour découvrir sur la route de Carthage à Hippone des ruines ensevelies, des monuments du plus bel art romain, des fragments de statues, des fûts de colonnes, des sarcophages couverts d'inscriptions, des débris de théâtres, de thermes, de temples, en un mot, tous les vestiges d'une brillante civilisation. Un jour peut-être, par l'intervention de la France, nous verrons se dresser autant de merveilles qui dorment au soleil ou qui se cachent depuis des siècles dans les sables du Fezzan ; bientôt peut-être au sein de ces vastes horizons, le voyageur, suivant les traces du missionnaire catholique, rencontrera non-seulement la renaissance de la nature et des plus beaux débris de l'art, mais aussi la germination des âmes, la résurrection spirituelle de tant de peuplades couchées à l'ombre de la mort ou dormant du plus profond sommeil de l'oubli.

Le Fezzan offre donc la plus belle carrière au zèle apostolique. Ses terres sont moins stériles qu'incultes et ensablées, et l'homme ne les a point encore reconquises sur le désert.

Tels sont désormais les nombreux et vastes théâtres de l'évangélisation de nos apôtres de Lyon. La Société des Missions-Africaines mérite donc que le nombre de ses enfants s'accroisse chaque jour, à mesure que ses gloires enrichissent nos annales apostoliques. Pendant plusieurs années elle a dû concentrer à Lyon toutes ses forces de réserve. Le Séminaire du Cours de Brosses était le seul établissement qu'elle eût en France. Bientôt la sage et énergique administration du R. P. Planque, son supérieur-général, lui permit de fonder deux autres Missions importantes, qui facilitent ses mouvements et complètent aujourd'hui son système d'organisation.

On sait comment, dès les premiers jours de la Société, les chrétientés nouvelles se sont développées sur la Côte des Esclaves. Or, il a été reconnu de plus en plus nécessaire d'adjoindre aux Pères missionnaires des *Frères coadjuteurs*.

---

(1) L'abbé Bougaud. *Histoire de sainte Monique.*

Ceux-ci ont eu pour mission de seconder les apôtres dans l'œuvre des catéchismes, dans le soin des malades, dans l'administration du matériel; et nous les avons vus contribuer puissamment à l'extension du bien. Mais comme dans ces contrées africaines le nègre n'a aucune initiative, il a fallu recourir au sol natal de l'œuvre pour trouver des aides au missionnaire. Dans le but de recueillir et de former ces Frères coadjuteurs, un modeste noviciat a été établi au centre de la France, dans la catholique Auvergne. Le jeune Père Gaston Desribes fut rappelé de l'orphelinat arabe de M'Sylla (1), pour fonder à Clermont-Ferrand la nouvelle maison de la Société. Comme toutes les œuvres de Dieu, celle du Noviciat-des-Frères-des-Missions-Africaines a eu d'abord ses épreuves et ses déceptions, et puis ses encouragements et ses succès.

La première installation se fit en 1873, près du sanctuaire et sous les auspices de Notre-Dame-du-Port : ce fut pour cette œuvre naissante l'*étable de Bethléem* ! Mais bientôt les missionnaires purent ouvrir leur *atelier de Nazareth*.

Le noviciat fut définitivement placé aux pieds des collines de la vallée de Royat (2). Un vaste et fertile enclos permet aujourd'hui aux futurs coadjuteurs des missionnaires de s'exercer à tous les travaux manuels, comme la vie de règle et de communauté les prépare à tous les renoncements et à tous les sacrifices de l'apostolat. Quelques Frères ont déjà donné à la ville de Clermont le touchant spectacle de la cérémonie de leur départ.

Nous avons vu le frère Hélie, à l'hôpital de Porto-Novo, jouissant d'une réputation de médecin qui lui ouvre la porte

---

(1) Mgr Callot, évêque d'Oran, confia, il y a quelques années, aux Pères des Missions-Africaines l'orphelinat arabe de M'Sylla, où l'on vit tour à tour les PP. Louapre, Duret, Courdioux, Dubosc, Poupart, Cador, Gallen et Desribes.

(2) Pour toute demande d'admission ou envoi d'offrandes, s'adresser au R. P. Desribes, supérieur du Noviciat des frères des Missions-Africaines, quartier de Chamalières, Clermont-Ferrand.

de toutes les grandes maisons de la ville. Le frère Georges, un enfant de l'Auvergne, seconde la fondation de Pella, au cap de Bonne-Espérance. Le frère Pierre, ancien zouave pontifical, évangélise les Hottentots du Namaqualand. Puissent-ils, ces bons frères, avoir de nombreux imitateurs !

Avant la fondation de ce noviciat, la société des Missions-Africaines avait ouvert, à Nice, une maison de repos en faveur des missionnaires épuisés par l'apostolat et autorisés à rentrer en France.

Nous avons vu le chemin qui conduit les apôtres de Lyon à Whydah. C'est une voie lumineuse, où chacun s'élance plein d'ardeur, tout rayonnant de jeunesse, portant bien haut le flambeau évangélique. Mais on sait que la moyenne de la vie du missionnaire dahoméen ne va pas au-delà de trois ou quatre ans. La route qui le ramène en France à bout de forces est une voie douloureuse. Qui ne serait attendri à la vue de ces apôtres si rapidement usés, de ces vieillards précoces déjà ridés et pâlis ? Malgré soi, on les salue avec respect. Et l'admiration gagne bientôt l'âme chrétienne quand elle apprend que ces nobles victimes, déjà parées de leurs bandelettes sacrées et prêtes à s'éteindre, n'ont échappé aux dernières douleurs du sacrifice que pour aller se refaire sur un sol meilleur et se préparer encore à de nouvelles immolations. Plusieurs apôtres de la société des Missions Africaines ont osé affronter jusqu'à trois et quatre fois le pénible voyage du Dahomey. On comprend, dès lors, toute l'importance de la maison de Nice.

Le P. Papetard, supérieur de cet établissement, environne de sa tendre sollicitude les enfants de Mgr de Marion-Brésillac, qui vont demander le recouvrement de leurs forces à ce ciel pur et à cette douce température des Alpes-Maritimes. Le séjour de nos convalescents, à Nice, est parfois utilisé pour le bien des âmes. L'église du Sacré-Cœur est desservie par ces confesseurs de la foi. Les étrangers, qui abondent pendant l'hiver, sont tout émus d'entendre les prédications de ces missionnaires revenus de la Côte des Esclaves.

Telle fut l'origine, tels sont les travaux de la société des Missions-Africaines ; telle est son organisation générale, telles sont les sages prévoyances de sa maternelle administration, pour conduire et encourager ceux de ses enfants qui sont à la fois sur cette terre africaine, les pionniers de la science et les champions de l'Evangile.

Qui ne s'associera désormais à ces agents si actifs de la civilisation des nègres? Qui ne voudra tracer avec eux, sur le sable du tropique, des sillons lumineux où l'Eglise recueillera un jour les plus abondantes moissons? Que notre appui ne fasse donc pas défaut à cette vaillante société qui *multiplie dans le désert le nombre des apôtres* (1). La religion seule y peut accomplir des prodiges.

Depuis tant de siècles, qu'a fait la sience en faveur du nègre ?

Les anciens ne connurent longtemps que les *peuples de Nubie*. Ils les regardaient comme faisant la dernière nuance des familles basanées. Ils confondirent donc les tribus nègres avec les Egyptiens, les Nubiens, les Abyssiniens, les Ethiopiens et les autres nations de cette partie de l'Afrique, qui, quoique extrêmement brunes, tiennent plus de la race blanche que de la race noire.

Vinrent bientôt les grandes découvertes des siècles suivants. La mer Rouge, la Méditerranée et les Océans furent sillonnés en tous sens. Les premiers navigateurs purent constater toutes les races ternes et même l'existence de la race parfaitement noire. Celle-ci se rencontre principalement parmi les peuplades d'Afrique qui habitent depuis le dix-huitième degré de latitude nord jusqu'au dix-huitième degré de latitude sud. Cette bande de terrain, parallèle à l'équateur, mesure environ neuf cents lieues de large, sur une longueur bien plus considérable.

Or, l'origine de la couleur du nègre fut à toutes les époques, une grande question agitée parmi les savants, mais question

---

(1) *Et super arenam multiplicabuntur*. Ps. CXXXVIII, 18.

purement spéculative pour eux. La plupart ont pensé que « la différente couleur des hommes ne provient que de la différence du climat » ; et que par conséquent, ce qui produisait la noirceur de teint chez certaines tribus africaines, était la trop grande ardeur du soleil à laquelle elles sont perpétuellement exposées. Il suffit, en effet, disent-ils, d'examiner les divers peuples échelonnés sur la côte occidentale de l'Afrique, pour trouver toutes les variétés du brun au noir, comme on trouve dans d'autres régions toutes les nuances du basané au blanc. A Tunis, Tripoli, Alger, au Maroc, aux îles Canaries et sur tout le littoral jusqu'au Cap Vert, on ne rencontre que le basané du Maure ou l'olivâtre de l'insulaire. Tandis que du Sénégal au Congo, c'est-à-dire dans la zone équatoriale, c'est le noir véritable qui s'offre avec quelques légères teintes de différence. Ainsi, du Sénégal à Gambie et à l'île de Gorée, c'est le beau noir d'ébène *de ces indigènes aux cheveux crépus et frisés* (1). A Sierra-Leone et à Libéria, c'est un noir roussâtre, *qui provient d'une graisse rouge dont s'induisent les indigènes* (2). Dans le Golfe de Guinée, au Gabon, à l'île St-Thomas, au Loango, au Congo, et à l'Angola, c'est le noir cuivré *des peuples stupides, sauvages et cruels* (3). Enfin, au-delà du dix-huitième ou vingtième degré de latitude sud, les Cafres et les Hottentots, loin d'être de vrais nègres, sont ordinairement basanés comme les Maures; et, au témoignage de Gama, qui, le premier, tourna le Cap de Bonne-Espérance, la *baie de Sainte-Hélène, la pointe méridionale de l'Afrique et le Port-Natal ne présentent que des mulâtres.* »

Cependant, cette opinion qui justifie la gradation de la couleur noire chez les nègres par les degrés de chaleur qu'ils endurent, souffre de fort grandes difficultés. Comment expliquer en effet, qu'au-delà de la Nubie, dans un climat encore

---

(1) Le P. Du Tertre.
(2) *Struys*. Tom. Ier, p. 22.
(3) Le P. Charlevoix.

plus méridional et sous l'équateur même, comme à Mélinde et à Mombaze, la plupart des naturels ne sont pas noirs, mais à peine basanés ? Et, en dehors de l'Afrique, n'a-t-on pas découvert un continent entier, un nouveau monde, dont la plus grande partie des terres habitées se trouvent situées dans la zone torride, et où cependant ils ne se trouve pas un homme noir. Tous les habitants de cette partie de la terre sont plus ou moins rouges, plus ou moins basanés, comme aux Antilles, au Mexique, dans le royaume de Santa-Fé et dans la Guiane.

Des négrophiles ont voulu expliquer ces irrégularités étranges, par les dépressions de terrain si favorables aux eaux stagnantes, par les courants atmosphériques, les grands ombrages et les brises rafraîchissantes. Mais toutes ces conditions se retrouvent dans la patrie du nègre le plus foncé.

On observe même qu'en transportant des noirs de leur climat brûlant dans les pays tempérés, ils ne perdent rien de leur couleur et la communiquent dans toute sa vigueur à leurs descendants. Tandis que les Européens qui, depuis longtemps, habitent les côtes africaines, n'y voient presque pas altérer leur couleur blanche ni chez eux ni chez leurs enfants. Ils vivent cependant à côté du nègre, ou sur le rivage, exposés comme lui aux ardeurs du soleil, ou blottis dans sa case pour éviter la tempête, ou errant sous les hautes plantations pour recevoir les brises de la nuit.

Quelques auteurs ajoutent, dit Buffon, que, parmi les causes qui influent encore sur la couleur du nègre, l'une des principales est la nourriture, la manière de vivre, la moralité. On a remarqué, en effet, que le sang et la chair du nègre étaient plus noirs que chez le blanc. En outre, le malheureux nègre, ne tirant aucun secours de la société, est obligé de pourvoir lui-même à sa subsistance, de souffrir alternativement la faim et la soif, de subir les tristes effets d'une nourriture souvent malpropre et mauvaise, de se dessécher sous mille traitements barbares, où de se corrompre et de se vicier dans une inertie et une débauche aussi funestes à la santé que le climat lui-même. On comprend donc que, dans une vie qui est plus de l'animal que de l'homme, l'indigène puisse devenir plus laid, plus ridé, plus basané. Les auteurs reconnaissent toutefois que, « si de toutes ces causes, aussi bien que du climat, dépend la teinture noire dont paraît imprégnée la chair du nègre, on ne peut pas dire pour cela qu'elle en dépend entièrement (1). » Les diverses raisons de ce fait étrange ne les satisfont pas eux-mêmes. La couleur du nègre est donc inexplicable à la science. La transmission de cette couleur à de nouvelles progénitures ne déroute pas moins ses efforts d'observation. La teinture noire qui couvre l'indigène pénètre assez profondément dans l'intérieur de son corps, à tel point qu'il faudrait, dit-on, quatre générations mêlées, pour faire disparaître complétement cette couleur. D'après quelques auteurs, voici l'ordre que la nature observerait dans ces successives métamorphoses, du reste peu régulières.

On lit dans l'*Histoire de l'Académie des sciences* (2) : « Tout le monde sait que les enfants d'un blanc et d'une noire, ou d'un noir et d'une blanche, ce qui est égal, sont d'une couleur jaune et qu'ils ont des cheveux noirs, courts et frisés, on les appelle *mulâtres*. Les enfants d'un mulâtre et d'une noire, qu'on appelle *griffes*, sont d'un jaune plus noir, et retourneraient facilement au noir parfait. Comme aussi les enfants des mulâtres et des mulâtresses, qu'on nomme *casques*, sont d'un jaune plus clair que les griffes; et apparemment une nation qui en serait originairement formée retournerait au blanc. » Or, « il est fâcheux, dit Buffon, que l'on n'ait pas, sur ce sujet important, un certain nombre d'observations bien faites. » Comme on le voit, cette question laisse encore nos investigateurs dans un doute pénible. Cependant quelques naturalistes prétendent que, par quatre filiations en sens direct et quatre autres en sens inverse, on constate que :

---

(1) Buffon. *Variétés dans l'espèce humaine.*
(2) Année 1724, p. 17.

« 1° D'un nègre et d'une femme blanche provient le mulâtre à demi-blanc et à cheveux longs ;

« 2° Du mulâtre et de la femme blanche provient le quarteron basané ;

« 3° Du quarteron et d'une femme blanche sort l'octavon moins basané que le quarteron ;

« 4° De l'octavon et d'une femme blanche vient un enfant parfaitement blanc ;

« 5° D'un blanc et d'une négresse sort le mulâtre ;

« 6° Du mulâtre et de la négresse vient le quarteron qui a trois quart de noir et un quart de blanc ;

« 7°. Du quarteron et d'une négresse provient l'octavon, qui a sept huitièmes de noir et un huitième de blanc ;

« 8° D'un octavon et d'une négresse sort enfin le vrai nègre aux cheveux entortillés.

Mais « je ne veux pas, ajoute encore Buffon, contredire ces assertions de M. P. ; je voudrais seulement qu'il nous eût appris d'où il a tiré ces observations, d'autant que je n'ai pu m'en procurer d'aussi précieuses, quelques recherches que j'aie faites (1). » Ne serait-il pas à désirer, en effet, que des affirmations portant sur des faits d'une telle conséquence fussent pleinement justifiées ?

D'autres écrivains, et il suffira de les mentionner, peu jaloux d'ennoblir le nègre, ont conclu de la différence de ses traits d'avec les nôtres, que sa constitution physique ne ressemble en rien à celle des blancs. Quelques-uns même ont osé faire du nègre un être inférieur à l'homme, lui donnant sans doute un instinct plus perfectionné que celui du singe, mais le privant des facultés intellectuelles. D'après eux il ne serait point une créature capable d'adorer son Créateur !

C'est ainsi que la science, dans ses études sur le nègre, n'a obtenu que des résultats douteux et purement spéculatifs quand toutefois ses données n'ont pas été jugées complète-

---

(1) *Variétés dans l'espèce humaine.*

ment gratuites et ses allégations trop humiliantes pour l'infortuné noir.

La religion, au contraire, laissant aux sages du siècle le souci de juger le côté naturel de cette grave question, s'est élevée au-dessus de leurs discussions oiseuses (1), pour s'occuper utilement du pauvre nègre. Celui-ci lui a apparu, avec sa couleur noire, comme un malheureux *primitivement sillonné de la foudre*, comme une victime de cette malédiction paternelle dont parle l'Ecriture. C'est la coupable et noire famille de Cham qui, dans ses ténèbres, doit un jour recevoir la lumière d'en-haut. L'Eglise se tourne donc vers elle avec compassion et tendresse. Elle est jalouse de conserver cette pieuse tradition qui place un roi noir parmi les Mages venus à Bethléem, adorer le Messie. L'Eglise sait qu'elle a pour mission de parler à toute créature « *omni creaturæ,* » de révéler son évangile à toutes les nations « *docete omnes gentes,* » et nous l'avons vue envoyer, à toutes les époques, ses messagers de la parole divine vers les nègres de tous les rivages.

De nos jours, que d'apôtres français surtout qui, s'inspirant du plus ardent désir de l'Eglise, lui demandent d'aller évangéliser nos frères noirs d'Afrique ! Ils partent avec une faveur marquée. On comprend cette tendre prédilection. L'Afrique, après le premier éclat de son origine chrétienne, est retombée dans l'abjection ; elle offre aujourd'hui le triste attrait des mystères fétichistes, et mérite tout l'intérêt qu'inspire l'abandon. Or, ce qu'elle laisse pénétrer de ses secrets, ce qu'elle fait concevoir d'espérance pour ses destinées religieuses a toujours ajouté aux charmes de l'apostolat. Aussi les ouvriers évangéliques l'assaillent-ils de toutes parts, et lui arrachent-ils ses voiles séculaires. Chaque année, pour ainsi dire, les apôtres tracent sur de nouvelles cartes les contours de quelque grand lac ou de quelque immense forêt vierge, là où nous placions des plaines de sable ; ils inscrivent des noms de nations impor-

---

(1) *Tradidit disputationi eorum.* Eccl. III, 11.

tantes et mûres pour l'Évangile, là où nous ne croyions qu'à la simple présence d'un incommensurable désert. Nous avons vu tout le littoral d'Agoué, de Whydah, de Porto-Novo, de Badagry et de Lagos s'ouvrir au zèle apostolique. A l'intérieur de ces plages, que de vastes terres ont soif de la *bonne nouvelle!*

Ce qui excite d'avantage la compassion de l'Eglise pour les peuples nègres, c'est qu'à ses yeux la couleur noire de ces tribus n'est que le signe, le mémorial de l'antique malédiction ; tandis que le résultat séculaire de cette malédiction est le dur esclavage qui couvre de chaînes tant de malheureuses peuplades. Quelle triste pensée, quel douloureux sentiment a dû gagner l'âme de notre lecteur, au récit des souffrances atroces du nègre condamné aux fers! Or, l'Afrique, avons-nous dit, a été et demeurera encore la mère-patrie de l'esclavage; et nul rivage, comme le golfe de Benin, n'a été redoutable pour ceux qui ont tenté de l'aborder et de le civiliser.

Le seul mot d'esclavage révolte aujourd'hui tous les cœurs honnêtes ; mais on ne s'était pas fait une idée précise du poids terrible dont cette institution cruelle ou plutôt cette malédiction divine a pesé sur les races nègres. Durant plusieurs siècles, la plus grande partie de l'Afrique, surtout cette malheureuse portion de la famille de Cham disséminée sur la Côte des Esclaves, a été comme *mise en coupe réglée*. Depuis l'an 1517, date de la première licence délivrée par Charles-Quint, que de populations de noirs furent écrasées, amenées au rivage et entassées dans des navires! Or, l'Europe et la France elle-même ont eu leur lourde part de responsabilité dans cette œuvre inique. Sans doute, la conscience européenne s'est réveillée de nos jours et l'esclavage a disparu en Amérique et à travers les Océans; mais en Afrique et surtout à l'intérieur de ses sables, l'esclave, comme par le passé, remplace le serviteur libre; les trafiquants réclament leur proie. Du Maroc à Zanzibar, les esclaves gémissent encore. Dans tous les Etats de l'intérieur oriental, les harems fourmillent de ces êtres dégradés. « Sir Bartle Frère estime que la traite à l'orient de l'Afrique coûte annuellemement à ces malheureuses populations plus de quatre cent mille âmes (1). Dans les royaumes de l'occident, la consommation de la traite est encore plus formidable, et, avec elle, les sacrifices humains, les razzias, les guerres de tribus à tribus sont à l'ordre du jour.

Comment diminuer, comment éteindre cette effroyable dilapidation de vies humaines ? Nous l'avons dit : par l'Evangile.

Les traités de commerce ont multiplié leurs clauses; l'industrie a élargi bien des routes; les négociants les plus habiles ont voulu faire concurrence aux trafiquants d'esclaves, en apportant avec eux des influences civilisatrices; le protestantisme lui-même a prodigué l'or, mais en vain; le catholicisme seul a la vertu de refouler dans le désert les *marchands de chair humaine*. Les missionnaires de la Côte des Esclaves, en donnent le preuve chaque jour. Sans doute avant que leur victoire soit complète, la lutte pourra être longue, mais l'issue en est certaine. Voilà un fait acquis. Malheureusement, une des lois les plus inflexibles qui pèsent sur les œuvres divines veut que toute conquête et toute rédemption se fasse par le sacrifice. Telle fut la grande loi de l'Eglise à son berceau (2), tel est de nos jours le prix de son influence sur la terre de Cham.

Le climat meurtrier du Dahomey et tant de fatigues apostoliques endurées sur la Côte des Esclaves, font chaque jour des vides regrettables dans les rangs de notre milice africaine. «Que

---

(1) *Bulletin géog.* Décembre 1876.

(2) Saint Pierre et saint Paul avaient versé leur sang pour Jésus-Christ à Rome ; saint Jacques-le-Mineur, à Jérusalem, avait été tué dans une émeute populaire ; saint Barthélemy avait été écorché vif en Arménie ; saint Thomas avait souffert le martyre aux Indes ; saint Mathieu, en Perse ; saint André, en Achaïe ; saint Jude, en Mésopotamie ; saint Simon, en Lybie ; saint Philippe, en Phrygie ; saint Jacques-le-Majeur avait été mis à mort par Hérode-Agrippa, à Jérusalem ; saint Mathias fut martyrisé en Colchide. Tous les apôtres, à l'exception de saint Jean, qui s'éteignit dans une extrême vieillesse, avaient fondé l'Eglise de leur sang.

le grain meure, mais qu'apparaisse bientôt la moisson des peuples convertis (1). »

La Société des Missions-Africaines a donc son martyrologe. Donnons une couronne d'immortelles à ceux qui ont remporté la victoire et qui triomphent au-delà de cette vie. Comptons tous ces athlètes tombés dans l'arène :

Mgr de Marion-Brésillac	décédé à	Sierra-Leone	1859
Père Raymond Louis	—	—	»
— Riocreux, Louis	—	—	»
— Bresson Jean-Baptiste	—	—	»
Frère Monnoyeur, Gratien	—	—	»
Père Edde, Louis	—	—	1861
Frère Guillet, Pierre	—	Lyon	1858
Père Mathou, Laurent (séminariste)		—	1863
— Fernandez, François	décédé	Whydah	»
— Noché, Hector	—	Porto-Novo	1864
— Bébin, Jean-Baptiste	—	Whydah	»
— Burlaton, Antonin	—	—	1866
— Jolans, Alphée	—	Porto-Novo	1867
— Puech, Barthélemy	naufragé		»
— Algan, Joachin	naufragé		»
— Vermorel, Claude	décédé	Lagos	1869
— Verdelet, Jean	—	Lyon	»
Frère Beauvert, Jacques	—	—	1870
Père Lecaër, François	—	Lyon	1870
— Petit, André	—	Mill-Hill (Angl.)	»
— Thollon, Gonzague	—	Lagos	1871
— Meyranx, Jean-Baptiste	—		»
— Veyret, Alexis	—	—	»
— Artéro, Jean-Baptiste	—	—	1872
— Bourguet, Emile	—	—	»
— Vachez, Pierre	—	Porto-Novo	1873
— Dubault, Louis	—	M'Sylla	»

(1) Saint Bernard. *Serm.* XV, *in Cant. Cant.*

Père Arnald, Etienne	décédé	à	Lyon	1873
— Jauret, Jean-Baptiste	—		Nice	1875
— Thillier, Etienne	—		—	1876
— Le Brun	—		Nice	1875
— Ruault, Emile	—		Porto-Novo	»

Saint Cyprien recommandait de noter les jours où quelque chrétien perdait la vie pour la foi (1) : c'est ce que nous avons voulu faire ici. Chacun de ces noms nous rappelle un martyr, un héros ; cette liste est un chant de victoire. « *Te Deum laudamus... Te martyrum candidatus laudat exercitus.* »

Mais du haut du ciel ces protecteurs béniront leur œuvre commencée et se donneront des continuateurs. La Société de Mgr de Brésillac se recrutera encore sur sa terre natale. Non, l'ardeur des Missions ne se ralentira pas parmi nous. C'est la gloire de notre époque. Le demi-siècle dernier a fait faire plus de progrès à l'Evangile et aux connaissances géographiques que les vingt siècles qui l'ont précédé. Depuis quelques années surtout, les courses apostoliques suivies des explorations de la science se multiplient sur tous les points du globe, en même temps que leurs résultats sont plus considérables. Mais, avons-nous dit, c'est principalement l'Afrique que les missionnaires et les géographes ont pris à tâche de cerner courageusement. Au commencement de ce siècle, il y avait seize millions de kilomètres carrés d'inconnus en Afrique ; en 1850, quinze millions ; et aujourd'hui, il n'en reste plus que cinq millions à explorer (2). Gloire à cette pacifique armée de la civilisation qui enveloppe la barbarie dans cet inaccessible repaire, et marche à la conquête de vastes contrées où la lumière de l'Evangile a cessé de luire ! Le jour qui couronnera de si persévérants efforts paraît de plus en plus prochain. Bientôt tant de soldats du Christ, partis de points opposés et resserrant sans cesse les limites de leur champ de bataille, viendront se donner la main

(1) *Dies eorum quibus excedunt annotate.* — *Epist.* XXXVII *ad clerum.*
(2) *Bulletin géog.* 1876.

au centre de l'Afrique. La terre de Cham, ombragée par la croix, ne sera plus maudite ; elle rendra gloire à Dieu !

Pour hâter ce résultat final, il ne nous reste plus à la fin de cet ouvrage, qu'à offrir à nos lecteurs la touchante figure du Père de famille, cherchant partout des ouvriers pour sa vigne africaine, et demandant à tous des ressources nécessaires pour entretenir ces mêmes ouvriers. Il fait appel à tous les cœurs généreux. Sa voix est douce comme la bonté même. Son regard et son sourire ne sont pas de la terre. La récompense qu'il promet est magnifique.

Mais, dira-t-on, serait-il vrai qu'en portant la foi aux nations lointaines, nous hâtons le déplacement du flambeau sacré qui doit s'éloigner de nous ? Ne semble-t-il pas, nous disent les sages du siècle, que, comme le soleil du firmament, la révélation chrétienne ne puisse éclairer toute la terre à la fois, et que son astre divin doive se coucher pour certaines terres en même temps qu'il se lève sur d'autres régions ? Sans doute, nous vivons dans des temps de troubles, où les agitations politiques ébranlent les mœurs. Comme les vieilles races bientôt déchues, nous sommes menacés de décrépitude. Nos brillantes civilisations, écloses au souffle vivifiant du christianisme, pourraient voir leur éclat pâlir au mortel contact du matérialisme qui les envahit. Mais faut-il conclure que l'antique foi de nos aïeux est à la veille de nous quitter, parce que nous la portons nous-mêmes au-delà des océans? Ne sera-t-elle donc plus notre puissance vitale, le jour où nous partagerons ses bienfaits avec des peuples nouveaux et des tribus de néophytes ?

L'illustre évêque de Cambrai exprima un jour cette appréhension, dans un discours qu'on aime à rappeler quand on parle des héritiers de ceux qui l'ont entendu, et que l'on raconte les gloires des hôtes de « cette maison d'où sortent les hommes par qui les derniers restes de la gentilité entendent la bonne nouvelle (1). » Mais, l'histoire, nous l'espérons, ne donnera pas

---

(1) Sermon prêché à Paris, le 6 janvier 1685, dans l'église des Missions-Étrangères.

raison à ces éloquents et sinistres présages. Un avenir plus consolant est réservé à l'Europe.

Les nations qui donnent, ne sauraient s'appauvrir; « leur force c'est le triomphe de leurs martyrs (1). »

En mémoire donc du sang de nos apôtres, souvenez-vous, Seigneur, de cet occident d'où partent chaque jour pour les pays de l'aurore les rayons de votre doctrine et de votre grâce. Souvenez-vous de la France qui, malgré les épreuves qui la traversent et les fièvres qui la dévorent, ne discontinue d'envoyer ses fils à tous les horizons du monde. Souvenez-vous des diocèses catholiques, où les tribus sacerdotales se maintiennent et s'accroissent d'autant plus qu'elles fournisent un plus ample contingent au recrutement apostolique. Souvenez-vous d'une manière spéciale, de cette Société de missionnaires dont nous venons de raconter les travaux; et qui, pour mieux procurer votre gloire, a choisi un rivage si inhospitalier. Enfin, souvenez-vous, Seigneur, de tous les associés de la grande œuvre de l'évangélisation: du riche qui donne ses trésors; du pauvre qui offre son obole; de tous ceux qui prient pour que votre règne arrive!

« *Adveniat regnum tuum !* »

(1) *Fortitudo gentium triumphus martyrum.* — Saint Gér. *Comm. in Is.* XVIII, 62.

FIN.

TABLE DES MATIÈRES

	Pages.
Approbations	I
Lettre de l'auteur	VIII
Introduction	XIV

LIVRE PREMIER
L'AFRIQUE

CHAPITRE PREMIER. — Etendue de l'Afrique. Malédiction des fils de Cham. Les négriers. La chasse des noirs. Le marché aux esclaves. L'encanteur. Le prix d'un esclave. Le transport à travers le désert. Les jalons funèbres. L'enfance, les malheurs et la mort de Suéma.................................... 1

CHAPITRE II. — Les esclaves à bord des vaisseaux. Leurs souffrances atroces. Après la traversée. Leurs labeurs continuels. La cupidité des acheteurs. Bénéfices du trafic du *bois d'ébène*. La responsabilité des nations chrétiennes. Rôle de l'Eglise. Efforts des négrophiles modernes. La république de Libéria. Les traités. Lettre du P. Horner..................................... 9

CHAPITRE III. — Mission de la France. Analogies historiques entre l'Afrique et la France. Origines du christianisme en Afrique. Nombreux disciples de Jésus-Christ au IIe siècle. Martyrs du IIIe siècle. Saint Augustin au IVe siècle. Conciles au Ve siècle. Les anachorètes. Prospérité de l'Eglise en Afrique. La décadence. La corruption des mœurs. La justice de Dieu. Siècles de deuil.. 18

CHAPITRE IV. — Bélisaire. Mahomet. Charles-Martel. Efforts généreux de la France. Les saints français en Afrique. La conquête algérienne. La ville d'Alger ouverte à la civilisation et à l'Evangile. Le pavillon français................................. 28

Chapitre v. — La hiérarchie ecclésiastique au nord de l'Afrique. Mgr Dupuch. Mgr Pavy. Mgr Lavigerie. Institutions de ce dernier. Le Sahara et le Soudan. Premier concile provincial d'Alger. Siége de l'Afrique par les missionnaires. Intérieur de l'Afrique. Tradition chez les fils de Cham. Les Missions-Africaines au Benin.. 33

LIVRE II

LA SOCIÉTÉ

Chapitre premier. — Mgr de Marion-Brésillac. Réponse de Rome. Versailles. Le P. Dominique. Premières prédications de l'évêque-missionnaire à Clermont-Ferrand. Ses succès. Fondation d'un séminaire aux pieds de N.-D. de Fourvière. Paroles de Monseigneur. On demande le Dahomey. Réponse de la Propagande. Sierra-Leone 42

Chapitre ii. — But de la Société. Elle reçoit des sujets de toutes les nations. Les membres vivent en communauté. Charité et obéissance. Dévotion envers le Mystère de Jésus se rendant en Egypte. La Société s'attache des affiliés. Elle ne profite pas des ressources de la Propagation de la Foi. Appel à la charité du clergé et des fidèles... 47

Chapitre iii. — Les *Annales* annoncent l'œuvre des Missions-Africaines. Cérémonie de l'agrégation. Préparatifs et solennité du premier départ de missionnaires. La veille. Prière. Méditation.. 53

Chapitre iv. — Allocution d'un Directeur. Tableau des lieux. Portrait des peuples à évangéliser. Chants liturgiques. *Chant du Départ*. Baisement des pieds. Scène attendrissante......... 58

Chapitre v. — Départ des trois premiers missionnaires. Mgr de Brésillac ne peut les accompagner; il les bénit avec tendresse. Sentiments qui remplissent le cœur des missionnaires sur la haute mer. Notes de voyage. Les protestants au Gabon et à Libéria. Le mal de mer. L'île de Madère. Funchal. Une tempête. 65

Chapitre vi. — Les Canaries. Sainte-Croix. Les guerriers. Le Cap Vert. Descente en Gorée. Mgr Kobès. Dakar. Baptême d'une jeune négresse. Distribution des prix. Arrivée à Freetown. Nouvelle tempête.. 72

CHAPITRE VII. — On aborde. La première messe fut dite le jour du Saint Nom de Jésus. Installation. Les deux tableaux. Les protestants et les indigènes. Première lettre du P. Reymond. Note de Mgr de Brésillac. Son départ. Le P. Planque........ 77

CHAPITRE VIII. — Voyage de Mgr de Brésillac. Renseignements sur Sierra-Leone. Arrivée. L'épidémie. Belle parole de Monseigneur. Désastres du fléau. Tous les missionnaires succombent. Rapport de M. de Lesseps au Ministre des affaires étrangères.. 81

CHAPITRE IX. — Douleur de la communauté de Lyon. Le P. Liberman. Résolution courageuse des aspirants. Encouragements de Rome. La Propagande accorde le Dahomey. M. Papetard, L'abbé Arnald. Départ de trois autres missionnaires. Note du P. Planque. Sacrifices humains............................ 85

LIVRE III

LE DAHOMEY

CHAPITRE PREMIER. — Départ de l'*Amazone*. Une messe sur l'Océan. Souvenirs du P. Borghéro. Mouillage à Gorée. Le P. Lordat. M. Vallon. Départ sur le *d'Estaing*. Prières liturgiques sur les dépouilles d'un matelot. L'interieur de la forêt. La tour Saint-Georges. M. Bosse................................ 92

CHAPITRE II. — Les consuls d'Espagne et de France reçoivent les missionnaires. M. de Emperanza. La Semaine-Sainte. Tombe de Mgr de Brésillac. A la vue du Dahomey. Barre du golfe de Guinée. Les Croumens. La plage de Whydah.................. 98

CHAPITRE III. — De la plage à la ville. Une factorerie. Renseignements sur la formation et l'historique du peuple dahoméen. Le roi d'Allada. Etymologie du mot *Dahomey*. Le royaume définitivement constitué.. 104

CHAPITRE IV. — Situation de ce royaume. Température. Saisons, Le travail des champs. La charrue n'est pas utilisée. Production du pays. L'arboriculture du Dahomy. Les fleurs sont rares...... 107

Chapitre V. — La faune du Dahomey. L'éléphant. Le lion. La chauve-souris. Les oiseaux. Les reptiles. Le sable cristallin. Les eaux minérales. Influence du Dahomey. Les marais. Ahuanga-Gi.   113

Chapitre VI. — Observations générales sur les zones atmosphériques et météorologiques correspondant à autant de zones organiques. Mœurs du Dahomey. Le gouvernement. Le Jévoghan, le Mehou, le Minghan. Perception des impôts. Générosité du monarque..........   117

Chapitre VII. — Ministère de la guerre. Armée des femmes. Diverses armes. Musique militaire. Milice générale. Les lancettes de bois. Tactique pour s'emparer des villes. La petite guerre. La danse militaire. Harangues militaires. Poésie...........   124

Chapitre VIII. — La vie de famille. La mère. Son malheureux sort. Deux drames. La terre des blancs. L'indolence native des nègres. La nature de son esprit. Sa ruse. Egoïsme du roi de Dahomey. La monnaie courante. Habillements réservés au monarque..........   131

Chapitre IX. — Le blé et le maïs. L'art culinaire. Un gibier nouveau. Un civet merveilleux. La poterie. Les étoffes. L'architecture. Les forgerons. Le commerce de l'huile..........   137

Chapitre X. — Comment les indigènes calculent le temps. Le vol est à l'ordre du jour. La justice dahoméenne. La prison....   145

Chapitre XI. — Le culte des morts. Funérailles de 2ᵉ classe ou du peuple. Funérailles de 1ʳᵉ classe ou des grands et du roi. Ghézo et Gréré..........   149

Chapitre XII. — Les sacrifices humains. Extrait d'une lettre de M. Lartige sur les honneurs funèbres. Les envoyés de Dieu.....   155

LIVRE IV

WHYDAH

Chapitre premier. — Les Portugais à Whydah. Première Mission française. Le P. Gonzalves en 1674. Arrivée des PP. Borghéro et Fernandez en 1861. Description de la ville. Les salams. Début de la Mission..........   161

Chapitre II. — Obstacles. L'atmosphère. La nature du terrain. La politique. La connaissance des idiomes. Absence d'un langage abstrait. Le protestantisme. Le mahométisme. Le fétichisme.... 166

Chapitre III. — Les féticheurs. Divinités de 1er ordre. Les serpents. Le temple de Danbé. Culte de la divinité. Les prêtres de ce sanctuaire. Le boa constrictor. Les honneurs qu'on lui rend. Les reptiles ou divinités de second ordre. Beelphegor.......... 176

Chapitre IV. — La cruauté dahoméenne. Le poison. Absence de toute notion morale. L'esclave et les razzias. Les coutumes. La polygamie. La cause de la diminution sensible des peuplades africaines.. 186

Chapitre V. — Avantages de la résidence des missionnaires au Fort portugais. La description de cette citadelle. Sa restauration provisoire. La première messe. Bon accueil fait aux apôtres..... 195

Chapitre VI. — Les PP. Laffitte et Gondin. La traversée. La tombe du P. Edde. Arrivée inattendue. Joie de la réception. Etat des esprits. Trois sortes de fidèles 201

Chapitre VII. — Nécessité d'un voyage à la capitale. Dispositions courageuses des missionnaires. Renseignements. Les cadeaux pour Sa Majesté. Arrivée du bâton royal. Cérémonie de sa présentation. Le départ.. 206

Chapitre VIII. — Savi. Tolli. Leurs gloires éteintes. Allada. Le roi expédie de l'eau aux voyageurs. La forêt. Henoi. Toffo. La Lama. Voyage sur eau bourbeuse. Récit du P. Borghéro...... 211

Chapitre IX. — Défaillance et évanouissement du missionnaire. Frayeur des hamaquaires. Une oasis. Canna ou la ville sacrée. Prévenance du roi. Résolutions du missionnaire. Description de la ville. Une chasse fructueuse. La première leçon évangélique... 216

LIVRE V

AGBOMÉ

Chapitre premier. — Fortifications d'Agbomé. Conditions posées par le P. Borghéro. Le cortége se met en marche. Le prince Teindato. Attitude pleine de gravité de la part des chrétiens. L'artillerie. Le palais du roi. Ovation...................... 223

Chapitre II. — Le trône. Gardes d'honneur. Quand le roi paraît, les chrétiens sont seuls debout. Colloque du P. Borghéro et du monarque. Le roi présente au missionnaire les grands du royaume et les chefs de l'armée. L'état-major de l'armée des femmes. Sa Majesté accompagne le Père. Salve d'artillerie...... 282

Chapitre III. — Manœuvre des guerrières. Préparatifs. Le roi donne ordre d'attaquer. Premier assaut. Les deux générales. Harangues. Une séance académique. Les poètes et les chanteurs. Interruptions. Récompenses. Etiquette dahoméenne. Réclusion du P. Borghéro. Les cadeaux. Les tracasseries faites au missionnaire............................ 237

Chapitre IV. — Le P. Borghéro trouve moyen de faire parvenir au roi ses remontrances. Il reste toujours sous la surveillance des cabécères. Exposition générale des richesses du roi. Indignation du Père à la vue des sacrifiés. Scènes d'horreur. Un genre de supplice. Entrevue royale. Départ du missionnaire......... 245

Chapitre V. — Avantages du voyage d'Agbomé. Carte du P. Borghéro. Vérités conservées dans le Dahomey. Hommages publics offerts au nom du roi à la puissance du vrai Dieu. Enseignements évangéliques reçus par la cour. La médecine. Résultats favorables à la Mission.......................... 251

Chapitre VI. — Fonctions des missionnaires de Whydah pendant le séjour du P. Supérieur à la capitale. Fête de l'Immaculée-Conception. Arrivée des deux Pères Courdioux et Claude. Le P. Laffitte reçoit la visite d'un grand personnage. Visite rendue à Quouénou.......................... 257

Chapitre VII. — Retour du P. Borghéro. Heureuse impression produite dans la ville. M. le baron Didelot. Les petits enfants recueillis. Eudore. Premier noyau de la Mission............. 264

Chapitre VIII. — Un incendie terrible éclate dans le Fort portugais. Le P. Borghéro est mis aux arrêts. Les tracasseries sont relativement insignifiantes. Une circonstance solennelle montre au peuple toute l'indépendance des prêtres catholiques. Toutes les autorités dahoméennes célèbrent à Whydah un succès militaire du roi Gréré. Malgré l'invitation et l'ordre formel du monarque, les Pères refusent de figurer à ce triste spectacle....... 268

Chapitre IX. — Les missionnaires s'occupent des enfants. Ils adoptent la langue portugaise. Programme des études. Le local des classes. Le nègre est-il intelligent ? L'instruction religieuse. Le P. Courdioux et le gardien nocturne. Méthode pour l'enseignement religieux. Le jeune Moïse. Une lacune dans le plan général de la Mission. Les petites négresses. Les religieuses, les prêtres indigènes. La médecine. La statistique............... 277

LIVRE VI

LE VICARIAT

CHAPITRE PREMIER. — Zèle du P. Borghéro. Le séminaire au Cours de Brosses. Le P. Noché. La messe de Noël. Le Grand-Sester. Garowai. Une majesté du désert.................... 298

CHAPITRE II. — Un incendie à Whydah. Premières explorations. Lagunes. Topographie. Dangers que court le missionnaire dans les lagunes... 305

CHAPITRE III. — La flore et la faune de la Côte des Esclaves. Animaux domestiques. Coutumes des nègres de la Côte des Esclaves. Danse. Les Nagos. Traditions de l'Yorriba.......... 314

CHAPITRE IV. — Excursion chez les Jabous. Epé. Visite des prisonniers. Les lagunes et leurs rives. Excursion chez les Egbas. Abékouta. Le Bacheron........................... 327

CHAPITRE V. — Départ. L'Ogoun. Le village d'Agboï. Passage du fleuve. Oricha. Spectacle de la nuit. Rencontre de gens armés. Le P. Borghéro est couché en joue. Les dernières pirogues sont pillées. Une scène dans le bois voisin........... 332

CHAPITRE VI. — Francisco Ribeiro. Le village d'Aro. Le champ des morts. Historique d'Abékouta. Défaites et victoires des troupes dahoméennes. Esclaves rachetés par le P. Borghéro. Leurs noms. Leur arrivée dans la capitale.............. 338

CHAPITRE VII. — Abékouta. Description de la ville. Sa situation et sa population. Le Gouvernement. Pratiques religieuses des Egbas. Les protestants. Accueil fait au missionnaire catholique. Une première messe chez les Egbas............. 344

LIVRE VII

PORTO-NOVO

CHAPITRE PREMIER. — Situation et limites du royaume. Premières négociations du P. Borghéro. Le bois mystérieux. Prise de possession des missionnaires. Les environs de la capitale. La lagune de Nakhoué. Ahouansoli et Cotonou. L'armée de Porto-Novo. Le P. Borghéro construit sa première habitation. Ouverture de la Mission. La chapelle est la merveille du pays. 850

CHAPITRE II. — Description de la capitale. Divers cultes. Sacrifices humains. Funérailles des rois. Mort de Messi. Cérémonie secrète. Apollogan et Migan. Les victimes. La tête du roi. Dassi ou Tofa. 861

CHAPITRE III. — Funérailles solennelles. Agaunigan ou Agbo. Préparatifs dans le palais. Dès la veille de la neuvaine. Le chef de Diofi. Victimes choisies. Libations du roi et des cabécères. On expédie des présents aux rois défunts. Le bosquet-fétiche. Colloque du cabécère avec un jeune homme qu'on va immoler. L'Acbasagan traîné au supplice. Nécessité de l'Evangile pour un tel peuple. 869

CHAPITRE IV. — Départ de missionnaires. Le P. Bouche. Soin des malades. Hôpital. Instruction des enfants. Prédications. Le palais royal. Le harem. Le trône. Le monarque. Rafraîchissements. Visite au Gogan et aux principaux chefs. Le bois sacré. L'Onichango et le P. Verdelet. 878

CHAPITRE V. — Exécution d'Onichango. Le conseil du roi. Dernières paroles du criminel. Influence des missionnaires. Le Gogan abandonne ses fétiches. La Vierge immaculée. La neuvaine. L'illumination. Les anglais menacent Acbotou. Le roi est condamné à une grande humiliation. Le P. Verdelet intervient. 890

CHAPITRE VI. — Les enfants recueillis. Excursion à Ajjéra. Végétation. Un supplicié. Le roi d'Ajjéra. Une visite au marché. Entretien avec le monarque. Bonnes dispositions des indigènes. Le P. Bouche à Cotonou. Fête d'Afatonou. Une nuit sans sommeil. Les rats. Un voyage dans les montagnes. Le roi de

Sakété. Le P. Thillier et quatre sœurs. Une petite négresse. L'établissement des religieuses. Le singe de la Sainte-Enfance. Institutions de jeunes féticheuses. 395

LIVRE VIII
LAGOS ET AGOUÉ

Chapitre premier. — Situation de l'île. Population. Première exploration du P. Borghéro. Une messe à Lagos. Concession d'un terrain. Espoir des habitants. Départ de missionnaires. Le P. Bouche. Description de la capitale. Le Padre Antonio ou le prêtre laïque. 410

Chapitre II. — Les PP. Veyret et Bourguet. Consolations de la traversée. Les Crouwmen. Le roi de Béréby. Entrée triomphale des missionnaires. Une messe devant la cour. Arrivée à Whydah. Départ de missionnaires. La maison-mère de Lyon sous la Commune de 1871. Une sépulture. Toute la communauté est dispersée. Les Pères de Lagos. Leur joie et leurs premiers travaux La mort du P. Thollon. Edification des chrétiens. Culte de Marie. Les jeunes négresses. Pertes douloureuses de la Mission de Lagos. 416

Chapitre III. — Départ de missionnaires. Difficultés de la Mission. Aventure du P. Beaugendre. Un chant. Offrandes. Entretien sur le christianisme. Manière d'ensevelir les morts. Chant funèbre. Autre mode de sépulture. Misère des petits enfants. Consolations. Fête de l'Assomption. 429

Chapitre IV. — Agoué. Petit-Popo. Première excursion du P. Borghéro. Guerre entre Agoué et Petit-Popo. Ajudo. Une chapelle. Porto-Seguro. Négociations du missionnaire. Entretiens officiels. 438

Chapitre V. — Autre excursion du P. Thillier à Agoué. Une visite chez le roi. Cabécère des anglais. Consolations du missionnaire. Bonnes dispositions des indigènes. Nouveaux baptisés. Départ de missionnaires et de religieuses. 442

Chapitre VI. — Origines et historique d'Agoué. Les anglais et les minas. Padro Coujo. Bon accueil des petits enfants. Fondation définitive. Un ancien esclave du Brésil. Les féticheuses sont toutes-puissantes. Les féticheurs du tonnerre. La sentence de la foudre.

	Pages.
Mœurs d'Agoué. Portrait des naturels. La toilette des négresses Ornements des nègres. Fâcheuse nouvelle.	447
CHAPITRE VII. — Un voyage à Akrakou. Les fourmis rouges et noires. Leur cruauté et leur stratégie. Description des lieux. Le roi d'Akrakou. Un repas avec le monarque. Les grands du royaume. Une visite au champ de foire. Retour à Agoué. Grand-Popo d'après le P. Veyret. Badagry. Les sentiers du taillis. Lois fondamentales de l'Yorriba. Nécessité d'une colonie d'apôtres. .	458

APPENDICE

Départ de missionnaires pour le Cap. Récit du P. Lebouvier. La traversée. L'île Sainte-Hélène. Description de la ville du Cap. Les PP. Moreau et Murat. Le Fezzan. Sa situation et sa température. Son origine et ses souvenirs historiques. Trésors de l'art antique. Noviciat des frères. Sa nécessité. Son établissement à Clermont-Ferrand. Une maison de repos à Nice. Sa grande utilité pour les apôtres épuisés qui reviennent des Missions. Observation générale : la science et la religion en face du nègre. Etudes sur les causes de la couleur du nègre. Les Missions-Africaines. Leurs martyrs. Progrès de l'Evangile en Afrique. Objection. Prière. 469

FIN DE LA TABLE.

CLERMONT

IMPRIMERIE CENTRALE, MENEBOODE, AVENUE CENTRALE, 8.

www.ingramcontent.com/pod-product-compliance
Lightning Source LLC
Chambersburg PA
CBHW051354230426
43669CB00011B/1633